ISBN 978-0-366-78878-1
PIBN 11170563

HISTORIA
DE
PORTUGAL
RESTAURADO,
PARTE SEGUNDA,
TOMO III.

HISTORIA
DE
PORTUGAL
RESTAURADO,

EM QUE SE DA' NOTICIA DAS MAIS GLORIOSAS acçoens aſſim politicas, como militares, que obráraõ os Portuguezes na reſtauraçaõ de Portugal, deſde o anno de 1657. até ao anno de 1662

ESCRITA POR

D. LUIZ DE MENEZES

CONDE DA ERICEIRA, DO CONSELHO DE Eſtado de Sua Mageſtade, ſeu Védor da Fazenda, e Governador das Armas da Provincia de Traz os Montes, &c.

PARTE SEGUNDA,

Terceira vez impreſſa, e emendada.

TOMO III

LISBOA:

Na Officina de JOSEPH FILIPPE
Anno de M.DCC.LIX.
Com todas as licenças neceſſarias.

ISTORIA

DE

RTUGAL

STAURADO,

AS NOTICIAS DAS MAIS GLORIOS

m publicas, como particulares, que obraraõ os Portu-

na restauração de Portugal, desde o anno de

1640, até ao anno de 1662.

ESCRITA POR

UIZ DE MENEZES

DA ERICEIRA, DO CONSELHO DE

de Sua Magestade, seu Vedor da Fazenda,

e Governador das Armas da Provincia

de Tras os Montes, &c.

RTE SEGUNDA,

Terceira vez impressa, e emendada.

TOMO III

LISBOA:

ficina de JOSEPH FILIPPE.

LICENÇAS.

DO SANTO OFFICIO.

PO'de-se reimprimir o livro, de que se faz mençaõ; e depois voltará conferido para se dar licença que corra, sem a qual naõ correrá. Lisboa, no Paço de Palhavan, 13. de Março de 1759.

Silva. Trigoso. Silveiro Lobo.

DO ORDINARIO.

PO'de-se reimprimir o livro, de que se trata; e depois de reimpresso, e conferido torne. Lisboa, 3. de Abril de 1759.

D. Joseph Arceb. de Lacedemonia.

DO

DO PAÇO.

QUe se possa reimprimir, vistas as licenças do Santo Officio, e Ordinario; e depois de impresso tornará á Mesa para se conferir, taxar, e dar licença para que corra, e sem isso naõ correrà. Lisboa, 5. de Mayo de 1759.

Carvalho. Emaûs. D. Velho. Siqueira.

LICENÇAS.

DO SANTO OFFICIO.

ESTÁ confórme com o Original. Lisboa : S. Domingos, 14. de Setembro de 1759.

Fr. Francisco Xavier de Lemos.

PO'de correr. Lisboa no Paço de Palhavan, 18. de Setembro de 1759.

Silva. Trigoso. Silveiro. Lobo. Mello.

DO ORDINARIO.

PO'de correr. Lisboa 26. de Setembro de 1759.

D. J. A. L.

DO PAÇO.

QUe possaõ correr, e taxáõ em quinhentos reis, cada hum Tomo. Lisboa 27. de Setembro de 1759.

Com duas Rubricas.

PRO-

PROTESTAÇAO.

O Author desta obra protesta, que tudò, ó que está nella escrito, sujeita á censura da Santa Igreja Catholica Romana, e se confórma com os Decretos dos Summos Pontifices, e em especial com os de Urbano VIII. de 13. de Janeiro de 1625. approvados em 25. de Junho de 1634. e a modificaçaõ feita pelo mesmo Pontifice em 5. de Junho de 1631. e que naõ he a sua tençaõ que algumas materias, que contém esta Historia, que pareçaõ milagres, ou succéssos sobrenaturaes, tenhaõ mais credito, ou authoridade, que aquella, que merece a noticia, que alcançou destes succéssos, como Historia humana.

O Conde da Ericeira.

HIS-

HISTORIA
DE
PORTUGAL
RESTAURADO.
LIVRO I.

SUMMARIO.

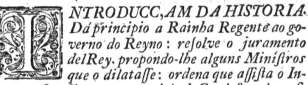

INTRODUCC,AM DA HISTORIA. Dá principio a Rainha Regente ao governo do Reyno: reſolve o juramento delRey, propondo-lhe alguns Miniſtros que o dilataſſe: ordena que aſſiſta o Infante neſte acto com o exercicio de Condeſtavel: moſtra-ſe a fórma, em que diſpoz o governo. Parte a governar as Armas da Provincia de Alentejo o Cõde de Soure: diſpoem a interpreza de Barcarrota, q̃ ſe naõ conſegue. Chega a Madrid a nova da morte delRey. Manda El-Rey D. Filippe hum grande Exercito contra Portugal. Com eſta noticia paſſa o Conde de Soure a Lisboa a tratar das prevençoens do Exercito de Alentejo: creſcem os embaraços, e a

emulaçaõ: tira-lhe a Rainha o posto, e elege em seu lugar ao Conde de S. Lourenço. Parte para Alentejo, dispoem o governo do Exercito. Sae em campanha o Duque de S. German, sitía Olivença governada por Manoel de Saldanha. Intenta o Conde de S. Lourenço soccorrer esta Praça, aloja no quartel da Amoreira, e retira-se sem effeito. Continua-se o sitio: procura duas vezes ganhar Affonso Furtado o Forte de S. Christovaõ, e naõ o consegue. Passa o Exercito a Badajoz, dá hum assalto áquella Praça com máo successo. Vai Affonso Furtado interprender Valença, volta para o Exercito sem conseguir o intento. Entrega se Olivença, sitía o Duque de S. German Mouraõ, e rende-se. Noméa a Rainha a Joannes Mendes de Vasconcelos Tenente delRey. Retira-se o Conde de S. Lourenço do Exercito por ordem da Rainha.

Anno. 1657.

O SEGUNDO volume da Historia de Portugal Restaurado entramos a escrever com grande confiança; porque assentaõ as opinioens de todos aquelles, que enganados do Mundo se naõ sabem desviar dos seus desconcertos, que na variedade consiste a sua formosura, fundando-se em que os desejos dos mortaes se naõ contentaõ do que vem, nem se satisfazem do que lograõ; porque só appetecem o que imaginaõ, e só anhelaõ ao que se difficulta: e com esta inconstante ambiçaõ ornaõ o Mundo de triunfos indignos, sujeitando-se á sua escravidaõ os mesmos, que experimentaõ a sua inconstancia. E como sendo no Mundo tudo taõ vário, só esta opiniaõ nelle he firme, naõ será possivel desagradar-lhes o singular assumpto, que seguimos, por serem tantos, e taõ diversos os successos Militares, e Politicos, que determinamos referir, que plenamente se satisfaçaõ todos aquelles, que por natureza appetecem a variedade.

Introducçaõ da Historia.

Ver-

Verse-ha hum Reyno, (a que coube em sorte peque- Anno
na porçaõ de terra, para que os seus Naturaes a dilatas- 1657.
sem com maior gloria) orfaõ de hum Rey, desampa-
rado de hum Pay, que lhe segurava a defensa, e que
lhe defendia a liberdade, entregue ao governo de huma
Rainha ornada de esclarecidas virtudes, e só infelice no
objecto, para quem solicitava a felicidade; sendo este seu
proprio filho depois author da sua ruina, tirando-lhe
com estrondo o governo do Reyno, que ella procurava
entregar lhe pacifico.

Verse-ha hum Rey, por enfermo do corpo, e animo,
destituido de virtudes, cegamente afeiçoado a homens
insolentes, e facinorosos; entregue á direcçaõ absoluta
de hum valîdo, que superando inconvenientes, que pareciaõ invenciveis, concorreo felicemente para a defensa
do Reyno, e confundindo-se accidentes politicos, experimentou differente fortuna.

Verse ha huma guerra furiosa, e sanguinolenta, em
que com poucas adversidades, superados difficeis encontros, tomadas grandes Praças, vencidas sinco batalhas,
sahimos na guerra victoriosos, na paz triunfantes. Ultimamente se verá huma Corte confusa, e desordenada,
onde se exercitavaõ animos taõ perversos, que se contavaõ nella mais mortes indignas, e violentas, que na guerra esclarecidas, e gloriosas, e tantos, e taõ extraordina-
rios insultos, que o Reyno afflicto, conhecendo a ultima
ruina, animado de hum só espirito, e respirando diversos
alentos huma so voz, foi deposto El-Rey por incapaz do
governo, e successaõ, e escolhido hum esclarecido Principe, creado de alta Providencia para desempenhar cabalmente superiores vaticinios.

Grande, e difficultosa materia emprendemos! Extra-
ordinarios, e perigosos casos nos expomos a referir! Porém na consideraçaõ infallivel de haverem de ser julgados
no juizo dos homens, naõ só deste seculo, mas dos futuros, todos os obstaculos saõ inferiores á obrigaçaõ de se
manifestar a todas as idades, que os varoens Portuguezes nunca faltáraõ á fidelidade dos seus Principes por respeitos particulares, por maiores que fossem os excéssos

Anno 1657. da tyrannia, e quando chegáraõ a lhes negar a obediencia, foi só por conservação da sua Patria. E supposto que os verdadeiros documentos da nossa justificação se não possaõ explicar sem offensa do decóro, que se deve á Magestade, pediremos com estudo particular frases á modestia, para sairmos sem censura de tão consideravel empenho; sendo só alivio deste vehemente cuidado a infallibilidade de que não poderá haver neste, nem no futuro tempo, quem sem temeraria ousadia possa duvidar da verdade dos successos, que referimos; por se não poder deixar de conhecer que fora indisculpavel erro do entendimento entregar a opinião na falsidade á justa censura de testimunhas vivas, havendo procurado tão diligentemente augmentalla no exercicio dos maiores lugares da Republica Militares, e Politicos. Sem receio, nem esperança escreveremos a verdade sólida; porque a grandeza delRey, e a Filosofia da propria independencia nos tem desobrigado de lisonjear a fortuna.

A morte delRey D. João o IV. de saudosa memoria; como occasionou nos amantes coraçoens de seus vassallos tão implacavel, e justo sentimento, não se achava algum que não depuzesse todos os interesses particulares, por attender só ao remedio da infelicidade, e perigo publico; porque se considerava com profunda mágoa successor da Coroa de Portugal ao Principe D. Affonso na idade de treze annos, com tão poucas esperanças de que os preceitos da arte, ou as diligencias da industria pudessem sujeitar os desconcertos da natureza, que quasi por infructuosa se deixava de usar com elle da lição, e doutrina; (muitas vezes remedio tão milagroso, que faz domesticos, e trataveis aos brutos mais irracionaes, e ferozes) porque a enfermidade, que o Principe (já novo Rey) havia padecido em idade mais tenra, lhe tinha deixado tão offendido o lado direito, que claramente se conhecia que o entendimento padecia a mesma lesaõ. Por outra parte se considerava a Monarquia de Castella com a restituição de Barcelona, socegada Catalunha, com as revoluçoens de França na regencia da Rainha D. Anna de Austria superiores ás armas das fronteiras de Italia, e

Flan-

Flandres, e com a paz celebrada em Munster entre aquella Coroa, e os Estados de Hollanda, seguros destes excessivos dispendios os thesouros, que costumão produzir as minas da nova Hespanha. Estas grandes fortunas fazia maiores na consideração dos Castelhanos verem o Reyno de Portugal sem o prudente governo delRey D. Joaõ, exposto a perigosas dissençoens domesticas; ordinariamente consequencias infelices da mudança do governo dos Reynos. Anno 1657

Todas estas consideraçoens difficultosas de remedear combatião os animos dos Portuguezes zelosos da conservação da Patria, que com tanto risco da vida, dispendio do sangue, e fazendas havião libertado do dominio de Castella Porém buscando entre o desalento os caminhos do desafogo, livrárão as esperanças da conservação do Reyno na certeza do espirito varonil, e subido entendimento, que lograva a Rainha Regente, que havia de ser assistida do valor invencivel de seus vassallos, e da experiencia adquirida em dezaseis annos, que durou o governo del Rey defunto; e juntamente nos manifestos signaes, que por instantes se descobrião em o aspecto do Infante D. Pedro, segundo irmão delRey D. Affonso, que se achava na idade de nove annos, de que a natureza assistida da Divina Providencia o havia criado para desempenho da fabrica imperfeita, que em El-Rey tinha produzido. Porém estes alivios, ainda que erão grandes, na contingencia dos successos futuros (que não se estimão, senão depois que se conseguem) não podião ser seguros; porque a Rainha, ainda que era dotada de todas as virtudes, na consideração de ser mulher não se podia suppor de espirito tão vigoroso, como era necessario para resistir á grande guerra, que se esperava; e o Infante se excedia a El-Rey na capacidade, El-Rey lhe preferia em o nacimento: e estando o perigo tão distante do remedio, justamente se temia o governo del Rey no tempo, em que infallivelmente se esperava huma guerra formidavel com a Monarquia de Castella.

Dá principio a Rainha Regente ao governo do Reyno.

A Rainha Dona Luiza, a quem erão manifestas todas estas consideraçoens, tanto que o sentimento da mor-

Anno 1657.

te del-Rey lhe deu lugar a tratar do governo do Reyno, em que a introduzia a ultima vontade del-Rey seu marido declarada no seu testamento, começou a armar o Paço de defensas politicas contra a ambição dos que fundavão a sua fortuna na mudança do governo, e as fronteiras de tropas contra os designios, e invasoens dos Castelhanos, e para huma, e outra guerra, na consideração de serem muito poderosas, empenhou promptamente todo o seu poder, e toda a sua industria. Foi a primeira disposição, que executou, ordenar o juramento del-Rey. Celebrou-se a quinze de Novembro no Terreiro do Paço em hum theatro, que se fabricou junto da ultima varanda da sala dos Tudescos. Antes deste acto houve duvida entre D. Nuno Alvares Pereira, Duque do Cadaval, e D. Francisco de Fáro, Conde de Odemira, sobre a qual dos dous tocava exercitar com o estoque desembainhado o officio de Condestavel, querendo hum, e outro preferir no parentesco da Casa Real. A Rainha que procurava, como o mal mais perigoso, atalhar contendas entre pessoas tão principaes, decidio a differença, ordenando que o Infante D. Pedro acompanhado de Ruy de Moura Telles, do Conselho de Estado, e Estribeiro Mór da Rainha, exercitasse a occupação de Condestavel. Assistio o Infante neste acto com muita galhardia, e desembaraço. Celebrou-se com luzidas galas; passado elle, se continuou o lucto, e sentimento, a que obrigavão a razão manifesta, e as saudades del-Rey D. João.

Resolve o juramento del-Rey, propondo-lhe alguns Ministros que o dilatasse.

Ordena que assista o Infante neste acto com o exercicio de Condestavel.

Antes do juramento del-Rey D. Affonso houve alguns Ministros, que propuzerão com grande zelo, e cautela á Rainha que o dilatasse até se averiguar se era remediavel a sua incapacidade, sendo a materia a mais grave da Monarquia: que em se dilatar se não podia temer notavel prejuizo; e em se quebrar, depois de celebrado este acto, poderia haver grandes difficuldades. A Rainha, ainda que reconhecia a verdade destes discursos, considerava que dar principio ao seu governo com huma deliberação tão arrojada em tempo tão perigoso seria expor se a maior guerra civil, da que receava externa; porque a incapacidade del-Rey não podia ser na idade de tréze annos a todos manifesta; e aquelles que a duvidassem, ou por zelo publico, ou por interesses particulares, havião de ser parciaes da notoria razão de quererem jurar por seu Rey ao Principe, a que determinavão obedecer, ficando na Rainha suspeitozo o desejo de extender os annos de dominar. Estas prudentes razoens obrigárão a Rainha a resolver que El-Rey fosse jurado, e a lhe nomear Ayo, que lhe assistisse: e por evitar controversias, declarou que El Rey D. João antes da sua morte lhe havia communicado que fizera eleiçaõ para este tão grande lugar da pessoa de D. Francisco de Fáro, Conde de Odemira, por achar que concorrião nelle generosidade, valor, e entendimento, não descompondo estas partes o executar todas as suas acçoens com tanta celeridade, que muitas vezes padecião a censura dos discursivos. Nomeado nesta occupação, se lhe deu no Paço o quarto, que havia sido do Principe D. Theodosio, e ficou o Prior de Sodofeita continuando o exercicio de Mestre del Rey, e do Infante. Os mais officios da Casa Real exercitárão as mesmas pessoas, que os occupavão na vida del-Rey, até que novas politicas destruirão toda a antiga direcção. Anno 1657.

Havendo a Rainha sahido, a seu parecer, deste cuidado, entrou em outros, que não erão inferiores, e conhecendo que nos maiores Ministros (que devião ser instrumentos das resoluçoens) não havia aquella conformidade, sempre desejada dos Principes justos, e nunca conseguida (por ser tão vário o influxo das estrellas, que dominão nos coraçoens dos homens, que no perpetuo movimento de confuso combate de idéas vivem, em quanto durão em tão intricado labyrintho, que nunca tem por seguras as differentes estradas, que encontrão; ficando só exceptuados aquelles, a quem o auxilio Divino constitue desprezadores de todos os interesses humanos) prevenio com grande industria todos os accidentes, que podiaõ embaraçar as suas disposiçoens. Mostra-se a fórma em que dispoz o governo.

A contenda mais publica, e que a Rainha mais receava, era a que havia entre o Conde de Odemira, e D. Antonio Luiz de Menezes, Conde de Cantanhede, ambos

Anno 1657. bos erão de quasi sessenta annos de idade, ambos Conselheiros de Estado, o primeiro Presidente do Conselho Ultramarino, o segundo Veador da Fazenda. As familias erão muito esclarecidas; porque o Conde de Odemira descendia do primeiro Duque de Bragança D. Affonso: o Conde de Cantanhede do Conde D. Gonsalo de Menezes, Irmão da Rainha Dona Leonor, e contava de varonia vinte e sete illustrissimos avós. O sequito de parentes, e amigos do Conde de Cantanhede era maior; mas o Conde de Odemira sabia adquirir muitos animos com o poder, e com a liberalidade: o Conde de Cantanhede era mais firme nas resoluçoens; o Conde de Odemira mais prompto em tomallas: a destreza politica ambos a professavão igualmente, e os negocios publicos cada hum os conhecia de seu nacimento: ambos tinhão espirito militar; porém com huma differença, que o Conde de Odemira jactava-se da guerra passada, o Conde de Cantanhede aspirava à gloria futura; e por conclusaõ, não se achava animo tão attento ás suas conveniencias, que em hum, e outro pudesse descobrir differença no dominio. Fomentava a industria da Rainha esta perplexidade nos discursos dos Cortezãos; porque conhecendo com grande prudencia, que havia mister a todos seus vassallos, deliberou que não convinha á conservação do Reyno conceder a hum só o poder. Mas nesta politica (ainda que era acertada) tambem descobria muitos perigos; porque como os negocios erão grandes, e os animos encontrados, muitas vezes aquelles, que huma parcialidade estabelecia, desbaratava a outra, offendendo-se por este respeito o interesse publico, que era hum só. Igual differença na desigualdade de animos corria em os dous Secretarios de Estado, e Mercês, Pedro Vieira da Sylva, e Gaspar de Faria Severim; erão ambos de idade madura, hum, e outro merecedores das occupaçoens, que exercitavão havia muitos annos, e igualmente alcançárão o favor del-Rey defunto: ambos erão de nobre nacimento, Pedro Vieira sciente na profissaõ das Leys, Gaspar de Faria em os negocios da Fazenda, e com o manejo das materias politicas se habilitá-

raõ

rão ao exercicio dellas. Nenhum dos dous descobria affecto particular a alguma das parcialidades dos Condes de Cantanhede, e Odemira, e fazião estudo de mostrar á Rainha, que só aos interesses publicos se inclinavão. Anno 1657.

Estes erão os quatro elementos, de que se sustentava o corpo politico da Monarquia; e a Rainha Sol desta Esféra, igualando as influencias com os accidentes, naõ se achava algum taõ poderoso, que as benignas o pudessem segurar de não padecer as rigorosas. Logo que El-Rey falleceo, parecendo á Rainha, que para dar expediente aos gravissimos negocios que occorriaõ, era conveniente outra fórma de despacho, instituio huma Junta, que se chamou nocturna, pelas horas a que se convocava: faziaõ-se as conferencias na Secretaria de Estado, e se executava promptamente o que se vencia por mais votos, dando-se só conta á Rainha das materias de maior importancia, ou das em que havia duvida, as quaes o Secretario de Estado hia fazer presentes á Rainha, para que as resolvesse: foraõ os Ministros nomeados para este Tribunal os Condes de Odemira, e Cantanhede, o Marquez de Niza Pero Fernandes Monteiro, e depois o Conde de S. Lourenço; por morte do Conde de Mira nomeou a Rainha o Duque do Cadaval, e o Conde de Soure, e ultimamente a Joaõ Nunes da Cunha, concorrendo em todos estes Ministros todas as circunstancias dignas deste emprego; e durou esta util fórma de despacho em quanto a Rainha teve o governo. Depois deste Tribunal estabelecido, mandou a Rainha escrever aos Governadores das Armas das Provincias, recommendando lhes o socego, e segurança dellas; e deu ordem que os Officiaes de guerra, que estavaõ ausentes de seus Póstos, se recolhessem a exercitallos. Fez avizos ás Conquistas, e aos Ministros, que assistiaõ nas Cortes da Europa, procurando por todos os caminhos atalhar novidades, que podiaõ facilmente succeder em taõ perigoso accidente. Com estas resoluçoens deu a Rainha principio ao seu governo; e nós continuaremos este segundo volume com a mesma disposiçaõ, que levou o primeiro, preferindo pela ordem dos annos a

guerra

Anno 1657. guerra de Alentejo ás das outras Provincias, referindo as materias politicas, onde tiverem lugar, e a guerra das Conquistas no fim de cada hum dos annos; porém a paz celebrada com os Hollandezes, e o pouco poder maritimo dos Castelhanos daráõ pequeno assumpto á curiosidade dos Leitores na guerra das Conquistas.

Nas ultimas horas da vida delRey D. Joaõ (como referimos no fim da primeira parte desta Historia) ajustando as disposiçoens ao tempo, em que se achava, e querendo com ellas segurar os perigos futuros, chamou a D. Joaõ da Costa, Conde de Soure, e ordenoulhe que sem dilaçaõ alguma partisse á Provincia de Alentejo a continuar o governo della, havendo-selhe passado Patente de Governador das Armas algum tempo antes. Houve taõ poucas horas desta ordem delRey á sua morte, que quando o Conde partio para Alentejo (naõ se havendo dilatado) já ElRey era fallecido. De Aldea Gallega despachou hum correyo a Francisco de Mello, General da Artilharia, que governava as Armas naquella Provincia, dando-lhe conta da morte delRey, e da sua jornada. Tanto que chegou a Francisco de Mello este avizo, despedio a Companhia de D. Luiz de Menezes, (de que o Conde havia feito eleiçaõ para Capitaõ da sua guarda com grande opposiçaõ dos Capitaens mais antigos a respeito das preeminencias deste Posto, que até aquelle tempo se naõ haviaõ exercitado) e deulhe ordem que marchasse a Arrayolos a comboiar o Conde. Marchou D. Luiz com diligencia; entrou em Arrayolos ao mesmo tempo que o Conde chegava. Ao dia seguinte partiraõ para Estremôs, e no terceiro chegáraõ a Elvas. Esperavaõ os Soldados ao Conde de Soure com tanto alvoroço, que, a ser menor a perda da morte delRey, lhes pareceria que naõ havia mayor fortuna, que a eleiçaõ do Conde, tendo por infalliveis nas suas disposiçoens os progressos da guerra, que com implacavel ancia appeteciaõ; porque como a guerra he officio dos Soldados, achaõ que perdem os seus interesses o tempo, que a naõ exercitaõ. Chegou o Conde a Elvas, e examinou o estado das fortificaçoens das Praças, o numero da Infanteria,

Parte o Conde de Soure a governar as Armas da Provincia de Alentejo.

teria, e Cavallaria do Exercito, e o poder dos Castelhanos; noticias, que com toda a distincçaõ lhe deu Francisco de Mello, havendo-se congraçado com elle de algumas queixas, que o Conde tinha da sua amizade; materia, em que era summamente sensitivo; porque ao passo que depunha pelas cómodidades de seus amigos as suas conveniencias com tanta efficacia, que naõ houve quem lhe excedesse nesta virtude, queria justamente que a correspondencia fosse igual. Informado de todas as materias, depois de celebrar as Exequias delRey D. Joaõ com grande solemnidade, e de acclamar com grande pompa ao novo Rey D. Affonso VI., determinou mostrar aos Castelhanos que a falta de hum Rey, que tanto amavamos, ainda que fosse taõ sensivel, havia influido nos Portuguezes novos espiritos militares, que os faziaõ mais capazes de se defenderem, do que elles podiaõ estar de os conquistarem; e com esta consideraçaõ convocou a Cavallaria daquella Provincia, que constava de dous mil e quinhentos cavallos, e unindolhe tres mil Infantes, e seis peças de artilharia com as muniçoens, e mantimentos necessarios marchou a interprender Villa-Nova de Barcarrota, lugar que dista quatro legoas de Olivença.

Anno 1657.

Dispoem a interpreza de Barcarrota, que se naõ consegue.

Havia chegado a Elvas André de Albuquerque a exercitar o seu Posto de General da Cavallaria; e depois de ajustada huma duvida, q̃ teve com o Conde de Soure sobre as preeminencias da Companhia de sua guarda (que atalhou com grande prudencia Joaõ da Silva e Sousa, Commissario geral da Cavallaria; porque levando os recados, que hum a outro se mandáraõ, vendo que se hiaõ exasperando, dissimulou os primeiros, detendo-se em casa de André de Albuquerque, aonde concorreraõ os Officiaes da Cavallaria, e os da Infanteria á do Conde de Soure, e continuando os recados Bernardino de Siqueira, Tenente de Mestre de Campo general, com muita attençaõ, moderando as circustancias, de que os dous Cabos podiaõ escandalizar-se; evitou o damno que podia seguir-se) marchou com a Cavallaria, que na confiança do seu valor lugrára a felicidade de todos os succés-

sos,

Anno 1657. sos. Passou o Conde de Soure com este corpo de exercito o rio Guadiana por sima de Geromenha, descançou huma noite em Olivença, e na manhãa seguinte continuou a marcha. Havia o tempo favorecido na apparencia esta jornada; porque, succedendo a muitos dias de chuva alguns de Sol, e tendo os Ingenheiros Diogo de Aguiar, e Nicolao de Langres reconhecido por ordem do Conde as estradas, e havendo-lhe segurado erradamente antes de sahir de Elvas, que todos os caminhos estavão capazes de marchar por elles artelharia, pode ella ser conduzida só o tempo, que durou a estrada de Alconchel, que, por mais frequentada, estava batida. Porém tanto que foi preciso caminhar pela campanha, se começou a reconhecer nos muitos pantanos, que encontravão, a grande difficuldade da marcha. Entendeo o Conde com tanto sentimento este forçoso embaraço, que não houve excesso, a que perdoasse pelo vencer. Dobrarão-se nos lugares mais baixos, e mais pantanosos os tiros das mulas ás peças da artelharia; ajudavão os Soldados Infantes, e artelheiros com os hombros ao impulso das mulas. Porèm, vencido hum passo difficultoso, se dava logo em outros; e ultimamente chegou a artelharia a hum valle tão difficil de superar, que não só se conheceo o desengano de que não podia passar adiante, mas ficou em duvida se poderia voltar para Olivença.

O Conde de Soure experimentando que todas as diligencias erão infructuosas, fez alto naquelle sitio, e mandou a André de Albuquerque com seiscentos cavallos reconhecer Barcarrota, levando comsigo os Ingenheiros para examinarem se seria facil render o Castello sem artelharia, com poucas horas de combate. Marchou o General da Cavallaria, e os mais batalhoens, que ficarão, aquartelou o Conde assistido do General da Artelharia em fórma muito militar. Amanheceo; voltou o General da Cavallaria com brevidade, por estar Barcarrota pouco distante, deixando-a reconhecida; e informando ao Conde de Sourre da difficuldade, que considerava em se render o Castello sem as prevençoens necessarias. Chamou elle a conselho aos dous Generaes, aos Mestres de Campo, e Tenentes Generaes da Cavallaria, com resoluçaõ que, se houvesse hum só voto de se seguir a empreza, continualla a todo o risco. Juntos os Cabos, e Officiaes referidos, propoz que a causa de fazer aquella jornada fora parecerlhe conveniente que ao mesmo tempo chegasse a Madrid a nova da morte delRey, e a perda de Barcarrota, para que os Castelhanos conhecessem que, se a Portugal faltava ElRey D. Joaõ, ficáraõ em Portugal vassallos; nunca em outro tempo mais dispostos á sua defensa: que, antes de convocar aquella gente, havia mandado aos dous Ingenheiros Nicoláo de Langres, e Diogo de Aguiar a reconhecer todos aquelles sitios, os quaes fiando-se de Soldados praticos naquella campanha mais em guiar hum troço de Cavallaria, que em avaliar o pezo da artilharia, sem a averiguaçaõ necessaria lhe seguráraõ que as terras estavaõ capazes de marchar por ellas a artilharia: e que, havendo nesta confiança abraçado aquella empreza, se achava com a difficuldade de naõ poder conduzir a artilharia: e que, ouvida a noticia, que o General da Cavallaria havia trazido de Barcarrota, ponderando o empenho, em que estavão, e o embaraço que se lhe offerecia, votassem o que entendessem convinha mais ao serviço delRey, e ao credito das suas Armas. Depois de varias conferencias, concordárão todos os votos que era preciso retirarem-se; porque nem o Castello de Barcarrota se podia render facilmente sem artilharia, nem era possivel deixalla naquelle lugar sem manifesto risco; porque qualquer poder, que os Castelhanos juntassem, seria superior ao corpo da Infantaria, e Cavallaria, que a ficasse defendendo; e que neste sentido empenhar o maior preço pelo menor valor seria indisculpavel temeridade. Cedeo o grande ardor do Conde de Soure a esta acertada opinião, e com muito trabalho retirou a artilharia a Olivença. Passou a Elvas, e despedio os Terços, e Cavallaria para os seus quarteis. O Duque de S. German com a noticia do movimento das nossas tropas juntou a Cavallaria, e com avizo de que se haviaõ retirado a dividio.

Anno 1657.

Os

Anno 1657.

Os dias, em que acontecerão os succeſſos referidos, forão os que baſtárão para chegar á Corte de Madrid a nova da morte delRey D. João. Recebêrão-a os Caſtelhanos com imprudente contentamento, ſendo ſempre mal fundadas as eſperanças, que ſe edificão em damno alheio. Tratou logo ElRey D. Filippe de dar o maior calor, que foi poſſivel, ás prevençoens do Exercito, que determinou que ſahiſſe em campanha a ſeguinte Primavera. Deo ordem que de Catalunha (pouco offendida naquelle tempo dos Exercitos Francezes) marchaſſem para as fronteiras de Alentejo dous mil cavallos. Deſpedio dous Commiſſarios a levantar Infantaria, do trigo, que ordenou ſe tomaſſe violentamente aos pazanos daquelles lugares, mandou fazer celeiros publicos nas fronteias. Aceitou a offerta dos Grandes, que ſe obrigárão a conduzir a Badajoz grande numero de Cavallaria, para ſe reencherem as Companhias de cavallos; e fez eſpalhar que partia na Primavera ſeguinte a recuperar Portugal pelos meſmos paſſos de ſeu Avô D. Filippe II. Fomentava eſte generoſo intento D. Luiz de Haro, que na valia, grandeza, titulos, e lugares havia ſuccedido ao Conde Duque, e com menos talento, e melhor tenção governava abſolutamente aquella Monarquia.

Chega a Madrid a nova da morte delRey.

Manda ElRey D. Filipe prevenir hum grande Exercito cõtra Portugal.

Chegárão eſtas noticias ao Conde de Soure por várias intelligencias, e ſem dilação as remetteo á Rainha com uteis advertencias da fórma, em que ſe devia diſpor a defenſa do Reyno. Dizía que era neceſſario tratarſe logo da prevenção da Armada, e de embarcaçoens de fogo para a defenſa do Rio, e promptamente da fortificação de Lisboa; e para ſe conſeguir ficar em defenſa em pouco tempo, convinha que ElRey, a Rainha, Infante, e peſſoas poderoſas, repartidos os baluartes, os tomaſſem por ſua conta, acreſcentando ſe a conſignação até quarenta mil cruzados, e obrigando-ſe ao povo a que em os dias deſoccupados trabalhaſſe na fortificação, e os officiaes de pedreiros, e cavoqueiros ſe não occupaſſem em alguma outra obra, ſalvo naquellas, que neceſſitaſſem de reparo preciſo: que eſte emprego ſe devia encomendar ao Conde de Cathanhede pela grande actividade, de, e zelo, de que era composto: que a Nobreza assistida de seus criados se devia aggregar ao Capitão dos ginetes, para que montassem nas occásioens, e assistissem á guarda delRey; que os Auxiliares, e Ordenanças tivessem exercicio, e armas, e o Trem se prevenisse, e com o maior cuidado se acodisse á Provincia de Alentejo, porque era a que ameaçava o maior perigo: que necessitava de grossas levas de Infantaria, e de grandes remontas de Cavallaria; e a mesma prevençaõ se devia observar em todas as Provincias, com ordem que tivessem soccorros promptos para acodir a Alentejo; e da mesma sorte era necessario tratar-se de mantimentos, muniçoens, carruagens, e dinheiro; e que, naõ havendo falta nestas disposiçoens, naõ poderia ficar justo receio das invasoens dos Castelhanos, principalmente naquelle anno, em que a guerra de Inglaterra tinha occupado as forças maritimas de Castella. Anno 1657.

A carta do Conde de Soure, que continha estas, e outras prudentissimas razoens, mandou a Rainha consultar no Conselho de Guerra; e avaliando os Conselheiros por precisas todas as proposiçoens da carta do Conde, fizeraõ huma larga consulta á Rainha, pedindo-lhe nao dilatasse dar á execuçaõ prevençoens tão necessarias, pois dependia da promptidão a saude publica. A Rainha com grande actividade distribuío varias ordens para levas, e remontas, e mandou ás Provincias dinheiro para as fortificaçoens. Na de Lisboa se começou a trabalhar; porém mais lentamente, por se entender que ficava o perigo mais remoto. Tambem pareceo escusado o dispendio de Armada naquelle anno, constando por muitos avizos, e manifestos indicios, que todas as prevençoens dos Castelhanos ameaçavão a Provincia de Alentejo. O Conde de Soure tendo por infallivel este discurso pedio licença á Rainha para passar a Lisboa, entendendo que com a sua assistencia seria mais prompta a execuçaõ das ordens, e as disposiçoens á medida do perigo de qualquer das Praças do Alentejo, que os Castelhanos atacassem; por não serem estes os negocios, que os homens prudentes pódem fiar da direc-

çaõ

Anno 1657.

çaõ alheia. Alcançou licença da Rainha, deixou a Provincia entregue a André de Albuquerque, e partio de Elvas para Lisboa nos ultimos dias de Janeiro. Chegou á Corte, e foi recebido da Rainha, e Ministros com tantas demonstraçoens de satisfação da sua grande capacidade, e excellente procedimento, que asseguravão effeitos proporcionados a esta confiança. Porém a poucos passos, que caminhou para adiantar as prevençoens do exercito, entendendo justamente que em qualquer hora de dilação se perdião muitas esperanças da defensa do Reyno, conheceo que havia entrado em hum mar taõ tempestuoso, e tão cheio de perigosos baixos, que nem toda a doutrina de destro Piloto, aprendida na escola da larga experiencia, bastava para o livrar do manifesto risco, a que estava exposto; porque no corpo enfermo da Republica havia partes corrompidas, que o dilaceravão. Applicava-lhe o Conde a medicina da paciencia, e o remedio da actividade com tanta attenção, que, saindo-lhe a cada proposta muitas duvidas, as vencia com os documentos da razão, e pelos caminhos da honra A estas grandes difficuldades accreceo hum novo accidente, que acabou de aggravar a enfermidade. Depois da pendencia succedida em Elvas, de que démos noticia na primeira parte desta Historia, entre o Conde de Soure, e o Conde Camereiro mór, não tinha o tempo gastado a antipatía, que o successo da pendencia havia deixado; e sendo no Conde Camereiro mór muito manifestas as demonstraçoens de pouca sociedade com o Conde de Soure, lhe foi preciso procurar hum decreto del-Rey, que alcançou sete annos antes deste tempo, para que o Conde Camdreiro mór não pudesse votar em negocio algum, que tocasse ao Conde de Soure. Sentia o Conde Camereiro mór este embaraço no Conselho de Estado, e Guerra; porém tolerava-o, porque não encontrava o caminho de lhe dar remedio. Descobrio-o naquella occasião, por achar da parte do seu sentimento ao Bispo eleito do Japão André Fernandes, a quem a Rainha deferia com particular attenção. Havia o Bispo mostrado em varias occasioens pouca afleição ao Conde de Soure

Cõ esta noticia passa o Conde de Soure a Lisboa a tratar das prevençoens de Alentejo.

Crescem os embaraços; e emulaçaõ, tira-lhe a Rainha o posto; elege em seu lugar ao Conde de S. Lourenço,

Soure, principalmente na duvida, que teve sobre a mudança de Elvas para Evora do Terço de Diogo Gomes de Figueiredo. Nesta confiança na certeza de achar outros Ministros da sua parte, e na supposiçaõ de ser justa a sua proposta, representou o Camereiro mór á Rainha, que, havendo Sua Magestade entregue ao Conde de Soure o governo das Armas do exercito de Alentejo em tempo, que as armas de Castella se preveniaõ para conquistalla, e sendo elle Conselheiro de Estado, e Guerra, seria muito contra o seu credito continuar-se a resoluçaõ, que em virtude do decreto de Sua Magestade se observava, de que elle não pudesse votar em os negocios, que tocassem ao Conde de Soure; porque o decreto se devia entender em materias particulares, e naõ em negocios publicos, que a elle, como a hum dos vassallos de Sua Magestade mais interessados na conservaçaõ da sua Coroa, e como Conselheiro de Estado, e Guerra, taõ particularmente lhe tocavão: e que neste sentido poderia ficar suspeitosa a sua fidelidade, se elle fosse excluido de aconselhar a Sua Magestade na opposição, que devia fazer aos exercitos de Castella. A Rainha parecendo-lhe arrezoada esta proposição, e instada dos Ministros, que a favorecião, mandou dizer ao Conde de Soure pelo Secretario Pedro Vieira que, vendo as razoens do Conde Camereiro mór, havia entrado em escrupulo na observancia do decreto, que elle tinha alcançado, para que o Camereiro mór não pudesse votar no que lhe tocasse; e que por este respeito esperava se accõmodasse sem repugnancia a que nas materias de guerra não tivesse vigor a concessaõ do decreto. O Conde de Soure (a quem a larga experiencia dos negocios politicos havia feito scientissimo nos segredos delles) conheceo claramente o fim a que tirava esta novidade, que era exasperallo, para se dar por offendido; porém antepondo o credito á conveniencia, como sempre costumara, respondeo á Rainha, que Sua Magestade não devia querer que elle dissimulasse o mesmo, que com muito profundas consideraçoens procurára, ainda antes de ter em repetidas occasioens descoberto as poucas attençoens, que devia

Anno 1657.

Anno 1657. ao Camereiro mór contra o que lhe merecia; pois não professava com elle aquella amizade, que muitos annos continuára, e que não devia separar huma pendencia accidental: que neste sentido para nenhum outro caso lhe servia o decreto tanto, como para aquelle, de que o Camereiro mór queria eximir-se; porque se não achava com algum interesse particular, que não fosse muito inferior á parte que lhe tocava da conveniencia publica; e que nesta consideração só para este fim pertendera o decreto: que as razoens do Camereiro mór erão muito alheias da sua tenção; porque lhe não vinha ao pensamento que o Camereiro mór, em quem concorrião tantas qualidades, pudesse faltar por algum respeito humano aos meios da defensa do Reyno, em que era tão empenhado. Porém o justo perigo, que podia ter na sua desaffeição, era haver de ser o Camereiro mór Juiz das suas acçoens particulares; pois, havendo de ter como General de hum exercito voto decisivo nas materias Militares, na contingencia de serem os successos prosperos, ou adversos, não parecia razão que fosse julgado por quem fazia profissaõ de ser seu inimigo. Não bastou esta resposta do Conde de Soure, para suspender a resolução, que a Rainha tomou, de que o decreto se visse no Conselho de Estado. Forão os votos differentes; e sendo maior o numero dos que votárão pelo Conde de Soure, resolveo a Rainha, que o decreto se mudasse tanto a favor da pertenção do Camereiro mór, que ficou com o que se passou de novo quasi derogado o primeiro. Dissimulou o Conde de Soure este pezar, parecendo lhe que poderia cevar-se nelle a emulação de seus inimigos; porém experimentou que os animos desafeiçoados não se contentão com pequenos empregos. Continuava com muita actividade a execução das proposiçoens, que havia feito á Rainha para a prevenção do exercito, temendo que a dilaçaõ de se deliberarem podia ser o maior beneficio dos intentos dos Castelhanos. Andando nesta diligencia, recolhendo-se huma noite pelas nove horas do Paço em huma carroça, sem mais prevençaõ, que a de hum criado (em hum estribo) que lhe servia de arri-

mo,

mo, quando ſe apeava, embaraçando-lhe continuamente o achaque da gota movimento dos pés, chegando em o Bairro alto ao largo da Cordoaria, ſe arrimáraõ ao eſpaldar da carroça dons homens a cavallo, e diſparando nelle dous bacamartes, voltaraõ as redeas, e ſe livraraõ do perigo, que os ameaçava. Ao meſmo tempo, que diſparáraõ os bacamartes, ſe inclinou o Conde de Soure a dar ao criado, que trazia comſigo no eſtribo, humas moedas de ouro para ſoccorro de hum Soldado pobre, que andava na Corte. Eſte piedoſo movimento lhe livrou a vida; porque pelo vaõ, que deſoccupou, paſſáraõ mais de vinte balas, que fazendo em pedaços vidraças, e balaúſtres, pela cadeira de diante com differentes baterias ſahiraõ da carroça, ſem fazer outro damno. Saltou o Conde della. divertindo-lhe o impulſo as dores dos pés; e ſeguido de todos os que o acompanhavaõ correo pelos paſſos dos que fugiaõ; porém, reconhecendo que era inutil a diligencia, ſe tornou a recolher á carroça. A's vozes dos criados, e ao eſtrondo dos tiros concorreo muita gente da Nobreza, e Povo com tantas demonſtraçoens de ſentimento do exorbitante atrevimento dos aſſaſſinos, que parecia que cada hum de per ſi, e todos juntos queriaõ ſer authores da vingança. Recolheo ſe o Conde a ſua caſa, onde concorreo toda a Corte; e chegando a noticia daquelle ſuccéſſo á Rainha, mandou chamar D. Rodrigo de Menezes, Regedor das Juſtiças, e com juſtas demonſtraçoens de pena, e apertadas ordens lhe encõmendou fizeſſe todas as diligencias poſſiveis por deſcobrir os aggreſſores daquelle delicto. Tiráraõ-ſe devaças, puzeraõ-ſe Editaes com largas offertas para os que deſcobriſſem os delinquentes, e perdaõ de todos os crimes, excepto os de leſa Mageſtade; porém nunca ſe averiguou a origem deſte delicto. O dia ſeguinte ao que atiráraõ ao Conde de Soure, foi elle ao Paço a ſolicitar as prevençoens do exercito como coſtumava. Concorreraõ a acompanhallo todos os Officiaes de guerra, que andavaõ na Corte, e muitos Fidalgos ſeus parentes, e amigos. Chamou-o a Rainha, e com termos formados na grande diſcriçaõ, de-que era dotada, o perſuadio

Anno 1657.

Anno 1657. suadio a que mitigasse o enfado, a que devia obrigallo aquelle successo. Respondeo-lhe com a gravidade, e modestia, que com as mais virtudes professava, vencendo o animo valeroso, e colerico de se ver offendido, sem mais desafogo, que dissimulação. Gastavão-se os dias, sem se adiantarem os negocios; porque a industria dos inimigos do Conde (como dissemos) era exasperallo, para que elle largasse o Posto, de que desejavão divertillo. Faltava no exercito de Alentejo Mestre de Campo General; e ainda que o Conde se achava justamente queixoso de André de Albuquerque, por não experimentar na sua amizade igual correspondencia como esperava, pedio á Rainha o adiantasse a esta occupaçaõ; porque o seu valor, e grandes virtudes o fazião merecedor dos maiores empregos. Passou-se-lhe Patente; e ficando vago o Posto de General da Cavallaria, o pertendeo Francisco de Mello General da Artelharia com justa razaõ de lhe tocar sem controversia, por ser o degráo a que estava immediato a subir. Porém, supposto que concorriaõ em Francisco de Mello valor, e sciencia Militar, que se requerião para qualquer emprego, faltava-lhe experiencia no exercicio da Cavallaria, e padecia achaques, que lhe difficultavão o trabalho continuo de andar a cavallo. Estas razoens obrigavão ao Conde de Soure a desejar que elle tivesse outro emprego; era difficil de conseguir este intento, por Francisco de Mello naõ querer ceder o direito, que tinha ao Posto de General da Cavallaria a alguma outra occupação, dizendo que em tempo, que se esperava guerra taõ perigosa, os Postos mais arriscados erão os mais convenientes. Depois de varias propostas veyo Francisco de Mello a aceitar a commissaõ de Embaixador de Inglaterra, o lugar de Conselheiro de Guerra, e a conveniencia de huma Cõmenda. Com esta resoluçaõ solicitou o Conde de Soure introduzir no Posto de General da Cavallaria a D. Francisco de Azevedo, e em General da Artelharia a Antonio de Mello de Castro, ambos dotados de grande valor, de muito entendimento, e fidelidade. D. Francisco havia occupado o Posto de Tenente General da Cavallaria de Alentejo, e na mesma

Pro-

Provincia tinha Antonio de Mello exercitado o Posto de Mestre de Campo. Oppuzerão se os adversarios do Conde de Soure a esta proposição, sem mais causa, que haver sido sua; porque na capacidade dos dous sujeitos naõ se descobria falta, para occuparem estes Postos. Durando esta controversia, repetio ao Conde o achaque da gota, e aggravarão lhe seus inimigos mais as dores, tendo noticia que persuadião á Rainha, que o accidente era supposto, para desculpar a dilação de partir para Alentejo. Com este discurso mandou a Rainha dizer ao Conde de Soure pelo Secretario Pedro Vieira, que era tempo de partir para Alentejo; porque a Primavera entrava, e as prevençoens dos Castelhanos cresciaõ. Respondeo o Conde, que ainda que o accidente, que o molestava, pudera desculpar a dilaçaõ da sua partida, não era esta a razão porque se dilatava, e só o era não se determinarem as proposiçoens, que havia feito, em ordem á defensa da Provincia de Alentejo; tendo concebido justo receio, que se na sua presença se não deliberavão materias tão importantes, como se resolverião na sua ausencia; e que sendo ellas de qualidade, qué ficava dependente da sua decisaõ a conservação do Reyno, que sem se determinarem, não queria elle ser quem o entregasse a Castella. Levou Pedro Vieira esta reposta á Rainha, e voltou o Conde de Odemira com segunda instancia, e disse ao Conde de Soure, que a Rainha lhe ordenava partisse sem replica dentro de oito dias. Respondeo lhe o Conde, que se admirava muito daquella proposição, devendo-lhe tanta amizade, e tendo o discurso tão claro, que não podia ignorar, que partir elle para Alentejo sem cabos, sem dinheiro, e sem as mais prevençoens, de que dependia a defensa daquella Provincia, era em manifesto perigo da saude publica, e em conhecido risco da reputação particular: e como esta proposição era sem controversia, e elle se não dilatava por interesses proprios, que naõ determinava partir, sem levar ajustadas as prevençoens necessarias para a defensa do Reyno. Levou o Conde de Odemira esta reposta á Rainha, e voltou Pedro Vieira a ratificar-se nella: naõ havendo o Conde de Anno 1657.

 Soure

Anno 1657. Soure mudado de opinião, lhe disse Pedro Vieira, que já que a sua falta de saude o impossibilitava, que sujeito lhe parecia que occupasse o seu lugar. O Conde de Soure, ainda que era colerico, e conheceo o fim, a que caminhavão aquellas disposiçoens, respondeo com muito socego, que elle não padecia achaques, que o impossibilitassem a partir a defender o Reyno; porém que tambem conhecia, que Sua Magestade tinha muitos vassallos, que lhe excedião no merecimento. Voltou o Secretario de Estado com esta reposta, e ao dia seguinte sahio o Conde de S. Lourenço terceira vez nomeado Governador das Armas da Provincia de Alentejo; passando a Rainha para esta eleição, pelo embaraço de estar o Conde de S. Lourenço prezo pela infelice morte do Conde de Vimioso; porque ainda que El-Rey D. João havia antes de espirar, ajustado as amizades entre todos os offensores, e offendidos, (como já referimos) a Condessa de Vimioso, que era a parte mais lastimosamente prejudicada, não tinha perdoado aos delinquentes, nem cedido ás persuaçoens de D. Francisco Souto Maior, Bispo de Targa, e eleito de Lamego, que da parte da Rainha lhe havia representado ser aquella eleição precisa ao bem publico, sempre independente das razoens particulares; porém ainda que forão grandes os clamores da Condessa, todos se desfizerão em eccos; como ordinariamente succede, quando saõ mal ouvidas as vozes dos afflictos. Sentio o Conde de Soure o aggravo de se ver deposto da sua occupação, sem mais causa, que desejar exercitalla com o acerto, que convinha á segurança, e defensa do Reyno, com o excesso, que pedia tão penetrante golpe, e da parte da sua razão achou universalmente os pareceres cõmuns; porém não se livrou da objecção de fiar mais do seu conhecido merecimento, e do muito que se necessitava da sua pessoa, do que pedia a grande opposição, que achava em contrarios tão poderosos, que dependia das suas resoluçoens a definição das suas queixas; mas esta victoria, que elles a seu parecer alcançarão do Conde de Soure, foi só contra os interesses publicos, como os successos da proxima Campanha justificarão.

O Con-

O Conde de S. Lourenço tanto que recebeo aviso do Secretario de Estado da eleição, que a Rainha fizera da sua pessoa, sahio do Castello, onde estava prezo, a beijar-lhe a mão, e sem mais exordios, que mudar a linguagem, de que havia usado o Conde de Soure, disse á Rainha, que elle em agradecimento da merce, que Sua Megestade lhe tinha feito, não queria mais prevençoens para defender a Provincia de Alentejo, que partir logo a exercitar o seu posto. Estimou a Rainha esta resolução; porque muitas vezes os Principes opprimidos do pezo de muitos cuidados, entendem que o Ministro, que melhor os serve, he aquelle, que menos os cansa. Porém esta apparencia suave he hum perigoso engano, principalmente em os empenhos militares, onde assim como as dispoſiçoens antecedentes os asseguráo, a negligencia dellas os desbarata. Nomeou a Rainha (approvando esta eleição o Conde de S. Lourenço) a Manoel de Mello Mestre de Campo, e Governador da Praça de Moura, Governador da Cavallaria de Alentejo; e a Affonso Furtado de Mendonça Mestre de Campo, e Governador de Campo Mayor, Capitão General da Artilharia, ambos de muito merecimento. Anno 1657.

Estava nesta occasião a fortuna da parte do Conde de S. Lourenço, que conseguio por intervenção do Conde Camereiro mór, que aceitassem dous Terços na Provincia de Alentejo Luiz Alvares de Tavora, Conde de S. João, e D. João Mascarenhas, Conde da Torre, depondo a paixão da morte do Conde de Vimioso pela gloria, a que justamente aspiravão na guerra. Formou-se ao Conde de S. João hum Terço novo, dividindo-se em dous o de Agostinho de Andrade, accrescentando se a ambos as Companhias, que erão precisas, para ficarem com igual número ás que tinhão os mais Terços. O Conde da Torre succedeo a Affonso Furtado em o governo da Praça de Campo-Mayor: Olivença, que pelo sitio em que estava, e pelo embaraço, e prejuizo, que fazia aos Castelhanos, se suppunha a Praça mais perigosa, se achava neste tempo sem Governador. Era o Mestre de Campo, que assistia naquella guarniçaõ, Manoel de Saldanha

Anno 1657.

danha, e eſtava deſpachado para paſſar aõ Eſtado da India em companhia do Conde de Villa-Pouca; perſuadido da amizade do Conde de S. Lourenço, trocou com infelice diſcurſo o deſpacho da India pelo governo de Olivença, e ignorante da ſua deſgraça, veio a ſer artifice da ſua ruina. No principio de Abril partio o Conde de S. Lourenço para Alentejo com os Cabos, e Officiaes referidos, fiando as diſpoſiçoens, que faltavão por ajuſtar, do zello dos Conſelheiros de Guerra. Em quanto na Corte ſuccedeião as mudanças referidas, trabalhava o Meſtre de Campo General André de Albuquerque por adiantar as fortificaçoens das Praças, exercitar os Soldados, e fazer trabalhar no trem da artilharia, e em tudo o mais, que julgava conveniente para defenſa daquella Provincia; porque ſe multiplicavão por inſtantes as noticias das prevençoens dos Caſtelhanos, fazendo adiantalas a voz, que lançarão, de que ElRey D. Filippe determinava aſſiſtir na futura Campanha. O Duque de S. German (que tinha paſſado a Madrid a ajuſtar o exercito) chegou a Badajoz os ultimos dias de Janeiro, e applicou ſe com grande actividade a prevenillo. Teve André de Albuquerque repetidos aviſos das preparaçoens dos Caſtelhanos, e promptamente os remetteo á Rainha, que ao meſmo tempo recebeo iguaes noticias de todas as Provincias, pedindo-lhe os Governadores dellas Soldados, cavallos, e dinheiro, para ſe defenderem do grande poder dos Caſtelhanos. O ſocego do governo antecedente na vida del Rey fazia mais ſenſivel eſte aperto; porém a Rainha com eſpirito verdadeiramente varonil acudio ás diſpoſiçoens, que pedião mais prompto remedio, ponderando prudentemente, que a Provincia de Alentejo era a que neceſſitava de maiores ſoccorros, por ſer o exercito que a ameaçava o mais poderoſo; e a de Entre Douro, e Minho pelas conſequencias, que ſe devião temer de qualquer perda, que nella houveſſe: e que nas mais ſe não podia recear perigo conſideravel, por ſe naõ eſtenderem as prevençoens dos Caſtelhanos ao empenho de tão larga conquiſta.

Parte para Alentejo o Conde de S. Lourenço.

Chegou

Chegou a Elvas o Conde de S. Lourenço, e foi recebido com grande alegria dos povos de Alentejo, de quem era estimado, pelo muito que no governo antecedente havia attendido ás suas commodidades, fazendo observar tão religiosamente as suas leys, que levantavão os arrendamentos com clausula, de que seria só no tempo de seu governo. Esperou-o André de Albuquerque com todas as demonstraçoens de amigavel correspondencia, depondo a pouca sociedade, que tinha com o Conde, por haver seguido inseparavelmente a amisade de Joanne Mendes de Vasconcellos. Deo lhe noticia de todos os avisos, que tinha recebido das preparaçoens dos Castelhanos, e que por instantes se repetião, de que em Badajoz crescião de sorte os soccorros, que poucos dias poderia dilatar-se sahir o exercito em campanha: que as disposiçoens da defensa daquella Provincia não correspondião ao perigo, que a ameaçava; porque as Praças, que podião ser atacadas, erão muitas, a guarnição de todas pouca, e as mais dellas estavão sem Governadores, nenhuma acabada de fortificar, e todas faltas de mantimentos, e muniçoens: os soccorros das Provincias naõ tinhaõ chegado, as levas, remontas, e carruagens, para sahir o exercito em campanha, eraõ inferiores ao muito, que se necessitava dellas, e que todas estas materias pedião promptissimo remedio; porque o Duque de S. German andava tão vigilante em a nossa ruina, que não perdoara ao intento de sobornar a incorrupta fidelidade do Mestre de Campo D. Manoel Henriques, que governava Campo-Mayor, mandando para este fim hum Religioso com outro pretexto áquella Praça: e que D. Manoel no mesmo instante, que recebera esta abominavel proposiçaõ, prendera o Religioso em sua casa, e passara a Elvas a dar-lhe conta, e com generosa resolução naõ quizera admittir a proposta, que elle lhe fizera, de que devia mostrar se deixava persuadir das offertas do Duque de S. German para castigar a sua ousadia, quando viesse lograr a interpreza, dizendo D. Manoel, que os Portuguezes da sua qualidade não costumavão ser, nem com os inimigos instrumento do engano; resolução que elle lhe louvara, como

Anno 1657.

Anno. 1657.

como merecia; e que dando conta á Rainha, havia mandado agradecer a D. Manoel a sua grande lealdade. Informado o Conde de S. Lourenço destas noticias, as remetteo á Rainha, e a mesma diligencia continuou nos dias successivos pelos avisos repetidos, que lhe chegavaõ, de que os Castelhanos sahiraõ em campanha, e era Olivença a Praça destinada para o primeiro sitio. A repetição dos Correios obrigou á Rainha a não dilatar as ordens convenientes para acudir a tão perigoso movimento. Mandou promptamente marchar para Alentejo ao Conde de Miranda, Mestre de Campo do Terço da Armada, e ao do Senado da Camera, de que era Mestre de Campo Ruy Lourenço de Tavora, e os Terços de Auxiliares de Estremadura dedicados a este soccorro, na fórma, que no primeiro volume fica declarado. Ordenou juntamente aos Governadores das Armas das Provincias remettessem a Alentejo todos os soccorros, que fosse possivel, sem offensa da propria conservação. Applicárão se as levas, e concedeo-se ao Conde de S. Lourenço, que pudesse prover as Companhias de cavallos, e Infantaria, que estivessem vagas, e que aos sujeitos, que elegesse, se passarião patentes, como era estylo. Partírão tambem para o exercito muitos titulos, e Fidalgos da Corte, sendo em todas as occasioens os primeiros, que expunhão as virtudes, e fazendas pela defensa do Reyno. Não erão acabados de chegar estes soccoros a Alentejo, quando o Duque de S. German sahio em Campanha. A doze de Abril poz o exercito em marcha para Olivença com pouco mais de seis mil Infantes, e dous mil, e quinhentos cavallos. Era Governador das Armas D. Francisco Tutavila, Duque de S. German; Mestre de Campo General D. Diogo Cavalhero; General da Cavallaria D. Pedro Giron Duque de Ossuna, General da Artelharia D. Gaspar de la Cueva, Irmão do Duque de Albuquerque, os mais Officiaes do exercito erão muito valerosos, e experimentados. Tomou o Duque de S. German a resolução de dar principio ao sitio de Olivença com tão pequeno exercito, assim por lhe constar, que o nosso não estava formado, como por evitar entrarem-lhe mais comboys; pois na pre-

Dispoem o Conde o governo do exercito.

Sahe em campanha o Duque de S. German.

Sitia Olivença, governada por Manoel de Saldanha.

presunçaõ de haver de ser sitiada, se lhe repetiaõ de sorte, que a noite antecedente entrou D. Joaõ da Silva com hum muito consideravel naquella Praça, tomando com bem succedido discurso resoluçaõ contraria á que lhe mandou persuadir Manoel de Saldanha, porque lhe fez aviso, que os Castelhanos haviaõ reconhecido com a Cavallaria Olivença na tarde, em que D. Joaõ chegou a Geromenha: que lhe parecia fizesse alto naquelle sitio, que ao dia seguinte, descuberta a campanha, poderia marchar com o comboy sem difficuldade. Porêm D. Joaõ conhecendo o grande prejuizo de se perder tempo em semelhantes casos, marchou de noite com grande diligencia, e descarregado o comboy em Olivença, voltou para Geromenha ao amanhecer, a tempo que já appareciaõ as primeiras tropas do exercito. Estava prevenido Manoel de Saldanha para a defensa daquella Praça com mais valor, que ciencia militar; e taõ manifesta era esta falta, que antes que os Castelhanos chegassem a Olivença, mandou perguntar a Andrè de Albuquerque, que se acaso os Castelhanos o sitiassem, divia lançar Infantaria da Praça para defensa da estrada cuberta, como se na subsistencia das obras exteriores, ainda mais apartadas das Praças, que as estradas cubertas, naõ consistíra a sua segurança, principalmente depois que os instrumentos da expugnaçaõ excedéraõ tanto os da defensa. Constava a guarniçaõ de Olivença de quatro mil Infantes, bastantes muniçoens, e mantimentos para muitos mezes: a Praça está situada na campanha raza, por hum lado pouco distante da serra de Olor; pelo opposto, que olha a Badajoz, lhe ficaõ vizinhos os montes do Poceiraõ, e Castello-Velho, em que ha duas Atalaias; mas nenhuma destas eminencias era padrasto da Praça: o corpo da sua fortificaçaõ estava em defensa, a estrada cuberta não era acabada, o fosso tinha pouca altura, e da mesma sorte estava imperfeita huma obra Cornua, que se communicava com a estrada cuberta, situada na parte que olha o Guadiana no oiteiro da Forca, defronte da porta do Calvario. Os Engenheiros, que ficáraõ na Praça, foraõ Diogo de Aguiar, e João

Anno 1657.

Anno 1657.

e Joaõ Gilot; e achando-se nella o Tenente General da Cavallaria Achim de Tamaricurt com quatro centos cavallos, sahio sem damno, havendo a Cavallaria inimiga chegado á vista da Praça, e deixou dentro ao Capitaõ Estevaõ Augusto de Castilho com cem cavallos.

Intenta o Cõde de S. Lourenço soccorrer esta Praça.

Tanto que o Conde de S. Lourenço teve noticia, que os Castelhanos estavaõ sobre Olivença, mandou a Lisboa pela posta ao General da Artilharia Affonso Furtado, para que com a sua presença se applicassem os soccorros. No mesmo instante que chegou, teve audiencia da Rainha, que depois de o ouvir, lhe ordenou fosse ao Concelho de Guerra, aonde para este fim mandára juntar os Conselheiros de Estado. Foy Affonso Furtado executar esta ordem: entrou no Conselho, e propoz da parte do Conde de S. Lourenço, que o seguro caminho de soccorrer Olivença era o da serra de Olor; porque a pouca experiencia daquelle tempo havia facilitado, aos que se tinhaõ por mais praticos, a opiniaõ desta empreza. No Conselho de Guerra tinhão em repetidas consultas representado á Rainha, que com expressas ordens, e inviolaveis preceitos devia prohibir ao Conde de S. Lourenço exporse á contingencia de huma batalha, discursando prudentemente naõ poder o Reyno remediar com facilidade os damnos de huma rota; porém deixando-se persuadir das razoens de Affonso Furtado, votárão todos, que a Rainha ordenasse ao Conde de S. Lourenço, que propondo esta opiniaõ no Conselho de Guerra do exercito, seguisse o que vencessem os mais votos; advertindo porém, que havia de fortificar primeiro hum quartel da parte dalém de Guadiana debaixo da artilharia de Geromenha, e que acabado o quartel, poderia intentar o soccorro pela serra de Olor, escusando o risco da batalha. (Preceito difficil de executar; porque sahido o exercito do quartel, dar, ou naõ dar a batalha, ficava na eleiçaõ dos inimigos.) Conformou-se a Rainha com a consulta, e conseguio o General da Artilharia as mais proposiçoens, que tinha levado, e com pouca demora voltou para Alentejo. Foy recebido do Conde de S. Lourenço com grande contentamento, introduzindolhe nova

couconfiança ver approvada a sua opiniaõ, e mandarlhe a Rainha prometter que o havia de soccorrer com todo o poder do Reyno. Chamou a conselho, e sahio resoluto que, sem se aguardarem os soccorros, que faltavaõ, passasse o exercito o Guadiana; sendo huma das razoens haver tomado a mesma resoluçaõ ElRey D. Joaõ o I. quando marchou a pelejar com os Castelhanos em Algibarrota; sem se reparar na differença dos casos, e na diversidade dos tempos. Tomada esta mal acautelada deliberaçaõ, sahio o exercito de Elvas Sabbado vinte e oito de Abril com os Cabos, que havemos referido, dez mil Infantes, dous mil cavallos, quatorze peças de artelharia, muniçoens, bastimentos, e carruagens proporcionadas ao corpo deste exrcito. Os soccorros naõ tinhaõ chegado das Provincias; porque os Governadores das Armas dellas, attendendo mais ao perigo proprio, que ao que julgavaõ, naõ obedeceraõ ás ordens da Rainha com a promptidaõ, que pedia taõ importante empreza. O dia antecedente ao em q̃ o exercito sahio em campanha deo o Conde de S. Lourenço conta á Rainha da sua determinaçaõ; e baixando a carta ao Conselho de Guerra, como nelle se havia sempre entendido que nas diversoens consistia o mais seguro soccorro de Olivença, vendo-se a carta do Conde, e outra, que pelo mesmo correio escreveo ao Secretario de Estado, representou o Conselho á Rainha que devia, sob pena de caso maior, ordenar ao Conde de S. Lourenço se naõ expuzesse ao perigo de huma batalha; porque assim das duas cartas referidas, como das antecedentes, constava que o unico intento, que levava de soccorrer Olivença, era rompendo as linhas dos Castelhanos, que a sitiavaõ com exercito muito superior ao nosso, pelos grandes soccorros, que lhe haviaõ entrado todos os dias antecedentes; e que neste sentido, e na contingencia de qualquer successo adverso era preciso formarem-se assim em Lisboa, como em todas as Provincias, varios tróços de exercitos, para se evitar cóm esta prevenção a ultima ruina. Accommodou-se a Rainha com esta bem fundada opinião: fez passar

Anno 1657.

Anno. 1657. passar promptamente todas as ordens convenientes, e escreveo ao Conde de S. Lourenço, advertindo-o muito por extenso de todas as consideraçoens, que ficão apontadas.

No mesmo Sabbado, em que o Conde sahio de Elvas, poz o exercito em marcha com a Infanteria dividida em vinte esquadroens, e em vinte e oito batalhoens a Cavallaria: seguia se a artelharia á linha da vanguarda, e á linha da rectaguarda a carruagem. Eraõ Mestres de Campo dos Terços da Provincia o Conde de S. João, o Conde da Torre, o Barão de Alvito, que succedeo no governo a Manoel de Mello, Simão Correa da Sylva, Pedro de Mello, D. Manoel Henriques, Agostinho de Andrade Freire, Joaõ Leite de Oliveira, Diogo Sanches del-Poço: de Lisboa o Conde de Miranda, Ruy Lourenço de Tavora, e dos mais Terços de Auxiliares, que governavão pela maior parte os Sargentos maiores. Elegeo o Conde por Capitão da sua guarda a D. Luiz de Menezes, naõ querendo alterar a nomeaçaõ do Conde de Soure; e com favor especial, cedendo á instancia de D. Luiz, lhe permittio poder marchar sempre, sem se obrigar á sua assistencia, no lado direito da linha da vanguarda da Cavallaria, que era o lugar, que pelo seu Posto lhe tocava; e nomeou para o acompanhar em quanto durasse a campanha ao Capitão de Cavallos reformado Sebastiaõ da Costa, formando-lhe huma Companhia de dous cavallos, que mandou tirar de cada huma das Companhias. Marchou o exercito toda a noite; e ao Domingo antes de amanhecer se adiantou o Governador da Cavallaria Manoel de Mello com dous mil cavallos, e mil mosqueteiros a facilitar junto a Geromenha a passagem do Guadiana com as aguas do Inverno antecedente, e duvidosa na contingencia da opposiçaõ, que se suppunha podia fazer o exercito de Castella; porém, passando o porto quando rompia a manhãa, Vasco Martins Segurado, Tenente de D. Luiz de Menezes, com cem cavallos tirados de varias Companhias; e não achando embaraço algum, passou Manoel de Mello o Guadiana com toda a Cavallaria, e seguio-se todo o exercito

exercito por huma ponte de barcas, que se formou sobre o rio. Pudera o Duque de S. German arrepender-se do descuido de se naõ oppor ao nosso exercito na passagem do Cuadiana, se a nossa desordem não produzira a inconstancia, que padecemos em todas as resoluçoens, que tomámos; porque bastara a persistencia de qualquer dellas, para se soccorrer Olivença; porque, ainda que a artelharia de Geromenha favorecia muito o intento da passagem do rio, como os Castelhanos erão superiores no corpo da Cavallaria, muitos sitios puderão occupar, com que sem perigo nos impedissem facilmente ganhar posto da outra parte. Tanto que passou o exercito, occupou o sitio, que o Mestre de Campo General lhe destinou para se alojar. Ficou o quartel debaixo da artelharia de Geromenha com a frente em Olivença, a rectaguarda em Guadiana. Occuparão-se os Soldados em levantar trincheiras; e fortificado o quartel, chegou noticia de que os sitiados não havião recebido grande oppressaõ nos quinze dias de sitio; porque os Castelhanos se occuparaõ em cerrar a circumvallaçaõ antes de dar principio aos aproches; e como a Infanteria, ainda que se tinha augmentado, naõ passava de doze mil Infantes, e o cordaõ era dilatado, não podião ao mesmo tempo trabalhar em huma, e outra operação: os quarteis foraõ tres, governados o da Corte pelo Duque de S. German, o segundo pelo Mestre de Campo General, o terceiro pelo Duque de Ossuna. Levantaraõ-se as primeiras platafórmas distantes das muralhas, e das baterias jogavaõ quatro canhoens, sete meios canhoens, e seis colubrinas, e dous morteiros: a circumferencia do quartel guarnecião dez peças de campanha. Manoel de Saldanha tinha mandado fazer algumas sortidas com pouco effeito, e a artelharia da Praça laborava inutilmente; porque os Castelhanos, como estavaõ ainda muito distantes, naõ recebiaõ o menor prejuizo. O nosso exercito havia crecido ao numro de doze mil Infantes, e dous mil, e duzentos cavallos, melhores Soldados na apparencia, que na realidade; porque, ainda que erão dotados do grande valor, de que se compoem toda a Naçaõ Portugueza,

Anno 1657.

Anno 1657. gueza, e a disposiçaõ dos corpos, e luzimento prometia a maior felicidade, os Cabos, Officiaes, e Soldados não tinhão aquella grande experiencia, que só se adquire pelejando-se muitas vezes, e no tempo futuro conhecemos o que neste ignoravamos. O Conde de S. Lourenço chamou a conselho, e sem querer aguardar os soccorros das Provincias, que naõ havião chegado, nem admittir diversoens, que era o que mais convinha, resolveo buscar os Castelhanos nos seus alojamentos, aquartelando o exercito no sitio da Atalaya de Castello-Velho, que distava dos quarteis pouco mais de tiro de mosquete, logrando-se a segurança dos comboys pela vizinhança de Geromenha, e o embaraço dos que alimentavaõ o exercito de Castella, por ficarmos alojados na estrada de Badajoz, donde elles vinhaõ; conseguindo juntamente ficar exposto ás nossas baterias o exercito inimigo, e o nosso, por muito superior de sitio, livre das suas, e naõ poder a Praça ter perigo nos assaltos; porque o numero dos Soldados dos Castelhanos naõ era taõ grande, que pudesse atacar a hum tempo a Praça, e defender-se no mesmo das nossas operaçoens; porém novos accidentes desbarataraõ todos estes bem fundados discursos, e sem nova causa se desvaneceo o intento de se introduzir pela serra de Olor o soccorro de Olivença.

Sexta feira quatro de Mayo se poz em marcha o exercito, deixando a ponte de barcas, que estava lançada sobre Guadiana, segura com dous reductos fabricados na entrada, e sahida della com guarniçaõ competente. Naõ marchou o exercito mais que huma legoa, por sair tarde do alojamento, e ser difficil de compor na primeira marcha. O dia seguinte ao amanhecer marchou em batalha, levando todo o corpo da Cavallaria no lado direito da Infanteria, por assegurar o esquerdo a Ribeira de Olivença, que contínúa de Guadiana, onde desagua, até o Alentejo, que intentavamos occupar, lançando-se por estas ventagens as carruagens a esta parte, e a artelharia se dividio pelos claros da primeira linha da Infanteria. Marchou o exercito com o vagar, e compostura conveniente; e os Castelhanos, tanto que tiveraõ este aviso

aviso pelas partidas, que estavão sobre elle, se formaraõ em batalha dentro das linhas, deixando-nos apraxes a gente, que bastava para os guarnecer. Deste movimento se originou, por descuido de algum Soldado, atear-se o fogo nas barracas, em que os mais se abrigavaõ da inclemencia do tempo. Deu vista do incendio huma partida nossa, e sem mais exame, que o deseio deste successo veyo o Cabo pedir alviçaras ao Conde de S. Lourenço, de que os Castelhanos se retiravão para Badajoz; havendo largado as linhas, e posto fogo aos quarteis. Occasionou esta noticia grande alvoroço na maior parte do exercito, e promptamente mandou o Conde de S. Lourenço ao Tenente General da Cavallaria Tamaricurt com quinhentos cavallos a averiguar a verdade deste aviso. Marchou elle, e como professava igualmente com o valor a sinceridade, chegando á vista dos quarteis dos Castelhanos, aonde continuava o incendio, e vendo-os sem gente; porque o exercito estava formado em sitio, que elle o não descobria, deu por infallivel a sua retirada, e levemente fez aviso ao Conde de S. Lourenço, pedindo-lhe o soccorresse com mais batalhoens, porque os Castelhanos que fugiaõ, era verosimel perderem a artilharia, que levassem na retaguarda. Esta segunda affirmação accrescentou no exercito de sorte a credulidade, que houve quem despachou correyo á Corte com esta nova; e os que duvidarão da certeza della, forão contados por inimigos da gloria do Conde de S Lourenço. Durou pouco espaço este contentamento; porque ao passo que o exercito continuou a marcha, se multiplicarão os avisos da persistencia dos Castelhanos; e vendo elles que marchavamos com a frente na Atalaya de Castello Velho, occuparão com todo o exercito a do Poceirão, que lhe ficava vizinha, temendo, que ganhando nós aquelle posto, não pudessem livrar-se das baterias da nossa artilharia, por ficar muito superior a todos os quarteis, que olhavão para aquella parte. Porém não defenderão a Atalaya de Castello-Velho, rendendo-se á sua vista hum Alferes, que a guarnecia com vinte e cinco mosqueteiros, aos Sargentos Mayores Manoel Ferreira Anno 1657.

Anno 1657. Rebello, que o era de Auxiliares, e Francisco Velho de Avelar, que para este effeito se adiantaráo do exercito com duzentas bocas de fogo, com os Capitaens Ambrosio Pereira, Alvaro de Mesquita, Manoel da Cunha, e Manoel Arnau. No Poceirão persistirão os Castelhanos formados, até que a nossa marcha lhes advertio, que lhes convinha largar aquelle sitio; porque logo que se rendeo a Atalaya de Castello-Velho, se adiantou o Mestre de Campo General André de Albuquerque a huma eminencia, a que se seguiáo as hortas da Amoreira, pouco distantes das linhas dos Castelhanos; e persuadido das commodidades de agua, e lenha que havia naquelle sitio, sem reparar nas baterias dos inimigos, a que ficavamos expostos, resolveo, que o exercito se aquartelasse neste lugar; e para este efleito mandou hum trombeta ao Cabo de trinta Soldados, que guarneciáo hum reducto fabricado em hum pequeno monte, que dominava as hortas da Amoreira, com ordem que se rendesse, senão queria experimentar o castigo dos que em fortificaçoens daquella qualidade pertendiáo fazer aos exercitos inutil resistencia. Persuadio-se o Cabo, entregou o Fortim sem mais instancia, e o Mestre de Campo General com beneplacito do Conde de S. Lourenço mandou marchar o exercito para aquelle alojamento, em que tinha resoluto aquartelalo. Achava se o exercito com a mesma fórma, em que havia sahido do quartel de Guadiana, e com a frente no Poceirão, onde os Castelhanos estavão formados, e ficava-lhe no lado direito o quartel da Amoreira, que determinava occupar; e como a ordem do Mestre de Campo General não teve distincção alguma, aballou a buscar o quartel da Amoreira, que lhe ficava no lado direito com a mesma frente, que tinha para o Poceirão, onde estavão formados os Castelhanos; e sendo-lhe preciso dar meia valta, por ser só o lado esquerdo o que marchava, vierão a ficar vanguarda as carruagens; e como o exercito de Castella ficava tão vizinho, he certo, que se os Cabos delle forão mais experimentados, não perderão occasião tão opportuna, como derrotar só com o corpo da Cavallaria todo o nosso exercito,

ercito, penetrando facilmente as carruagens, e o lado esquerdo da Infantaria, sem a guarnição da Cavallaria, que occupava o lado direito: e esta he a verdadeira sciencia, que devem aprender os Generaes, por não se exporem a perder por hum descuido exercitos, e Monarquias. Nesta fórma marchou o exercito de Castello Velho para o alojamento da Amoreira, e só desculpou a inadvertencia dos inimigos hum choveiro com grande escuridão, que lhes encobrio a nossa desordem, que se accrescentou na passagem de hum regato, ainda que pequeno, de poucos, e difficeis passos. Os Castelhanos tarde arrependidos de não lograrem as duas occasioens, que lhes offereceo a fortuna, tanto que observarão o alojamento, que o nosso exercito buscava, desoccuparão o sitio do Poceirão, e vierão guarnecendo com o exercito a linha, que já estava levantada, em que só havião deixado hum pequeno corpo de Infantaria, e Cavallaria. Houverão alguns discursivos que entenderão, que se logo que chegámos a Castello-Velho, marcharamos a atacar a linha, que seria facil, por estar desguarnecida, introduzir o soccorro em Olivença; porêm este discurso era manifesto engano; porque o nosso exercito estava mais distante das linhas, que os Castelhanos do soccorro dellas; e para tão grande intento era necessario huma resolução muito anticipada, a que se seguisse a distribuição das ordens para o assalto, soccorros, e reservas, havendo de pelejar com exercito fortificado, e mais poderoso.

Anno 1657.

Manoel de Saldanha festejou com muitas salvas a chegada do exercito, e lançou alguns cavallos na estrada cuberta governados pelo Capitão Estevão Augusto de Castilho, que sustentaraõ huma leve escaramuça. No alojamento da Amoreira achou o exercito a commodidade de cobrir o lado esquerdo o regato, que haviamos passado. Na frente do lado direito, e retaguarda se deu principio a huma trincheira; porém as horas do dia eraõ poucas, e a chuva tão grande, que toda a noite passamos com as armas na mão; mas não occasionou a pouca resoluçaõ dos Castelhanos outro embaraço. Chegou a manhãa; e como a vizinhança dos quarteis era muita, e o

Anno 1657. sitio do nosso quartel baixo, e estreito, começamos a experimentar damno consideravel da artilharia inimiga, e não era igual o prejuizo dos Castelhanos; porque a nossa era ligeira, e os seus quarteis superiores, e dilatados, e por instantes se hia descobrindo a inutil assistencia daquelle quartel. Ao terceiro dia dos cinco que estivemos nelle, vendo-se que estava estreito, (porque só depois de experimentados os damnos, se conheciaõ os erros) resolvendo-se que se alargasse, sahio o Governador da Cavallaria com a maior parte della a buscar faxina para esta obra a hum lugar pouco distante do quartel. Os Castelhanos, ou querendo reconhecer este movimento; ou desejando tentar a nossa constancia, lançarão fóra das linhas parte da sua Cavallaria com algumas mangas de mosqueteiros. Observada pelos nossos Cabos esta resoluçaõ, tomaraõ por expediente mandar recolher a Cavallaria ao quartel, ficando só fóra delle alguns Officiaes, e Soldados, que sustentaraõ por algum espaço huma bem pelejada escaramuça. Este successo desalentou muito os animos dos Soldados, entendendo que serem taõ pouco prosperos os principios, pronosticava a infelicidade dos successos futuros; e justamente consideravão, que se o intento de se occupar aquelle posto, era soccorrer Olivença a todo o risco, e qualquer resoluçaõ que se tomasse, seria menos arriscada, que o empenho, em que estava o exercito, não podia haver desculpa, para se naõ usar do beneficio da occasiaõ presente, atacando parte das tropas inimigas, que inconsideradamente havião sahido dos seus quarteis, porque rompendo-as, ficava menos difficil atacar as trincheiras; e sendo contrario o successo, podia todo o exercito tomar o empenho, dando batalha com mais ventagens das que hia buscar, havendo de atacala rompendo as trincheiras dos inimigos; e com este desengano parecia imprudente desconcerto persistir-se naquelle quartel, e sacrificarem-se sem merecimento as vidas dos Soldados ás ballas da artilharia dos inimigos. Naõ ignoravaõ os Cabos, e Officiaes maiores estes discursos; obrigados delles, e do descommodo da artilharia, que naõ deixava persistir mui-

tas

tas horas a maior parte das tendas em hum lugar, não sem reparo dos que as sustentarão com mais firmeza, e dos que as não tinhão, tratarão de mudar de resolução. Chamou o Conde de S. Lourenço a conselho os Cabos, e Mestres de Campo, Tenentes Generaes da Cavallaria, Titulos, e Conselheiros de Guerra, como era estilo; assentarão, que o General da artilharia com oitocentos Infantes, e quinhentos cavallos marchasse logo a interprender o Forte de S. Christovão, que ganhado, ficaria facil a resolução de sitiar o exercito Badajoz. Executou-se este intento, não se ignorando, que era arriscado separar-se este corpo de gente de exercito; quando era preciso retirar-se á vista dos Castelhanos, sem duvida superiores na Cavallaria, ainda que marchassemos unidos. Venceo este inconveniente a razão de se julgar mais facil a interpreza do Forte de S. Christovão, quando os Castelhanos, que o guarnecião, estavão mais descuidados na confiança do empenho, em que se achava o nosso exercito no alojamento da Amoreira. Marchou Affonso Furtado com o maior segredo, que foi possivel; porém com tão máo successo, que a noite, em que havia de executar a interpreza, foi tão tempestuosa, que perdidos os guias, e confusos os Soldados nos olivaes de Elvas, por onde foi a marcha, faltarão as horas da noite para chegar ao Forte antes da madrugada, com que foi preciso a Affonso Furtado retirar se a Elvas; não sem suspeita de que os guias, ou medrosos, ou corrompidos, maliciosamente errarão o caminho, por ser tão seguido, que parecia impossivel perderem-se, por maior que fosse a escuridão, e tempestade; porém estes successos pódem acontecer sem malicia, e os discursos humanos sempre se encaminhão a imaginar o menos virtuoso.

Anno 1657.

Procura Affonso Furtado ganhar o Forte de S. Christovaõ, o que naõ teve effeito.

O dia seguinte, ao que partio Affonso Furtado do quartel da Amoreira, que se contavão onze de Mayo, se poz em marcha o nosso exercito, cuberto pelo lado direito com o regato da Amoreira, pelo esquerdo com os carros, e toda a Cavallaria na retaguarda. Os Castelhanos, não sem culpa de pouco vigilantes, não sentirão o nosso movimento, senão depois do exercito sair em

Retira-se sem effeito o exercito.

Anno 1657.

em marcha. Para obſervalla, ſahio o Duque de Oſſuna dos ſeus quarteis com trinta batalhoens, e ſeguio o exercito até reconhecer, que tornava a occupar o quartel de Geromenha, de que havia ſahido. A pena, que cauſou nos ſitiados verem retirar o exercito ſem operaçaõ alguma, ſendo grande, naõ foi maior da que trouxerão os Soldados de os naõ ſoccorrerem; porque em todos era o ſentimento de qualidade, que mais facilmente entregarão as vidas, que a opinião, que ſuppunhão perdida naquella retirada. O tempo, que o exercito eſteve alojado no quartel da Amoreira, adiantaraõ os Caſtelhanos pouco o trabalho contra a Praça, e achavão-ſe os alojamentos ainda muito diſtantes da eſtrada cuberta, e as batarias da artilharia, que jogavão de muito longe, era pouco o damno, que tinhão feito nas muralhas: porém o Duque de S. German tendo por maior effeito a retirada do exercito para deſalento dos ſitiados, que o animo que lhes podia infundir verem-ſe pouco opprimidos, mandou fazer huma chamada, e propor a Manoel de Saldanha a razão, que tinha de entregar aquella Praça; na deſeſperaçaõ de ſe retirar o exercito ſem poder ſoccorrella. Repulſou elle eſta primeira propoſta, caminharaõ os aproxes, chegaraõ-ſe as batarias, e os Caſtelhanos occuparão hum fortim, que os ſitiados largarão ſem ſerem conſtrangidos, e a eſte paſſo melhoravão os Caſtelhanos o ſeu partido, mais pela pouca deſtreza dos ſitiados, que pela ſua induſtria.

Continua-ſe o ſitio.

O Conde de S. Lourenço tanto que chegou ao alojamento de Geromenha, chamou a conſelho, e propôz com poucas palavras, que elle eſtava deliberado a executar huma de duas emprezas, ou voltar ſobre as linhas dos Caſtelhanos a procurar rompelas, ou atacar Badajoz; porque ganhada aquella Praça, ainda que ſe perdeſſe Olivença, conſeguião as Armas del-Rey maior utilidade, e maior reputação; declarando, que não admittia voto, que naõ abraçaſſe huma das duas reſoluçoens propoſtas. Todos os que ſe acharão no conſelho, como viraõ que o Conde reſolvia, e não conſultava, convierão na empreza de Badajoz, por ſer das duas a menos difficultoſa.

tosa; André de Albuquerque; e Manoel de Mello accrescentarão, que não seria inutil ganhar-se o Forte de Telena, e procurar se naquelle sitio cortarem-se os comboys, que de Badajoz passavão ao exercito. O Conde de S. Lourenço remetteo á Rainha todos os pareceres dos que votarão pelo seu preceito, assinados em hum papel, que lançou Diogo Gomes de Figueiredo, que servio sem posto naquella Campanha. Chegado o correio, que levou este papel, mandou a Rainha juntar os Conselheiros de Estado, e Guerra, e dividindo-se os pareceres; se conformou a Rainha com os votos do Conde de Odemira, e Francisco de Mello, que forão de opinião, que se intentasse ganhar os Fortes de Telena, e S. Christovaõ: que se sitiasse Badajoz, e que se tivesse attençaõ a cobrir-se a Provincia das invasoens da Cavallaria inimiga. Os outros votos concordaraõ, que na eleiçaõ do Conde de S. Lourenço, e do Conselho de Guerra do exercito, devia a Rainha deixar os caminhos, que se haviaõ de seguir, para se remediar o aperto, em que Olivença se achava; porque conheciaõ o estado do exercito dos Castelhanos, as diversoens que se deviaõ fazer, e os sitios, que se haviaõ de occupar, para se impedirem os comboys; e consideradas todas as circunstancias deste taõ grande negocio; esta entre todas era a opiniaõ mais acertada; porque o intento do Conde de S. Lourenço ficava desvanecido com o pequeno exercito, que governava para romper as linhas, e com os poucos instrumentos de expugnação, muniçoens, e mantimentos, para sitiar Badajoz. Os votos dos Cabos, e Officiaes do exercito, huns se accommodaraõ ao menos factivel, que era sitiar Badajoz; outros a occupar Telena, que era o menos util; porque Telena para divertir o perigo de Olivença, era sitio muito remoto; e para impedir os comboys, que passavão de Badajoz aos quarteis, sendo os Castelhanos superiores no corpo da Cavallaria, era impraticavel, e infructuoso, ainda que fora possivel sustentar Telena, perdida Olivença: e os Conselheiros, com que a Rainha se conformou, cahiraõ no mesmo erro, assim nesta opiniaõ como na de atacar o Forte de S. Christovaõ; porque esta empreza, naõ havendo

Anno 1657.

Anno 1657.

vendo meios, para intentar o sitio de Badajoz, era arriscar a gente sem utilidade; porque os Castelhanos não havião de levantar o sitio de Olivença, em quanto Badajoz não tivesse maior risco, que a perda do Forte; porque como entre o Forte, e a Praça se interpunha a corrente do Rio, não era aquelle o posto, em que se arriscava a conservação da Praça, e de todos estes discursos se deve inferir, que ou para o soccorro de Olivença se havia de occupar o sitio de Castello-Velho, ou contrapezar-se com a diversaõ de Albuquerque, (Praça naquelle tempo facilissima de conseguir, se se intentasse, pela pouca guarnição, que a defendia)

Intenta Affonso Furtado segunda vez enterprender o Forte de S. Christovaõ, e naõ o consegue.

A resoluçaõ, que a Rainha tomou, partindo de Lisboa sem demora, quando chegou ao exercito o correio, que a levou pela posta, já o Conde de S. Lourenço havia mudado de parecer, elegendo novo partido, que desbaratou todas as opinioens, que ficão referidas; porque levado de fervoroso impulso, mandou, sem outra conferencia, que o exercito marchasse a sitiar Badajoz, anticipando se segunda vez Affonço Furtado a interprender o Forte de S. Christovão, e padecendo no intento a mesma infelicidade; porque entregando a Antonio Mexia Benito, Tenente do Commissario Geral João da Silva de Sousa, avaliado pelo mais pratico do exercito em toda aquella campanha, as escadas, e petardos, com o pretexto de perder a estrada, quando Affonso Furtado chegou com a Cavallaria, e Infantaria, se achou sem aquelles instrumentos precisos para conseguir o que intentava. Foi prezo Antonio Mexia com grande estrondo, depois solto com pouco castigo: e de similhantes exemplos procede ordinariamente a corrupçaõ da disciplina dos exercitos. Retirou-se Affonso Furtado com excessivas demonstraçoens de sentimento do successo, em que não foi culpado o seu valor, nem a sua vigilancia. Não divertio esta desgraça a marcha do exercito, que intentava ganhar Badajoz, e chegou a quinze de Mayo á vista daquella Praça. Forão avançados os Terços dos Condes de S. João, e Torre com ordem do Mestre de Campo General, que occupassem humas hortas visinhas á mura-

Passa o exercito a Badajoz.

lha; conseguirão ganhar o mesmo posto, rompendo a opposição de incessantes batarias, e fortificando se ficarão occupando a cabeça da trincheira, e o Conde de S. Lourenço mandou a Elvas conduzir toda a artilharia grossa, que era necessaria para dar principio ás batarias, e ao sitio. Despedida esta ordem, mudou o Conde de repente de opinião, e resolveo, que na madrugada do dia seguinte se desse hum assalto geral á Praça de Badajoz, desprezando todas as considerações, que podiaõ dar a esta empreza o titulo de temeraria, assim pela vigilancia dos defensores no segundo dia do sitio, como pela circumvalação da Cidade ser tão larga, e o exercito tão pouco numeroso, que não podia atacar-se por tantas partes, que a guarnição fizesse divisaõ consideravel: além de que as muralhas antigas erão tão levantadas, que não havia escada, por mais que se accrescentasse, que chegasse ao alto dellas; e como a altura ficava fóra da proporção, era impossivel sustentarem o pezo da gente, que havia de subir; porém como era maior o empenho do Conde de S. Lourenço, que todas estas difficuldades, levou adiante o seu intento, ordenando que Manoel de Mello marchasse com mil e seiscentos cavallos a occupar as estradas, que vinhão do exercito inimigo para Badajoz, e impedir os soccorros, que naquella noite podião entrar na Praça, e que ao romper da manhãa, para dar calor ao assalto, se arrimasse a ella. A execução da interpresa, pela parte mais visinha ao Rio, tocou aos Mestres de Campo Simão Correia da Silva, Agostinho de Andrade Freire, e ao Terço do Mestre de Campo João Leite de Oliveira, que marchou de reserva. A porta da Trindade, que ficava distante tres mil passos, avançarão os Mestres de Campo Ruy Lourenço de Tavora, e Diogo Sanches del-Poço, e de reserva o Conde de Miranda com o Terço da Armada, e o Tenente General da Cavallaria Tamaricurt dava calor ao assalto com seiscentos cavallos. Repartirão-se as escadas pelos Capitaens vivos, e reformados, e Soldados de qualidade, e valor, e antes que os Terços avançassem, se dispararão na Praça cinco peças, que manifestavão a vigilancia dos sitiados, e de-

Anno 1657.

Dá hum assalto a Praça com máo successo.

Anno 1657. e depois se averiguou, que fora sinal, para que todos estivessem com as armas nas mãos, por haver fugido hum Soldado do exercito, que deu aviso das preparaçoens, que vira para o assalto, e de hum comboy, que entrou na Praça, sem darem fé delle as nossas partidas; e naõ bastou este accidente para desvanecer aquella intempestiva resoluçaõ, e já com a luz do dia avançáraõ os quatro Terços á muralha com tanto valor, que a ser a empreza possivel, a conseguiraõ. Arrimáraõlhe as escadas, e reconhecendo que naõ passavaõ as mais altas de dous terços do da altura da muralha, e querendo parecer mais temerarios, que temerosos, as occupáraõ todos aquelles, a quem foraõ destinadas; e experimentando que se faziaõ em pedaços humas com o pezo da gente, outras com os golpes das pedras, que os Castelhanos lançáraõ das muralhas, naõ bastou este desengano, para se retirarem os valerosos expugnadores; e desprezando a peito descuberto nuvens de ballas, e outros furiosos instrumentos, que cahiaõ sobre elles, com as mãos parece que intentavaõ desfazer as muralhas, sem se apartarem dellas, até ouvirem que as trombetas, e tambores tocavaõ a retirar. Obedecéraõ, e constando a Simaõ Correya da Silva, que havia ficado ao pé da muralha hum petardo, que havia deixado outro Terço, o mandou retirar pelo seu Sargento mór Manoel Lobato Pinto com oitenta Officiaes, e Soldados, dando-lhe calor Simaõ Correya com incessantes cargas, e por entre infinitas ballas conseguiraõ o seu intento; tendo Simaõ Correya avançado a Praça com summo valor pela parte mais arriscada, por lhe ficar exposto o lado esquerdo do seu Terço á mosquetaria da ponte; e a retaguarda á guarniçaõ, que tinhaõ em huns moinhos os inimigos. Marchou na retaguarda o Conde de Miranda, conduzindo o seu Terço com grande socego, valor, e disciplina, naõ sendo poderosas as ballas de artilharia, e mosquetaria, que furiosamente jogavaõ contra elle, para o obrigarem a apressar o passo, ou alterar a fórma, a que fez a acçaõ da retirada, naõ menos valerosa, que a da investida. Manoel de Mello embaraçado com a estreita passagem do do Rio Calamon, chegou com a Cavalaria junto á Badajóz, quando a Infantaria se retirava com setenta Officiaes, e Soldados mortos, e terzentos feridos. Os mortos, que obrigárao a maior sentimento, forao o Mestre de Campo Rui Lourenço de Tavora, em quem concorriao igualmente ser muito illustre, ter grande valor, e galharda presença; o Mestre de Campo Diogo Sanches del Poço, de naçao Castelhano, que sem offensa da sua opiniao, por se achar casado com domicilio neste Reyno, quando ElRey se acclamou, servio valerosamente todo o tempo, que lhe durou a vida: Sebastiao de Vasconcellos, filho terceiro do Conde de Castello-Melhor: Manoel da Cunha, e Manoel Arnau, Capitaens de Infantaria do Terço de Simao Correia, Alvaro de Mesquita do Terço de Agostinho de Andrade, nomeado Capitao de cavallos, que desejosos de acreditar o seu valor, immortalizárao a sua memoria. Os feridos, que dérao maior cuidado, forao o Conde Camareiro mór, a quem deu huma balla em huma face, por ser em todas as occasioens de maior risco, ou o primeiro, ou dos primeiros, que expunhao liberalmente a vida pela liberdade da patria. O Mestre de Campo Simao Correia da Silva, ferido em huma perna, para que nao faltasse este esmalte á sua gloria; Antonio Francisco de Saldanha, herdeiro da casa, e valor de seu pay Ayres de Saldanha, com huma balla em huma perna. Anno 1657.

Sentio intimamente o Conde de S. Lourenço este máo succésso, assim pelas disposiçoens, e circunstancias delle, como pelo desengano de se impossibilitar o soccorro de Olivença; porque o sitio por instantes se estreitava, e o nosso exercito por horas se diminuía. Por este respeito, e por todas as razoens referidas, chamou o Conde de S. Lourenço a conselho; pareceo uniformemente que o exercito nao devia persistir naquella inutil empreza, por não fazer mais difficil o empenho da reputação das Armas. Com esta determinação passou o Guadiana; e ficou alojado sobre o Rio Caia, e ao dia seguinte continuou a marcha para Geromenha, só com o fundamento de animar os sitiados; sem se prevenir

Anno 1657.

nir o descredito, a que nos hiamos expor, sendo testimunhas da entrega de Olivença. Chegou neste tempo aviso de Manoel de Saldanha, de que os Castelhanos havião occupado todas as obras exteriores á custa de muitas vidas; porém que não conseguirão ganhalas, senão depois de lhas largarem, e deste indesculpavel erro fazia jactancia: dizia que os mortos naõ passavaõ de cento, em que entravaõ os dous Engenheiros João Gilot, e Diogo de Aguiar; que pudera ser maior a perda, se naõ houvera reduzido a guarnição ao corpo da Praça: queixava-se da falta das muniçoens, principalmente de polvora; ultimamente pedia, que naõ podendo ser soccorrido, se lhe fizessem certos sinaes, para tratar com tempo de melhorar o seu partido. O Conde de S. Lourenço vendo o precipicio a que os sitiados caminhavaõ, lhes mandou fazer alguns sinaes, que ou por serem os que estavaõ concertados para a certeza de os naõ soccorrerem, ou por se enganarem com elles, se dispuzeraõ logo a entregar a Praça. Avisou o Conde de S. Lourenço a Rainha; e resolveo mandar o General da Artilharia a interprender Valença, Praça de uteis consequencias com quatro Terços de Infantaria, e seis batalhoens á ordem do Tenente General da Cavallaria Diniz de Mello, e Castro. Marchou Affonso Furtado, e naõ podendo lograr a interpreza, nem levando disposiçoens para larga demóra, o mandou retirar o Conde de S. Lourenço, novamente disposto a soccorrer Olivença; porque do alojamento de Caya passou o exercito, como dissemos, a alojar junto a Guadiana, fez alto huma legoa por cima de Geromenha, e a este posto chegaraõ de Olivença Joaõ Mendes Mexia, o Capitaõ de Infantaria Antonio Barboza de Brito, Fernaõ Gomes de Cabrera, o Padre Antonio de Mattos Mexia, Lourenço Galego Farjado, Gil Lourenço Cabeça; Bento de Mattos Mexia, com as capitulaçoens, que Manoel de Saldanha havia feito com o Duque de S. German; porque Manoel de Saldanha ainda que lhe sobrava valor, como lhe faltava experiencia, e Officiaes, que o aconselhassem, parecendo-lhe que os sinaes, que o Conde de S. Lourenço mandou

Vai Affonso Furtado interpreader Valença, volta para o exercito sem conseguir o intento.

Entrega-se Olivença.

dou fazer para entregar a Praça, como elle entendeo, eraõ baſtante deſculpa deſta reſoluçaõ, ordenou que ſahiſſe della o Meſtre de Campo Joaõ Alvares de Barbuda, e o Sargento mór Joaõ Rodrigues Coelho, que ajuſtarão as capitulaçoens da entrega da Praça, fazendo-ſe primeiro aviſo ao Conde de S. Lourenço. Foraõ no exercito taõ mal recebidos os Commiſſarios, que trouxeraõ as capitulaçoens, que ſe naõ perdoou a afronta alguma, com que os não eſcandalizaſſem. O Conde de S. Lourenço impaciente de tão repetidas deſgraças, deu conta â Rainha, e lhe remeteo todas as cartas, e papeis, que haviaõ chegado de Olivença. Mandou a Rainha juntar (como em todas as occaſioens tinha feito) os Conſelheiros de Eſtado, e Guerra, e encommendou lhes com varonís, e heroicas palavras, que não perdoaſſem a diligencia alguma, para ſe procurar remedio a deſgraça tanto para ſentida, como a perda de Olivença. Depois de dilatada conferencia, forão de parecer a maior parte dos votos; que a Rainha eſcreveſſe a Manoel de Saldanha quebraſſe a capitulação, ſegurando-lhe que havia de ſer ſoccorrido, ainda que todo o exercito ſe arriſcaſſe a padecer a ultima ruina, e que para obedecer a eſta ordem, como ſe eſperava do ſeu valor, e da ſua qualidade, lhe naõ podiaõ faltar pretextos, ſendo que a meſma capitulaçaõ os inſinuava; e que ao Conde de S. Lourenço ſe mandaſſe ordem, para que unindo toda a gente, que lhe foſſe poſſivel, paſſaſſe Guadiana a ſoccorrer Olivença; e que para lhe aſſiſtir partiſſe para o exercito o Conde de Caſtello-Melhor, e ó Conde de Sabugal; porque ſeriaõ de grande utilidade, pelas virtudes que profeſſavaõ. A Rainha, que deſejava fervoroſamente eſta reſoluçaõ, mandou expedir as ordens, e partiraõ os Condes de Caſtello-Melhor, e Sabugal com grande deſejo de poder ter parte na emmenda dos erros paſſados. O Conde de S. Lourenço, tanto que lhe chegou a ordem da Rainha, paſſou Guadiana, e occupou o quartel de Geromenha, e promptamente remeteo a Manoel de Saldanha a carta da Rainha, ſegurando-lhe que eſtava deliberado a ſoccorrello a todo o riſco. Eſta reſoluçaõ ſoube Anno 1657.

Anno 1657. be Manoel de Saldenha ao mesmo tempo, que o Duque de S. German; porque a noite em que se tomou, fugio do exercito Manoel da Silva Ajudante da Cavallaria, a que chamavão o Queimado, e informou ao Duque de tudo quanto se tinha assentado no Conselho, como muitas vezes havia feito; porque o Conde naõ só se não recatava delle, mas lhe fiava os avisos, que fazia a Manoel de Saldanha, que elle sem dilação remettia ao Duque de S. Geman; que até este infortunio teve esta Campanha, por lhe não faltar desgraça alguma, que não padecesse. Chegarão a Manoel de Saldanha as cartas da Rainha, e as do Conde de S. Lourenço, e outras de parentes, e amigos seus, em que o exhortavão a tornar a pelejar, pelos mesmos que havião passado ao exercito, dizendo lhe juntamente de palavra as afrontas, que nelle padecerão, e os rogos, e promessas do Conde de S. Lourenço, sem duvida deliberado a soccorrello a todo o risco. Tanto que Manoel de Saldanha recebeo estes avisos, chamou á casa do Senado da Camera todos os Officiaes de guerra, homens nobres, e pessoas Ecclesiasticas, e lhes fez presente a carta da Rainha, a do Conde de S. Lourenço, e tudo o mais que de palavra lhe havião communicado os que forão ao exercito, e especialmente o Capitão Antonio Barboza de Brito, de quem o Conde de S. Lourenço fiou com mais particularidade segurar a Manoel de Saldanha a certeza de soccorrello, e os caminhos, que a capitulação deixava abertos, para que pudesse rompelos sem quebrar a palavra, e lembrando lhe da parte da Rainha, que a maior obrigação era dar a vida pela defensa daquella Praça, e pelo credito das Armas do Reyno. Depois de Manoel de Saldanha referir as ordens, que lhe chegaraõ, representou o estado da Praça, a falta de polvora, a palavra dada, e o perigo de a não observar; e soando melhor nos ouvidos dos que estavão presentes a segunda, que a primeira proposição, votarão que a Praça se entregasse, e forão só de parecer contrario com louvavel resolução o Sargento maior Manoel de Magalhaens, e o Capitão Antonio Barboza de Brito; o qual depois de referir em publico tudo

o que

o que o Conde de S. Lourenço lhe havia dito, se offereceo a ser o primeiro, que quebrasse a capitulação. Não se acharaõ neste infelice congresso o Mestre de Campo Joaõ Alvares de Barbuda, e o Sargento maior João Rodrigues Coelho, que estavão em refens no exercito Castelhano; e Manoel de Saldanha passando a Antonio Barboza huma certidão, que lhe pedio, do que havia votado, se conformou com o maior numero dos votos, resolvendo entregar Olivença com as capitulaçoens ordinarias de sahir livre a guarnição paga com armas, e bandeiras, e os moradores com a sua roupa, e mantimento; e para inteira satisfação das capitulaçoens, mandou o Duque de S. German ao exercito em refens a D. Joaõ de Luna Porto-Carrero, Capitão de Cavallos, filho terceiro do Conde de Montijo, e a D. Pedro Porto-Carrero filho do Marquez de Barcarrota. O Conde de S. Lourenço, ainda que conheceo, que todas as diligencias erão inuteis, os não recebeo como refens, sem ordem da Rainha, e o ultimo aviso da resolução, que tomava Manoel de Saldanha de pelejar, ou entregar a Praça; e por estas consideraçoens os mandou deter no exercito em custodia. Pouco tempo tardou a soluçaõ deste embaraço; porque a trinta de Mayo recebeo Manoel de Saldanha em Olivença a guarniçaõ Castelhana, e sahio daquella Praça com dous mil e trezentos Infantes, e huma Companhia de cavallos. Fizeraõ os Castelhanos exquisitas diligencias, e largas promessas aos paizanos, que quizessem accommodar se a não largar o socego de suas casas, e utilidade das suas fazendas; e foi tal a constancia daquelle Povo, que chegando a offerecer aos que se resolvessem a ficar em Olivença todas as fazendas dos que sahissem da Praça, não se achou algum, que não tivesse por mais suave ser pobre entre os seus naturaes, que rico na companhia dos inimigos. Chegando ao Conde de S. Lourenço esta noticia com a da entrega da Praça, remeteo todas as carruagens do exercito, para que mudassem os paizanos as roupas de suas casas permitidas nas capitulaçoens, e a Rainha com generosa attençaõ accommodou a todas as familias, e lhes satisfez a perda

Anno 1657.

Anno 1657. perda que tiverão. Chegou Manoel de Saldanha ao exercito, e o Conde de S. Lourenço, ſem permittir que ſizeſſe a menor dilação, o mandou remetter preſo ao Caſtello de Villa-Viçoſa, e repartir pelas prizoens de varias Praças ao Meſtre de Campo Joaõ Alvares de Barbuda, ao Capitaõ de Cavallos Eſtevão Auguſto de Caſtilho, ao Sargento Maior Joaõ Rodrigues Coelho, ao Tenente General da Artilharia Franciſco de Fur, e ao Capitaõ de Infantaria Antonio Barboza de Brito, ſem mais culpa, que acharſe naquella deſgraça. Brevemente os conduziraõ todos a Lisboa, e depois de dilatada prizaõ, foi degradado toda a vida para a India Manoel de Saldanha, os mais ſahiraõ ſoltos, e Joaõ Alvares de Barbuda paſſou deſta a maior deſgraça.

A perda de Olivença, ou por ſer grande, ou por ſer a primeira, que depois da acclamaçaõ ſe havia experimentado de importancia tão grande, foi taõ ſentida da Rainha, dos Miniſtros, e de todo o Reyno, que occaſionou a deliberação da Rainha, univerſalmente approvada, que Manoel de Saldanha, depois de ajuſtar as capitulaçoens, as rompeſſe, empenhando a palavra Real em haver de ſer ſoccorrido, ſem reparar nas arriſcadas conſequencias de atacar hum exercito mais poderoſo, e fortificado, que podia ganhar a batalha, naõ lhe rompendo as linhas, preferindo a qualquer perigo a opiniaõ das Armas do Reyno, diminuida com a entrega de Olivença.

De tres partes ſe compuzeraõ os ſucceſſos deſta campanha, a primeira das reſoluçoens da Rainha, e Miniſtros que lhe aſſiſtiaõ; a ſegunda das operaçoens do exercito, a terceira das diſpoſiçoens dos ſitiados. Em quanto á primeira, naõ houve mais culpa, que tirar a Rainha intempeſtivamente o governo das Armas ao Conde de Soure; porque moſtrou a experiencia, que as ſuas conſideraçoens eraõ as mais proporcionadas para desbaratar todos os intentos dos Caſtelhanos, e juntamente naõ ſe applicarem com tempo os ſoccorros das Provincias, para que ſendo o exercito mais numeroſo, ſe achaſſe menos irreſoluto para buſcar algum util empenho: todas

as

as mais prevençoens, e ordens correſponderaõ muito igualmente á qualidade da materia, que ſe tratava. Na ſegunda parte ſuccederaõ indeſculpaveis deſattençoens; porque o exercito ſahio de Elvas ſem haverem chegado os ſoccorros das Provincias, ſendo certo, que ſe os aguardaraõ, vierão com mais preſteza; porque ſó neſta confiança os Governadores das Armas os dilataraõ. Marchou a ſoccorrer Olivença, ſem os Generaes tomarem reſolução da fórma, em que ſe havia de intentar o ſoccorro; porque nem ſe determinaraõ a atacar as linhas, nem a romper de noite hum quartel, nem a eleger ſitio, que embaraçaſſe os comboys, ou difficultaſſe os aproxes dos Caſtelhanos, occupando ſem conſideraçaõ o quartel da Amoreira, que foi o principio de ſe perturbarem todas as operaçoens do exercito. Seguio-ſe a eſte erro a interpreſa de S. Chriſtovão ſem algum fim; o intento do ſitio de Badajoz ſem prevençaõ alguma para tão grande empreza, deu-ſe-lhe principio com hum aſſalto ás muralhas da Praça; prevenida ſem minas atacadas, que as voaſſem, nem eſcadas que chegaſſem ao alto dellas, e ſem mais cauſa, que ficarem no aſſalto ſetenta mortos, e retirarem-ſe trezentos feridos, levantou o exercito o ſitio de Badajoz, e paſſou Guadiana. Com poucas prevençoens foi mandado o General da artelharia a atacar Valença com parte do exercito, de que reſultou não conſeguir eſta empreza. A terceira parte, que tocou aos ſitiados, tambem ſe compoz de deſordens, e deſconcertos; porque ſendo todos valeroſos, nenhum tinha noticia da fórma, com que ſe podia defender huma Praça. Manoel de Saldanha havia ſido Capitaõ de Cavallos, com excellente opinião, e Meſtre de Campo com pouco exercicio da Infantaria. Os Officiaes, e Soldados naõ tinhaõ mais deſtreza, que decidir com brevidade as couſas, que nos annos antecedentes ſe haviaõ pleiteado de poder a poder; e a todos neceſſitou a inſufficiencia a diſpender a polvora ſem neceſſidade, a largarem as obras exteriores, e a eſtrada cuberta, ſem ſerem conſtrangidos a capitularem ſem tempo, e a naõ romperem a capitulação, quando o tiveraõ. Toda eſta corrupçaõ de

Anno 1657.

D con-

Anno 1657. conselhos, toda esta confusaõ de resoluçoens concorreo em beneficio da pouca sufficiencia dos Castelhanos, que conseguiraõ ganharem Olivença mais pelos nossos desacertos, que pelas suas acçoens tão pouco ajustadas; que bastara sermos constantes em qualquer resoluçaõ, para sermos vencedores.

A Rainha logo que teve noticia da perda de Olivença, mandou ao Conde de S. Lourenço, que passasse mostra ao exercito, e que lhe remettesse as listas: vieraõ todas ao Conselho de Guerra firmadas pelos Officiaes, e constava a Infantaria de doze mil, duzentos e vinte Soldados, e Officiaes, em que entravão mil e novecentos noventa e cinco Auxiliares, todos capazes de pegarem nas armas, tres mil e cincoenta e tres cavallos, de que estavão impedidos seiscentos e cincoenta. Desejava a Rainha buscar alguma satisfaçaõ, que recompensasse a perda de Olivença; porém como o exercito de Castella estava desembaraçado, e era superior no corpo da Cavallaria, qualquer empreza seria arriscada, e por esse respeito resolveo, que o exercito fortificasse Geromenha, por se a Praça, que naquelle tempo cobria o interior da Provincia de Alentejo. O Duque de S. German glorioso com a entrada de Olivença, mandou promptamente desfazer as linhas, e quarteis, e accommodar nas fortificaçoens, o que lhe pareceo necessario innovar; porque as ruinas não lhe tinhaõ feito damno, pelo pouco que os Castelhanos havião adiantado as batarias, e aproxes, oito dias gastou nesta diligencia. Desfeitas as linhas, e guarnecida a Praça, marchou com o exercito para Badajoz; e com esta noticia passou o Conde de S. Lourenço Guadiana, e mandou ao Conde da Torre, e a D. Manoel Henriques com os seus Terços para Campo Maior; porque já era igual o receio do perigo de todas as Praças; sem embargo de se haver accrescentado o nosso exercito naquelles dias de sorte com novas levas de soccorros de Infantaria, e Cavallaria, que passava de quinze mil Infantes, e tres mil cavallos; porém a confusaõ dos Cabos (destruiçaõ dos exercitos) era de qualidade, que ainda sendo maior o numero, se não puderão deraõ conſeguir acçoens acertadas; porque até Deos com Gedeaõ, para ſe deſtruirem os Gabaonitas, mandou apartar o menor numero por conforme, e deſprezar o maior por deſunido. A Rainha conhecendo a deſuniaõ dos Cabos do exercito, ſentia com notavel extremo conſiderar a reputação das Armas do Reyno no ſeu governo diminuida; e entendendo os Miniſtros, que lhe aſſiſtião, eſta ſua afflicçaõ, ſe moſtravão promptos, e obedientes a executar qualquer empreza, que intentaſſe. Neſte intervallo tratava o Conde de S. Lourenço de fortificar Geromenha, e o Duque de S. German de compor o exercito de Caſtella para novos progreſſos. Chegarão-lhe tropas das fronteiras de Catalunha, levas de varios Reynos daquella Monarquia, e depois de deixar todas as Praças com groſſas guarniçoens, marchou com dez mil Infantes, e quatro mil cavallos a ſitiar Mourão, que ficava cinco legoas diſtante de Olivença, menos de huma de Monçaraz, interpondo-ſe a corrente de Guadiana entre as duas Praças com igual diſtancia de ambas. Chegou o Duque de S. German áquella Praça a treze de Junho: aſſiſtia no governo della o Capitão de cavallos Joaõ Ferreira da Cunha com a ſua Companhia, e tres Companhias de Infantaria. Não tinha Mourão mais defenſa, que hum antigo, e pequeno Caſtello, em que havia mantimentos, e municoens para quatro mezes; prevenção bem inutil, ſendo as muralhas taõ fracas, que não podiaõ reſiſtir quatro dias de ſitio. O Conde de S. Lourenço, tanto que recebeo o aviſo do intento dos inimigos, marchou com o exercito para Monçaraz, e achou aos Caſtelhanos oppoſtos com a Cavallaria, e parte da Infantaria á paſſagem de Guadiana. Deſejava o Conde ſummamente melhorar com algum bom ſucceſſo as infelicidades paſſadas; porém creſciaõ por inſtantes de ſorte os obſtaculos, e difficuldades, que não ſe apontava remedio, que não inſinuaſſe a enfermidade mais perigoſa: o deſejo de paſſar com o exercito Guadiana era infructuoſo, e arriſcado tentar a paſſagem no porto junto a Moura, cinco legoas diſtante, pela falta de mantimentos das Praças viſinhas. Os ſitiados moſtra-

Anno 1657.

Sitía o Duque de S. German Mouraõ.

Anno 1657.

mostravaõ constancia na defensa de Mouraõ; porém não sendo o soccorro breve, parecia difficil a presistencia. Entre tantos inconvenientes não faltava aos Soldados o animo tantas vezes experimentado, offereceraõ-se trinta a passar a nado Guadiana a introduzirem-se de noite em Mouraõ, assim o executaraõ, e a seu exemplo havia muitos, que se deliberavão a igual resoluçaõ; porém o Castello não era capaz mais que de quatrocentos Soldados, que o defendião, e a debilidade das muralhas naõ dava esperança a larga duração. Com esta desconfiança, e no temor de que os Castelhanos intentassem maiores progressos, mandou o Conde de S. Lourenço para a Praça de Moura os Mestres de Campo o Baraõ de Alvito, e Agostinho de Andrade, e parte da Cavallaria; governando todo este corpo Manoel de Mello, que era mais que todos interessado na defensa daquella Praça pelos muitos annos, que com grande acerto a havia governado. Tratou elle de augmentar a fortificaçaõ, e de segurar o porto de Guadiana, para facilitar a passagem do exercito; porém escusou-lhe este trabalho o aviso, de que tomando Mouraõ, os Castelhanos se retiravão, e ordenar-lhe o Conde de S. Lourenço, que voltasse com as tropas, que levara, a se encorporar com o exercito; porque os Castelhanos havendo chegado com pouca resistencia á muralha do Castello, e ataçadas algumas minas, fizeraõ chamada, e não querendo Joaõ Ferreira da Cunha acceitar os partidos, que o Duque de S. German lhe mandou offerecer, voou huma mina, e abrio brecha capaz de se dar por ella assalto. Envestiraõ-na os Castelhanos, e forão rebatidos dos defensores; porém os paizanos, que tinhaõ ficado no Castello, vendo crescer o perigo, instarão ao Governador pela entrega delle. Oppuzeraõ se os Soldados, dizendo que queriaõ antes perder as vidas; porém Joaõ Ferreira na desesperaçaõ de ser soccorrido se resolveo a entregar o Castello, no fim de seis dias de sitio com honradas capitulaçoẽs Tanto que chegou ao exercito, o mandou prender o Conde de S. Lourenço; mas brevemente foi solto, por constar que tivera desculpa na debilidade das muralhas. O

Rende-se a Praça.

Duque

Duque de S. German, depois de reparar as ruinas do Castello, e de o accommodar com algumas defensas mais das que tinha antes de rendido, marchou para Geromenha: Chegou a Cavallaria a reconhecer a Praça; porém julgando o Duque a empreza difficultosa, retirou o exercito para Badajoz. O Conde de S. Lourenço, logo que teve noticia da marcha dos Castelhanos para Geromenha, passou de Monçaraz a Terena com tençaõ de se aquartelar no dia seguinte junto de Geromenha; porém avisado das partidas, que havia mandado reconhecer a marcha dos Castelhanos, de que caminhavaõ na volta de Badajoz, fez alto em Terena, chamou a conselho, e perguntou, que poderia obrar com aquelle exercito, que recuperasse as perdas, que se haviaõ experimentado. Os tres Cabos com outros votos foraõ de parecer, que o exercito se aquartelasse; porque o rigor do Sol era forçoso embaraço a qualquer operaçaõ; os Condes de Castello-Melhor, e Sabugal, votaraõ que o exercito voltasse a recuperar Mouraõ; porque a empreza era facil, e que em parte se restaurava a opiniaõ perdida. Seguio o Conde de S. Lourenço este parecer, deu conta á Rainha, e sem esperar reposta, marchou a sitiar Mouraõ. Quando chegou á Corte esta noticia da resoluçaõ do Conde de S. Lourenço, havia a Rainha chamado a ella a Joanne Mendes de Vasconcellos, que assistia no governo das Armas da Provincia de Tras os Montes, inculcado por seus amigos, e parciaes, que lhe naõ faltavaõ, para restaurador de todas as desgraças succedidas em Alentejo; e de sorte se espalhou em Lisboa esta opiniaõ, que chegando Joanne Mendes áquella Cidade, foi ao Paço acompanhado de quantidade de gente do Povo, que o seguia com vivas, e clamores, que o publicavaõ defensor do Reyno; tanto póde na fortuna dos homens acertar as conjunturas do tempo. Foi Joanne Mendes recebido da Rainha com as palavras, e favores, de que sabia usar com grande destreza, quando lhe parecia conveniente, supposto que alguns dissessem, que passadas as occasioens, em que necessitava de seus vassalos, se naõ lembrava dos seus merecimentos. Naõ se publicou

Anno 1657.

Anno 1657. logo a eleiçaõ de Joanne Mendes para fucceffor do Conde de S. Lourenço; porèm de todos era entendida, e no exercito manifefta, e no mefmo ponto que a Rainha recebeo a carta do Conde de S. Lourenço, de que ficava fobre Mouraõ, a remetteo ao Confelho de Guerra; em que já affiftia Joanne Mendes. Pareceo a todos os Confelheiros, que na confideraçaõ do empenho, em que o exercito eftava, feria defcredito das Armas defte Reyno mandar-lhe levantar o fitio; que fe devia puxar por todas as guarniçoens pagas das Praças, e fupprirem-fe com Auxiliares, e ordenar-fe aos Governadores das Armas das Provincias affiftiffem ao Conde de S. Lourenço com todos os foccorros poffiveis. O Conde do Prado foi de parecer, que Joanne Mendes partiffe logo a governar o exercito naquella empreza, porque a defconfiança, em que o Conde de S. Lourenço havia entrado, affim dos Cabos, e Officiaes do exercito, como das defgraças fuccedidas, poderia occafionar algum precipicio irremediavel; e que para a Rainha mandar retirar do exercito o Conde de S. Lourenço, fe offerecia jufto preceito na deliberaçaõ que tomara em dar principio ao fitio de Mouraõ contra o parecer dos Cabos, e fem ordem da Rainha. Joanne Mendes, que naõ ignorava, que da confufaõ, e defordem, em que eftava o exercito, fe naõ podia efperar felice effeito, replicou a efta propofiçaõ, dizendo, que tirar a hum General do exercito, tendo dado principio ao fitio de huma Praça, era hum aggravo poucas vezes vifto, que fendo neceffario fe offerecia a paffar ao exercito, e fervir de Soldado, em quanto duraffe o fitio.

Quando fubio efta confulta, tinha a Rainha deliberado a reformação dos Cabos, e fem que o Confelho tiveffe noticia da fórma della, affinou tres cartas, para o Conde de S. Lourenço, André de Albuquerque, e Manoel de Mello. Continha a fubftancia dellas, que as defgraças daquella campanha haviaõ fido de qualidade, que para fe reftaurar a reputação perdida nas duas Praças de Olivença, e Mourão, e fe alentarem os animos dos vaffallos diminuidos com eftes fucceffos, El-Rey refolvera de-

clarar-

Anno 1657.

clarar-se Capitão General daquelle exercito, e por seu Tenente General a Joanne Mendes de Vasconcellos: que a André de Albuquerque nomeava primeiro Mestre de Campo General com o exercito da Cavallaria; a D. Sancho Manoel segundo Mestre de Campo General, e ao Conde de S. Lourenço reservará para lhe assistir, e aconselhar em materia tão importante, como era a distribuição das ordens do governo daquelle exercito. O Correio, que levou estas cartas, chegou a Monçaraz o mesmo dia, que o Conde de S. Lourenço tinha mandado á Cavallaria passar Guadiana a tomar postos sobre Mourão, para dar principio áquelle sitio, na fórma que escrevera á Rainha naquella mesma manhãa. Tanto que recebeo a carta, que lhe tocava, sem admittir conselho, nem dar parte da resolução da Rainha, partio para Lisboa soltando algumas palavras, que as desordens da ira, vencendo os documentos da razão costumão produzir. A noticia deste não imaginado successo chegou a André de Albuquerque, e juntamente a carta da Rainha, e a de Manoel de Mello, que logo lhe mandou entregar: sem dilação chamou a conselho, e foi a deliberaçaõ; que o exercito se retirasse, e confórme as ultimas ordens da Rainha, que o Conde de S. Lourenço recebera, passasse a trabalhar na fortificaçaõ de Geromenha: para este effeito tornarão as tropas a passar Guadiana, e André de Albuquerque deu conta á Rainha do que se havia assentado, e respondeo com grande prudencia á carta, que tinha recebido; porque depois de expender o seu agradecimento, representava largamente a sem-razaõ, com que era tratado o merecimento de Manoel de Mello, e rematava, que quando Sua Magestade não quizesse alterar a resolução, que estava assentada, que elle não teria mais acçaõ, que a sua obediencia. Manoel de Mello respondeo à carta da Rainha em poucas palavras, expondo modestamente a sua queixa tão justificada, que nem toda a paixão de seus inimigos podia escurecella; porque não havia feito acçaõ em toda aquella campanha, que naõ fosse digna de grande louvor, e de muito particular estimaçaõ. Marchou o exercito para Geromenha, e chegaraõ as referidas

Nomea a Rainha a Joanne Mendes de Vasconcellos Tenente del-Rey.

Retira-se o Conde de S. Lourenço do exercito por ordem da Rainha.

Anno 1657. das cartas a Lisboa, primeiro, que o Conde de S. Lourenço: remetteo as a Rainhá ao Conſelho de Guerra, e como o novo governo do exercito havia ſahido ſó de conferencia de Miniſtros particulares ſem conſulta dó Conſelho de Guerra, votarão todos os Conſelheiros, repreſentando á Rainha as razoens do ſentimento, com que ſe achavaõ, de ſe tomar huma taõ grande deliberaçaõ, como nomear ſe El-Rey Capitaõ General do ſeu exercito, e mudarem-ſe os Poſtos maiores delle ſem intervençaõ do Conſelho; e repreſentaraõ juntamente á Rainha a ſem razaõ, que ſe havia uſado com Manoel de Mello em Sua Mageſtade o mandar reformar; porque o ſeu procedimento em todas as acçoens paſſadas, e naquella campanha era digno de grandes ventagens, e premios, e não de hum caſtigo, que nos ouvidos daquelles, que naõ ſabem julgar mais que pelos ſucceſſos, poderia parecer merecida affronta. Reſpondeo a Rainha a eſta conſulta, reprehendendo aos Conſelheiros de acharem novidade a mudança dos Cabos do exercito, havendo em repetidas conſultas ſido deſte parecer, accreſcentando, que naõ neceſſitava de advertencias para eſtimar vaſſallos taõ benemeritos, como Manoel de Mello; e com eſta reſoluçaõ ficaraõ inalteraveis as diſpoſiçoens referidas. O Conde de S. Lourenço chegou a Lisboa, e naõ foi poderoſa toda a affabilidade da Rainha para moderar ás queixas, que publicava. Neſtes dias havia o exercito chegado a Geromenha, e trabalhado em melhorar a fortificaçaõ daquella Praça; porém conſtando que os Caſtelhanos tinhaõ aquartelado as ſuas tropas, ſe dividio nas Praças de Elvas, Eſtromoz, e as mais viſinhas a eſtas, deſejando André de Albuquerque, que Joanne Mendes de Vaſconcellos recuperando Mouraõ, deſſe felice principio ao ſeu governo; e diſcorrendo por todos os ſucceſſos daquella campanha, èſta ſó verdadeiramente podia ſer a queixa juſtificada, que o Conde de S. Lourenço podia ter de André de Albuquerque das muitas, com que ſe publicava offendido do ſeu procedimento, por ſe entender, que com eſte fim deſviara André de Albuquerque o intento de ſe continuar o ſitio de

Mou-

Mouraõ, quando o Conde de S. Lourenço lhe quiz dar principio; porém as mais calunias todas eraõ effeito do ſentimento do Conde; porque naõ ſe podia ſuppor que hum Varaõ das grandes virtudes de André de Albuquerque, que cortaſſe (como o Conde affirmava) pelos intereſſes publicos, e por odio, e paixaõ particular excogitaſſe meios da ſua deſcompoſiçaõ; porém todos os que fomos deſintereſſadas teſtimunhas de viſta, claramente nos moſtrou depois a experiencia, que os erros deſta campanha ſe originaraõ de pouca noticia da guerra, e naõ de malicia alguma: e he quaſi ſem duvida, que quando ſuccede, que no principio de huma campanha ſe começaõ a deſconcertar as diſpoſiçoens, e a deſauthorizar as ordens, que difficilmente ſe colhe o fruto do remedio, ſem algum favoravel accidente; e como o Conde de S. Lourenço naõ pode conſeguillo, antes foi ſempre experimentado encadearem-ſe os infortunios, nunca encontrou caminho de melhorar a ſua deſgraça, ſem que foſſe culpado nella o ſeu valor, e o ſeu zello; e ſe juſtificou eſta verdade na terceira nomeaçaõ, que ſe fez na ſua peſſoa (como referiremos) para o governo das Armas da Provincia de Alentejo. Anno 1657.

HISTORIA
DE
PORTUGAL
RESTAURADO.
LIVRO II.

SUMMARIO.

ENTRA Joanne Mendes de Vascellos no governo da Provincia de Alentejo: toma noticia do estado della; dispoem a fórma da defensa, e reclutas das tropas. Vem o Duque de S. German reconhecer Campo-Maior cõ hum grosso de Cavallaria. Sustenta huma escaramuça o Conde da Torre com as Companhias de cavallos da guarniçaõ da Praça com bom successo. Sae André de Albuquerque ao rebate de Campo-Maior com trezentos cavallos: encontraõ-se de improviso com a Cavallaria Castelhana, que havia passado Caya: retira-se André de Albuquerque formado

mado a Elvas, e em huma legoa de distancia foi o damno igual. Sitía Joanne Mendes Mouraõ, ganha a Praça, e retira-se a Elvas. Sae em Campanha na Provincia de Entre-Douro, e Minho, que governava, D. Alvaro de Abranches, o exercito governado por D. Vicente Gonzaga; intenta ganhar Valença sem effeito: levanta o Forte de S. Luiz Gonzaga sobre o Rio Minho em grande damno da Provincia. Governa o exercito accidentalmente o Bisconde de Villa Nova por enfermidade de D. Alvaro, que deixou o governo: succede-lhe o Conde de Castello-Melhor. Varios successos das outras Provincias. Noticias do governo politico da Corte, das Embaixadas, e guerras das Conquistas. Sae em campanha Joanne Mendes de Vasconcellos: sitía Badajoz: intenta ganhar o Forte de S. Christovaõ, naõ o consegue. Derrota André de Albuquerque a Cavallaria inimiga, governada pelo Duque de Ossuna. Passa o exercito Guadiana. Batalha do Forte de S. Miguel: vence se, e ganha se o Forte. Continua-se o sitio por espaço de quatro mezes. Vem o exercito de Castella governado por D. Luiz de Aro a soccorrer Badajoz. Levanta Joanne Mendes o sitio, e retira-se a Elvas.

Anno 1657. OS infelices successos, que as Armas de Portugal experimentarão na campanha de Olivença, parece que forão rigorosa doutrina, com que a fortuna magistralmente se dispoz a industriar a infancia da nossa guerra depois da morte del-Rey D. Joaõ; tempo, em que mais dignamente póde lograr o titulo de Escola Militar, tanto pela qualidade das acçoens, quanto pela excellencia das vitorias, para que ao passo que a guerra se aumentasse, crescessem os animos dos Portuguezes na vigilangilancia, e sciencia bellica, e se fizessem robustos com a aspereza dos infortunios, por ser o mais verdadeiro documento, que se colhe na grandeza dos imperios, introduzir-lhes a negligencia com a felicidade. Chegado o Conde de S. Lourenço a Lisboa, como fica referido, partio Joanne Mendes de Vasconcellos para Alentejo com o titulo de Tenente Real, que sendo na verdade muito maior, que o de Governador das Armas, soube a sua industria introduzir no animo da Rainha, que eraõ menores as prerogativas. Fez alto alguns dias em Estremoz, onde lhe assistiraõ muitos Officiaes, que por antigas dependencias seguião a sua doutrina. Manoel de Mello, logo que Joanne Mendes chegou a Estremoz, partio de Elvas para Lisboa, deixando em todo o exercito hum verdadeiro conhecimento da pouca razão, com que se lhe tirara o Posto, que occupava, por haver procedido (como já dissemos) em todas as acçoens da campanha de Olivença com muito valor, e grande prudencia. Nos dias, que Joanne Mendes assistio em Estremoz, fizeraõ os Castelhanos huma entrada nos campos de Monçaraz, Villa-Viçosa, e Elvas, dividida a Cavallaria em dous troços, e levarão huma grande preza, que a queixa dos lavradores, patrocinados pelos que eraõ pouco affeiçoados a Joanne Mendes, encareceo de sorte, que chegou esta noticia á Rainha; e sentindo ella o prejuizo dos Povos de Alentejo, remetteo a Joanne Mendes huma relaçaõ, que se lhe havia presentado, da importancia da preza, e lhe ordenou que a todo o risco segurasse a campanha, mudando, se fosse necessario, os alojamentos da Cavallaria, mandando-lhe juntamente, que de todas as disposiçoens, e emprezas, que intentasse, fizesse aviso ao Conde do Prado, e que desta communicaçaõ esperava a melhor direcçaõ em todos os negocios daquella Provincia. Foi a Joanne Mendes pouco agradavel este preceito, porque não professava com o Conde do Prado muita familiaridade; porém usando da engenhosa industria, de que era dotado, conhecendo que pelo caminho da queixa naõ podia conseguir retroceder-se aquella ordem, encareceo á Rainha o mui-

Anno 1657.

Entra Joanne Mendes de Vasconcellos no governo da Provincia de Alentejo.

Anno 1657. to que lhe agradecia mandar-lhe por obrigaçaõ, o que elle determinava fazer pela amizade que tinha com o Conde do Prado; e que no que tocava á preza, fora tanto menor do que se havia referido, como constaria de huma certidão autentica, que remetteo.

Toma noticia desta Provincia, dispoem a fórma da defensa, e reclutas das Tropas.

Com a noticia da entrada dos Castelhanos passou Joanne Mendes de Estremoz a Elvas, e ordenou ao Mestre de Campo General D. Sancho Manoel, que já havia chegado da Beira a exercitar aquelle Posto, que passasse a se aquartelar na Praça de Moura, ficando á sua ordem todo o destricto, que corria até Estremoz, em que estavão aquartelados cinco Terços de Infantaria, e vinte e quatro Companhias de Cavallos, fóra os Auxiliares, que se não tinhaõ licenciado. O dia que Joanne Mendes entrou em Elvas persuadido dos Officiaes, que eraõ pouco affeiçoados ao Conde de Soure, e a seus amigos, sahindo a Cavallaria de Elvas a esperallo (como era costume) á fonte dos C,apateiros, marchando de vanguarda D. Luiz de Menezes, como Capitão da Guarda do Governador das Armas, lhe mandou Joanne Mendes ordem pelo Commissario Geral Joaõ da Silva de Sousa, para que se abstivesse daquelle exercito. Sentio D. Luiz, como era justo, esta publica demonstraçaõ, mas não quiz mudar se do lugar, em que vinha até entrar em Elvas. Ao dia seguinte, vendo Joanne Mendes, que D. Luiz se abstinha da sua assistencia, conheceo a sua razão; e deu conta á Rainha com grandes elogîos de D. Luiz, offerecendo lhe o Posto de Capitaõ de Couraças das guardas com outra Companhia de Arcabuzeiros, qual elle elegesse para estar á sua ordem, segurando-lhe que só a este fim o havia suspendido do Posto de Capitão da Guarda; porque sem patente del-Rey não podia governar aos mais Capitaens do exercito, com quem concorresse. Pedio-lhe D. Luiz tempo para se deliberar; deu conta ao Conde de Soure, e a seus parentes, foraõ todos de parecer, que acceitasse a offerta de Joanne Mendes, entendendo o Conde de Soure, que naõ era tempo de sustentar a opiniaõ, que havia tido, e mandado observar, de que as prerogativas do

Posto

Anno 1657.

Posto de Capitão das guardas dependiaõ do Governador das Armas, que as podia dispensar por authoridade sua, sem ser necessario tirar patente del-Rey, havendo sido esta a occasiaõ de todas as duvidas antecedentes, que referimos houve sobre esta materia. Acceitou D. Luiz o Posto, escolheo a André Gatino, valeroso Francez, por Capitão de Arcabuzeiros, que ficou á sua ordem, tomando só de Joanne Mendes as que devia observar, e todas as noites o Santo, depois de o tomar o Mestre de Campo General.

Informado Joanne Mendes do estado, em que se achava a Provincia de Alentejo, e tendo noticia do pouco cuidado, que dava aos Castelhanos a guerra do Outono, continuou o intento muito dantes premeditado por André de Albuquerque, de recuperar a Praça de Mouraõ pela facilidade da empreza, e por ficarem mais cubertos os campos de Monçaraz, Beja, e Evora, que eraõ os mais ferteis de todo o Reino. Para conseguir o fim desta determinação, estiveraõ detidos os Terços Auxiliares, se fizeraõ novas levas, e se convocaraõ carruagens muito a pezar das cõmodidades dos povos. No tempo, que duravaõ estas preparaçoens, houve de huma, e outra parte algumas entradas de pouca importancia; foi a mais digna de memoria, a que fez o Duque de S. German com mil e oito centos cavallos: sahio de Badajoz, embuscou-se na Godinha junto a Campo-Mayor. Correraõ alguns batalhoens avançados a Companhia de Francisco da Silva de Moura, que estava de guarda, e procedeo com muito valor. Sahio de Campo-Mayor ao rebate o Conde da Torre com a Cavallaria, e Infantaria daquella guarniçaõ: travou-se huma escaramuça, e sustentou se largo espaço, assistindo o Conde da Torre, aonde considerava maior perigo. Perderaõ os Castelhanos alguns Officiaes, e Soldados, entre elles ao Capitaõ de Cavallos D. Diogo Beltran, que ficou morto, e naõ houve damno em as nossas tropas. Ao estrondo da artilharia de Campo-Mayor sahio de Elvas André de Albuquerque com cinco batalhoens, que levavaõ pouco mais de trezentos cavallos: sahindo da porta de S. Vicente teve aviso, que entre

Vem o Duque de S. German reconhecer campoMaior cõ hũ grosso deCavallaria.

Sustenta hũma escaramuça o Conde da Torre com as companhias de Cavallos da guarniçaõ da Praça com bom succésso.

Sahe André deAlbuquerque ao rebate deCampo Maior com trezentos cavallos.

Santa

Anno 1657.

Santa Eulalia: e Caia appareciaõ alguns batalhoens; marchou para aquella parte, e por ser a terra muito cuberta, lhe advertio o Commissario Geral da Cavallaria Vanichele, que adiantasse alguns cavallos a descobrir a campanha, para que a noticia do perigo chegasse primeiro, que a experiencia delle. Desprezou André de Albuquerque esta advertencia; e depois de empenhado na marcha, mandou adiantar ao Capitaõ de Couraças Fernaõ de Sousa Coutinho com cem cavallos escolhidos de todas as Companhias; marchou com toda a diligencia a descobrir os matos, que ficavaõ pouco distantes, e André de Albuquerque fez alto na Torre do Siqueira. Com a mesma pressa, com que Fernaõ de Sousa entrou nos matos, sahio delles carregado de treze batalhoens; porque o Duque de S. German, que vinha acompanhado de todos os Cabos, e Officiaes mayores, quiz experimentar se conseguia em Elvas, derrotando os batalhoens da Cavallaria daquella guarniçaõ, o que naõ pudêra lograr em Campo-Maior. Brevemente chegáraõ aos nossos cinco batalhoens Fernaõ de Sousa, e os Castelhanos, que o seguiaõ, resolutos a entreternos até chegar o maior poder, para nos derrotar. André de Albuquerque vendo o perigo mais visinho do que imaginàra, voltou para Joaõ Vanichele, e lhe disse: E agora que havemos de fazer? Respondeolhe: (naõ por falta de valor acreditado nestas, e em outras muitas occasioens, senaõ estimulado de se naõ haver seguido o seu parecer de avançar os cem cavallos a tempo mais conveniente) Agora fugir, que he o que costumaõ fazer na guerra os pouco acautelados. André de Albuquerque, que naõ costumava a conhecer alterado o animo valeroso, por mais arriscados que fossem os accidentes, mandou que os cinco batalhoens se retirassem por contramarcha. Sustentáraõ elles esta ordem até a entrada dos Olivaes, e vieraõ ultimamente a ficar com toda a carga as Companhias de D. Joaõ da Silva, e D. Luiz de Menezes. Já neste tempo vinha crescendo de sorte o poder dos Castelhanos, que parecia impossivel deixarem de se perder todos os batalhoens; porque da entrada dos Olivaes a Elvas era mais de

Encontraõ-se de improviso com a Cavallaria Castelhana que havia passado Caia.

Retira-se André de Albuquerque formado a Elvas, e em huma legoa de distancia foi o damno igual.

de huma legoa, porém as duas Companhias, que eraõ das melhores do exercito, feguindo os Soldados promptamente as ordens dos dous Capitaens, occuparaõ todo o fitio da eftrada, ficando os flancos cobertos do efpeffo das oliveiras, e hora tomando huma a carga; hora a outra, fazendo tornar atraz, cerrando-fe, aos Caftelhanos (que avançarão detumidos) que lhe impediraõ totalmente melhorar terreno, e derão lugar a que as outras Companhias chegaffem fem damno as muralhas de Elvas, a tempo que Joanne Mendes fahio daquella Praça com os Terços, e o calor da Infantaria fe compuzeraõ os batalhoens, e marchou efte corpo fóra dos olivaes. Retiraraõ-fe os Caftelhanos, e tiraraõ de huma trincheira, que rodeava a Atalaia de Mexia, dez cavallos, que intempeftivamente fe recolheraõ a ella. Ficaraõ prifioneiros o Capitaõ Fernaõ de Soufa Coutinho, Jofeph Paffanha de Caftro, D. Martinho da Ribeira. As Companhias de D. Luiz de Menezes, e D. Joaõ da Silva, tomaraõ dez cavallos nas voltas, que fizeraõ fobre os Caftelhanos, e foi quafi igual o numero dos feridos de huma, e outra parte. De ambas fe reftituiraõ os prifioneiros, conforme o ajuntamento, que fe continuava fem alteração. Poucos dias depois defte fucceffo armou André de Albuquerque com vinte batalhoens ás Companhias de cavallos, que fe aquartelavão em Badajoz, e Olivença. Sahiraõ ellas de ambas as Praças, mas naõ quizeraõ adiantar-fe de forte, que pudeffem fer carregadas, por mais que as provocaraõ varias partidas, que fe efpalharão pela campanha; fó fe confeguio tomar-fe hum grande comboy, que paffava de Olivença para Albufeira, derrotando-fe huma Companhia de cavallos, que o acompanhava. Anno 1657.

Entrou o mez de Outubro, e adiantaraõ-fe as prevençoens do exercito, affim por conftar, que os Caftelhanos havião mandado algumas tropas para Catalunha, e defpedido os Soldados Milicianos; como por fe temer; que as aguas do Inverno fizeffem mais trabalhofo o fitio de Mouraõ. Sahio o exercito de Elvas a vinte e dous de Outubro com os Cabos referidos; conftava de nove mil

 Infantes.

Anno 1657. Infantes, e dous mil e duzentos cavallos, dez peças de artilharia, em que entravão quatro meios canhoens, hum morteiro, e todos os mais instrumentos de expugnação: a conducçaõ dos mantimentos segurava a visinhança de Monçaraz: as Praças ficaião bem guarnecidas. Adiantou se o Mestre de Campo General D. Sancho Manoel a ganhar os postos sobre Mouraõ, e de naõ ter controversia este intento, fez aviso a Joanne Mendes ao alojamento de Terena. Deste quartel passou o exercito a Mouraõ com o trabalho de huma grande tempestade de agua, e vento. Como a circumvallaçaõ da Praça era pequena, facilmente se formaraõ duas batarias, e se abriraõ dous aproxes, hum pelo arrabalde, que caminhava á porta do Castello, outro pelo sitio, que chamavão do Lagar, que ficava pouco distante da barbacãa. Ao dia seguinte começou a jogar a artilharia, e o morteiro, e a caminharem os aproxes com generosa emulaçaõ dos Officiaes, e Soldados. Era Governador da Praça o Mestre de Campo D. Francisco de Avila Orejon: constava a guarniçaõ de quatrocentos Infantes, e quarenta cavallos, com muniçoens, e mantimentos para tempo dilatado. Durou quatro dias aos sitiados a constancia; o antecedente ao que se renderaõ, tocava a cabeça da trincheira do aproxe do Lagar ao Terço da Armada, que governava o Sargento Mayor Joaõ de Amorim de Betancor, por se achar ferido com huma balla no rosto o Mestre de Campo Diogo Gomes de Figueiredo, recebida no primeiro dia, que o exercito ganhou postos sobre aquella Praça. Era o Sargento Mayor Soldado de valor conhecido, porém mais resoluto, que prudente: ao meio dia vendo a muralha com pouca guarniçaõ, mandou pegar aos Soldados nas armas, e que investissem a barbacãa: ganharaõ-na, e fortificaraõ-se nella. Chamou Joanne Mendes ao Sargento Mayor, e reprehendeo-o, por haver avançado sem ordem; porque na guerra naõ deve ser a felicidade dos successos desculpa da desobediencia; e chegando Joanne Mendes na reprehensaõ ao ponto de que avançara, naõ só sem ordem, mas sem escadas, lhe respondeo Joaõ de Amorim com rustica, e graciosa arrogan-

Sitia Joanne Mendes Mouraõ.

arrogancia: Sobre azeitonas quem quer bebe: proverbio que achou adequado para a ſatisfaçaõ daquella culpa, mereceo a deſculpa perdaõ, e os ſitiados capitularaõ a vinte e oito de Outubro a entregar a Praça a trinta, como fizeraõ. Eſtava de guarda com o ſeu Terço na Cabeça da trincheira o Meſtre de Campo Pedro de Mello, e o Meſtre de Campo Simaõ Correia da Silva, e de retêm Diogo de Mendoça. Era hum dos Terços, a que tocava entrar de guarda ao apoxe, o do Conde de S. Joaõ, e como ardia no ſeu valeroſo animo muito mais o deſejo da gloria, do que o da vida, quando ſahiraõ os refens da Praça, para ſe começar a tratar da capitulaçaõ, os perſuadio o Conde com vivas razoens, que convinha ao credito dos ſitiados dilatarem-ſe na defenſa da Praça até o dia ſeguinte; porque lhe ſeria mais airoſo cederem-na ao ataque do ſeu Terço por força, que entregarem-na por vontade. Eſta perſuaçaõ lhes accreſcentou o temor, e ſe renderaõ a trinta de Outubro, ſalvas as vidas; eſtando de guarda o Terço de Simaõ Correia, que levava já ordem para dar o aſſalto. Logo ſe lhes deu commodidade para paſſarem a Olivença, e Joanne Mende, que deſejava retirar o exercito com brevidade, ordenou ao Meſtre de Campo Agoſtinho de Andrade Freire ficaſſe governando Mouraõ, por ſer avaliado por ſciente nas fortificaçoens, e Soldado de experiencia: eſcuſou-ſe deſta occupaçaõ com deſdouro do ſeu procedimento. Acceitou o governo o Meſtre de Campo Franciſco Pacheco Maſcarenhas, em quem nunca havia entrado receio de algum perigo; ficaraõ-lhe ſeiſcentos Infantes, dinheiro, materiaes, e Engenheiros, para ſe levantarem quatro baluartes, que ſeguraſſem melhor a defenſa daquelle lugar. Joanne Mendes paſſou com o exercito Guadiana brevemente; porque as muitas aguas não davaõ lugar a largas demoras. o Duque de S. German com a primeira noticia de que Mouraõ eſtava ſitiado, paſſou de Badajoz a Olivença, aonde juntou as tropas dos quarteis mais viſinhos, e com aviſo de que ſe rendera, as licenciou, e voltou para Badajoz. Joanne Mendes com a certeza deſta reſoluçaõ deſpedio os

Anno 1657.

Ganha-ſe a Praça.

Retira-ſe Joanne Mẽdes a Elvas.

Anno 1657.

ſoccorros, e dividio o exercito pelas antigas guarniçoens. A Rainha eſtimou muito a recuperação de Mourão; porque com eſte ſucceſſo entendia ſe começava a reſtaurar a reputação perdida na Campanha antecedente; e em quanto durava o rigor do Inverno, mandou ordem a Joanne Mendes, para que paſſaſſe a Lisboa a conferir, e diſpor os progreſſos futuros. Obedeceo promptamente: ficou governando as Armas de Alentejo o Meſtre de Campo General, André de Albuquerque, e D. Sancho Manoel voltou para o ſeu partido.

Sae em campanha na Provincia de Entre-Douro, e Minho, que governa D. Alvaro de Abranches, o exercito governado por D. Vicente Gonzaga.

Ao meſmo tempo, que o Duque de S. German deu principio ao ſitio de Olivença, ſahio na Provincia de Entre Douro, e Minho em campanha D. Vicente Gonzaga, que governava as Armas do Reyno de Galliza; determinando a Providencia Divina, que o Reyno de Portugal ſe ſublimaſſe entre os trabalhos, e perigos; como a palma, que com o pezo ſe levanta. Trazia D. Vicente ſeis mil Infantes pagos, ſeis mil Milicianos, e novecentos cavallos com todas as prevençoens neceſſarias para conſeguir huma grande facção. Governava as Armas de Entre Douro e Minho D. Alvaro de Abranches da Camara; e juntamente a Relação da Cidade do Porto, aonde aſſiſtia em grande prejuizo do governo das Armas, e pela diſtancia das Praças fronteiras, e pela pouca prevenção, com que por eſte, e outros reſpeitos podião ſer facilmente conquiſtadas. As preparaçoens do exercito de Galliza havião ſido muito anticipadas, e as noticias deſte grande movimento chegarão a D. Alvaro por tantas partes, que ſó o pouco deſejo, que tinha de que foſſem certas, pudera fazellas duvidoſas; e ſe eſta incredulidade fora remedio do perigo, que ameaçava aquella Provincia, licito pudera ſer valer-ſe della; porém como a ſuſpenſão de ſe procurarem os caminhos da defenſa, aggravavão muito mais os males, que já ſe contavão como padecidos, veio a ſer eſte o primeiro, que ſe experimentou. Conſtava a Infantaria paga, que guarnecia oito Praças daquella Provincia, de ſeiscentos Infantes, de que ſe compunha hum ſó Terço, que havia nella, e de oitenta cavallos divididos em duas Companhias: nas

Pra-

Praças se achavaõ poucos mantimentos, e menos munições: nas pequenas estradas, que cortavão a aspereza das serras da Raya seca, que puderão defendidas de poucos mosqueteiros servir de grande segurança, não havia a menor opposição, e finalmente tudo faltava para a defensa de Entre-Douro, e Minho, e só o receio das Armas de Castella era superabundante. O primeiro de Mayo sahio em Campanha D. Vicente Gonzaga sem artilharia, e com poucas bagagens marchou pela Raya seca; e tendo D. Alvaro de Abranches mandado a Francisco Peres da Silva, Mestre de Campo do Terço pago, que com os seiscentos Infantes, de que constava, marchasse a embaraçar nos passos estreitos das serras o exercito inimigo, elle procedeo com tanta omissaõ nesta tão importante diligencia, que os Gallegos passarão as serras sem a menor difficuldade. Avistarão Castro Laboreiro, Melgaço, Monção, e Lapela, e fizerão alto sobre Valença, que ainda que pouco fortificada, estava melhor guarnecida, que as outras Praças, por se haverem recolhido a ella quatro Capitaens pagos com as suas Companhias, e constavão de duzentos Soldados, e tres Companhias de Auxiliares com trezentos homens. Governava a Praça Antonio de Abreu, Capitão do Terço de Francisco Peres, valeroso, e pouco pratico na arte Militar. D. Alvaro de Abranches tinha mandado levantar hum Fortim, que se cõmunicava com a muralha da Praça, mas tão imperfeito, que deu confiança a D. Vicente Gonzaga, para o mandar investir de noite pela melhor gente do exercito. Foi o assalto muito vigoroso; porém a defensa do Fortim foi mais valerosa; porque o Alferes Domingos Luiz, que o governava, soccorrido do Alferes Francisco Nunes, resistirão ao assalto com tanta constancia, assistidos de duzentos Soldados, que obrigarão aos Gallegos a se retirarem com grande perda. Bastou esta resistencia para desengano de D. Vicente Gonzaga, e retirou o exercito com a mesma brevidade, com que o conduzira àquella Praça; e entendeo-se que a resolução de atacala fora na fé de a achar pouco prevenida, como lhe haviaõ segurado

Anno 1657.

Intenta ganhar Valença sem effeito.

Anno 1657.

rado algumas intelligencias; porque conseguindo-a eraõ grandes as consequencias, que lhe resultavão, por ser Valença a Praça mais importante daquella Provincia. Ao mesmo tempo que D. Vicente investia Valença, entraraõ quarenta barcas guarnecidas de Infantaria na Barra de Caminha; oppuzeraõ-se-lhe duas caravellas, que receberão guarnição daquella Praça, e bastou a resistencia, e a artilharia de Caminha para as fazer retirar. Recebeo D. Alvaro de Abranches este aviso no caminho de Viana, onde chegou a juntar a gente, que acodio de todas as partes da Provincia com grande diligencia; porém com a mesma pressa se ausentava, por não achar prevenção de mantimentos, com que poder sustentar-se. Neste tempo tinha D. Vicente Gonzaga accrescentado o exercito com grandes soccorros, e voltado a restaurar a reputaçaõ perdida em Valença. Aos dezoito de Junho passou o Rio Minho por baixo de Valença por huma ponte de barcas, que trazia prevenida. Havia chegado a esta Praça o Tenente General Nuno da Cunha de Ataide, com alguns cavallos da Provincia da Beira, e na de Entre Douro, e Minho se não achava mais Official Mayor, que o Mestre de Campo Francisco Peres da Silva, e os Capitaens de cavallos Diogo de Brito Coutinho, e Diogo Pereira de Araujo, e o Tenente de Mestre de Campo General Antonio Soares da Costa, que havia chegado da Beira; os Soldados Infantes pagos não passavão de mil, nem os cavallos de cento, a gente da Provincia tinha poucas armas, e menos destreza. D. Vicente Gonzaga, havendo disposto todas as preparaçoens necessarias, começou a passar o Rio Minho no lugar de Caracoes, pouco distante de Valença. Este aviso, que pudera servir de estimulo á resoluçaõ de se opporem os nossos Soldados aos Gallegos na passagem do Rio, accrescentou a confusaõ de sorte, que primeiro se alojarão desta parte, que os pareceres concordassem. Logo que passou o exercito, fortificou D. Vicente o Alojamento: constava de sete mil Infantes pagos divididos em sete Terços, e de seis mil Milicianos em cinco, e de mil e quinhentos cavallos repartidos em dezaseis Companhias: General da

Cavalla-

Cavallaria D. Luiz de Menezes, filho mais velho do Conde de Tarouca; General da Artilharia D. Diogo de Velasco. A dilação, que os Gallegos fizerão na passagem do Rio, deu lugar a chegarem a D. Alvaro de Abranches dous terços de Infantaria da Provincia de Tras os Montes; hum pago, de que era Mestre de Campo Antonio Jaques de Paiva, que em ausencia de Joanne Mendes, que naquelle tempo havia passado ao governo das Armas da Provincia de Alentejo, ficou governando Tras os Montes; e o Terço vinha governado pelo Sargento Mayor, que era Soldado valeroso; outro de Soldados, a que chamavão volantes, que vinha á ser quasi o mesmo, que Auxiliares, de que era Mestre de Campo Gregorio de Castro de Moraes: o Terço pago trazia setecentos Infantes, o volante quinhentos e sessenta, e quatrocentos cavallos pagos, e da Ordenança divididos em sete Companhias, governadas pelo Tenente General da Cavallaria Domingos da Ponte Gallego. A estas Companhias, e ás duas daquella Provincia se unio a maior parte da gente nobre, que nella se achava, e á Infantaria grande numero de Ordenança, mas pouco persistentes por falta de Armas, mantimentos, e disciplina. Juntos os exercitos, e avistando-se aos dezaseis de Julho, faltou D. Alvaro de Abranches, impossibilitado de achaques em Viana. Originou este accidente levantar-se duvida entre o Mestre de Campo Francisco Peres da Silva, e o Tenente General da Cavallaria Nuno da Cunha, sobre a qual dos dous tocava o governo do exercito: porque ainda que Francisco Peres era mais antigo Mestre de Campo, que Nuno da Cunha Tenente General, como naquelle tempo naõ tinha El-Rey declarado a preferencia das patentes entre estes dous Postos, qualquer dos dous queria arrogar a si a preeminencia de governar o exercito, que pela qualidade não merecia tanta contenda. Porém Nuno da Cunha entrava com razão mais forçosa, porque lhe havia dado huma carta, para preceder a todos os Postos iguais em accidente similhante. Quando a questão estava mais vigorosa, chegou ao exercito o Visconde de Villa-Nova D. Diogo de Lima, determinando servir de Soldado na mes-

Anno 1657.

Anno 1657.

mesma Provincia, de que havia sido General. Acharão os Officiaes mais zelosos, e desinteressados, que o caminho de se desviar a duvida de Nuno da Cunha, e Francisco Peres, era acceitar o Visconde o governo do exercito, até El-Rey determinar o que fosse mais util a seu serviço. Com louvavel resolução acceitou o Visconde a offerta, e os dous contendores a obediencia a taõ qualificados merecimentos, como eraõ os do Visconde, precedendo para elle acceitar, não só approvação, mas instancias de D. Alvaro de Abranches; e a Rainha louvou muito a Nuno da Cunha ceder o privilegio, que adquirira em virtude da ordem, que tinha levado; e ao Visconde a generosa resolução, que tomara, desvanecidos por este accommodamento os inconvenientes, que puderaõ resultar, se naõ se effeituara. Avisaraõ as partidas, que andavão á vista do exercito inimigo, que aballava do sitio, em que estava em taõ prolongada marcha, pela pouca largura de estrada, que merecia particular reflexão. Por diversos caminhos se discursou esta noticia: diziaõ huns, que sem dilação alguma se investisse o exercito de Castella; porque trazia taõ pouca frente na estreiteza do terreno, por onde marchava, que logo que fosse investido, seria infallivelmente desbaratado; e que naõ só este motivo pedia esta deliberaçaõ, senão tambem encaminharem-se os inimigos a Villa-Nova, praça de grande importancia, e com taõ pouca defensa, que consistia a sua segurança só naquelle troço do exercito; que devia empregar-se logo; porque mostravaõ os Soldados grande desejo de pelejar, assim pela ignorancia dos perigos de huma batalha, como pela confiança, que ministrava a confusaõ da marcha dos Gallegos; e que juntamente se não devia mal lograr aquelle impulso em gente, de que se não podia esperar persistencia alguma pelas razoens apontadas. Outros, seguindo a opiniaõ contraria, consideravaõ, que naquella mal disciplinada gente consistia a conservaçaõ de toda a Provincia, que empenhalaem hum só conflicto com taõ pouca noticia da arte Militar, seria indesculpavel temeridade; porque nem em todos os casos se devia esperar, que a fortuna se

Governa o exercito accidentalmente o Visconde de Villa-Nova, por infermidade de D. Alvaro que deixou o governo.

lisongeasse das deliberaçoens arrojadas: que a marcha dos Castelhanos era em tão breve distancia, que primeiro occuparião o quartel, que buscavão, que padecessem a menor offensa; e que se era estreita, e aspera a estrada, por onde marchavão, que esta mesma difficuldade havião de achar os que os investissem; e que finalmente a salvaçaõ, que consistia em hum só ponto, pedia disposiçoens muito antecedentes. O Visconde entendendo, que este parecer era o mais prudente, e o mais seguro, mandou retirar os batedores da Companhia de Diogo Pereira, que havião dado principio a huma escaramuça, e os Gallegos se encorporarão em S. Pedro da Torre, lugar sobre o Rio Minho, que divide as duas legoas, que se contão de Valença a Villa-Nova de Cerveira, e superior á campanha mais desembaraçada da Provincia de Entre-Douro, e Minho, muito fertil de mantimentos, aguas, madeiras, e faxinas. Neste sitio, franqueando o passo do Rio, levantarão os inimigos hum Forte capaz de alojar mil Infantes, parecendo-lhes mais facil edificar huma Praça, que ganhala. Ao passo que crescia esta obra, se diminuía o nosso pequeno exercito; porque os Auxiliares, e Ordenanças, se não tem emprego breve na campanha, difficilmente persistem nella, obrigados do amor das familias, e das fazendas. Em poucos dias acabarão os Gallegos o Forte, a que deraõ nome S. Luiz Gonzaga, e ameaçando a guarniçaõ, que lhe introduziraõ, as Aldeas de todo aquelle districto do Sardal, que erão os mais visinhos, para que se sugeitassem a ser avindos. Os paizanos, desprezando as vidas por conservar a liberdade, e ensinando lhes o perigo o caminho de defendela, correraõ toda a campanha com tantos, e tão embaraçados fossos, que se sustentarão todo o tempo, que durou a guerra, sem experimentar o pesado jugo, com que os Gallegos determinavaõ sugeitalos, pelejando varias vezes, e ordinariamente com felices successos. D. Vicente Gonzaga, querendo melhorar por todos os caminhos o seu partido, mandou interprender Lindozo, que governava Manoel de Oliveira Pimentel; porém sendo sentidos, os que deraõ o assalto

Anno 1657.

Levantaõ os inimigos o Forte de S. Luiz Gonzaga sobre o Rio Minho em grande damno da Provincia.

Anno 1657.

salto, tiverão tão máo successo, que perderão duzentos homens, e entre elles Officiaes de importancia, e pessoas de qualidade. Voltarão pela serra Amarela com seis centos Infantes, e alguns cavallos, e fizeraõ huma grande preza naquelle districto: acodio a gente de Lindozo a tão bom tempo, que derrotou a Infantaria, e tirou a preza. Antonio de Almeida Carvalhaes, que governava Salvaterra, teve melhor successo; porque em huma entrada que fez, queimou doze lugares, sem receber damno. O Visconde sustentava o exercito com grande trabalho, pela difficuldade da persistencia da gente, e a D. Alvaro de Abranches embaraçavão os achaques de sorte, que com repetidas instancias pedio á Rainha successor; e porque cada hora lhe crescerão os motivos de lhe ser conveniente sahir daquella Provincia, considerando a Rainha todas estas razoens, nomeou ao Conde de Castello-Melhor segunda vez Governador das Armas de Entre-Douro, e Minho na confiança do alvoroço, com que seria recebido naquella Provincia, que conservava a memoria dos felices successos do seu primeiro governo. O Conde sempre disposto a se empregar na defensa da sua Patria, acceitou esta occupaçaõ, e partio de Lisboa com a sua familia; acompanhado de seus dous filhos, Luiz de Sousa de Vasconcellos, e Simaõ de Vasconcellos, ambos valerosos, e com o fervor, que naquelles annos, e nascimento he mais ardente. Chegando o Conde a Entre-Douro, e Minho, foi recebido de todos aquelles Povos com grande applauso: cedeo lhe D. Alvaro de Abranches o governo da Provincia, e o Visconde o do exercito; e em huma, e outra preminencia lhe entregarão muito grandes cuidados; porque os Gallegos tinhaõ maior poder, e os meyos da defensa eraõ poucos, e mal seguros. D. Alvaro de Abranches passou a Lisboa com a afflicção dos seus achaques, e máos successos. O Visconde se retirou aos seus lugares; e o Conde de Castello-Melhor, desejando, que a Rainha estivesse inteiramente informada do acerto, com que o Visconde procedera na occasiaõ antecedente, em dar fórma ao exercito, que se oppoz aos Gallegos, em juntar gente, dispendendo

Entra o Conde de Castello Melhor no governo da Provincia.

pendendo os proprios cabedaes em foccorrer Valença, e impedir as entradas, em quanto durou a obra do Forte de S. Luiz, lhe deu conta muito por extenso de todas estas particularidades; e a Rainha com grandes demonstraçoens, e encarecimentos agradeceo ao Visconde o que havia executado em serviço del-Rey, e defensa do Reyno. Entrando o Conde de Castello Melhor em consideraçaõ do grande damno, que recebia aquella Provincia com a fabrica do Forte de S. Luiz, e que naõ era possivel defendella, se a deixasse exposta ás invasoens continuas dos Gallegos, deliberou levantar hum quartel a tiro de canhaõ do Forte: guarneceo-o com a gente, que pode tirar das muitas Praças, que taõ precisamente necessitavão della, e animando a que lhe ficou com a assistencia de sua pessoa, de seus filhos, e de outros Fidalgos, que de Lisboa o acompanharão. Teve principio entre as duas Naçoens huma tão continua, e porfiada guerra, que poucos dias se passavão sem rebate, e poucos rebates havia sem feridas: mas esta continuaçaõ de trabalho, e este dispendio de sangue, foi a escola da arte Militar, e o crisol do valor, em que se forjarão os gloriosos successos, que depois conseguirão as nossas Armas naquella Provincia. Anno 1657.

Governava Joanne Mendes de Vasconcellos, como havemos referido, a Provincia de Traz os Montes: o tempo que assistio nella, não faltou em remetter á Rainha anticipados avisos das prevençoens dos Castelhanos, e em lhe mandar prudentes advertencias dos caminhos, que se deviaõ buscar, para se atalharem os damnos, que ameaçavão este Reyno; e porque os Castelhanos para diversaõ dos soccorros, que de Traz os Montes podião passar ao exercito de Alentejo, que se preparava para soccorrer Olivença, tinhão juntado Tropas em Ourense, e outros lugares daquella fronteira com todas as apparencias de querer invadila. Joanne Mendes com ordem da Rainha juntou em Mirandella quantidade de Ordenança, guarneceo Chaves, Bragança, e Miranda, e aguardou o que resultava das prevençoens dos inimigos; decifraraõ-se na guerra, que fizeraõ em Entre-Douro, e Minho. Varios successos das outras Provincias.

Soccorreo

Anno 1657. Soccoreo Joanne Mendes aquella Provincia com alguma gente, e paſſando a Alentejo, ficou governando Tras os Montes o Meſtre de Campo Antonio Jaques de Paiva, que mandou ao Minho o ſoccorro, de que havemos dado noticia, e não houve eſte anno em Tras os Montes acçaõ digna de memoria.

Aſſiſtia D. Rodrigo de Caſtro no Governo do Partido de Almeida, e com toda a diligencia procurava novas emprezas, que augmentaſſem a ſua opinião. Com as noticias, de que os Caſtelhanos ſe preveniaõ para ſahirem em campanha, adiantou a fortificaçaõ da Praça de Almeida, differente de todas as do Reyno, por ſer fabricada de cantaria. Reconheceo os Terços, e Companhias de cavallos pagas, armou os Auxiliares, de que fazia grande confiança, e prevenio as carruagens. Quando andava neſta diligencia, o buſcarão os Caſtelhanos em Almeida com quatrocentos cavallos. Havia D. Rodrigo recebido anticipado aviſo da marcha dos Caſtelhanos, e com eſta noticia ſahio de Almeida com trezentos e cincoenta cavallos, e ſeiscentos Infantes; em pouca diſtancia ſe aviſtou com as tropas Caſtelhanas; fizeraõ ellas alto, attacou ſe huma eſcaramuça, que durou largo tempo; e não querendo D. Rodrigo apartar a cavallaria da Infantaria, marchou contra os Caſtelhanos; retiraraõ-ſe: ſeguio elle depois a marcha, até Barba de Porco junto ao Rio Agueda, ſitio, em que eſtava o Governador de S. Felices com mil Infantes reedificando com vigas, e tabooens o arco de huma ponte, que o Conde de Serém, no tempo que governou aquella Provincia, havia derribado. Fez alto D. Rodrigo na Ribeira de duas Caſas, que ficava pouco diſtante do alojamento dos Caſtelhanos: reconheceo a capacidade do ſitio, apartou cem Infantes, e duzentos cavallos governados pelos Capitaens Antonio de Figueiredo, e Gaſpar Freire de Andrade, marchou com elles encubertos até junto do alojamento; e tendo a fortuna de não ſer ſentido, mandou avançar os duzentos cavallos eſpalhados, e com ordem que tocaſſem arma ao meſmo tempo em differentes partes bem junto do quartel, com o fim, de

que

que os Castelhanos disparassem as armas de fogo, e que ao mesmo tempo avançasse a Infantaria o quartel na confiança desta ventagem, e que o resto da gente, que ficava, lhe desse calor. Executou-se esta disposiçaõ taõ pontualmente, que o alojamento foi entrado sem opposiçaõ, morto o Capitão D. Joaõ de Ayala, que o governava, e quantidade de Soldados: os mais se retirarão da outra parte do Rio a tempo, que chegava o Mestre de Campo Joaõ de Mello Feyo, e Tenente General da Cavallaria Manoel Freire de Andrade com o resto da gente, e os Castelhanos com este máo successo se retiraraõ para as suas Praças, e D. Rodrigo para Almeida. Deu logo conta á Rainha desta occasiaõ muito por extenso, como costumava; porém a Rainha havendo D. Rodrigo retardado os soccorros de Alentejo, como por muitas vezes lhe tinha ordenado, lhe respondeo tão asperamente, que D. Rodrigo se achou obrigado a mandar a Alentejo o Mestre de Campo Joaõ de Mello Feyo com mil Infantes, e ao Commissario Geral da Cavallaria Bartholomeu de Azevedo Coutinho com duzentos cavallos: ficando advertido, de que a desobediencia, nem a felicidade dos successos, tem virtude para fazer, que não seja culpa. Vendo-se D. Rodrigo destituido desta gente, supprio a falta della com Auxiliares, e Ordenanças: correo a Provincia, animou os Povos, guarneceo as Praças; e ajudando a Rainha com algum dinheiro a sua actividade, conseguio naõ receber damno das tropas inimigas; antes entrando a Cavallaria de Ciudad Rodrigo a emboscar se alguma distancia do lugar de Souro, e mandando cincoenta cavallos a pegar no gado, para que provocado o Capitaõ de cavallos Antonio Ferreira Ferraõ, que estava alojado em Souto, se arrojasse a recuperallo, e os batalhoens de embuscada avançassem ao lugar, e cortando-o, lhe derrotassem a Companhia: porém ficando a emboscada mais distante do que convinha, Antonio Ferreira investio os cincoenta cavallos, desbaratou os, e recolheo se ao lugar, sem receber damno algum dos batalhoens, que sahiraõ da emboscada. No mesmo tempo derrotou o Capitaõ Francis-

Anno 1567.

Anno 1657. Francisco Monteiro huma Companhia de Ginaldo.

Era entrado o mez de Outubro, e querendo Joanne Mendes sahir em campanha a restaurar Mouraõ, avisou a D. Rodrigo de Castro, que lhe parecia muito conveniente fazer-se por aquella Provincia alguma diversaõ, que embaraçasse as tropas inimigas passarem a Alentejo. Dispoz D. Rodrigo dar á execuçaõ este intento na melhor fórma, que lhe foi possivel. Sahio de Almeida com seiscentos Infantes, e duzentos cavallos, governados pelo Tenente-General Manoel Freire de Andrade, marchou a S. Felices, rendeo huma Atalaia pouco distante daquella Praça, e sahindo o Governador de Sobradilho com setecentos Infantes a soccorrer S. Felices, tendo noticia Manoel Freire, avançou com os batalhoens a derrotalos; recolheraõ-se a hum sitio aspero, mas vendo se sitiados, se renderão á mercê das vidas. Esta dilaçaõ obrigou a D. Rodrigo a se retirar para Almeida sem outro effeito, e dentro de poucos dias sahio daquella Praça com quatro mil Infantes, e seiscentos cavallos; fez alto na Mesquita, ultimo lugar da Raia; esperou para marchar, que cerrasse a noite, e antes de amanhecer, passou a Venhafares, lugar de quatrocentos visinhos: estava bem guarnecido, e na confiança de serem soccorridos os defensores do Mestre de Campo D. Jeronymo de Espinosa, que tinha a seu cargo o governo das Armas, e assistia em S. Felices, por ter anticipada noticia do intento de D. Rodrigo, e haver chamado as guarniçoens; e Milicianos dos lugares mais visinhos, com resolução de soccorrer Venhafares: sahiraõ do lugar duzentos Infantes a rebater o primeiro assalto; porém repartida a Infantaria, e avançando por varias partes, cedendo os Castelhanos da opposiçaõ, entrou D. Rodrigo na Villa, saqueou-a, e queimou-a. Accodio o Mestre de Campo D. Jeronymo; porém a tempo, que servio só de testimunha do incendio, e não lhe parecendo conveniente tomar satisfaçaõ pelejando na campanha, se retirou para S. Felices, e D. Rodrigo para Almeida, e com este successo se remataraõ este anno os daquelle partido.

D. Sancho Manoel, que governava as Armas no

Parti

Partido de Penamacor, com grande diligencia se preparou, assim para se defender, como para soccorrer a Alentejo: reencheo as Companhias pagas, e os Terços de Auxiliares, obrigou a todas as pessoas, que constou terem dous mil cruzados de fazenda, a sustentarem hum cavallo, tratou das fortificaçoens, e procurou com grande cuidado grangear intelligencias em Castella, e constando lhe que os Castelhanos tinhaõ obrigado com graves penas a todos os Soldados velhos, que se havião retirado da guerra, a que tornassem ao exercito por aquella campanha, aconselhou á Rainha mandasse promulgar a mesma ley em todas as Provincias, o que se executou com grande utilidade; porque com o medo do castigo, e com a esperança de se acabar o trabalho, acabada a campanha, quasi todos os Soldados velhos, que andavão espalhados pelo Reyno, acodiraõ ás fronteiras das suas Provincias. Nos primeiros dias de Mayo mandou D. Sancho para Alentejo quinhentos Infantes pagos, mil e setecentos Auxiliares, e cento, e vinte cavallos, e no decurso da campanha foi fomentando estes soccorros com outros muito importantes. No tempo, em que o General da artilharia Affonso Furtado passou á interpresa de Valença, escreveo a D. Sancho, pedindo lhe quizesse divertir as tropas de Alcantara, e dos mais lugares, para que não passassem a soccorrer Valença. Executou D. Sancho esta disposiçaõ com boa fortuna, ainda que com pouca gente correo a campanha, trouxi muitos prizioneiros, e huma grande preza, e obrigou as tropas Castelhanas, que havião marchado a soccorrer Valença, a que tornassem a passar o Tejo, deixando Valença exposta ao perigo, que a ameaçava. Tomada Olivença, passou D. Sancho por Mestre de Campo General do exercito de Alentejo ao sitio de Mouraõ, como referimos: ficou governando o seu partido o Mestre de Campo Joaõ Fialho. Teve noticia que os Castelhanos entravão com grosso poder pelos campos da Idanha a Nova, ajuntou a gente paga, Auxiliares, e Ordenanças dos lugares mais visinhos, e buscou os Castelhanos com tão bom successo, que lhes Anno 1657.

tirou

Anno 1657.

tirou a maior preza, que haviaõ feito por aquella parte, e os obrigou, pelejando tres vezes, a se retirarem com muita perda. D. Sancho, tomado Mouraõ, voltou para o seu Partido, e passou até o fim deste anno sem occasiaõ relevante.

Noticia do governo politico da Corte.

O estrondo das armas, e a oppressaõ da guerra naõ divertiaõ o cuidado da Rainha Regente da applicaçaõ de que necessitava a criaçaõ del-Rey seu filho, fazendo todas as diligencias possiveis, para que a virtude do Mestre, e as virtudes do Ayo fossem poderosas para infundirem em El-Rey segunda natureza, mostrando as disposiçoens da primeira, quanto era necessario emendallas a segunda. Trabalhava o Prior de Sodofeita pelo industriar nos preceitos da Grammatica; porém naõ bastava, nem a industria, nem a violencia, para desviar a El-Rey pelos atalhos seguros dos caminhos precipitados, crescendo nelle com os annos os exercicios menos decentes. Era hum delles ver jogar as pedradas das janellas do Paço aos mininos do Povo mais humilde, que conhecendo-lhe esta inclinaçaõ, passaraõ do Terreiro ao patio da Capella, favorecendo El-Rey huma das parcialidades destes pequenos gladiadores. Serviaõ de testimunhas deste espectaculo os mercadores, que assistiaõ nas tendas, que rodeaõ aquelle patio, e havia entre elles hum moço chamado Antonio de Conte Vintimiglia, nascido em Lisboa de pays Italianos, que tomaraõ o appellido da Cidade de Vintimiglia, de que eraõ naturaes: era activo, e artificioso, e observando a inclinaçaõ del Rey, soccorria o bando dos mininos, que elle desejava ficasse vencedor; e continuou com tanta arte esta lisonja, que veio El-Rey a passar ao Capitaõ todo o affecto, que empregava nos contendores. Soube Antonio de Conte fomentar com tanta arte esta inclinaçaõ, que conseguio chamalo El-Rey varias vezes á sua presença; e buscando os meios mais proprios de segurar a sua fortuna, presentava a El-Rey todos os dias varios instrumentos daquelles, de que costumaõ agradar-se os primeiros annos, taõ polidos, e bem adereçados, que por instantes cresciaõ em El-Rey com as dadivas os affectos, e seguindo veloz-

velozmente a eſtrada, que coſtumão tomar os appetites deſordenados, veio a adiantar ſe eſte indigno favor a taõ eſtreita familiaridade, que paſſou de reparo particular á murmuração commua. Teve a Rainha noticia, e para que ceſſaſſe eſte eſcandalo, mandou ordem a Antonio de Conte, que não entraſſe no Paço. Obedeceo elle ao preceito, mas El-Rey não cedeo do appetite; e a prohibição, que coſtuma ſer eſtimulo ainda nos animos mais prudentes, infundio em El-Rey tão deſordenado impulſo; que entendendo a Rainha poderia parar em notavel exceſſo, mandou levantar o preceito a Antonio de Conte, fundando-ſe na eſperança, de que a demaſiada introducçaõ vieſſe (como muitas vezes ſuccede) a cauſar em El Rey aborrecimento; porém como o effeito era prejudicial, e os deſacertos na deſordem dos homens tem melhor ſucceſſo, que as virtudes, ſahio errado eſte diſcurſo; porque Antonio de Conte ſoube perſuadir de ſorte a inclinação del Rey, que em poucos dias paſſou do trato de vender fitas a ſer tratado com a maior veneraçaõ de muitos daquelles, que antes abominavão a ſua fortuna. Não oftendião eſtes venenoſos documentos, ainda os poucos annos do Infante D. Pedro; porém juſtamente ſe receava, que não ſe emmendando em El-Rey os deſconcertos, de que ſe vencia, poderia o contagio facilmente communicar-ſe ao Infante, e divertirem os habitos pernicioſos as excellentes diſpoſiçoens, com que havia ſahido formado da natureza; mas como ſó a Providencia Divina ſabe encaminhar as direcçoens humanas, nem o Infante deixou de ſer teſtimunha dos deſconcertos del-Rey, nem os ſeus deſacertos lhe prejudicarão, pelo haver Deos criado para ultima, e mais ſegura ſaude deſte Reyno. Anno 1567.

Os dous Condes de Odmira, e Cantanhede, e os dous Secretarios de Eſtado, e Mercês, Pedro Vieira, e Gaſpar de Faria erão os inſtrumentos, de que a Rainha ſe ajudava no trabalho do governo, e todos deſunidos por natureza, e unidos por arte, concorrião com muito zelo para a defenſa do Reyno; e aquelles negocios, em que a Rainha reconhecia que a diviſaõ dos animos deſtes

Anno 1657. Miniſtros era prejudicial, temperava por intervençaõ do Marquez de Niza, do Biſpo do Japaõ, de Pedro Fernandes Monteiro, Juiz da inconfidencia, Deſembargador do Paço, e das Juntas nocturnas, e dos Tres Eſtados, Miniſtro de muita inteireza, e zelo, que mereceo toda a eſtimaçaõ del-Rey D. Joaõ, e da Rainha, e de Frei Domingos do Roſario, de que fazia grande confiança, aſſim pelas ſuas virtudes, como pela grande devoçaõ, que em beneficio do ſangue de Guſmaõ tinha á Ordem de S. Domingos; e paſſando pela difficuldade de ſer Frei Domingos Irlandez, o elegeo Biſpo de Coimbra: e com eſtas, e outras induſtrias, muitas vezes mais delgadas do que requeria a gravidade dos negocios, ſuſtentava a Rainha o grande pezo do governo da Monarquia, no tempo; em que os embaraços domeſticos, e externos a combateraõ com maior força.

Noticia das Embaixadas. Os negocios de França, em que ſempre ſe conſiderava a maior importancia, encommendou a Rainha a Frei Domingos do Roſario. Foraõ as propoſiçoens, que levava; tratar o caſamento da Infante Dona Catharina com El-Rey Luiz XIV. que hoje felicemente reina; pedir huma armada para ſegurar a Barra de Lisboa, e mil cavallos para reforçar o exercito de Alentejo, correndo as deſpezas pelos cabedaes de França; porém nem as ſuas diligencias, nem as que ſe fizeraõ com o Conde de Cominges, Embaixador extraordinario del-Rey Chriſtianiſſimo, foraõ poderoſas para conſeguir eſte anno ſoccorro algum, nem a pratica do caſamento teve effeito; diſpondo a Divina Providencia, por ſeus occultos juizos, que a Infante D. Catharina vieſſe a lograr na Coroa de Inglaterra as coroas de virtudes, que taõ felicemente exercitou.

Aſſiſtia em Roma, quando ſuccedeo a morte del-Rey, Franciſco de Souſa Coutinho. Chegando eſta noticia áquella Curia, ficaraõ menos poderoſas as diligencias de Franciſco de Souſa, por ſe conſiderar Portugal, na regencia da Rainha, e menoridade del-Rey, entregue aos poderoſos exercitos, que os Caſtelhanos publicavaõ, que preveniaõ para a conquiſta deſte Reyno; e naõ era

o meo menor obſtaculo a pouca correſpondencia, que havia entre Franciſco de Souſa, e o Cardeal Urſino. Protector do Reyno; porque o Cardeal parece que deſejava a Franciſco de Souſa menos ardente, e Franciſco de Souſa entendia, que era neceſſario, que o Cardeal foſſe mais activo; e ſem embargo de haver El-Rey deſpedido de Protector ao Cardeal Urſino, por entender que em os negocios deſte Reyno andava mais politico, do que convinha aos ſeus intereſſes, a Rainha reſolveo, que continuaſſe, limitando tempo a Franciſco de Souſa até o ultimo deſte anno, que eſcrevemos, para voltar a Portugal, como executou, ſe acaſo ſe lhe naõ houveſſe deferido; e que deixaſſe os papeis entregues ao Padre Franciſco de Tavora da Companhia de JESU, nomeado aſſiſtente na Curia, Religioſo de grande virtude, ſciencia, e capacidade. Anno 1657.

Nomeou a Rainha a Franciſco de Mello Embaixador de Inglaterra, depois de ceder á pertençaõ de General da Cavallaria de Alentejo; porque a induſtria de Cormuel, indignamente venerado protector daquelle Reyno, tinha creſcido a taõ deſuzada ſoberania, e grandeza, que conſeguia ſer reſpeitado de todos os Principes de Europa, que ſolicitavaõ com exceſſivos obſequios a ſua amizade. Levou Franciſco de Mello por Secretario da Embaixada a Franciſco de Sá de Menezes, de conhecido talento, e capacidade, para exercitar eſta occupaçaõ. Entrou o Embaixador em Londres a dez de Setembro, teve audiencia de Cromuel: nomeou-lhe Cõmiſſarios, confirmaraõ-ſe os capitulos da paz feita com o Conde de Camareiro mór, accõmodando-ſe á neceſſidade do tempo, taõ poderoſo, e conſtante nas inconſtancias, que faz dobrar as condiçoens, e torcer as vontades.

Em Hollanda aſſiſtia Antonio Rapozo ajudado de Jeronymo Nunes da Coſta; e como eſtava nos Hollandezes taõ viva a chaga da perda de Pernambuco, e das mais Praças do Braſil, eraõ poucos os intereſſes, que ſe eſperavaõ daquella Republica, e ſó ſe tratava de ſe buſcar algum temperamento, que facilitaſſe a concordia, pelo perigo do rompimento, em tempo que todo o po-

Anno 1657. der de Castella se unía contra Portugal.

Governava o Conde de Atouguia com grande aceitação o Estado do Brasil: nomeou El-Rey para lhe succeder a Francisco Barreto, que com a gloria referida na primeira Parte desta Historia, havia dado felice remate á guerra de Pernambuco; e como os Hollandezes forão lançados de todas as Praças do Brazil, e no governo politico houve tão poucos accidentes dignos de memoria, ficaremos desobrigados de referir as materias, que tocarem a este Estado.

Noticias das guerras das Conquistas.

O governo de Tangere continuava o Conde da Ericeira D. Fernando de Menezes, não perdoando a diligencia alguma, que parecesse necessaria para conseguir todas as commodidades do campo, preciso sustento dos moradores da Cidade, por mais que se comprassem a preço de sangue; porque o poder dos Mouros era grande, e os Cavalleiros da Praça poucos. Nos primeiros de Janeiro chegou huma caravella de Lisboa com a nova da morte del-Rey D. Joaõ, e ordem da Rainha para os funeraes, que o Conde celebrou com grande magnificencia; e depois de quebrar os escudos, e uzar das mais ceremonias costumadas em similhantes casos, acclamou El-Rey D. Affonso com diversa solemnidade; e tornando logo aos lutos, e demonstraçoens de tristeza, tiverão noticia os Mouros, e cobrarão animo, parecendo-lhes que distituidos os Portuguezes de hum Rey, que tão prudentemente os governava, ficarião impossibilitados de soccorros: e não querendo Gailan, que a pezar de muitos adversarios sustentava o dominio daquelles barbaros, que o tempo emmendasse este accidente tão favoravel á empreza, que muito tempo antes havia premeditado, juntou com grande diligencia de Alcacer até Tituão hum exercito de vinte e cinco mil homens, e em quarta feira de trevas, doze de Abril, tomou alojamento á vista de Tangere com mais numero, que arte, e mais tendas, que Trem. Foi a primeira vista da confusaõ do exercito o primeiro alento dos sitiados; porque sem ordem naõ póde haver na guerra successo felice. O Conde com o grande socego, de que se compunha o seu valor, preparou

rou militarmente todos os postos, em que consistia a defensa da Cidade, guarnecendo de Infantaria os mais arriscados, e formando os Cavalleiros nas partes, em que podia ser mais util o seu soccorro. Começou a jogar a artilharia, que era a melhor defença da Praça; porque as muralhas, por debeis, e mal fabricadas, só contra os inimigos ignorantes dos instrumentos de expugnaçaõ podião ser seguras. O Conde com o pretexto do troco de hum Mouro cativo mandou Francisco Lopes, que servia de lingua, examinar o designio de Gailan; porém elle, que naõ era ignorante da sua conveniencia, fez ao lingua grandes promessas, se se atrevesse a facilitar com o Conde varias conveniencias, e despedio-o, dizendo, que antes de dar principio aos ataques, esperava a sua reposta. Deu o lingua conta ao Conde do que tinha passado com Gailan, ordenou-lhe, que lhe respondesse por hum Mouro de huma Càfila, que em quanto persistisse com o exercito á vista daquella Praça, só ballas teria por reposta das suas proposiçoens. Com esta resolução deraõ os Mouros principio ao combate; porém só com espingardas, de que resultava ser maior o estrondo, que o effeito. Respondião os sitiados com a artilharia, e mosquetaria, e occasionavão aos Mouros grande damno. Deraõ-lhe os sitiados artificiosamente lugar a que chegassem perto da muralha, onde lhe lançarão no principio alguns foguetes, de que elles faziaõ zombaria na experiencia do pouco damno, que lhes resultava. Vendo o Conde a satisfaçaõ que tinhaõ do seu engano, lhes mandou lançar quantidade de granadas, que os Mouros tomarão nas mãos, entendendo que o effeito seria o mesmo, que o dos foguetes; porém logo que acabou de arder a polvora nos canudos, reconhecerão á sua custa o seu engano. Assistia o Conde General de dia, e de noite em todos os lugares, em que considerava maior perigo, animando aos defensores á constancia, que lhes inculcava a pouca experiencia dos Mouros, que não mostravão ter mais arte, que para disparar as escòpetas. Quizerão elles desmentir esta opinião, e começaraõ a cortar madeiras, e a dar alguns indicios

Anno 1657.

Anno 1657. de levantar hum Forte. Este intento poz em maior cuidado ao Conde General, de que resultou remetter a Lisboa Lopo Fernandes Lopes em hum barco, que passou ao Algarve. Deu conta á Rainha do estado, em que se achava aquella Praça, pedio-lhe soccorro, e ao Conde de Valde-Reys, que governava o Algarve. Remetteo-lhe o Conde huma caravella com muniçoens, e mantimentos, e a Rainha mandou prevenir hum navio, em que se embarcaraõ duzentos Soldados, grande quantidade de muniçoens, e mantimentos, porém foi o tempo tão contrario, que primeiro levantaraõ os Mouros o sitio, que chegasse a Tangere este soccorro. O Conde da Ericeira tendo o maior cuidado na porta do Campo, por consistir a sua defensa em hum rebelim, que estava por acabar, se dispoz a aperfeiçoallo, sem mais reparo, que alguns sacos de terra, em que os Mouros empregavaõ as muitas ballas, com que intentavão impedir a obra; mas com a assistencia continua do Conde se conseguio brevemente. Começarão os cavallos, e o gado a sentir a falta da herva do campo, de que se alimentavão. Determinou o Conde remediar este damno, sahio ao campo pela porta da traição, e querendo Gailan oppor-se a este intento com a maior parte do exercito, offendidos os Mouros da artilharia, e mosquetaria, e rebatidos dos Cavalleiros, naõ puderaõ embaraçallo, recolhendo-se á Praça herva para muitos dias. Desenganado Gailan do pouco fruto, que tirava daquella inutil assistencia, depois de vinte dias de sitio, se retirou com muitos Mouros feridos, deixando a campanha cuberta de mortos. Com grande alvoroço se vio da Praça queimar o alojamento, e retirar o exercito; e ainda fez mais alegre este successo naõ offenderem as ballas dos Mouros a alguns dos sitiados, favorecendo nosso Senhor aos defensores da sua Fé. O dia seguinte ao que os Mouros se retiraraõ, sahio o Conde á campanha, e mandando reconhecer a abobada, sitio, em que os Mouros haviaõ trabalhado, se examinou que o seu intento era cortar os canos da agua, que sahiaõ da abobada; entendendo que desta diligencia poderia resultar grande prejuizo aos sitiados, enganando-se neste discurso;

curſo; porque na Cidade havia mais agua de que ſe alimentar, que aquella que pertendiaõ divertir lhe. Segurou-ſe o campo, e fazendo-ſe a meſma diligencia ao dia ſeguinte, correrão da Atalainha os Mouros com ſeſſenta cavallos, e como por aquella parte naõ acharaõ oppoſiçaõ, tornaraõ a retirar-ſe. Armou o Conde a eſte ſeu deſignio com tão boa diſpoſiçaõ, dividindo a gente em dous troços, hum que elle governava, outro que entregou ao Adail Simaõ Lopes de Mendoça; que tornando os Mouros a correr da outra parte com maior numero de cavallos, que Gailan ſegurava com dous mil e quinhentos, os primeiros, que avançaraõ, ſe acharaõ cortados, e correndo os Cavalleiros da campanha para a Praça, padeceraõ os Mouros perda conſideravel, de que irritado Gailan, juntou novo poder com determinaçaõ de tornar a ſitiar a Cidade, proteſtando lograr eſte intento á cuſta da propria vida. Conſeguio aggregar-ſe-lhe o poder de outro Mouro, chamado Algazuani, que dominava a gente de Tituaõ, e convocando grande numero della, ſe promettiaõ os dous felice ſucceſſo na empreza premeditada. Unido o exercito, chegaraõ á viſta de Tangere no principio de Mayo, e tornando a occupar os meſmos poſtos do ſitio antecedente, multiplicarão as cargas; porque os de Tituão erão melhores tiradores; porém ainda que cahião mais ballas na Praça, o perigo não creſcia, aſſim por não ſerem outros os inſtrumentos, como por ſerem os meſmos os defenſores, e igual o Auxilio Divino com tanta providencia manifeſto, que a muitos dos ſitiados paſſavão, ſem outro damno, as ballas os veſtidos; não ficando exceptuada a Condeça Dona Leonor de Noronha; porque eſtando a huma janella, entrou huma balla, e paſſandolhe a roupa, rompeo pelo ladrilho da caſa, que penetrou com huma grande bataria; e foi voz commua, quizera Deos pagar a caridade, com que a Condeça aſſiſtia aos pobres, e enfermos daquella Cidade, e a regularidade, e juizo, com que diſpunha todas as virtuoſas acçoens, de que maravilhoſamente era dotada. Os Mouros tornando-ſe a perſuadir, a que cortando os canos de agua, que a conduzião á Cidade, poderião conſeguir o fim perten-

Anno 1657.

Anno 1567. tendido de conquiſtalla, trabalharão com toda a diligencia pela divertir pela parte dos canos, que havia muito tempo, que eſtavão quebrados, uſando-ſe de outros, o que elles ignoravão, e pór eſte reſpeito não penetrava o Conde a parte onde trabalhavão, nem ſe deſcobria da Cidade, com que ficavão preſervados do prejuizo, que podiaõ receber da artilharia, e moſquetaria. Deſcobrio o Conde General arbitrio, que facilitou eſte inconveniente. Mandou armar huma caravella com duas peças de artilharia de bronze, e cem moſqueteiros, e navegando para a parte, que deſcortinava a em que os Mouros trabalhavão, lhes deraõ tão repetidas cargas, e com taõ felice emprego, que os deſalojaraõ, depois de receberem conſideravel damno. Gailan vendo infructuoſo o ſeu deſignio levantou o ſitio, deixando na campanha grande numero de mortos, depois de oito dias de aſſiſtencia, que teve nella. Multiplicou ſe o alvoroço nos ſitiados, vendo-ſe outra vez livres daquella barbara multidaõ; e o Conde deſejando occaſionar-lhes aggravo mais ſenſitivo, ordenou ſe lhes puzeſſe fogo ás ſementeiras, que eſtavaõ maduras, e os obrigou a padecerem lamentavel damno.

Governava Mazagaõ Alexandre de Souſa Freire. Logo que recebeo a noticia da morte del-Rey D. Joaõ, depois de fazer todas as demonſtraçoens, que pedia taõ exceſſiva magoa, acclamou a El-Rey D. Affonſo; e empregou toda a vigilancia em moſtrar aos Mouros, que com a morte del-Rey naõ morreraõ os coraçoẽs de ſeus vaſſallos para a defenſa daquella Praça, reſiſtindo com muito valor varios encontros, que neſte anno ſuccederaõ, ſem ter perda alguma todo o tempo, que lhe durou o ſeu governo; e ſó padeceo a pena de lhe matarem em huma occaſiaõ o Adail Gonçalo Barreto; ſendo a cauſa intentar ſoccorrer hum Atalaia, que ſahindo a deſcobrir o campo, ſe retirou ferido. Determinou o Adail ſoccorrello, adiantando-ſe dos mais Cavalleiros: mataraõ-lhe o cavallo, ficando a pé, com a lança nas mãos. Foi brevemente ſoccorrido; porém quando os Cavalleiros chegaraõ a elle, eſtava já com huma ferida mortal:

reti-

retiraõ-no, e durou poucas horas. Succedeo a Alexandre de Souſa Franciſco de Mendoça, e como os ſucceſſos foraõ tão poucos na Praça de Mazagão os annos, que contèm eſte ſegundo volume, ficarão reſumidos neſte lugar. Franciſco de Mendoça em todo o tempo de ſeu governo fez varias entradas na Barbaría, recolheo á Praça Mouros, e Mouras cativas, e quantidade de gado. No ultimo anno teve huma occaſiaõ, em que perdeo gente: intentou a ſatisfação deſte damno, entrou na Barbaría, e fez aos Mouros prejuizo conſideravel. Succedeo-lhe Chriſtovão de Mello, e tratou o preſidio daquella Praça com tanta urbanidade, que não tendo com os Mouros acção digna de memoria, ſentiraõ os Cavalleiros a ſua falta, quando acabou os annos do ſeu governo. Anno 1657.

O Eſtado da India achou a morte del-Rey governado por Manoel Maſcarenhas Homem, Franciſco de Mello de Caſtro, e Antonio de Souſa Coutinho, por morte do Conde de Sarzedas, como largamente fica explicado no primeiro Volume; havendo chegado Franciſco de Mello, e Antonio de Souſa Coutinho, rendidos de Columbo, lançando-os os Hollandezes em Tutocorim, e com pouca dilação ſe embarcaraõ em hum parão de Pangim; e paſſaraõ á Cidade Cochim a eſperar pela Armada, que Manoel Maſcarenhas mandava a buſcalos. Sahio a Armada de Goa á ordem de Franciſco da Luz, Soldado de conhecido valor; levava em ſua companhia huma galeota, em que os Governadores ſe haviaõ de embarcar, de que era Capitaõ Manoel Furtado de Mendoça; e tendo governado até o Rio de Mirſeo, encontrou duas náos Hollandezas, hum pataxo, e ſete charruas; e querendo o Cabo Franciſco da Luz recolher-ſe naquelle rio, o não pode fazer, ſem pelejar com os Hollandezes; porém conſeguio recolher-ſe ao rio; mas dentro delle o tornaraõ a inveſtir o pataxo, e charruas, e quando trabalhava para ſe recolher mais para dentro, tocou em hum baixo hum dos navios da ſua conſerva; e como o Capitaõ entendeo, que ſe naõ podia defender, recolheo-ſe aos outros navios com a gente que pode, e os Hollandezes naõ deſiſtindo da empreza, tornaraõ a pelejar; porém Franciſ-

co

Anno 1657. co da luz favorecido dos naturaes pelejou com tanto valor, que obrigou aos Hollandezes a se retirarem com grande perda, e Francisco da Luz se recolheo a Goa; sem levar os Governadores Francisco de Mello, e Antonio de Sousa Coutinho, que passarão áquella Cidade em hum paráo de Pangim.

A nova da morte del Rey D. Joaõ receberão os Governadores pelo Capitão Mór D. Pedro de Alencastre, que chegou a Goa com quatro náos expedidas pela Rainha Regente, e com o corpo de Antonio Telles de Menezes, Conde de Villa-Pouca, que a Rainha tinha mandado por Viso-Rey da India; e não lhe dando os males, que lhe sobrevieraõ, lugar para chegar a esta occupação, morreo na viagem; e havendo-o a India dado a Portugal para General da Armada, quando El-Rey se acclamou; (como referimos na primeira Parte desta Historia) não pode Portugal restituillo á India para governalla; porque ainda que o valor era grande, e a compleiçaõ robusta, a idade era muita, e a viagem larga. Com grande pompa foi depositado no Collegio dos Reys Magos, e muito tempo com pouca reputação dos Governadores da India esteve sem sepultura, merecendo as suas virtudes o mais digno epitafio. Chegou tambem naquellas embarcaçoens Luiz de Mendoça Furtado com a occupaçaõ de General dos Galeoens do mar da India. Tanto que toda a gente saltou em terra, se celebrarão magnificamente as Exequias del-Rey na Sé de Goa: acabadas ellas, foi acclamado El Rey D. Affonso. A falta de Viso-Rey deu occasiaõ a que não houvesse mudança no governo: elegerão os Governadores por Capitão Mór do Norte a Luiz Affonso Coutinho, e ficando por Capitão de Damão, succedeo no governo da Armada Antonio de Mello, e Castro, que em quanto continuou esta occupação, teve alguns encontros com os navios Hollandezes, que estavão na Barra de Goa, sem muito damno de huma, e outra parte; e passou a servir a Capitania de Bassaim com intento de remediar as dissençoens, que se tinhão levantado entre Francisco de Mello, e Sampayo, (a quem hia succeder) e Manoel Luiz de Mendoça, que foraõ de quali-

Anno 1657.

qualidade, que obrigarão a Francisco de Mello a deixar aquella Praça, que tinha a seu cargo, e passar a servir aos Mouros; exercicio, em que miseravelmente acabou a vida. Levou comsigo seu irmão Diogo de Mello, que se achou obrigado pelas muitas mortes, que havião succedido, a deixar sua mulher, e familia em huma nobre caza, que tinha em hum sitio chamado Palé junto de Bassaim; e como os infortunios facilmente se encadeão, foi este causa de outro grave damno; porque mandando os Governadores devaçar dos excessos de Bassaim ao Doutor Joaõ Alvares Carrilho, Ouvidor Geral do Crime, e Ministro, em que não havia a prudencia necessaria para tratar negocio tão importante, onde era preciso unir-se a dissimulaçaõ ao castigo. Forão os primeiros passos, que deu na sua commissaõ, mandar huma ordem á mulher de Diogo de Mello, que largasse as cazas, em que estava, para elle hir assistir nellas; respondeo-lhe que as cazas eraõ suas, e seu marido a tinha deixado nellas; que em Bassaim havia muitos aposentos, que se alugavão, e que lhe pedia com todo o encarecimento, e humildade não quizesse occasionar-lhe maiores molestias das que padecia. Recebeo Joaõ Alvares esta cortez reposta, e trocou a urbanidade, que ella merecia, em huma tão descomposta carta, que lhe escreveo, em que insinuava (contra o que se devia esperar de hum Ministro) querer-se accõmodar a que ella ficasse dentro da caza, admittindo-o por hospede no seu aposento; e sem esperar reposta se resolveo a hir buscar aquella habitaçaõ. Varonil, e virtuosamente se resolveo a defendella a mulher de Diogo de Mello com huma espingarda nas mãos: porém desemparando-a os seus criados, se achou obrigada a fugir para huma Aldeia, deixando nas cazas ao Ouvidor Geral, e fez promptamente aviso a seu marido de todo este desordenado successo. Não tardou elle em procurar a vingança, tendo por mais barato morrer no intento, que deixar de solicitalla. Conduzio duzentos Soldados, em que entravão seus parentes, e amigos, e alguns naturaes daquelle Paiz, e embarcando-se em Biundi, que fica visinho a Bassaim, em grande numero de em-

Anno 1657. embarcaçoens pequenas, de que ha naquella parte muita copia, passaraõ ás praias de Bassaim em huma maré: saltaraõ de noite em terra, sem serem sentidos; cercaraõ promptamente a caza, em que assistia o Ouvidor Geral, entraraõ dentro, cortaraõ-lhe a cabeça, e havendo entrado na Cidade por hum postigo com intento de maior vingança, conhecendo que era difficultoso conseguilla, voltaraõ para Biundi, onde entendendo, que naõ estavaõ seguros, ainda que era terra de Mouros, se recolheraõ para o sertaõ; e se livraraõ do repentino assalto, que de Bassaim vieraõ dar a Biundi, imaginando achallos naquelle sitio. Deste infelice successo se originaraõ grandes inconvenientes para a defensa da India; porque estes Fidalgos se perderaõ, e muitos parentes seus, huns mortos, e outros omiziados, naõ sendo melhor livrados os seus contrarios: e estes desconcertos foraõ em todos os seculos a ruina da India. Os Governadores com a gente do Reyno, e com a que puderaõ juntar naquelle Estado, prepararaõ huma Armada, com que Luiz de Mendoça sahio a pelejar com os Hollandezes no anno seguinte, como em seu lugar daremos noticia.

Acabada a empreza de Mouraõ, passou a Lisboa (como fica referido) Joanne Mendes de Vasconcellos a tratar das prevençoens da Campanha futura, porque se presumia que os Castelhanos com o felice successo de Olivença, naõ haviaõ de parar no intento da conquista deste Reyno, por naõ largar o favor da fortuna, (que supposto muitas vezes quem a despreza a sugeita, outras presumida, e arrogante foge de quem a larga) como porque a Rainha Regente ornada de espirito Regio, e varonil, desejando anciosamente tomar satisfaçaõ da perda de Olivença com alguma empreza grande, determinava formar hum numeroso exercito, que estivesse prompto para sahir em campanha na futura Primavera. Conhecida esta determinaçaõ da Rainha dos Conselheiros, que lhe assistiaõ, a approvaraõ com tantos louvores, que veio a ser em todos excesso do brio, o que devia ser attençaõ da prudencia; porque as Armas de Portugal basta empenharem-se em triunfar na defensa, sem pertendetenderem a gloria da conquista, porque esta só se devia intentar, quando o perigo de huma Praça sitiada pedisse diversaõ de outra; pois hum Reyno rodeado de inimigos mais poderosos deve apartar-se de emprezas, que possaõ empenhar no conflicto de huma batalha a conservação de todo hum Reyno. Joanne Mendes, conhecendo a inclinação da Rainha, e approvação dos Ministros, e desejando segurar a sua fortuna no empenho de maior empreza, propoz á Rainha a conquista de Badajoz offerecendo-se não só a sitiar, mas a ganhar aquella Praça, formando-se-lhe hum exercito de doze mil Infantes, e tres mil cavallos, o trem conveniente, e as bagagens proporcionadas. Foi muito agradavel á Rainha esta proposição, e tendo-a por conseguida, entendeo que comprava muito barato, e todos os Ministros seguirão este mesmo discurso, a que se oppoz prudentemente o Conde de Sabugal, offerecendo á Rainha em hum largo, e bem ponderado papel efficazes razoens, que mostravão, que dando-se caso, que os Castelhanos não sahissem em Campanha em a Provincia de Alentejo na primavera futura, o despique mais certo dos máos successos passados se devia intentar no Reyno de Galliza pela Provincia de Entre-Douro e Minho; porque álèm de serem os ares tão puros, e o clima tão benevolo, que se não devia temer que padecessem os Soldados os inevitaveis achaques, que lhes causava no Estio o intenso Sol das campanhas de Alentejo. A Provincia de Entre-Douro e Minho por mais aberta, era por tantas razoens mais arriscada, que todas as outras, que a evidencia escusava explicação; porque só na Cidade do Porto consistia a segurança das Provincias de Entre-Douro e Minho, e Tras os Montes, e Beira; e que o Forte de S. Luiz Gonzaga dava tanta oppressaõ a Entre-Douro e Minho, que obrigava ao Conde de Castello-Melhor a passar todo o Inverno antecedente com o exercito em campanha, e que só ganhar este Forte seria huma grande empreza; quanto mais, que ganhado, se podia facilmente conseguir a cônquista de Tuy, ou a de Bayona, qualquer dellas de tanta importancia, que sogeitava á obediencia del-Rey innumeraveis lugares, e con-

Anno 1658.

Anno 1658. conſideraveis tributos; que devia ſer o verdadeiro axioma, de quem fazia a guerra defenſiva, buſcar empreza que arraſtaſſe muitos intereſſes. A eſtas razoens accreſcentava outras naõ menos efficazes; porém prevalecendo o intento da expugnaçaõ de Badajoz, ſe começaraõ a diſpor os meios de a conſeguir. Paſſaraõ-ſe as ordens neceſſarias, aſſim para as levas, e carruagens; como para ſe prevenirem os ſoccorros das Provincias, e obſervou-ſe taõ religioſamente o ſegredo deſta reſoluçaõ, que o não chegaraõ a penetrar os Caſtelhanos; inſtrumento taõ principal, para ſe conſeguirem grandes emprezas, que por ſe guardar neſta occaſiaõ, eſtiveraõ os Caſtelhanos arriſcados a perder Badajoz, ſe os noſſos deſconcertos ſe não puzeraõ da parte da ſua fortuna. Poucos dias ſe dilatou Joanne Mendes em Lisboa, depois de ajuſtadas todas as prevençoens da campanha; mas antes de partir, ſoube que eſtava nomeado para Meſtre de Campo General, D. Rodrigo de Caſtro, de que ſe lhe não ſeguio inteira ſatisfação, por não ſer D. Rodrigo dos Cabos Maiores, com quem tinha maior confiança, pela grande, e antiga amizade, que D. Rodrigo profeſſava com o Conde de Soure, com quem Joanne Mendes tinha grande oppoſiçaõ. Solicitou D. Rodrigo eſta occupaçaõ, aſſim por deſejar na guerra os mais altos empregos; como por conſeguir por eſte caminho a mercê do titulo de Conde, que lhe eſtava promettido com clauſula de adiantar com maiores ſerviços o ſeu merecimento. Declarava a ſua patente, que ſerviria de ſegundo Meſtre de Campo General á ordem de André de Albuquerque, que era primeiro Meſtre de Campo General (como fica referido) com exercicio de General da Cavallaria. Chegou Joanne Mendes a Elvas, e poucos dias depois de ter chegado, mandou ao Tenente General da Cavallaria, Diniz de Mello de Caſtro, fazer huma entrada pela parte de Alcantara, e conduzio daquelles campos huma grande preza. Intentarão tirar lha os Caſtelhanos com quatrocentos cavallos; porém entendendo que o partido era inferior, deſiſtiraõ da reſoluçaõ. Foraõ muitas eſte anno as aguas do Inverno, e por eſte reſpeito ſe retardaraõ

Anno 1658.

os apreſtos da campanha; e como eraõ maiores do que até aquelle tempo ſe haviaõ feito, e Elvas a Praça deſtinada para ſe juntarem, ſe começou a penetrar, que o intento de Joanne Mendes era ſitiar Badajoz. Foraõ muitos os que duvidarão de ſe conſeguir, e hum delles D. Luiz de Menezes; e com a confiança do favor da Rainha experimentado deſde os primeiros annos, lhe eſcreveo. Compunha ſe a carta de todas as noticias do eſtado do exercito, as forçoſas duvidas de ſe conſeguir a empreza de Badajoz, aſſim pela larga circumvallaçaõ daquella Praça, como por ſe achar nella todo o poder dos Caſtelhanos, e que coſtumava ſer para a defenſa das Praças melhor ſegurança homens valeroſos, que pedras unidas; e que tudo o que Badajoz carecia deſtas, abundava daquelles: que Albuquerque era Praça mais facil, e não menos util; porque defendia muitos lugares noſſos, e deſcobria dilatado paiz inimigo: que em Alcantara ſe não conſiderava menos conveniencia; porque communicava a Provincia de Alentejo com a da Beira, e entregava á obediencia de Portugal muitos lugares de Caſtella; e por concluſaõ toda a empreza, que não foſſe Badajoz, ſeria mais util, e menos cuſtoſa. Ouvio a Rainha eſtas noticias com muita attenção; porém como o ſeu intento era caminhar a maior empreza, inclinandoſe ſempre o ſeu valeroſo eſpirito a ſubir ás eſtrellas por difficuldades, prevaleceo a opinião do ſitio de Badajoz. O ultimos dias de Mayo começou a melhorar o tempo, e foráo acabando de chegar a Elvas os ſoccorros das Provincias, as carruagens, e todas as mais prevençoens, de que neceſſitava o exercito. Poucos dias antes que ſahiſſe em campanha, houve varios conſelhos entre os Cabos maiores, entrando nelles o Conde do Prado, a que a Rainha havia encõmendado na aſſiſtencia de Elvas o governo de toda a Provincia, em quanto o exercito eſtiveſſe em campanha, fazendo do ſeu valor, e prudencia merecida eſtimação. Tambem tinha chegado D. Rodrigo de Caſtro, e tomado poſſe do exercicio do ſeu Poſto. Depois de varias conferencias ajuſtarão, que era o mais conveniente não mudar de reſolução, ſeguindo o intento

Anno 1658. to de sitiar Badajoz, esforçando esta opinião verosimeis noticias, de que o Duque de S. German, naõ podendo persuadir-se a que o nosso exercito se arrojasse a tão grande empreza, tirara de Badajoz todas as municoens, e bastimentos, que havia naquella Praça, para provimento de Olivença, e Albuquerque, presumindo que a qualquer das duas se podião encaminhar os designios do nosso exercito. Favoravel principio dava a fortuna áquella empreza com o engano dos Castelhanos, se a disposiçaõ dos nossos Cabos o não destruira; porque havendo ajustado sem controversia que o exercito sitiasse Badajoz, dispuzerão sem alteraçaõ dar-se principio ao sitio, attacandose o Forte de S. Christovão; e como o tempo já pedia que estas materias não fossem só reservadas ao segredo dos Generaes, e houvessem chegado a Elvas todos os Mestres de Campo, e Tenentes Generaes da Cavallaria, os convocou Joanne Mendes, com assistencia dos mais Cabos, ao Convento de S. Francisco, dous dias antes de sahir o exercito em campanha. Propoz neste Concelho com a eloquencia, de que era dotado, a resoluçaõ, que a Rainha tomara, de que aquelle exercito se empregasse no sitio de Badajoz, attendendo prudentissima, e generosamente a que Badajoz para a reputação era a Praça de consequencias mais relevantes, e para a conquista não era a mais difficultosa; porque a não segurava fortificação alguma moderna, e a antiga era da fabrica mais inferior; que os Castelhanos, naõ se persuadindo, que o intento do exercito fosse sitiar Badajoz, destituirão aquella Praça de bastimentos, e municoens; e todos estes importantes requisitos seguravão a felicidade do successo. Ouvindo os que se acharaõ no Conselho, que esta proposiçaõ cahia sobre materia assentada, não concorreraõ mais que coma obediencia de seguilla, e passou Joanne Mendes a propor a fórma, em que o exercito devia dar principio ao sitio premeditado: e como nas primeiras conferencias dos Cabos se tinha assentado ser o primeiro empenho o Forte de S. Christovão, enfeitou Joanne Mendes com palavras tão concertadas esta segunda proposiçaõ (corroborando-a com o parecer de Lassarte, antigo,

antigo, e excellente Engenheiro Francez, que havia chegado ao exercito, e ſegurando que ganhado eſte Forte, tudo o que ficava por vencer, ſerviria de pequeno embaraço) que reduzio a eſte parecer todos os votos do Conſelho, excepto o Meſtre de Campo Simão Correa da Silva, que com prudentes, e militares razoens repreſentou, que elle avaliava a determinação referida, não ſó por inutil, mas por temeraria; porque o Forte de S. Chriſtovão, além de ſer o ponto mais forte de toda a defenſa de Badajoz, pelo ſitio, e fortificação moderna, que o circumdava, de que a prudencia dos Cabos devia deſviar o exercito, evidentemente ſe conhecia, que entre o Forte, e a Praça, corria o rio Guadiana; e ſendo para a conquiſta difficultoſo, por ſe lhe não poder evitar o ſoccorro da Praça pela parte do rio, não era para o intento de ganhalla (ainda que ſe conſeguiſſe) a diligencia de maior importancia; porque ſuppoſto que ficaria maior a diſtancia da linha de circumvallação, e que as baterias poderião ſervir de moleſtia aos ſitiados, o tempo, que ſe poderia perder neſta empreza, ſe dava neceſſariamente aos Caſtelhanos para fornecer Badajoz dos mantimentos, e muniçoens, que lhe havião tirado, e para melhorar as fortificaçoens, e ganhar com obras exteriores os ſitios, de que conheceſſem podião receber damno: e entre eſtes dous extremos lhe parecia preciſo divertir-ſe o intento de ſe atacar o Forte de S. Chriſtovão, e conſeguir, paſſando parte do exercito logo Guadiana; o fim prudentemente conſiderado de ſitiar Badajoz deſtituido de muniçoens, e baſtimentos. Não baſtou eſte bem fundado diſcurſo, para deſviar aos do Conſelho da reſolução aſſentada de atacar o exercito, logo que chegaſſe a Badajoz, o Forte de S. Chriſtovão. Separado o Conſelho, havendo acabado de chegar os ſoccorros das Provincias, Terços, e Tropas das guarniçoens, preparado o Trem, e juntas as carruagens, ſahio o exercito de Elvas a doze de Junho, veſpera de S. Antonio, dia, que ſe avaliou pelo mais felice para dar principio a tão alto intento.

Anno 1658.

Sahe em Cãpanha Joanne Mendes de Vaſconcellos.

Conſtava o exercito de quatorze mil Infantes, e tres mil cavallos, vinte peças de artilharia, dous morteiros,

Anno 1658. e todos os mais ſobrecellentes, e inſtrumentos de expugnaçaõ neceſſarios, para ſe não experimentar falta nos mais apertados accidentes, correſpondendo a eſte meſmo fim a quantidade de mantimentos, devendo-ſe huma, e outra diligencia aos Védores Geraes do exercito, e artilharia Jorge da Franca, e Antonio de Freites, ſugeitos ambos de grande talento, e experiencia, e ſumma capacidade; porém Antonio de Freites, naõ paſſou ao exercito, obrigado de varios achaques, que padecia. Jorge da Franca, ainda que no exercito exercitava a occupaçaõ de Védor Geral, o ſeu officio naquelle tempo era de Contador Geral. A diſpoſiçaõ, e valor da gente, e do exercito naõ podia ſer mais excellente: porém a diſciplina, e ſciencia militar foi taõ pouco felice neſta occaſiaõ, que mal-logrou todas as eſperanças antecedentes. As peſſoas particulares de maior conta, que ſahiraõ com o exercito, foraõ o Duque do Cadaval, pouco depois Conſelheiro de Eſtado, a quem a Rainha recõmendou por carta ſua, e do Secretario de Eſtado Pedro Vieira, a Joanne Mendes, e a André de Albuquerque com tanta particularidade, que lhes dizia, que o Duque hia áquelle exercito a ſervilla, e que o parenteſco que tinha com ella, criaçaõ que lhe fizera, e grandes qualidades da ſua caza, e peſſoa, a obrigavaõ a lembrar-lhes o reſpeito, que ſe lhe devia; que lhe naõ individuava, por fiar da ſua experiencia o ſoubeſſem, deſpachando aquelle correio ſó para levar-lhe eſta carta. A André de Albuquerque dizia Pedro Vieira por ordem da Rainha, que naõ podendo acabar com o Duque, que não foſſe á guerra pela pouca ſegurança, em que ficava a ſua caza, Sua Mageſtade deſejava, que o Duque ſuccedeſſe a elle André de Albuquerque no Poſto de General da Cavallaria a futura campanha, eſperando da peſſoa do Duque, do ſeu bom natural, e illuſtre ſangue, que com os ſeus documentos, e louvaveis conſelhos ſe fizeſſe capaz de ſucceder a hum taõ grande Cabo, e deſempenhar as obrigaçoens de hum taõ importante Poſto. Iſto havia André de Albuquerque repreſentado á Rainha, e ella o tinha aſſim reſoluto; mas as novidades militares, e politicas

ticas deixaraõ pôr em execuçaõ efte intento. Forão tambem ao exercito o Conde Camareiro Mór, o Conde de Atouguia, o Conde de Sarzedas, que de quinze annos fe havia achado na campanha de Olivença, e procedido fempre com infigne valor; o Conde da Feira, Aires de Soufa, Aires de Saldanha, fem mais occupaçaõ, que a de Soldados, e com a utilidade de darem exemplo com o feu grande valor, e qualidade. O exercito como não temia perigo na primeira marcha, fahio de Elvas desfilado, e ficou alojado junto ao rio Caia. Não fe paffou occiofamente aquella noite; porque fe deu principio a hum Forte de quatro baluartes, que fe levantou fobre o rio para fegurança dos comboys; ficou-lhe a guarnição competente, que dentro de poucos dias o aperfeiçoou. A treze de Junho dia de Santo Antonio paffou o exercito Caia, e marchou formado a alojar no fitio de Santa Engracia vifinho ao Forte de S. Chriftovão, onde fe achou hum poço abundante de agua, que fervia á Infantaria de commodidade; porque a lhe faltar, lhe era precifo valer-fe da de Guadiana menos falutifera, e mais arrifcada. Em quanto o exercito fe aquartelava, efteve a Cavallaria formada na campanha, diftânte das muralhas de Badajoz, o que baftava, para não fer offendida das ballas da artilharia.

Anno 1658.

Sitia-fe Badajoz.

A Cidade de Badajoz eftá fitoada na margem do rio Guadiana á parte efquerda, como fica referido na Primeira Parte defta Hiftoria; não chegão a mil os fogos que a habitão: rodea-a huma antiga muralha, que pela altura era capaz no tempo, que fe fabricou, de a defender dos affaltos dos Mouros, mas debil para refiftir ás baterias dos canhoens. Os edificios faõ pouco nobres, fó a ponte de Guadiana he viftofa, e bem fabricada: fóra da Cidade não habitão moradores, e toda a campanha abunda de trigo, vinho, e azeite. Da parte de Caftella entra em Guadiana juntó ás muralhas o rio Calamon, eftreito na corrente, mas difficil de vadiar; e da parte de Portugal os rios Caia, e Xévora, que faõ mais caudalofos. O Forte de S. Chriftováo eftá fituado defronte de Badajoz da parte de Portugal, não havendo mais diftancia

Anno 1658.

entre elle, e aquella Praça, que a largura de Guadiana que não he grande. Consta de cinco baluartes com fosso, e estrada cuberta, e sem ser dominado de sitio superior, domina aquella larga campanha: duas portas daõ serventia á Cidade, a da Trindade, que olha a Castella, e a da ponte a Portugal. Dentro da Cidade estava, quando chegou o nosso exercito, D. Francisco Tutavilla Duque de S. German, Governador das Armas, D Diogo Cavalhero, Mestre de Campo General, D. Pedro Giron Duque de Ossuna, General da Cavallaria, D. Gaspar de la Cueva, irmão do Duque de Albuquerque, General da Artilharia. Constava a guarniçaõ de quatro mil Infantes, e dous mil cavallos, as muniçoens erão poucas, e os matimentos menos, por se haverem dividido por todas as outras Praças, de que o Duque de S. Cerman tinha maior receio, que de Badajoz, pelas razoens, que ficão propostas. Tanto que o exercito marchou para aquell a Praça, pareceo a Cavallaria formada junto da ponte com as costas em Guadiana, fazendo frente á nossa, que esperava aquartelar-se o exercito. Algumas horas passarão sem movimento de huma, e outra parte. Deu principio ao combate Vasco Martins Segurado, Tenente da Companhia de couraças da guarda de D. Luiz de Menezes, que occupava o seu lugar do lado direito da Cavallaria, encorporado com o Capitaõ de Arcabuzeiros André Gatim. Provocou hum Castelhano a pelejar a Vasco Martins, desafiando-o com a arrogancia nunca vencida daquella Nação. Correo a buscallo, voltou o Castelhano as costas, foi soccorrido, e o mesmo succedeo a Vasco Martins, quando o carregarão, e em breve espaço se travou huma taõ ardente escaramuça, que o General da Cavallaria André de Albuquerque deu ordem a D. Luiz de Menezes, que avançasse, que elle mandava dar lhe calor. Investio D. Luiz com os batalhoens inimigos, que achou visinhos, com o seu batalhaõ, e seis, que o seguiraõ, e obrigou aos Castelhanos a voltarem as costas; procurando hũs salvar-se em o rio, outros em a ponte, que a todos os que a buscavão, pareceo estreita; porque os da Cidade lhe cerrarão as portas, não deixando entrar dentro, nem ao

Duque

Anno 1658.

Duque de Ossuna, que se retirou por aquella parte. Deteve a furia dos nossos batalhoens a Infantaria, que guarneceo a ponte, a cujo principio chegaraõ, assistidos de André de Albuquerque, e do Duque do Cadaval, que não fazendo caso do grande numero de artelharia, e mosquetaria, que do Forte, Praça, e ponte cahião sobre a Cavallaria, chegaraõ a huma meia lua, que cobria a ponte, e vendo que a pouca persistencia dos Castelhanos naõ dava lugar a maior emprego, ordenou André de Albuquerque, que se retirassem os batalhoens, que havia mandado avançar, tendo primeiro chegado ao conflicto o Conde de S. Joaõ, que observando a escaramuça do exercito, onde estava com o seu Terço, veio acharse nella com impaciente valor, tomando por pretexto havello obrigado darem-lhe noticia, que estava ferido D. Luiz de Menezes, com quem professava muito estreita amizade; que destas artes costumaõ uzar os grandes coraçoens, para se introduzirem na guerra nos perigos, que appetecem, quando a disciplina militar os constrange á prisaõ dos postos, que naõ devem largar, por buscarem empregos alheios. A maior perda dos Castelhanos foi a da opiniaõ: alguns Officiaes, e Soldados ficaraõ mortos, e prisioneiros, entre estes o Capitaõ de Cavallos D. Joaõ Henriques, e o Ajudante Francisco Navarro, que se rendeo a D. Luiz de Menezes com huma grande ferida. Retirou se a Cavallaria ao quartel de Santa Engracia, e deu-se principio ás batarias, e aproxes contra o Forte de S. Christovaõ. Foi voz cõmua, que se na mesma hora, em que o exercito chegou áquelle sitio, Joanne Mendes resolvera dar hum assalto geral ao Forte, applicando-se maior vigor pelo lado, que fica sobre o rio, e olha á Cidade, por estas ventagens menos fortificado, na fé de naõ poder ser por aquella parte investido, que sem duvida se conseguira com muito menos custo, do que depois se experimentou: porém nesta empreza todas as felicidades, que offereceo a fortuna, descompoz o descuido. Deu principio ás batarias, e aproxes o General da Artilharia Affonso Furtado de Mendoça, assistido do Tenente General Manoel Ferreira Rabello, dos Commissarios,

Intenta ganhar o Forte de S. Christovaõ, e naõ o consegue.

Anno 1658.

Capitaens, e Officiaes neceſſarios para tão grande intento. Os mais Cabos do exercito já ficão nomeados: os Meſtres de Campo, que nos aproxes ſe foraõ ſuccedendo huns aos outros, e de que ſe compunha o exercito, erão o Conde de S. Joaõ, o Conde da Torre; D. João Lobo Barão de Alvito, Simão Correia da Silva, Pedro de Mello, Diogo Gomes de Figueiredo, João Leite de Oliveira, Agoſtinho de Andrade, Diogo de Mendoça Furtado. No primeiro dia do trabalho ſe começou a conhecer a difficuldade da empreza; porque o terreno era difficil de lavrar, e a terra, e a faxina pouca, para ſe continuarem, e cobrirem os Fortins, e aproxes; e da Praça todos os dias ſe mudava a guarnição do Forte por huma linha de cõmunicação, com que ſem grande trabalho o defendião os Caſtelhanos. Na ſegunda noite o Duque de Oſſuna para favorecer os gaſtadores, que trabalhavão na linha de cõmunicação, a qual fabricavão da ponte para o Forte, tocou huma arma rija, a que oppondo-ſe o Cõmiſſario Geral da Cavallaria da Beira Franciſco Freire de Andrade com ſete batalhoens, com que eſtava de retem aos aproxes; recebeo huma balla, de que ficou gravemente ferido, procedendo com muito valor. Porém ſuperava eſtas difficuldades o valor de noſſa Infantaria, que deſprezando as feridas, e a morte, adiantava os aproxes, quanto era poſſivel, e ſe reconheceo o engano dos Engenheiros, que affirmavão, que o ſoccorro da Praça podia facilmente impedir ſe.

Derrota André de Albuquerque a Cavallaria inimiga governada pelo Duque de Oſſuna.

A manhãa do quinto dia, em que ſe começarão os ataques, ſahio de Badajoz o Duque de Oſſuna com dous mil cavallos, e paſſando Guadiana, e Caia, fez alto junto aos olivaes de Elvas, mandou deſmontar os Soldados, ſegar os trigos ſemeados, manifeſtando com eſtas demonſtraçoens, que o ſeu intento era pelejar com a noſſa Cavallaria, e derrotar hum comboy, que ſe eſperava de Elvas; porque de outra ſorte não podia ter fim eſta reſolução. Chegarão ao exercito repetidos aviſos deſta novidade, e ſem dilação montou André de Albuquerque, unio a Cavallaria, que conſtava de dous mil e quinhentos cavallos, compaſſou os batalhoens, e paſſou Caia, e obſer-

vando,

vando, que a Cavallaria, inimiga persistia no mesmo sitio, aconselhado do Commissario Geral Joaõ Vanichèle, mandou pedir a Joanne Mendes mil mosqueteiros, discursando, que não era possivel; que o Duque de Ossuna sem alguma grande ventagem, que se naõ comprehendia, tomasse tão desordenadamente hum empenho taõ arriscado, que naõ podia sahir delle sem ruina; ou descredito: que he tal a fragilidade da prudencia humana, que igualmente a confundem os acertos, e as ignorancias. Joanne Mendes remetteo promptamente os mil mosqueteiros á ordem do Mestre de Campo Diogo Gomes de Figueiredo, e o tempo que gastaraõ em chegar a se encorporar com a Cavallaria, teve o Duque de Ossuna para reconhecer o seu desatino; persuadido do Tenente General D. Joaõ Pacheco, Soldado de conhecidas experiencias, e dos mais Officiaes, que naõ ignoravaõ o perigo, a que estavaõ expostos; e vendo que entre os nossos, e os seus batalhoens se naõ interpunha mais que a distancia de meia legoa, dividio a Cavallaria em dous troços, marchou com hum para o porto das Mestras, entregou o outro a D. Joaõ Pacheco com ordem, que levando os cavallos a toda a furia, que pudessem soffrer, sem descompor a fórma, fosse passar ao porto de Malpica, distante pela ribeira de Guadiana abaixo, quasi huma legoa. Repetiraõ as partidas, que estavaõ avançadas, esta naõ imaginada noticia, e André de Albuquerque promptamente mandou a D. Luiz de Menezes, que marchasse com o seu batalhaõ, que se compunha da sua Companhia, que era das melhores do exercito, e a de D. Joaõ da Silva, que com amigavel competencia se lhe igualava, a de Jeronymo Borges da Costa, a de seu irmaõ Simaõ Borges, Fernaõ Martins de Ayala, e Manoel Vaz, ordenando a D. Luiz, que embaraçasse os batalhoens, que pudesse alcançar, até que elle, sem alterar a fórma, chegasse a soccorrello. Tomada a ordem, marchou D. Luiz, e os batalhoens, que o seguiaõ, com tanta diligencia, que brevemente avistou o troço, que conduzia o Duque de Ossuna, e se encaminhava a passar o porto das Mestras, que he a parte, onde o rio Caia entra em Guadiana, fazen-

Anno 1658.

Anno 1658. zendo precizo para a entrada, ou sahida de Portugal, vadearem-se ambos os rios. Na marcha se encorporaraõ com D. Luiz os Capitaens Bernardo de Faria, e Antonio Fernandes Marques com as Companhias, que se achavaõ em Elvas, sendo Bernardo de Faria hum dos primeiros, que valerosamente investio com hum dos Castelhanos, ficando com feridas, e perdendo alguns dedos da maõ esquerda; e faltou a Companhia de Fernaõ Martins de Ayala, que por culpa do Capitaõ correo menos, que as outras, a pelejar com os Castelhanos. O Duque de Ossuna, reconhecendo o perigo iminente, a que estava exposto, e achando-se junto do porto, que buscava, mandou voltar caras a doze batalhoens, para que o tempo que estes resistissem, tivessem os outros de passar os dous rios. Esta cautella intentou vencer a prudencia de D. Joaõ da Silva com militar discurso, persuadindo a D. Luiz dilatasse o investir, até André de Albuquerque estar mais visinho, para segurar que a grande ventagem dos Castelhanos, e a ultima desesperaçaõ, naõ puzesse em contingencia o successo. Porém reconhecendo, que o desassocego dos Castelhanos manifestava claramente o seu temor, cedeo á opiniaõ de D. Luiz de Menezes, que era naõ dilatar o combate; e esgrimindo D. Joaõ igualmente o valor, e a prudencia, de que era dotado, compostos os batalhoens, investiraõ os Castelhanos, chegando ao mesmo tempo o Tenente General da Cavallaria Diniz de Mello e Castro, que achando-se em Elvas maltratado de huma perna, montou a cavallo com ella descuberta a achar-se nesta occasiaõ, desprezando, como costumava, o perigo proprio pelo dos Castelhanos. Cederaõ elles, depois de alguma opposiçaõ, ao impeto, com que foraõ investidos, e desbaratados: cahiraõ tantos Soldados, e cavallos ao mesmo tempo em pouco espaço de terra, que foraõ mais impenetraveis vencidos, que pelejando. Deu este embaraço commodidade ao Duque de Ossuna de passar Caia no porto, e Guadiana no pégo, salvando-se a nado com os que o seguiraõ das repetidas tormentas, que padeceraõ. Achou da outra banda de Guadiana parte da Infantaria de Badajoz, que sahio a segu-

rar-lhe

rar-lhe a passagem. D. Luiz com os batalhoens, que o seguião, passou Caia, fez alto junto a Guadiana, e tornou a formallos a tempo, que chegava André de Albuquerque com a Cavallaria, sentido de que D. Joaõ Pacheco se retirasse sem offensa alguma pelo porto referido. Passarão de trezentos os Castelhanos, que ficaraõ prisioneiros, fóra os que se affogaraõ na passagem de Guadiana, entre elles tres Capitaens de Cavallos, cinco Tenentes, outros tantos Alferes. Retirou-se a Cavallaria para o quartel: e pareça licito referir-se o remate deste successo para documento da prudencia, com que os Generaes devem governar os exercitos, e influir duplicados espiritos nos Officiaes delles. Quando a Cavallaria sahio a pelejar, mandou Joanne Mendes ordem a D. Luiz de Menezes, que se retirasse para o quartel, assim por naõ ficar totalmente destituido de guarnição de Cavallaria, como pela contenda, que havemos referido, que não deixou entre os dous inteira confiança. Por este respeito, e pelos varios juizos, que os desaffeiçoados faziaõ sobre o effeito das preminencias de Capitaõ das guardas, se resolveo D. Luiz antes a desobedecer com risco de qualquer castigo, que a faltar naquella occasiaõ, com o perigo de ser julgado por pouco ancioso de encontrar os conflictos; considerando juntamente o dezar, com que se havia de retirar para o quartel, indo já encorporado, e em marcha com toda a Cavallaria. Por todas estas consideraçoens respondeo ao Tenente de Mestre de Campo General, que lhe trouxe a ordem, que fiava da prudencia, de quem a mandava, a approvaçaõ da escolha que fazia. Chegando a Cavallaria ao quartel, apeou-se André de Albuquer-se, e todos os mais Officiaes na tenda de Joanne Mendes; deo-lhe elle com grandes demonstraçoẽs os parabens do successo daquelle dia: respondeo-lhe generosamente André de Albuquerque, que os parabẽs devia dar a D. Luiz de Menezes, a quem tocara o acerto daquella facção. Joanne Mendes chamando a D. Luiz, lhe deu hum abraço, e juntamente lhe apertou com a maõ hum braço com força, dizendo em voz alta, quanto estimava o valor, com que procedera naquella occasiaõ, por-

Anno 1658.

que

Anno 1658. que lhe dava aquelle abraço, e em ſegredo, que lhe apertava o braço com força, porque foi fóra ſem ordem. Ficou D. Luiz ſatisfeito, e reprehendido; e Joanne Mendes logrou a gloria de ſaber a hum meſmo tempo applaudir, e caſtigar.

Continuaraõ-ſe os aproxes de S. Chriſtovaõ, e haviaõ-ſe ſegurado com dous reductos, que guarneciaõ dous Terços de Infantaria. era o trabalho grande, e os mortos muitos, e o effeito pouco; porque ſendo o Forte de S. Chriſtovaõ ſoccorrido todos os dias com gente nova da Cidade, ganhava ſe pouco terreno no lavor dos aproxes. Entrou Joanne Mendes neſta conſideraçaõ, e determinou com o parecer dos mais Cabos tirar ao Forte o ſoccorro da Cidade, e que ſe lhe deſſe hum aſſalto geral por todos os lados, por ſer veriſimel perder-ſe menos gente no aſſalto, da que cada dia ſe perdia nos aproxes. Elegeo-ſe para eſta empreza a noite da veſpera de S. Joaõ: receberaõ as ordens os Officiaes, que haviaõ de executalla, e D. Joaõ da Silva (que naquelle dia tinha tomado poſſe do Poſto de Commiſſario Geral da Gavallaria, pequena ſatisfaçaõ ao ſeu grande merecimento) marchou com ſeis batalhoens a occupar a ſahida da ponte, e impedir o ſoccorro, que da Praça era infallivel querer-ſe introduzir no Forte; e o Meſtre de Campo da Armada Diogo Gomes de Figueiredo tomou por ſua conta romper com o ſeu Terço a linha de communicaçaõ, que principiando na margem do rio defronte da Praça, acabava na porta do Forte fronteira a ella; e conſeguindo eſte intento, como era factivel, havia de caminhar a interprender o Forte pelos meſmos paſſos, por onde coſtumava ſer ſoccorrido; e ao meſmo tempo teve ordem o General da Artilharia Affonſo Furtado, para introduzir no aſſalto os Meſtres de Campo o Baraõ de Alvito, e o Terço de Simaõ Correia, governado pelo Sagento Maior Manoel Lobato Pinto (por ſe achar em Elvas prezo por huma deſconfiança, que teve com o Meſtre de Campo General D. Rodrigo de Caſtro ſobre a preferencia de huma vanguarda) parte, por onde caminhavaõ os aproxes, que olhava ao rio *Xévora*; e o Fortim, que eſtava fabricado

Anno 1658.

cedo para guarda dos aproxes, guarnecia com o seu Terço o Mestre de Campo D. Pedro de Almeida, os mais Terços, e batalhoens tomaraõ as armas, para accodirem a remediar qualquer accidente que sobreviesse. Tanto que cerrou a noite, caminharaõ todos os Officiaes referidos á execuçaõ da empreza premeditada. Foi a primeira operaçaõ, a que tocava a Diogo Gomes de Figueiredo, porque do successo della dependia quasi totalmente o effeito de todas as outras. Ao mesmo tempo que chegou á linha, a rompeo sem difficuldade alguma; porém fazendo alto no lugar da brecha, que abrio, sendo preciso continuar a marcha a atacar o Forte por dentro da linha (como se havia assentado) por affirmar se lhe naõ fizera esta declaraçaõ, ficou a interpreza do Forte muito difficil de conseguir; porque deste lado, que naõ foi atacado, soccorriaõ os sitiados no Forte os outros lados, que se atacaraõ. Logo que Affonso Furtado sentio, que Diogo Gomes havia rota a linha, fez sinal para avançarem os Terços, que estavaõ prevenidos para o assalto. Naõ se dilatou a execuçaõ, e com grande valor entraraõ no fosso o Baraõ de Alvito com varios Officiaes, e Soldados; e o Sargento Maior Manoel Lobato Pinto com o Terço, que governava, a fazer huma diversaõ pela parte de Xévora, por onde a Praça era mais forte; e entendendo-se, que por aquelle lado seria inexpugnavel, naõ levou escadas, porém achou taõ pouca prevençaõ nos sitiados, (que se fiavaõ na difficuldade do terreno) que se alojou no fosso, aonde persistio, até que acudindo os inimigos com maior força, o mandou retirar Affonso Furtado, e a todos faltaraõ os instrumentos necessarios para lograr o fim pertendido, ficando infructuoso todo este perigo, e todo este valor. Os Castelhanos com o primeiro temor desampararaõ as defensas; mas vendo que era menor o damno, do que imaginavaõ, tornaraõ a occupar os postos, que haviaõ largado, animados do Marquez de Lançarote, que governava o Forte, e maltrataraõ tanto aos expugnadores; arrojando-lhes innumeraveis artificios de fogo, que os obrigaraõ a se retirarem, deixando mortos, e levando feridos numero consideravel de Officiaes, e Sol-

dados,

Anno 1658.

dados, e entre os mortos o Marquez de Lançarote Meſtre de Campo do Terço da Armada. Retirou-ſe tambem Diogo Gomes, e D. Joaõ da Silva, que em quanto eſteve ſobre a ponte, naõ deu lugar a que da Praça foſſe o Forte ſoccorrido. O Duque de S. German, ſabendo uſar da conjuntura, que ſe lhe offerecia, mandou no quarto da alva fazer huma ſortida aos aproxes, e Fortim, que guarnecia o Meſtre de Campo D. Pedro de Almeida, e foi a reſiſtencia taõ infelice, que os Caſtelhanos ficáraõ ſenhores do Fortim, e aproxes. Amanheceo, e deſejando Joanne Mendes, que ſe recuperaſſe o credito, e terreno, que ſe havia perdido, reconheceo que dobrava o riſco da gente ſem utilidade alguma; porque já moſtrava a experiencia, que mais a teima, que a razaõ ſuſtentava a empreza de ganhar o Forte á cuſta de muitas vidas, que neſta mal conſiderada empreza ſe perdéraõ. Por eſte reſpeito deſiſtio do intento, a que valeroſamente o perſuadiaõ o Conde de S. Joaõ, e o Conde da Torre, e os outros Officiaes, que eſtimavaõ mais a reputaçaõ, que a vida. Quando os Caſtelhanos avançáraõ os reductos, e aproxes, eſtava de guarda o Capitaõ de Cavallos Pedro Ceſar de Menezes: tanto que ſe tocou arma, acodio a ella, e inveſtio com taõ grande valor os batalhoens inimigos, que davaõ calor ao aſſalto, que os rompeo, e obrigou a ſe retirarem; mas naõ baſtou eſte exemplo para deter a Infantaria, que deſordenadamente havia largado os poſtos, que occupava, ficando o Meſtre de Campo expoſto a ſer priſioneiro, a naõ ſer ſoccorrido de Pedro Ceſar. Naõ baſtou eſta deſgraça a desbaratar as mal fundadas eſperanças de ganhar o Forte pelos meios referidos, antes tornáraõ a continuar-ſe os aproxes, naõ havendo Terço mudado delles, que naõ deixaſſe rubricada a campanha com ſangue eſpalhado neſte delirio, de que já os Caſtelhanos ſe jactavaõ em toda a Europa; e parecendo eſte intento, pela grandeza dos erros, indeſculpavel, e que naõ podia neſte ſitio ſucceder outro maior, excedeo o ſucceſſo ao diſcurſo na emenda, que ſe applicou, paſſando o exercito Guadiana com intento de ganhar Badàjóz por aſſedio, depois de havermos ſido teſtimunhas trin-

ta

Anno 1658.

trinta e tres dias, que durarão os ataques do Forte, dos repetidos, e inceſſantes comboys de mantimentos e muniçoens, que havião entrado naquella Praça. Os Caſtelhanos entendendo, que nos retiravamos, avançarão os aproxes pela parte, onde eſtavaõ os Terços do Conde de S. Joaõ, do da Torre, e Diogo de Mendoça; e forão rebatidos com muita perda. Antes que Joanne Mendes tomaſſe eſta a todas as luzes mal conſiderada reſolução, aconſelhado da prudencia de André de Albuquerque, e de outras peſſoas (que attendendo ſó ao bem publico, e honra do Reyno deſejavaõ apartar o exercito dos novos perigos que o ameaçavão) eſcreveo á Rainha as difficuldades, que havia encontrado na empreza de Badajoz, e que neſte ſentido entendia poderia ſer mais util empregar o exercito no ſitio de Olivença, Alcantara, ou Albuquerque; Praças, principalmente as duas ultimas, mais faceis de conquiſtar, e não menos convenientes. Deſpedido o Correio, que levava eſta carta, teve Joanne Mendes aviſo dos amigos, que tinha na Corte, que o rumor contra o ſeu procedimento começava a creſcer de ſorte, que era neceſſario acodir com remedio prompto, ſe não queria expor ſe ao perigo, que o ameaçava, de lhe tirarem o governo do exercito, materia que já ſe começava a praticar, affirmando-ſe que a Rainha o entregava ao Conde de Soure. Eſta noticia desbaratou toda a virtuoſa prudencia, que Joanne Mendes tinha applicado ás difficuldades, que achava na empreza de Badajoz, e com eſtes prejudiciaes effeitos da emulaçaõ, tomando por pretexto a confiſſaõ falſa de alguns priſioneiros, que trouxe ao exercito Pedro Ceſar de Menezes, que ſeguravão haverem entrado em Badajoz muito poucos mantimentos. E por eſtes taõ leves fundamentos ſe perderão inutilmente muitas mil vidas de Soldados taõ valeroſos, que puderaõ conquiſtar grandes Imperios. A confiſſaõ deſtas linguas remeteo Joanne Mendes á Rainha com huma carta, que começava; que dos Sabios era mudar conſelho; e que aſſim ſe reſolvia a paſſar Guadiana, e continuar o ſitio de Badajoz com grandes eſperanças de conſeguir a gloria daquella empreza. Foi o

Anno 1658.

portador desta carta o Mestre de Campo Diogo Gomes de Figueiredo, para que obrigado da antiga, e familiar correspondencia, que sustentava com Joanne Mendes, representasse mais vivamente á Rainha, e aos Ministros as razoens fundamentaes, que se offerecião para o exercito passar Guadiana, e continuar o sitio de Badajoz. Chegado Diogo Gomes a Lisboa, e executando eloquentemente tudo ao que fora mandado, entenderão os Ministros, com quem a Rainha conferio tão importante materia, que Joanne Mendes, conhecendo a difficuldade de ganhar Badajoz, se queria fazer culpado na variedade das opinioèns, que seguio em poucas horas, como se via da data das duas cartas que levou o correio, e Diogo Gomes, sem haver mais accidente, que o fizesse mudar de parecer, que a confissaõ de alguns paizanos ameaçados, e temerosos, para que a Rainha o castigasse, e lhe tirasse o governo do exercito, ficando-lhe o caminho aberto de publicar, que lhe havião roubado a gloria de ganhar Badajoz, em lhe não deixarem continuar o sitio, passando Guadiana; e pertendendo-se com infelice industria atalhar esta destreza, levou Diogo Gomes ordem a Joanne Mendes, que passasse Guadiana, e continuasse o sitio; que estes costumão a ser os effeitos das fatalidades, opporem-se destrezas a destrezas, e cautelas a cautelas, sem temor de Deos, contra a honra, e conservação dos Reynos; e nesta occasião concorrerão todos a dar sentença de morte contra hum exercito de huma só Nação, que valerosamente se sacrificava pela reputação, e liberdade da Patria, conhecendo-se infallivelmente, que não podia conseguir, nem gloria, nem interesse. Chegou Diogo Gomes com esta resoluçaõ ao exercito, e no mesmo ponto, porque não houvesse outra novidade, dispoz Joanne Mendes passar Guadiana, e continuar o sitio de Badajoz. Teve effeito esta resoluçaõ a quinze de Julho, ficando sobre o rio Xévora fabricado hum quartel, que foi entregue ao Mestre de Campo Joaõ Leite de Oliveira, que o guarneceo com o seu Terço, algumas Companhias de Auxiliares, e tres batalhoens. Neste quartel teve principio a linhade circumvallação, que caminha-

Passa o exercito Guadiana.

va

va com hum Fortim de mil a mil pês; capaz cada hum dos que ſe levantáraõ na diſtancia de huma legoa, de vinte e cinco moſqueteiros. Rematava eſta linha na ponte de barcas, que ſe lançou em Guadiana, rio abaixo da Cidade, livre pela diſtancia das baterias da artilharia; e do quartel referido ſahia outra linha, que rematava em Guadiana na breve diſtancia, que ficava por cima de Badajóz, e com eſtas fortificaçoens pareceo ficava cerrado o cordaõ da parte de Portugal. Havendo paſſado o exercito Guadiana pela ponte de barcas, corria na fórma referida do rio até Revilhas a linha, e Fortins, levantando-ſe em diſtancias iguaes tres quarteis, o da Corte, o de S. Gabriel, e o de Revilhas. Deu-ſe principio ao quartel da Corte, tanto que o exercito paſſou o rio, no meſmo ſitio, em que a ponte eſtava lançada; e para ſe facilitar commodamente eſta obra, ſe occupou hum monte chamado o Cerro do vento, em que ſe plantou huma bateria de artilharia, de que ſó algumas cazas da Praça recebiaõ damno pela larga diſtancia, porque outro padraſto, que lhe ficava mais vizinho, occupáraõ os Caſtelhanos com huma meia lua, que fabricáraõ no tempo, que o exercito gaſtou nos aproxes. Trabalhava-ſe com grande calor no quartel da Corte, e como naõ ſe podia continuar a linha da circumvallaçaõ, ſem ſe ganhar o Moſteiro de S. Gabriel, que fica pouco diſtante da muralha, e hum grande Forte, que os Caſtelhanos haviaõ levantado em huma Ermida vizinha ao Moſteiro, da invocaçaõ de S. Miguel, que conſtava de cinco baluartes fabricados de terra, e faxina, e os parapeitos a prova da artilharia, ordenou Joanne Mendes a Andre de Albuquerque, e a D. Rodrigo de Caſtro, já neſte tempo Conde de Miſquitella, marchaſſem a occupar o Moſteiro de S. Gabriel, para ficar mais facil a empreza do Forte de S. Miguel, ſem a qual conquiſta, pelo exceſſo, com que ſe prolongava a circumvallaçaõ, ſe deſvaneciaõ de todo as poucas eſperanças, que ficavaõ de ganhar Badajoz por aſſedio. Marchou Andre de Albuquerque do quartel da Corte antes de amanhecer com toda a Cavallaria, e cinco Terços de Infantaria, e ganhou alguma

Anno 1658.

Anno 1658.

mas horas da noite; porque era necessario todo este tempo, para que pudessem chegar ao Mosteiro, antes de romper a manhãa, por ser preciso passar-se primeiro o rio de Calamon, difficil pela profundidade, e que só se vadeava marchando se hum quarto de legoa pela margem acima. Passado o rio, avistamos os Castelhanos, que na mesma noite haviaõ sahido da Praça com os batalhoens, e Terços, que a guarneciaõ, com o intento de dar principio a hum Forte, que determinavaõ levantar no Cerro das Maias; e se acaso o conseguissem, lograriaõ grande segurança para a sua defensa, por ficar dominando todo o sitio, por onde depois caminhou o cordaõ, que cerrou a circumvallaçaõ da Praça. Reconhecido este novo accidente, passámos a occupar huma eminencia visinha ao Cerro das Maias. Formou-se nella a Cavallaria, e depois de reconhecido o poder dos inimigos, determinou Andrè de Albuquerque pelejar com elles. Com este intento, desalojando primeiro huns batalhoens, que estavaõ avançados, sem reparar no sitio ventajoso, que os Castelhanos occupavaõ, descemos ao valle, e quando começavamos a subir ao monte, se retiraraõ com muita pressa, e pouca reputaçaõ, tendo já dado principio ao Forte, que determinavaõ fabricar. Retirados os inimigos, marchou André de Albuquerque para o Mosteiro de S. Gabriel, que facilmente foi ganhado, rendendo-se alguns Infantes, que o guarneciaõ. Occuparaõ-se juntamente huns moínhos, que tambem estavaõ guarnecidos; e passamos a reconhecer o Forte de S. Miguel, de que dependia proseguir-se, ou desvanecer-se de todo a empreza começada. Observou-se que o Forte era capaz de seiscentos Infantes, que estava acabado com toda a perfeiçaõ conveniente, que por huma linha se communicava com a Praça, e taõ visinho a ella, que o defendia com cincoenta peças de artilharia assestadas para este effeito, com a guarniçaõ de dous mil cavalos, e seis mil Infantes, governados pelos Cabos, e Officiaes maiores do exercito de Castella: que para se ganhar, ou havia de ser por assalto, ou por aproxes, e que para seguir qualquer destes intentos, se offerecia,

Batalha do Forte de S. Miguel.

Anno 1658.

álém das defensas referidas, a difficuldade do terreno embaraçadissimo para o assalto com vinhas, e vallados, que pará sustentallo naõ davaõ lugar á Cavallaria a ganhar posto, e para se caminhar com aproxes, claramente se via, naõ ser possivel evitar-se o soccorro da Cidade; porque naõ deixava cerrar o cordaõ a visinhança della, e o exemplo do Forte de S. Christovaõ estava taõ vivo, que dasanimava a confiança de se ganhar o Forte, sem se lhe evitarem os soccorros.

Todas estas difficuldades observou André de Albuquerque, e o Conde de Misquitella, assistidos dos Engenheiros Nicolao de Langres, Pedro de S. Coloma, e Luiz Serraõ Pimentel; e supposto reconheceraõ, que eraõ muito grandes, repararaõ justamente ser o empenho, em que estava, a reputaçaõ daquelle exercito superior; porque se havia retirado com pouca gloria do sitio do Forte de S. Christovaõ, e tinha passado Guadiana com ordem da Rainha de se continuar a empreza impossivel de executar, sem se ganhar aquelle Forte; e prevalecendo estes respeitos a todas as outras consideraçoens, depois de darem os dous Mestres de Campo Generaes conta a Joanne Mendes, se resolveo no Conselho intentar-se o assalto do Forte a todo o risco. Para este effeito fez o General da Artilharia Affonso Furtado levantar huma bateria de seis meios canhoens taõ visinha ao Forte, que o mesmo Forte a cobria da artilharia da Praça. Foi o Terço do Conde de S. Joaõ hum dos que assistiraõ ao trabalho de se fabricar. Appetecia o Conde com implacavel ancia os maiores perigos, naõ havendo experiencia, que bastasse a moderar o seu valor: intentou reconhecer o Forte, sem se cobrir com o reparo da trincheira, que estava levantada, de que resultou receber huma perigosa balla no alto da cabeça, e regada aquella campanha do seu illustre, e valeroso sangue, parece que produzio incentivos ao valor, com que no dia seguinte se conquistou aquelle Forte. Determinou o Conde curar-se no exercito; naõ consentio Joanne Mendes esta temeridade, e o obrigou a retirar a Campo-Maior, e mal convalecido voltou dentro em breves dias para o exercito.

Anno 1658. Acabada a bateria, começou a artilharia a jogar contra o Forte com pouco effeito, porque tendo a mesma natureza do rayo, que na maior resistencia faz o maior emprego, como os parapeitos eraõ só de faxina, passavãonos as ballas, e não os desfazião, e nos terraplenos dos baluartes entravão, e não faziaõ brecha. Desta difficuldade mandou André de Albuquerque dar parte a Joanne Mendes; e como a materia era tão digna de reflexão, (porque sem brecha aberta era muito difficultoso o assalto) veio Joanne Mendes do quartel da Corte ao Mosteiro de S. Gabriel, e juntos os Cabos, e Officiaes Maiores, ponderadas por huma, e outra parte as razoens, que ficão referidas, fez a necessidade de ganhar o Forte precisa a resolução de atacallo, e ficou determinado, que ao dia seguinte, que se contavão vinte e dous de Julho, ao final de seis peças de artilharia, que da bateria se havião de disparar, marchasse a Cavallaria, e Infantaria, que se destinasse para esta empreza, a investir o Forte de S. Miguel. Foi a disposiçaõ do assalto dada por André de Albuquerque, que a Cavallaria se dividisse em tres corpos, cada hum delles de oito centos cavallos; que o primeiro reservava para si assistido do Tenente General da Cavallaria Diniz de Mello de Castro, e do Commissario Geral João Vanichèli: o segundo entregou ao Tenente General Achim de Tamaricurt, e ao Commissario Geral João da Silva e Sousa; o terceiro ao Tenente General Manoel Freire de Andrade, e ao Commissario Geral D. João da Silva, e na marcha, e investida cada hum dos nomeados mandava sem dependencia quatrocentos cavallos; porque como o sitio, por onde havião de avançar os batalhoens, era embaraçadissimo de vinhas, e vallados, com esta ordem se evitava a confusaõ o mais que era possivel, declarandose, que occupando a Cavallaria o posto que hia demandar, se metesse logo em batalha, e que lhe segurasse o lado direito o Mestre de Campo Diogo Gomes de Figueiredo com o seu Terço, o esquerdo o Conde da Torre. A ordem, que este corpo de Infantaria, e Cavallaria levava, era formar-se entre o Forte, e a Praça para impe-

impedir o ſoccorro, que della neceſſariamente ſe havia de pertender introduzir no Forte. Para o aſſalto delle foraõ nomeados os Meſtres de Campo Fernando de Meſquita, D. Manoel Henriques, e Agoſtinho de Andrade de vanguarda; e ao primeiro dava calor o Terço de Simão Correia, ao ſegundo o do Baraõ de Alvito, ao terceiro o de Pedro de Mello. Repartiraõ-ſe eſcadas, diſtribuiraõ ſe granadas, ſepararaõ-ſe mampoſtas, e todos prevenidos a guardavaõ valeroſamente o ſinal concertado. Antevendo eſte perigo, coſtumavão os Caſtelhanos deixar de noite formada a Cavallaria guarnecida de mangas de moſqueteiros; occupando outras os vallados das vinhas no meſmo ſitio, que a noſſa Cavallaria determinava ganhar. Vendo que amanhecia, ſe retiraraõ á Praça; porque de dia naõ lhes parecia poſſivel ganhar-ſe eſte poſto, primeiro que elles o occupaſſem; e foi cauſa deſte ſucceſſo dilatar-ſe o ſinal das ſeis peças de artilharia mais tempo, do que ſe havia determinado. e eſta deſordem facilitou a empreza; porque os Caſtelhanos deſoccuparaõ o poſto no meſmo tempo, que a artilharia fez o ſinal, a que toda a Cavallaria, e Terços, ſem a menor dilaçaõ avançaraõ, e foi tanto no meſmo inſtante, que as mangas de Infanteria, que ficaraõ cobrindo a retaguarda, padeceraõ o primeiro eſtrago; e eſtes ſaõ os accidentes, que a Providencia Divina diſtribue aos exercitos, a que concede as vitorias, naõ deixando poder á capacidade dos Juizos humanos para prevenillos. Ao ſinal das ſeis peças de artilharia avançou a Cavallaria, e os Terços na fórma propoſta. Foi grande a difficuldade, que os batalhoens tiveraõ em vencerem os vallados das vinhas; porém o fogo dos peitos dos que avançaraõ, buſcando pela ſua propriedade o centro mais ſublime, os conduzio ſem embaraço ao poſto pertendido, e os vallados erão tão levantados, que foi impoſſivel no ſocego da retirada tornarem-ſe a ſeguir os primeiros paſſos. Cinco batalhoens da vanguarda occuparão ſem oppoſição o lugar que buſcavão, ſeguirão-ſe os mais, tocou arma o Forte, e o Duque de Oſſuna, que ainda não eſtava deſmontado, ſahio da Praça com toda a Cavallaria, e alguns Terços de

Anno 1658.

Anno 1658.

de Infantaria, que achou arrimados, e com bizarra resoluçaõ pertendeo recuperar o posto que havia deixado. Naõ estavaõ neste tempo acabados de formar mais que os cinco batalhoens da vanguarda; porém sustentaraõ o posto que ganharaõ com insuperavel esforço, e deraõ lugar a que os mais batalhoens se fossem formando. O Duque de S. German seguido de todos os Cabos, e Officiaes, e resto da guarniçaõ, sahio promptamente da Praça, e querendo valer-se do beneficio do tempo, pertendeo soccorrer o Forte, antes que a nossa Infantaria chegasse a encorporar-se com a Cavallaria. Foi esta arriscada empreza do Mestre de Campo do Terço da Armada, por ser o mais luzido, e numeroso do exercito, e por ser irmão de D. Guilherme Dongan, que governava o Forte de S. Miguel. Marchou o Terço com valor exemplar a se introduzir no Forte, dando-lhe calor o Tenente General da Cavallaria D. Joaõ Pacheco com oito batalhoens. André de Albuquerque, que reconhecendo com valor socegado (proprio de quem sabe mandar) o intento dos Castelhanos, ordenou a D. Luiz de Menezes, que occupava o seu posto do lado direito dos cinco batalhoens, que marcharaõ de vanguarda, que avançasse. Levantava-se pela frente do seu batalhaõ o terreno em tal fórma, que impedia a vista do Terço, que vinha a soccorrer o Forte, e dos batalhoens que lhe davão calor; e como á ordem de André de Albuquerque, que não teve distinçaõ, correo D. Luiz a investir os batalhoẽs de D. Joaõ Pacheco; e André de Albuquerque observando este desculpavel erro, mandou promptamente a Pedro Cesar de Menezes, que governava o segundo batalhaõ dos cinco da vanguarda, corresse a dizer a D. Luiz, que naõ investisse a Cavallaria, senaõ a Infantaria. Fez o successo felice a equivocaçaõ da ordem, porque o terreno, que D. Luiz ganhou para atacar a Cavallaria, lhe servio para achar descuberto o costado esquerdo do Terço. Usou diligentemente do beneficio da fortuna, entrou por elle com o seu batalhaõ, que constava de cento e vinte cavallos, e em hum instante, de oitocentos Soldados, de que o Terço se compunha, naõ ficou algum,

que

que naõ fosse morto, ferido, ou prisioneiro, sem que o Tenente General D. Joaõ Pacheco fizesse o menor movimento em defensa do Terço com o receio dos nossos batalhoens; porque atacando elle com os seus, lhe ficavaõ de costado. Derrotado o Terço, tornou D. Luiz a formar o batalhaõ, e com accidental galantaria trouxe cada hum dos Soldados em cima do murriaõ, hum chapéo Castelhano por final da vitoria, e tornaraõ a occupar o posto de que tinhaõ avançado. Neste tempo naõ estavaõ ociosos os mais batalhoens do lado esquerdo, assistidos do valor, e prudencia de Diniz de Mello, e mandados por André de Albuquerque; porque atacados valerosamente pelo Duque de Ossuna, estiveraõ constantes até se acabar de formar a segunda, e terceira linha, a cujo calor investiraõ galhardamente os batalhoens Castelhanos, e os carregaraõ até o corpo do seu exercito, que já neste tempo estava formado. Foraõ elles promptamente soccorridos das suas reservas, e da mesma sorte os nossos, e de huma, e outra parte se trabalhava pelo fim de vencer, cõmum em todos os conflictos. Neste tempo o Tenente General da Cavallaria Diniz de Mello de Castro, pelejando valerosamente recebeo sete feridas, e matandolhe o cavallo o atropellou a Cavallaria dos inimigos, levando-o prisioneiro até junto de Badajoz, de donde se livrou soccorrido da nossa Cavallaria, naõ perdendo neste aperto o acordo de mandar; porque detendo se D. Luiz da Costa a ajudallo, lhe mandou, e aos Soldados, que o acompanhavaõ, que desemparando-o a elle, seguissem os Castelhanos. Ajudou o nosso partido chegarem os dous Terços do Conde da Torre, e Diogo Gomes a occupar os postos, que lhes estavaõ sinalados do lado direito, e esquerdo da vanguarda da Cavallaria; e os dous Mestres de Campo, depois de comporem com grande valor, e socego os seus Terços, apartaraõ mangas de mosqueteiros, que desalojaraõ outras Castelhanas, que faziaõ damno consideravel nas nossas tropas, amparados dos vallados das vinhas, e naõ era menor o que receberaõ da artilharia da Praça; porém resultava desta constancia conseguirem a todo o risco o intento pertendido de naõ en-

Anno 1658.

Anno 1658. entrar em o Forte soccorro da Praça. Em quanto furiosamente se disputava de huma, e outra parte o assalto do Forte, havendo os tres Mestres de Campo referidos, que foraõ de vanguarda assistidos do Conde de Misquitella, e de Affonso Furtado, arrimado com a gente dos seus Terços escadas a tres baluartes, subindo com grande valor por ellas, foraõ rechaçados dos defensores com igual valentia; e succedendo novos Officiaes, e novos Soldados, dando-se segundo assalto, tiveraõ o mesmo successo. Guarneceo-se a orla do fosso de mangas de mosqueteiros, que tiravaõ contra as defensas do Forte. Quatro horas durou esta sanguinolenta porfia, e vendo o Baraõ (que dava calor ao Terço de D. Manoel Henriques) a muita gente que lhe hia faltando, se arrojou com o seu Terço ao fosso com grande velocidade, valor, e industria. Elle, e D. Manoel Henriques mandaraõ trabalhar em hum fornilho no angulo exterior do baluarte. Atacaraõ-no com tres barrís de polvora, e fizeraõ chamada. Respondeo o Governador, que peleijassem, sem querer admittir pratica, nem com a certeza de que a mina estava feita. Irritados D. Manoel, e o Baraõ desta contumacia, ajustaraõ apartar os Terços, dar fogo á mina, avançar D. Manoel pela brecha, e o Baraõ com as escadas pelo baluarte, e que fazendo os mais Terços ao mesmo tempo igual operaçaõ, parecia infallivel conseguir-se aquella empreza. Quando começavaõ a dispor o intento premeditado, começou a desenganarse o Governador, que naõ podia ser soccorrido; e como todos os Officiaes, que estavaõ no Forte, reconheceraõ o manifesto perigo em que se achavaõ, ao mesmo tempo pedio o Governador bom quartel pelo attaque de Agostinho de Andrade, e hum Capitaõ pelo de D. Manoel Henriques. Deste successo se originou duvida entre os dous Mestres de Campo, sobre a qual delles tocava capitular, que o Conde de Misquitella decidio, sendo elle o que fez a capitulaçaõ. Em quanto durou a violenta porfia do ataque do Forte, em que os nossos Soldados contendiaõ pela vitoria, e os defensores pela liberdade, e generosamente no fogo, que respiravaõ as bocas dos

Vence-se: e ganha-se o Forte.

mos-

Anno 1658.

mosquetes, bebiaõ huns, e outros a morte: vendo o Duque de S. German este valeroso espectaculo, mandou esforçar o ataque dos batalhoens da vanguarda: porém André de Albuquerque com summo valor, e destreza, estava já pela disposiçaõ da batalha senhor da vitoria, e naõ havia accidente, que as suas ordens com advertida promptidaõ naõ remediassem, e a seu exemplo todos os mais Officiaes. Determinaraõ os Castelhanos ganhar humas paredes, e guarnecellas com mangas de mosqueteiros, de que o nosso lado direito pudera receber grande damno. Reconheceo Joaõ Vanichéle este perigo, puxou com summa diligencia por outras mangas nossas, e occupou o posto, antes que os Castelhanos chegassem a elle. Durava este horrendo conflicto, e igualmente se pelejava pela vanguarda, retaguarda, corno direito, e esquerdo com estrondo dissonante ao rumor de cincoenta peças de artilharia que jogavaõ da Praça, quando o Duque de S. German, reconhecendo que era taõ impossivel soccorrer o Forte, como retirar-se, entrou no cuidado de naõ perder o exercito; porque o empenho, em que por todas as partes estava, fazia impossivel retirallo sem total destroço. Ao mesmo tempo entrou André de Albuquerque em igual consideraçaõ para mais glorioso fim; porque intentou carregar taõ vivamente com todos os batalhoens, e Terços, que ou todos entrassemos na Praça na retirada dos Castelhanos, (que suppunha infallivel) ou fóra della fizessemos em pedaços os que estavaõ na campanha. Huma, e outra consideraçaõ decidio hum naõ imaginado accidente: levantou-se do vapor de Guádiana, estando o Sol claro, huma taõ espessa nevoa (parece que querendo o rio soccorrer a sua Naçaõ) que facilitou ao Duque de S. German uzar deste favor da Providencia Divina, e diligentemente retirou o exercito. Desfezse a nevoa, e vendo o Governador do Forte desvanecidas as esperanças de ser soccorrido, e a resoluçaõ com que era atacado, se rendeo, como referimos. Constava a guarniçaõ de quinhentos Infantes entregues á mercê dos vencedores. Sahiraõ os Castelhanos sem armas, e os Irlandezes com ellas, e toda a Infantaria era escolhida

Anno 1658. dos reformados, e Soldados de todos os Terços; e o grande valor, com que procederaõ na defenſa do Forte, accreſcentou a gloria aos expugnadores. Tanto que o Forte ſe rendeo, chegou Joanne Mendes a dar as graças aos Meſtres de Campo, e paſſou a fazer a meſma demonſtraçaõ com a Cavallaria, e Terços, que eſtavaõ avançados, e expoſtos ao perigo das ballas da artilharia da Praça, de que receberaõ, por ſe dilatarem ſem razaõ, nem utilidade alguma, conſideravel damno. Chegou-lhe a ordem de ſe retirarem, ficou o Forte guarnecido com quatrocentos Infantes, e entregue ao Governador Fernaõ Martins de Seixes, Sargento Maior do Terço de D. Manoel Henriques. Foi eſte ſucceſſo glorioſiſſimo pelo valor, com que ſe conſeguio, vencendo-ſe as grandes difficuldades, que ficaõ referidas; e ſe a nevoa naõ impedira a reſoluçaõ de André de Albuquerque, puderaõ as conſequencias ſer maiores, e evitar-ſe o novo empenho, em que ficou o exercito, de continuar o aſſedio, a todas as luzes impraticavel. O procedimento dos Cabos, e Officiaes foi taõ igual, que he impoſſivel particularizar-ſe: porém em André de Albuquerque houve a differença de ſaber mandar com valor ſem ventagem, e com diſciplina ſem cenſura. Ficaraõ feridos o Duque do Cadaval com huma perigoſa balla em hum hombro, e outra ferida mais leve; moſtrando taõ alegre ſemblante de ver derramado pela defenſa da Patria o ſeu eſclarecido, e valeroſo ſangue, que parece achava ſó neſtas feridas o premio do ſeu grande merecimento. O Tenente General Diniz de Mello de Caſtro com ſete feridas deſprezadas galhardamente todo o tempo que durou o conflicto; os Capitaens de Cavallos Franciſco Correia da Silva, Franciſco da Silva de Moura, Jorge de Mello, Manoel de Paiva Soares, e o Capitão de Infantaria Jorge de Souſa. Ficarão mortos os Capitaens de Cavallos Alvaro de Miranda Henriques, e Franciſco Sodré Pereira, e o Capitão de Infantaria Antonio da Franca, que cahindo morto de huma balla ao avançar o Forte, detendo-ſe os Soldados por eſta occaſião, os reprehendeo ſeu irmão Duarte da Franca, que era ſeu Alferes, e ſaltando o corpo, po, arrimou á trincheira huma efcada; tres Tenentes, e trezentos Soldados. As feridas de muitos Officiaes, e Soldados Portuguezes, e Caftelhanos forão de ballas de artilharia, e tão horrendas, que era o Convento de S. Gabriel, onde fe curavão, laftimofo theatro de hum triftiffimo efpetaculo; porque ao mefmo tempo fe vião montes de braços, e pernas cortados, e fe ouvião as queixas dos que ficavão fem ellas, os clamores dos que eftavão padecendo o tormento de lhas cortarem, e os gritos de outros que foffrião os cauterios para a retenção do fangue: cintilavão os ferros em braza, e fervião em châma os ingredientes, com que os cauterios fe fortificavão, e a hum mefmo tempo erão offendidos os olhos, os ouvidos, e o olfato de huns, que deixavão nos remedios a vida; de outros, que pedião nos medicamentos a morte. Os Caftelhanos perderão todos os Soldados do Terço, que derrotou D. Luiz de Menezes, a Infantaria, que a Cavallaria desbaratou ao amanhecer na retaguarda dos feus batalhoens, quando fe retirarão para Badajoz, e grande numero que matou a Cavallaria, em quanto durou a contenda. Particularizou-fe nefte dia o Conde Camareiro Mór com fignaladas acçoens dignas de memoravel louvor, Luiz de Saldanha de Albuquerque, Aires de Soufa, e Roque da Cofta Barreto. Os Caftelhanos defocçuparaõ hum Forte, a que havião dado principio, que não podião fuftentar; perdido o de S. Miguel. Efte fucceffo levou da memoria dos Miniftros da Rainha todos os infortunios paffados, e todas as difficuldades futuras de fe ganhar Badajoz por affedio; e como já os empenhos publicos, e particulares fe havião encadeado de forte, que eraõ indiffoluveis, ao feguinte dia que o Forte fe rendeo, achando-fe em defenfa o quartel da Corte, teve principio o fegundo, a que fe deu o nome de S. Gabriel pela vizinhança do Mofteiro. Entregou-fe ao Conde de Mifquitella; brevemente fe poz em defenfa, e paffamos a levantar o quartel de Revilhas, que era o ultimo, e que Joanne Mendes entregou ao Conde Camareiro Mór, habilitando-o á occupaçaõ do Confelheiro de Eftado, e Guerra, o feu grande valor, e qualidade, a que não tendo

Anno 1658.

Continua-fe o fitio por efpaço de quatro mezes.

Anno 1658.

do Posto no exercito, se sugeitassem a estar á sua ordem os Mestres de Campo, que com os Terços guarneceraõ aquelle quartel. A' fabrica delle assistio o Conde com tanto cuidado, e curiosidade, que respeitando-se pela fortificaçaõ, se admirava como edificio vistosamente fabricado. Entre estes quarteis se estenderaõ as linhas de circumvallaçaõ, e Fortins na fórma apontada, e toda esta obra foi taõ admiravel, que os Castelhanos a compararão aos quarteis dos antigos Romanos; porque he sem questaõ, que todas aquellas emprezas, que os Portuguezes naõ conseguiraõ, foi só por erro dos Cabos, que os naõ souberaõ mandar, e nunca por falta do valor proprio. Naõ estavaõ as linhas de todo cerradas, quando chegou aviso a Joanne Mendes, que os Castelhanos preveniaõ hum grosso comboy em Albufeira, duas legoas distante de Badajoz, e nos lugares circumvisinhos, para o introduzirem naquella Praça. Certificou-se esta noticia com tantas circunstancias, que mandando Andre de Albuquerque varias partidas com Cabos intelligentes a examinar a verdade della, e foraõ repetidamente confirmando, e por conclusaõ, que o comboy marchava, e trazia a frente pela estrada, que corria entre o quartel da Corte, e S. Gabriel. Montou André de Albuquerque, que se achava em Revilhas, com a Cavallaria, e algumas mangas de mosqueteiros, e com grande silencio passou Calamon junto a S. Gabriel, com intento de occupar o sitio, que o comboy forçosamente havia de demandar. Porem succedendo maior dilaçaõ na marcha, do que fora conveniente, antes de separados nos batalhoens, que haviaõ de avançar ao comboy, como era preciso, para que os mais, por evitar a confusaõ da noite, ficassem firmes, veio noticia a André de Albuquerque, que o comboy chegava; e obrigado do enleio, que produz nas operaçoens militares (principalmente de noite) a falta de disposiçoens antecedentes, naõ teve mais tempo, que o que bastou para mandar a D. Luiz de Menezes que avançasse. Foi a occasiaõ taõ opportuna, que cerrando com o primeiro de tres batalhoens Castelhanos, que marchavaõ com o comboy, conseguio fugirem todos

dos medrosos de maior poder. André de Albuquerque Anno 1658.
querendo puxar por mais batalhoens para avançarem, se lhe começaraõ a confundir todos de sorte, que se accrescentara a confusaõ, a naõ seguir o parecer do Cõmissario Geral D. Joaõ da Silva, tanto mais prompto, e tanto mais destro, quanto os accidentes eraõ mais repentinos; puxou por seis batalhoens, e como os hia encontrando, os hia despedindo com ordem de darem calor a D. Luiz, e seguirem o comboy. Aos mais mandou fazer alto, e se compuzeraõ livres da perturbaçaõ. Os que avançaraõ, governados por Joaõ da Silva de Sousa, brevemente se encontraraõ com o comboy. André de Albuquerque temendo que alguma parte delle entrasse em Badajoz, mandou a Pedro Cesar de Menezes, de cujo valor justamente fiava os maiores acertos, que com o seu batalhaõ corresse á Praça a evitar, que o comboy naõ entrasse nella. A maior parte delle encontrou Pedro Cesar, que vinha voltado do batalhaõ de D. Luiz da Praça para o corpo da Cavallaria. Esta parte do comboy trouxeraõ os dous Capitaens, e a outra ficou detida em humas grandes cortaduras, que Joanne Mendes havia mandado fazer nas estradas a este respeito, e com este tróço encontrou Joaõ da Silva de Sousa, com que a menor parte do comboy foi a que entrou na Praça, e alguns cavallos, que escaparaõ dos tres batalhoens; que o conduziaõ. Ministrou a cobiça grande desconto a este bom successo; porque recolhido o comboy, facilitaraõ as sombras da noite a confiança de varios Officiaes da Cavallaria, e Infantaria a repartirem sem ordem entre si a preza; e naõ havendo divisaõ, como era preciso, entre o comboy, os batalhoens, e a Infantaria, sendo igual a ancia de ficar cada hum com a melhor parte, acertando infelicemente os mosqueteiros com grande numero de cargas de polvora, sem cuidado nos murroens accesos, na sua mesma diligencia acharaõ o castigo da sua ambiçaõ, e dos mais complices naquelle delito; porque do fogo dos murroens se ateou em hum instante hum voraz incendio em mais de trezentos barriz de polvora, e se vio toda aquella campanha allumiada com taõ estendida claridade, que em mais

de

Anno 1658.

de quatro legoas de distancia foi igual o resplandor, e o que de longe pareceo maravilhosa luz celeste, julgarão os assistentes por bolcão infernal; que desta cor costumão a sahir muitas vezes os milagres, que se publicão sem exame. Não houve neste conflicto animo tão socegado, que não julgasse por infallivel o seu perigo, na supposição de que a terra, que pizava, brotava a sua ruina, vendo seguir em hum ponto aos mal acautelados murroens o fogo da polvora, ao fogo o estrondo, ao estrondo o estrago, originando-se destes incentivos os clamores dos homens, e os furiosos rinchos dos cavallos na confusaõ da noite, que representa fantasmas de menores apparencias. Ao rapido movimento do fogo se moverão como arrojados todos os batalhoens confusos com tal impeto, que se os Castelhanos puderão valer-se deste accidente, fora a desgraça irremediavel; porque o horror do successo, e o embaraço da Cavallaria, não deu lugar, nas trevas da noite, a poder remediar-se, o que verificou a luz do dia; porque todos os batalhoens se acharão, confundidos os claros, e variadas as frentes, e em huma mesma vista os abrazados incitavão a magoa, e os illesos provocavão a zombaria. Forão poucos os mortos, porém muitos os mal-tratados do fogo, a que logo se acodio com remedios proporcionados. Daquelle mesmo sitio repartio André de Albuquerque os batalhoens pelos quarteis, a que os havia destinado; e com os que reservou para o quartel da Corte, se recolheo a elle. Nos dias successivos fizerão os Castelhanos algumas sortidas, de que resultarão leves escaramuças, que naõ perturbavaõ o calor, com que os Officiaes trabalhavaõ em aperfeiçoar os quarteis, fortins, e linhas. O comboy, que os Castelhanos perderaõ, accrescentou a Joanne Mendes a confiança de ganhar Badajoz por assedio, suppondo, e publicando que o Duque de S. German, sem urgente necessidade, não havia de expor hum comboy taõ consideravel a risco taõ manifesto, e que a muita Cavallaria, e Infantaria, que estava naquella Praça, naõ se podia sustentar sem huma dilatada prevençaõ de mantimentos. Naõ era desprezavel esta consideraçaõ, mas era necessario

Anno 1658

rio segundar-se com tal cautella, que se puzesse a maior vigilancia em evitar que a Cavallaria naõ sahisse de Badajoz, para se conseguir o fim pertendido de gastar brevemente os mantimentos: porém observou-se taõ mal esta consideraçaõ, que passados alguns dias depois do successo do comboy, dispoz o Duque de S. German sahir de Badajoz com a Cavallaria, Cabos, e Officiaes, com que determinava soccorrer aquella Praça, e o conseguio mais pela nossa desordem, que pela sua intelligencia.

A dez de Agosto, duas horas antes da madrugada, sahio o Duque de S. German de Badajoz com toda a Cavallaria, todos os Cabos, e Officiaes do exercito, ficando na Praça quinze Companhias de cavallos, e deixando o governo della entregue a D. Ventura Tarragona Italiano, General da artilharia ad honorem, e engenheiro mór do exercito com cinco mil Infantes de guarniçaõ entre Soldados pagos, e paizanos, e mais mantimentos, e muniçoens, do que suppunha a enganosa confiança de Joanne Mendes. Todos os Soldados de cavallo das companhias, com que sahio o Duque; que eraõ quasi dous mil, levavaõ ferramentas para facilitar a passagem da linha. Elegeraõ a que se levantava entre dous Fortins, que ficavaõ por baixo do quartel de Xévora: brevemente, desfazendo a, conseguiraõ a sahida; porque naõ acharaõ opposiçaõ, que os embaraçasse. Tiraraõ-se dos Fortins alguns mosqueteiros com pouco effeito, e menos receberaõ os inimigos da artilharia, que Joaõ Leite de Oliveira mandou disparar do seu quartel; e reconhecendo a causa do rebate, avisou promptamente a Joanne Mendes, que os inimigos haviaõ sahido de Badajoz, e trabalhavaõ por romper a linha; e o mesmo aviso mandou ao Conde Camareiro Mór, e ao Conde de Misquitella. Montou toda a Cavallaria, e sendo preciso (por se fazer mais breve o caminho) que os batalhoens do quartel de Revilhas, e os do quartel de S. Gabriel passassem ao de Xèvora, mandou Joanne Mendes; que todos viessem ao quartel da Corte a encorporar se com André de Albuquerque. Esta grande dilaçaõ, universalmente condemnada, deu tempo ao Duque de S. German de romper a linha,

e de

Anno 1658.

e de seguir em a pressa da marcha a estrada de Albuquerque. Amanheceo, e chegando André de Albuquerque á brecha, por onde os Castelhanos haviaõ passado, supposto que a ventagem, que levavão era grande, seguindo lhes a vista quasi á redea solta, conseguio avistar-lhe a retaguarda; porém o tempo que gastou em tornar a formar a Cavallaria, retardando-se grande parte della mais do que fora justo, tiverão os Castelhanos de se recolherem a Albuquerque, sem mais perda, que a de alguns cavallos, que ficarão cançados, e algumas bagagens, que não puderão marchar. Porém conseguio se esta pequena preza a tanto custo, que perdemos na carreira que démos (que passou de quatro legoas) mais de cem cavallos; fazendo intoleravel este dilatado exercicio o rigor do Sol, e o pezo das armas, que fez em André de Albuquerque maior impressaõ, por ser demasiadamente grosso; e pertendendo aliviallo na retirada alguns dos Capitaens, que amavão muito as suas virtudes, lhe disse D. Luiz de Menezes, que aquelles erão os dias sinalados, que os Soldados conservavaõ na memoria, para contar a seus Netos. Respondeo elle (pressago da pouca duraçaõ da sua vida) com o proverbio vulgar: Esta vida naõ he para netos. Voltámos para os quarteis, e cahindo este trabalho da Cavallaria sobre o muito que havia padecido em comboys, e conduzir faxinas para os quarteis no espaço de dous mezes com Sol intenso, chegou a experimentar tanta diminuiçaõ, que naõ montava a terça parte della, e na Infantaria ainda o damno era maior; porque os Soldados mortos, e feridos nas occasioens eraõ muitos, os de doenças infinitos, e naõ menos os fugidos; mas a vigilancia da Rainha era de qualidade, que com incessantes levas suppria todas estas faltas, e com regalos continuos, que remetia para os enfermos, os aliviava dos males padecidos. Naõ bastavaõ todos estes infortunios para se obedecer ao desengano, antes como enfermo, que usa de violento remedio quimico para sarar, ou morrer, quando as doenças cresciaõ no exercito com maior rigor, resolveo Joanne Mendes mandar abrir dous aproxes, hum que sahia do quartel de

Re-

Revilhas á ordem do Camareiro Mór, outro do moinho, que ſe ganhou junto a S. Gabriel, que governava o Conde de Miſquitella. Com grande calor ſe começou eſte trabalho, fazendo apreſſallo as repetidas noticias que chegavaõ, de que El-Rey D. Filippe tinha mandado preparar hum exercito para ſoccorrer Badajoz; e que para juſtificar, que as prevençoens naõ haviaõ de ſer daquellas, que muitas vezes os Principes publicaõ por infalliveis, ſem terem meios de as facilitar, nomeava por Capitaõ General deſte exercito a D. Luiz Mendes de Aro Marquez del-Carpio ſeu primeiro Miniſtro. Eſta noticia, que devia juſtamente accreſcentar o cuidado a Joanne Mendes, pelas graves circunſtancias que envolvia, lhe influio lethargo taõ remiſſo, que pararaõ as ſuas prevençoens em ſe deixar levar do arbitrio da fortuna ſem demonſtraçaõ de livre alvedrio, accreſcentando unicamente ás diſpoſiçoens antecedentes mandar a André de Albuquerque, e a Affonſo Furtado ganhar a Villa de Talavera, diſtante de Badajoz duas legoas pela ribeira acima. Deſtinaraõ para eſta empreza mil e quinhentos cavallos, e quatro Terços de Infantaria com os Meſtres de Campo o Conde da Torre, Simaõ Correia, Diogo de Mendoça, e outro Terço, que reenchia eſtes tres; Engenheiros, Mineiros, mantas, e eſcadas. Chegou André de Albuquerque a Talavera, mas naõ pode conſeguir ficarem dentro da Villa cinco Companhias de cavallos, que aſſiſtiaõ nella; porque a vizinhança do perigo obrigava aos Capitaens a eſtarem vigilantes, e logo que as ſuas ſentinellas ſentiraõ os noſſos batedores (que ſe adiantaraõ a ganhar poſtos ſobre a Villa) tocaraõ arma, ſinal a que as Companhias Caſtelhanas ſe retiraraõ para Montijo, antes que as noſſas chegaſſem a Talavera. Facilmente foi a Villa entrada pelos noſſos Terços, e pouco eſpaço ſe defendeo a Igreja, e hum reducto viſinho a ella. Avançou o Terço de Simaõ Correia o reducto, e expondo a taõ pequena empreza com demaſiado ardor a ſua peſſoa, foi ſoccorrido de André de Albuquerque, e do Conde da Torre, que ao meſmo tempo o ganharaõ. Entrou-ſe o reducto, e na Igreja, e em hum Convento de Carme-

Anno 1658.

Anno 1658. Carmelitas Descalças mandou Andre de Albuquerque; summamente religioso, pôr guardas, ordenando ficasse livre aos paizanos toda a roupa, que haviaõ recolhido á Igreja, e ao Convento, que era a de maior preço, e izentando os tambem do fogo, o mandou atear na Villa, recolhidos ao exercito os mantimentos, que se acharaõ nella. Quando voltamos aos quarteis, havia Joanne Mendes recebido aviso, que dava por infallivel, que os Castelhanos intentavaõ, pela parte de Albufeira, introduzir em Olivença artilharia, e muniçoens. A cortar este comboy, marchou André de Albuquerque com mil e quinhentos cavallos, que formou em hum valle vizinho da estrada, por onde a artilharia forçosamente devia passar. Persistio neste lugar tres dias, e como a jornada havia sido repentina, taõ saboroso era o paõ de muniçaõ aos Soldados, como aos Cabos, e Officiaes. Na ultima manhãa sahio de Olivença o Capitaõ Pedro Navarro com cento e cincoenta cavallos a descobrir a estrada, que trazia a artilharia. Impensadamente se encontraraõ os nossos batedores, e os Castelhanos, o que fez preciso investirem-se. Soccorreo Navarro os seus, e mandou André de Albuquerque ao Commissario Geral Joaõ da Silva e Sousa, que com quatro batalhoens désse calor aos nossos. Vendo Navarro maior poder do que imaginava, voltou as costas: seguio Joaõ da Silva até Olivença; antes de poder entrar naquella Praça o fez prisioneiro, e quasi todos os mais que o acompanharaõ. Este rebate fez suspender o comboy da artilharia, e com esta certeza nos retirámos para o exercito.

Continuavaõ neste tempo os aproxes de Revilhas, e S. Gabriel com muito valor; mas com taõ poucas esperanças de se ganhar por elles Badajoz, que magoavaõ summamente os animos, que viaõ derramar tanto sangue valeroso sem utilidade. Joanne Mendes fomentava com a sua perplexidade este descontentamento commum do exercito; porque sahindo raras vezes de huma caza, que havia mandado fabricar para reparo do Sol, e deixando passar os accidentes, que por instantes hiaõ encadeando as desgraças, corria todo o exercito á ultima ruína, e

como

cómo todas as resoluçoens tinhaõ sido sempre fóra de tempo, havendo-se advertido no principio do sitio, que convinha voar aos moínhos, que moîáo hum tiro de mosquete de Badajoz, pela ribeira de Guadiana abaixo em beneficio dos sitiados, quasi nos ultimos dias do sitio se tomou esta resoluçaõ. Ordenou Joanne Mendes a André de Albuquerque, que com a Cavallaria, e quinhentos Infantes á ordem do Sargento Maior Joaõ de Amorim de Betancor, e os instrumentos necessarios para aquella execuçaõ, marchasse no principio da noite a conseguilla. Marchou a Cavallaria seguida dos Infantes, Engenheiros, e Mineiros, e o General mandou ao Cômissario Geral D. Joaõ da Silva com tres batalhoens de vanguarda, que os formasse junto da muralha para impedir o soccorro, que da Praça se podia mandar aos moínhos. Executou D. Joaõ esta ordem com tanto perigo, que naõ só padeceraõ os batalhoens, que levava, a furia das cargas de mosqueteria, e artelharia carregadas de ballas de mosquete; mas havendo-o prevenido (depois de atacadas as minas) se lhe deu fogo, sem se mandarem apartar os batalhoens, e cahirão sobre elles furiosamente as pedras, que voaraõ despedaçadas do impeto do fogo. Naõ foi o damno igual ao perigo; porque se os Soldados padecerão todos os riscos, a que se expoem na guerra, brevemente se extinguiraõ os exercitos. Voltou André de Albuquerque para os quarteis, arruinados os moínhos, e geralmente se conhecia que todas estas operaçoens eraõ infructuosas; porque o calor, que faltava no trabalho dos aproxes, sobrava na intensaõ do Sol com tão vigoroso prejuizo, que já passavão de doze mil os mortos, enfermos, e fugidos do exercito, e entravaõ nos enfermos grande numero de Officiaes; e passando o contagio aos Cabos Maiores, adoeceo gravemente Andrè de Albuquerque o dia seguinte ao em que ganhou a Igreja dos Martyres situada junto da muralha, e presidiada pelos sitiados, o Conde de Misquitella, Affonso Furtado de Mendoça, o Conde Camareiro Mór, os de S. Joaõ, e Torre; e para que em todos os achaques do animo se encontrasse brevemente com a morte, se desafiaraõ por le-

Anno 1658.

Anño 1658. vissima causa o Baraõ de Alvito, e seu irmão D. Francisco Lobo com Luiz de Miranda Henriques, e D. Vasco da Gama, que assistião no quartel de S. Gabriel: todos juntos chegaraõ ao da Corte, e passando Guadiana, teve Joanne Mendes noticia do desafio, e ordenou a Joaõ da Silva fosse prendellos. Montou D. Joaõ a cavallo com os primeiros Soldados, que encontrou, e correndo á redea solta, não bastou toda a sua diligencia; porque quando chegou ao lugar do desafio, achou mortos, e ainda palpitantes ao Baraõ, a D. Francisco, e a Luiz de Miranda, faltando só D. Vasco, que se retirou com muitas, e perigosas feridas. Foi este successo geralmente sentido; porque o Baraõ era dotado de summo valor, de liberalidade, e de outras partes dignas de grande estimação. Igualava-o D. Francisco em todas as virtudes, e os outros Fidalgos mostravão, que havião de ser capazes de todos os empregos. Não se puderaõ nunca averiguar as circunstancias deste successo; porque D. Vasco, e Luiz de Miranda, que foraõ os desafiantes, receberaõ muitas feridas da mão do Baraõ, e D. Francisco, e os dous irmãos morreraõ só de huma ferida cada hum delles pelo hombro direito: sendo poderosos os duellos a empenhar aos homens na diabolica obrigaçaõ dos desafios, havendo tantos remedios para satisfação da honra com menos escrupulos da consciencia, sem reparar (como se naõ houvera fé) nos perigos infalliveis da alma pela força da excommunhaõ. Compadecendo-se a grande virtude, e prudencia de André de Albuquerque deste desatino, introduzio entre os Soldados hum virtuoso costume, que era guardarem para as occasioens com os inimigos a decisaõ das desconfianças, que entre huns, e outros se offereciaõ, e o que andava mais valeroso entre os Castelhanos, ficava mais airoso no duello; com que vinha a resultar em beneficio da Republica o mesmo, que costumava acontecer em seu prejuizo. Porém naõ bastando esta christãa politica para extinguir os desafios, veio a ser o unico remedio de tão grande damno a ley, que mandou promulgar El-Rey D. Pedro no primeiro anno de seu felice governo, cujas apertadas clausulas reprimi-

raõ a demaſia, com que os deſafios eſtavão introduzidos. Anno 1658.
O ſentimento de todo o exercito ſervio de exequias aos defuntos, e de perſagio aos máos ſucceſſos; que depois aconteceraõ.

Adoença dos Cabos maiores obrigou á Rainha a nomear outros, que com varios pretextos ſe eſcuſarão, ponderando prudentemente os manifeſtos perigos a que ſe expunhaõ, na conſideraçaõ do eſtado em que o exercito ſe achava. Antepoz Pedro Jaques de Magalhaens a todos eſtes inconvenientes o ſerviço del-Rey, e a defenſa do Reyno, e acceitou airoſamente o poſto de General da Artilharia. Chegou ao exercito, e depois de reconhecer os quarteis, e nelles a diminuiçaõ da gente, a falta dos Officiaes, o exceſſo com que creſcia o contagio; e vendo claramente que tão poucos homens moribundos naõ podiaõ animar tres legoas de circumvallaçaõ, e que juſtamente ſe devia recear a total ruina do exercito, ſe Joanne Mendes dilataſſe a reſoluçaõ de levantar o ſitio, deliberou buſcallo, e entrando na ſua tenda, com zeloſa, e prudente conſtancia lhe fallou neſte ſentido: He certo, ſenhor, que não he eſta a primeira vez, que emprezas grandes começadas com bem fundadas eſperanças de ſe conſeguirem, ſe deſvaneceraõ. Todas as hiſtorias dos Imperios, e Monarquias do Mundo ſaõ verdadeiro mappa de ſimilhantes deſconcertos da fortuna: ſirva de exemplo eſta meſma Cidade, em que conſeguio entrar, depois de hum largo ſitio, o noſſo primeiro Rey D. Affonſo Henriques, e ſahio della offendido na peſſoa, e na reputação das ſuas Armas. De Lisboa levantou o ſitio El-Rey D. Joaõ o primeiro de Caſtella, obrigado de igual contagio, ao que padece eſte exercito, e ha poucos annos o Marquez de Tàracuça ſe retirou de Elvas. Se quando ſe deu principio a eſta campanha, ſe anteviraõ os deſconcertos, que haviaõ de produzir os aproxes do Forte de S. Chriſtovão, he infallivel, que ſe paſſara Guadiana, ſem ſe embaraçar o exercito com aquelle ſitio; e que tivera ganhado eſta Praça deſtituida naquelle tempo de todos os meios de ſe defender; porque para ſoffrer aſſedio, naõ ſe achava com mantimentos, e para reſiſtir

Anno 1658.

aproxes, naõ tinha fortificaçoens. Porém ainda que se não ganhou o Forte, conseguio-se derrotar a nossa Cavallaria ao Duque de Ossuna com venturoso successo, depois de valerosamente rechaçado na ponte; e depois do exercito passar Guadiana, foraõ desalojados os Castelhanos do Cerco das Mayas, e ganhou se o Forte de S. Miguel com taõ memoravel felicidade, que he mais digno aquelle successo do nome de batalha, que de recontro; sendo certo, que se o accidente da nevoa naõ favorecera aos Castelhanos naquelle dia, com a rota total do exercito se ganhara esta Praça, seguindo se a estes outros encontros de grande reputaçaõ das Armas deste Reyno. Descontaraõ se porém estes bons successos com o excesso das doenças, que como he deliberação Divina, naõ lhe póde dar remedio a prudencia humana. Temos satisfeito com a execuçaõ á promessa, que se fez a Sua Magestade; de se sitiar Badajoz, e com a constancia mostrado ao Mundo o valor dos Portuguezes, e naõ será razaõ, que desbaratemos estas virtudes com a contumacia. O continuo trabalho de quatro mezes de assistencia nesta campanha, o excessivo rigor do Sol, e as repetidas occasioens, em que se tem pelejado com os Castelhanos, forão causa de faltarem deste exercito mais de doze mil Soldados, e ainda que a grande providencia da Rainha nossa Senhora com repetidas levas tem acudido a esta falta, não he possivel totalmente remediar-se, principalmente entrando em o numero dos doentes tres Cabos Maiores, e seiscentos Officiaes; de que procede haver tanta confusaõ nos Soldados dos Terços, e Companhias de cavallos, como succede aos rebanhos, que carecem de pastor, e aos navios, a que faltão Pilotos Sendo pois sem contradiçaõ esta verdade, infallivelmente cahiremos em indesculpavel delicto, se aguardarmos nesta dilatadissima circumvallaçaõ o exercito de Castella; que confórme os avisos, por instantes póde chegar a soccorrer esta Praça, e taõ numeroso, q̃ puderá dar cuidado a maior opposiçaõ, que a nossa; e ainda que o General não seja muito experimentado em similhantes conflictos, orna-se do poder da valia, que costuma facilitar maiores difficuldades; e vem-lhe assistindo

os

Anno 1658.

os melhores Soldados dos exercitos de Flandes, e Italia, que aos olhos do valído pertendem moſtrar no ſeu valór, e ſciencia, a juſtiça das ſuas pertençoens. Por todos eſtes juſtificados fundamentos ſou de parecer, que ſem ſe interpor a mais breve dilaçaõ, ſe levante o ſitio deſta Praça, na certeza de não podermos ganhalla, e ſe diſponha eſta acçaõ com tanta prudencia, que a reſoluçaõ, que agora póde ſer voluntaria, não pareça depois pelos inconvenientes ao Mundo forçoſa; nem devemos tomar ſobre as noſſas conſciencias o evidente perigo, a que ſe expoem o credito das Armas deſte Reyno; e as vidas de tantos Soldados valeroſos, ficando arriſcada toda eſta Provincia, em que conſiſte a ſegurança da noſſa Monarquia, a ſer deſpojo das Armas triunfantes de noſſos inimigos.

Eſtas razoens de Pedro Jaques, como eraõ fundadas em principios infalliveis, e naſcidas de animo valeroſo, e ſincéro, acabaraõ de perſuadir Joanne Mendes, parece que deſenganado, que era razão cortar pelas politicas particulares, por não expor a ſaude publica á ultima ruina. Porém como não tinha permiſſaõ da Rainha Regente para levantar o ſitio daquella meſma Praça, em que por igual reſoluçaõ lhe havia tirado no anno de quarenta e tres El-Rey D. Joaõ o Poſto de Meſtre de Campo General, chamou a conſelho, não ſó aos Cabos, e Officiaes maiores, que coſtumavão entrar nelle, ſenão tambem aos Capitaens de cavallos, e Sargentos Maiores, e com a eloquencia, de que era dotado, propoz os motivos, que havia tido para começar aquella empreza, as cauſas de ſe perſeverar nella até aquelle tempo, o exceſſo das doenças, e a viſinhança do exercito de Caſtella, governado por D. Luiz de Aro: que para pelejar não tinha prohibiçaõ da Rainha, e que para retirar o exercito naõ tinha ordem ſua: que por huma parte reconhecia o riſco, a que ſe expunha o exercito desbaratado do poder das enfermidades, por outra receava o perigo, em que ficava a ſua cabeça, ſe ſe retiraſſe ſem ordem da Rainha de huma empreza, em que ſe havião empenhado todas as forças do Reyno. Todos os do Conſelho, que pela diminuiçaõ

Vem o exercito de Caſtella governado por D. Luiz de Aro a ſoccorrer Badajoz.

Anno 1658.

minuiçaõ dos seus Terços, e Companhias de Cavallos reconheciaõ o evidente perigo do exercito, votaraõ uniformemente, que se retirasse; e D. Luiz de Menezes com zelosa, e militar liberdade disse a Joanne Mendes, que não seria acção pouco gloriosa, na contingencia do perigo proprio, sacrificar a vida pela saude do Reyno. Tomada esta resolução, fez Joanne Mendes aviso á Rainha, e deu ordem a Jorge da Franca (que com incessante trabalho havia assistido a todo o provimento daquelle exercito) que fizesse retirar os mantimentos, e tudo o mais que podia servir de embaraço. Deu Jorge da Franca esta ordem á execução com tanta actividade, que em poucas horas se retirou para Elvas tanta roupa, e tantos mantimentos, que parecia impossivel conduzirem-se em muitos dias. Quando se andava no fervor desta diligencia, chegou aviso a Joanne Mendes, a onze de Outubro pelo meio dia, do Mestre de Campo Simão Correia da Silva, que governava o quartel de Revilhas, depois de se retirar doente o Conde Camareiro Mór, que os Castelhanos marchavaõ de Talavera para aquelle quartel com o exercito formado, e que já a Cavallaria avançada distava delle menos de huma legoa. Esta noticia, que pelas muitas, que havia tido antecedentes, pudera não causar sobresalto a Joanne Mendes, o perturbou de sorte, vendo a circumvallaçaõ dilatada, os quarteis distantes, a gente pouca, a confusaõ grande, que muito espaço se deteve sem tomar partido; precipicio, em que perigaõ, os que naõ tomão nos empenhos grandes medidas anticipadas. Ultimamente vencendo o entendimento a suspensaõ, ordenou ao Commissario Geral D. Joaõ da Silva marchasse com os batalhoens, que lhe parecesse ao quartel de Xévora, e retirasse para o da Corte a gente, que o guarnecia, á ordem do Tenente de Mestre de Campo General Manoel de Magalhaens, que havia succedido no governo do quartel ao Mestre de Campo Joaõ Leite de Oliveira, que poucos dias antes se retirara doente: que desse fogo ás minas dos arcos da ponte de Xévora, atacadas anticipadamente para este effeito, e que viesse recolhendo toda a guarniçaõ dos Fortins. Marchou D. Joaõ

Levanta Joanne Mendes o sitio, e retira-se a Elvas.

a effeituar aquella diligencia, chegou ao quartel de Xévora, e antes de retirar a gente, determinou prudentemente examinar a marcha dos Castelhanos, que sendo pela parte que se suppunha, brevemente podia descobrilla, por ser a campanha muito dilatada, e descuberta. Tendo andado huma legoa, e chegando ao sitio, em que os proprios olhos o livraraõ de toda a duvida, averiguou, que a causa do rebate, que se deu em Revilhas, foraõ algumas Companhias de cavallos Castelhanas, que se adiantaraõ do quartel de Talavera, onde os inimigos estavaõ alojados a forrajar, pouca distancia do quartel de Revilhas. Fez D. Joaõ promptamente aviso a Joanne Mendes, e aguardou a noite para voar os arcos, e retirar a gente; e executada huma, e outra disposiçaõ, chegou sem embaraço ao quartel da Corte, a tempo que Joanne Mendes, havendo recebido o seu aviso, tinha disposto com mais socego a retirada do exercito para aquella noite; e com esta resoluçaõ mandou a Cavallaria occupar todos os postos defronte da Praça, para impedir o aviso, que D. Ventura Tarragona havia de intentar fazer a D. Luiz de Aro, logo que lhe constasse, que o exercito se retirava. Ordenou juntamente, que tanto que cerrasse a noite, marchasse Simaõ Correia com a gente do quartel de Revilhas por dentro da linha, e se viesse encorporando com a guarniçaõ dos Fortins, e Forte de S. Miguel, e chegando ao quartel de S. Gabriel, se unisse com o Mestre de Campo Pedro de Mello, que o governava em ausencia do Conde de Misquitella, e que retirando a artilharia, e muniçoens, marchassem para o quartel da Corte com a maior brevidade, e silencio, que fosse possivel. Todas estas ordens se executaraõ com taõ boa disposiçaõ, que antes da meia noite estava Pedro de Mello no quartel da Corte, e encorporado o exercito, passou Guadiana com nove mil Infantes, e mil e oitocentos cavallos, havendo-se dado fogo á Atalaia do Cerro do vento, e retirado a multidaõ das alfaias, que havia nos quarteis. Recolheo-se a ponte de barcas, porque passou o exercito, e achando-se huma incapaz de conduçaõ, se lhe deu fogo por arbitrio de

Anno 1658.

Anno 1658.

Simão Correia, que marchava na retaguarda com Diogo Gomes. Os sitiados tanto que sentirão o rumor da retirada do exercito, intentarão por todas as partes da Cidade fazer aviso a D. Luiz de Aro; porém achando occupadas todas as sortidas, pertendeo D. Ventura Tarragona explicar-se pelas linguas de fogo da artilharia, fachos, e luminarias: porém D. Luiz de Aro fazendo-se desentendido a estes sinaes, passámos Caia sem opposição alguma, depois de encorporada a guarnição do Forte de Santo Antonio; e entre todos os perigos da conservação deste Reyno não foi este o menor; porque se os Castelhanos se não detiveraõ no quartel de Talavera, e tomaraõ alojamento entre Caia, e Guadiana, quasi fora inevitavel a total ruina do exercito; porque achando-se com poucos, e debeis Soldados, sem mantimentos, nem muniçoens; falto de Cabos, e Officiaes; e occupados por hum exercito mais poderoso os portos dos rios, por onde forçosamente haviaõ de passar, abundando o exercito inimigo de tudo, de que o nosso carecia, facilmente se póde conhecer quaes serião as consequencias deste successo. Porém a Providencia Divina parece que sempre quiz mostrar, que os desacertos dos Castelhanos havião de ser os que remediassem os nossos descuidos, para que nem ainda na jactancia da sciencia militar pudessem ficar melhor livrados. Quando amanheceo, havendo o nosso exercito passado Caia, fez alto, em quanto se desmantelou o Forte de Santo Antonio. Acabada brevemente esta diligencia, se poz o exercito em marcha para Elvas contra a opinião de muitos, que com melhor acordo aconselhavão a Joanne Mendes, que tomasse quartel sobre Caia com a frente em Campo Maior, ficando Elvas na retaguarda, até examinar o intento de D. Luiz de Aro; porque só hum exercito formado na consideração dos infortunios antecedentes poderia atalhar o damno, que ameaçava toda a Provincia de Alentejo; e o risco que corria qualquer das Praças fortificadas, por se acharem todas destituidas dos meios da sua defensa. Porém Joanne Mendes, ou cançado do grande trabalho, e afflicção, q tinha padecido, ou perturbado do disgosto da empreza

que

que havia intentado, elegeu o partido de retirar o exercito a Elvas, dividir a Infantaria pelas guarniçoens, ficando em Elvas a maior parte da Cavallaria, e entre gente paga, Auxiliares, e Ordenanças sete mil homens; mas com tão confusa divisaõ pelas Companhias, a que se aggregaraõ, que nem os Officiaes conhecião aos Soldados, nem os Soldados aos Officiaes, accrescentando esta desordem de tal sorte a incommodidade, como depois lastimosamente se experimentou. No mesmo dia, que o exercito entrou em Elvas, chegou áquella Praça D. Sancho Manoel, que a Rainha havia mandado exercitar o Posto de Mestre de Campo General, attendendo á sua capacidade, e ser particular amigo de Joanne Mendes. Este foi o infelice exito, que teve o memoravel sitio de Badajoz, vaticinado pela imprudencia das primeiras disposiçoens, que quasi sem duvida costumavaõ a ser verdadeiro mostrador da felicidade, ou infortunios das emprezas dos exercitos no circulo das acçoens humanas. Anno 1658.

HIS-

HISTORIA DE PORTUGAL RESTAURADO.

LIVRO III.

SUMMARIO.

SAHE o exercito de Castella do alojamento de Talavera, com a noticia de estar levantado o sitio de Badajoz; passa Caia, toma postos sobre a Praça de Elvas. Da-se principio ao sitio, ficando governando aquella Praça o Mestre de Campo General o Conde de Villa-Flor. Occupaõ o Mosteiro S. Francisco, repartem o exercito pelos quarteis, e trabalhaõ em cerrar as linhas. Sahe da Praça André de Albuquerque, e Affonso Furtado, a Cavallaria, e Officiaes da fazenda para a prevençaõ do exercito, que havia de soccorrer a Praça, ficando nella a guarniçaõ competente. Fazem os sitiados varias sortidas, todas com felice successo. Elege a

Rainha

Rainha o Conde de Cantanhede Governador das Armas para o soccorro de Elvas. Passa a Estremoz a juntar o exercito: acendem-se nos sitiados as doenças com lastimosa mortandade. Na Provincia de Entre Douro e Minho continua o governo o Conde de Castello-Melhor: persiste no alojamento do quartel da Silva: empenha-se na conducçaõ de comboy: carregaõ os Castelhanos a nossa Cavallaria, intenta o Conde de Castello-Melhor soccorrella com a Infantaria: desbarataõ no, e retira se ao quartel. Persiste nelle poucas horas, e busca o alojamento das serras de Coura. Tomão os Castelhanos Lapella, e sitião Monção, que governava Lourenço de Amorim: levantão quarteis, e linhas, e deixão assediada a Praça de Salvaterra. Soccorre o Conde de Castello-Melhor com trezentos e cincoenta Infantes, que embarcou no rio Minho. Resistem os sitiados hum furioso assalto. Morte do Conde de Castello-Melhor. Fica governando o exercito o General da Artilharia Nuno da Cunha de Ataide: muda o exercito para o quartel das Choças. Nomeia a Rainha o Visconde de Villa-Nova por Governador das Armas: introduz se em Monção segundo soccorro pelo rio, e fazem os sitiados valerosa resistencia. Em Tras os Montes, e Partidos da Beira não succede acção memoravel. Noticias do estado do governo politico, Embaixadas, e Conquistas.

AS Variedades, de que se compoem a fortuna, se experimentaraõ nos successos, que acabamos, e começamos a escrever, passando o exercito Portuguez, e os Cabos, Officiaes, e Soldados de expugnadores a sitiados. Logo que chegou a Madrid a noticia, de que no emprego do sitio de Badajoz se decifrava o enigma das grandes preven- Anno 1658.

ven-

Anno 1658.

vençoens de Portugal, deliberou El-Rey D. Filippe pelas vozes dos Oraculos, porque coſtumava explicar-ſe, que convinha ao credito do ſeu governo não cahir nas mãos dos Portuguezes a Praça de Armas, em que aſſiſtião os ſeus Generaes, havendo tão repetidamente publicado ao Mundo ſer Portugal inferior emprego ao ſeu ſuperior poder. Reconhecida por efficaz eſta reſolução del-Rey, foi D. Luiz de Aro, como o mais obrigado, o primeiro que ſe offereceo a liſongealla, entendendo que era melhor politica obrigar El-Rey, ſervindo na guerra, que a aſſiſtencia que lhe fazia na Corte, ſendo pela regra geral o valimento arriſcado na auſencia. Deliberado a eſte intento, repreſentou a El-Rey a ſua reſolução com tão vivos obſequios, e taõ ſeguras eſperanças de felice ſucceſſo, que El-Rey depois de dilatados agradecimentos, lhe entregou a prevençaõ, e governo do exercito, que deliberou ſe juntaſſe para o ſoccorro de Badajoz. Publica a grande novidade, de que o valîdo era General daquella empreza, não foraõ neceſſarios bandos, nem editaes para ſentarem praça os Officiaes vivos, e reformados, que ſeguiaõ na Corte as ſuas pertençoens, que erão em grande numero, e a Nobreza, e peſſoas principaes daquella Monarquia deſembaraçadas para o exercicio da guerra; porque a conveniencia propria, e o intereſſe publico concorreraõ naquella occaſião, para que todos ſe deliberaſſem a ſeguir D. Luiz de Aro, entendendo que havião encontrado tempo opportuno de ſegurar em melhor emprego as ſuas pertençoens. Igual felicidade ſe experimentou na execuçaõ de todas as ordens, que ſe paſſaraõ, e na brevidade com que ſe achou todo o dinheiro, que pareceo neceſſario, e como todos os inſtrumentos concorreraõ á competencia ao fim pertendido, ſe juntou em poucos dias hum luzido exercito. Com eſta noticia partio D. Luiz de Aro de Madrid, e quando chegou a Merida, achou o exercito dividido naquella Cidade, Albuquerque, e Olivença. Unio ſe brevemente toda a gente repartida, conduzio-ſe a que faltava, juntarão-ſe as carruagens, e ſervio de frente de bandeiras o lugar de Talavera, que pouco tempo antes haviamos deſtruido; e logo

Sahe o exercito de Caſtella do alojamento de Talavera cõ a noticia de eſtar levantado o ſitio de Badajoz.

go

Anno 1658.

go que D. Luiz de Aro teve noticia da retirada do noſſo exercito, que era o que ſó parece que a guardava para marchar com o de Caſtella, paſſou a Badajoz, e a quinze de Outubro ſe alojou junto a Caia da parte de Portugal. Conſtava o exercito de quatorze mil Infantes, cinco mil cavallos, artilharia, muniçoens, mantimentos, e carruagens proporcionadas a eſte corpo, quantidade de dinheiro para pagamentos dos Soldados, groſſos cabedaes de particulares, que ſe diffundiaõ em commum beneficio, e todos alentados com a abundancia, ſe via augmentada a arrogancia natural da Nação Caſtelhana, de ſorte, que ſe naõ achava Soldado taõ humilde, que naõ prometteſſe em cada acçaõ huma vitoria. Era Capitaõ General do exercito D. Luiz Mendes de Aro, Marquez del Carpio, Conde Duque de Olivares, Cavalhariço Maior del Rey, e ſeu Chanceller Mór de Indias; Governador das Armas D. Franciſco Tutavilla, Duque de S. Gèrman; Meſtre de Campo General D. Rodrigo Muxica, General da Cavallaria D. Pedro Giron, Duque de Oſſuna, General da Artilharia D. Gaſpar de la Cueva, todos os mais Officiaes do exercito eraõ da maior Nobreza, e ſciencia militar de toda aquella Monarquia. O dia ſeguinte ao que D. Luiz de Aro paſſou Caia, alojou o exercito na fonte dos Çapateiros. Reconhecido o Paiz, e apuradas as noticias, ſe renderaõ com pouca reſiſtencia as pequenas Villas de S. Eulaia, e Villa-Boim, taõ incapazes de ſe defenderem; que imprudentemente empenhou na ſua guarniçaõ Joanne Mendes de Vaſconcellos algumas Companhias de Infantaria paga. Neſtas pequenas operaçoens ſe deteve cinco dias o exercito de Caſtella, e a vinte e dous de Outubro, antes de amanhecer, chegou a occupar ſobre a Praça de Elvas o Moſteiro de S. Franciſco, eminencia, que naõ eſtava ganhada com alguma fortificaçaõ. Foraõ muito varios os diſcurſos dos Cabos, e Officiaes daquelle exercito ſobre o ſeu emprego; porque conhecendo que nem o exercito podia ſer melhor pelo eſtado, em que ſe achava aquella Monarquia, nem a occaſiaõ mais opportuna pela confuſaõ das noſſas Armas, deſejavão com grande efficacia naõ mal-lograr no deſacer-

Paſſa Caia, e toma poſtos ſobre a Praça de Elvas.

to

Anno 1658. to da empreza taõ bem fundadas efperanças. Conftou que entenderaõ alguns dos mais praticos naquelle Paiz, que o exercito devia marchar a Eftremoz ganhar aquella Praça, e fortificalla, paffar á Cidade de Evora, defmantelalla, e queimalla, cahir fobre Villa-Viçofa, arrazar a Villa, e deixar fó fortificado o Caftello, fitiar Geromenha, facil de confeguir, e lograr a muito pouco cufto ganhar-fe fem contradiçaõ a Provincia de Alentejo, pois as Praças fortes de Elvas, e Campo-Maior ficavão cortadas; porque ainda que podiaõ fer com difficultofos comboys foccorridas pela Villa de Arronches, não eftava naquelle tempo fortificada, o que facilitava ganhar-fe fem opposiçaõ, e nefta certeza neceffariamente fe havião de render por falta de mantimentos, e o refto da Provincia até Aldeia Gallega toda conftava de lugares, que para efte tão grande intento não podia haver oppofição; porque o exercito de Portugal desbaratado das enfermidades, e exhaufto dos cabedaes defpendidos em tres exercitos fucceffivos, e deftituido de mantimentos gaftados no largo fitio de Badajoz, e de carruagens confumidas no exercicio de os conduzir; ou havia de fer teftimunha da ruina daquella Provincia, fem poder remedialla, ou participante della, expondo-fe fem forças ao perigo de huma batalha todo o Reyno; que não devia efperar das reliquias do poder que lhe ficava o milagre de fe defender.

Os que feguião opinião contraria, valendo-fe das razoens naõ menos efficazes, dizião que bufcar o exercito Eftremoz, e os outros lugares abertos, que ficão referidos; não haveria duvida: feria acabar de hum golpe com a conquifta daquella Provincia, que quafi fegurava a de todo o Reyno: porém que era neceffario confiderar que fempre fora erro, que levara traz fi grandes infelicidades, penetrar com hum exercito o interior de hum Reyno, fem deixar na retaguarda Praças ganhadas, que facilitaffem comboys, e feguraffem a retirada do exercito em qualquer accidente; que o tempo annunciava a vifinhança do Inverno, e que nem o exercito levava mantimentos, de que pudeffe fuftentar-fe, nem feria poffivel acharem-fe rem se na campanha, por se haverem tirado aos lavradores para alimento do exercito, que havia sitiado quatro mezes Badajoz: que nesta consideração qualquer resistencia, que se achasse nos lugares que se emprendessem, obrigaria ao exercito a se expor a evidente perigo, principalmente não estando os Portuguezes tão destituidos de poder, que compostos os Terços, e Companhias de cavallos, com que se havião retirado de Badajoz, naõ se achassem capazes de supérar qualquer das partes daquelle exercito, que se dividisse a buscar mantimentos: que por estes fundamentos tão forçosos o mais generoso, e o mais seguro emprego, que podia ter aquelle exercito, era sitiar a Praça de Elvas; porque ainda que se conhecesse ser huma das mais fortes de toda a Europa, como a fortificação naõ costumava só assegurar as Praças, aquella se achava guarnecida com a gente enferma de hum exercito diminuido do contagio de perigosos males, e os Soldados, por mais robustos haviaõ resistido, expostos pelo trabalho, e pela communicaçaõ dos enfermos a igual perigo, e que neste numero entravaõ os Cabos maiores, e a maior parte dos Officiaes, e que cerrar a todos o passo á divisaõ, era o meio mais efficaz de acabar de destruillos: que Elvas havia sido armazem dos mantimentos, que tinhaõ quatro mezes sustentado o poderoso exercito, que sitiara Badajoz, e que parecia impossivel, que se achasse o seu provimento capaz de resistir dilatado assedio; de que infallivelmente se inferia, que ou a peste, ou a fome, ou a guerra havia de consumir dentro das muralhas de Elvas a alma de todas as forças de Portugal, por constar acharem-se naquella Praça os Cabos, os Officiaes, e toda a Cavallaria, as primeiras plantas dos Terços de todo o Reyno, muita parte da Nobreza delle, o Trem da artilharia, Védorias, e Contadorias; e finalmente de hum só golpe, sem se desembainhar a espada, se podia acabar com todo o dominio dos Portuguezes, sendo a facilidade dos comboys de Badajoz, seguro, e continuo alimento daquelle exercito, o tempo que durasse o assedio; e que ainda que se dilatasse, necessariamente havia de ser felicissima a conclusaõ pela difficul-

Anno 1658.

Anno 1658. difficuldade invencivel de formarem os Portuguezes exercito para soccorrer Elvás, achando se desanimado o corpo do Reino do espirito restricto nas muralhas daquella Praça. O voto decisivo de D. Luiz de Aro abraçou por mais segura esta ultima opiniaõ, de que se segio marchar o exercito a sitiar Elvas, e ganharem os Terços da vanguarda o Mosteiro de S. Francisco. O dia antecedente havia sahido o Tenente General Tamaricurt com a Cavallaria dividida em tres troços, pouco distantes huns de outros; pela vizinhança de outras tantas estradas, que facilitavaõ a sahida dos olivaes para a fonte dos Capateiros, a observar o movimento do exercito alojado naquelle sitio; e vendo que naõ havia feito mudança, se retirou antes da noite para Elvas, descuidando-se de deixar partidas, que fizessem aviso a Joanne Mendes de qualquer novidade, que observassem, de que se originou chegarem os Castelhanos primeiro a S. Francisco, que pudesse retirar-se daquelle Mosteiro o Conde Camareiro mór, que se achava nelle quasi nos ultimos periodos da vida, naõ havendo sido poderosas as efficazes diligencias, que nos dias antecedentes se fizerão com elle para se recolher á Cidade; porque achando-se da força dos males mais perturbado o juizo, que o valor, em que nunca teve mudança, segurava que com a espada, que tinha à cabeceira, havia de defender o Convento a todo o exercito de Castella. Entrárão os Castelhanos no lugar em que estava, e o levárão com grande molestia para huma tenda, em que acabou dentro de poucas horas com demonstraçoens de efficazes auxilios, e expressoens vivissimas do amor da sua patria: faltou na sua pessoa hum composto de grandes virtudes; porque era summamente valeroso, e entendido, e amantissimo da conservação do Reino; partes, porque havia merecido a afeição delRey defunto, e geral estimação. Permittírão os Castelhanos, que o seu corpo passasse a se enterrar em Elvas, o que se executou com a decencia possivel. Achava-se no Convento huma Companhia de Infantaria, que se rendeo com pouca resistencia; e os tiros de huma, e outra parte despertárão o descuido, com que em Elvas se descançava. Reconhecida a causa do rebate,

rebate, mandou Joanne Mendes com inutil diligencia Anno 1658.
a Diogo Gomes de Figueiredo, e a Simão Correa da Silva marchaſſem a deſalojar os Caſtelhanos, que havião occupado o Moſteiro. Intentaraõ elles conſeguir eſta determinaçaõ, entrando pela cerca; poiém acharaõ tão invencivel reſiſtencia, que perderaõ innutilmente muitos Soldados, e alguns Officiaes, em que entrou com valeroſas acçoens Jorge de Souſa, filho mais velho do Copeiro Mór, Capitão de Infantaria, que foi geralmente ſentido de todo o exercito; porque era dotado de grande valor, e outras virtudes dignas da ſua qualidade. Hum dos que ſe ſignalaraõ neſte conflicto, foi Fernando da Silveira, Conſelheiro de Guerra, que tinha chegado ao exercito poucos dias antes de ſe retirar de Badajoz, naõ lhe impedindo aſſiſtir na defenſa do Reyno os repetidos achaques que padecia; porque o exercicio da guerra, em que ſe criara, parece que era a patria, e natural, onde melhor convalecia. Adiantou ſe dos Terços, e chegou a medir a eſpada por entre nuvens de ballas com a Infantaria inimiga, e tantos paſſos ſe avançava por entre ellas, que fazia parecer eraõ as armas iguaes. Davão calor aos Terços, que avançarão valeroſamente, os batalhoẽs formados entre a Praça, e o Convento; e como occupavão com poucos claros todo aquelle ſitio, erão em breve diſtancia alvo dos tiros dos Caſtelhanos, que havendo ganhado as cellas dos Religioſos, que olhavão para aquella parte, empregavão a ſeu ſalvo todas as ballas, de que reſultou notavel dãmno nos batalhoẽns. Reconheceo o Meſtre de Campo General D. Sancho Manoel eſte inutil perigo, por ſer qualquer intento temerario; e mandou retirar a Cavallaria, e os Terços para ſitios, em que ficavão cubertos das baterias do Convento, donde jogavão tambem duas peças de artilharia. Perſiſtimos nelles até cerrar a noite, retiramonos em boa fórma diſpoſta por Fernando da Silveira. Achamos na Praça a novidade de haver chegado ordem da Rainha a André de Albuquerque para prender Joanne Mendes de Vaſconcellos: porque logo que a Rainha recebeo a carta de Joanne Mendes da reſolução, que havia tomado de levantar o ſitio de Badajoz, man-

Anno 1658.

dou que ſe juntaſſem os Conſelheiros de Eſtado, e Guerra, e depois de examinadas todas as conſultas antecedentes, e cartas de Joanne Mendes eſcritas nos quatro mezes, que durou a campanha, levantando ſe ſobre tão grave materia differentes diſcurſos, e havendo variedades nos votos; porque huns o condemnavão com mais ſeveridade do, que havia merecido; outros o deſculpavão com mais favor, do que era conveniente. Examinando a Rainha humas, e outras opinioens, tomou a reſoluçaõ referida. Sinalou-lhe André de Albuquerque por priſaõ aquella meſma caza, que no dia antecedente tinha ſido Corte, e por carcereiros os meſmos Soldados, que havião ſervido de reſpeitoſa guarda: coſtumando o Mundo não ſó abater a grandeza mais levantada, mas transforma-la de ſorte, que deſtemperada a conſonancia, os meſmos inſtrumentos da felicidade ſe convertem nos do caſtigo. O meſmo correio trouxe ordem a André de Albuquerque para governar o exercito, e que ſuccedendo, como ſe preſumia, que os Caſtelhanos ſitiaſſem Elvas, que elle ſahiſſe da Praça com Affonſo Furtado, e todos os mais Officiaes de guerra, que lhe foſſe poſſivel, deixando-a entregue a D. Sancho Manoel com os Terços, e Companhias de cavallos, que lhe pareceſſem convenientes para ſua defenſa; porém a execuçaõ deſta ordem naõ pode ſer tão prompta, com era preciſo, pela confuſaõ, em que ſe achava o governo militar, e politico do exercito.

Da-ſe principio ao ſitio ficando governando aquella Praça o Meſtre de Campo General D. Sancho Manoel.

Na fórma referida achou D. Luiz de Aro a Praça de Elvas mais adiantada na fortificaçaõ, do que eſtava, quando a ſitiou o Marquez de Torreçuza no anno de 1644. Conſta a fortificação de nove baluartes, e dous meios baluartes: todos eſtavão em perfeição com contínas, parapeitos, e terraplenos. Achava-ſe o foſſo aberto em penha viva; obedecendo a ſua quaſi incontraſtavel dureza á violencia das minas de polvora, que a fizeraõ abater, ficando o foſſo na altura neceſſaria, accommodando-ſe a eſtrada cuberta, e cobrindo ſe as tres portas de S. Vicente, Eſquina, e Olivença com outras tantas meias luas. Da porta de Olivença ſahião duas linhas de

commu-

Anno 1658.

communicaçaõ para o Forte de Santa Luzia, que se compoem de quatro baluartes perfeitamente acabados; e o Outeiro do Casaraõ levantado entre a porta de S. Vicente, e a de Olivença, occupava huma Coroa tambem cōmunicada á Praça; e porque o Outeiro de S. Pedro pouco distante da Praça a dominava, foi preciso fazer-se nelle hum Bonete de faxina, que se guarneceo, e conservou todo o tempo que durou o sitio. O grande monte, em que está situada a Ermida da invocaçaõ de N. Senhora da Graça, fronteiro á porta de S. Vicente, não tinha fortificação alguma, facilitando aos Castelhanos cerrarem o cordão em menos distancia, e necessitarem de menos gente; e se acaso estivera fortificado com cinco baluartes, de que he capaz o monte, fora ganhalo empreza taõ difficultosa, como a mesma Praça; porque a parte que olha a Elvas, não se podia atacar, por ficar exposta ás baterias da artilharia, nem impedirem se por esta razão os soccorros, pela breve distancia do valle, que divide os dous montes, que occupaõ a Praça, e Forte, regado do pequeno rio, que tem indifferentemente os nomes de Chinches, e Ceto, que se confundem no rio Caia. Este monte ganharão logo os Castelhanos, e derão principio a hum Forte, que circumdava a Ermida, donde começarão a jogar duas peças de artilharia contra a Praça, que só os telhados das cazas offendiāo. O governo deste Forte entregou D. Luiz de Aro ao Mestre de Campo D. Joaõ de Zuñiga, filho do Marquez de Avila Fuente. Fabricarão os Castelhanos outro Forte no Convento de S. Francisco governado pelo Mestre de Campo Martim Sanches Prado; e depois de haverem reconhecido a Praça todos os Cabos, e Engenheiros, deraõ principio a quatro quarteis, que se estendiaõ no sitio da Vergada, que olha a Campo-Maior até a meza del Rey, que fica na estrada de Estremoz; e com os Fortes de S. Francisco, e Nossa Senhora da Graça cerravão o cordão repartido em Fortins, que se descortinavão, como os que haviamos fabricado em Badajoz. O quartel da Corte foi o primeiro, em que se começou a trabalhar, levantado entre a fonte dos Ferradores, e val de Revelles: governava-o o

Occupaõ o Mosteiro de S. Francisco.

Anno 1658.

Duque de S. German, alojou nelle D. Luiz de Aro; o ſegundo foi o de Val de Marmello, que ficou à ordem do General da Artilharia D. Gaſpar de la Cueva; o terceiro, que começava na eſtrada de Villa Boim, e acabava na Meſa del-Rey, mandava o Duque de Oſſuna; o quarto ſituado na Vergada, foi entregue a D. Ventura Tarragona. Neſtes quarteis ſe repartio a Infantaria, e Cavallaria com regularidade, ficando o maior groſſo da Cavallaria no quartel do Duque de Oſſuna, por ſer a parte mais ſuſpeitoſa pelo deſembaraço da campanha, e ſer fronteiro ás Praças de Eſtremoz, e Villa Viçoſa. Antes que eſtes quarteis ſe cerraſſem, reſolveo André de Albuquerque mandar ſahir de Elvas a maior parte da Cavallaria com as carruagens, em que hião os enfermos. Encommendou eſta arriſcada reſolução aó Capitão de Couraças Duarte Fernandes Lobo, Soldado de conhecido valor; porém de inferior Poſto, ao que pedia empreza tão difficultoſa, ficando ſem cauſa em Elvas tres Tenentes Generaes da Cavallaria, e dous Commiſſarios Geraes. Derão ſe as ordens, juntarão ſe as carruagens, que erão muitas, montarão nellas os enfermos capazes de tolerar eſte trabalho, e com mais rumor, do que permittia o perigo, a que o comboy hia expoſto, ſahio Duarte Fernandes com mil e duzentos cavallos comboiando os enfermos, e marchou pela eſtrada da Atalaia da Terrinha com a cara em Guadiana, com tenção de ſe recolher a Geromenha; não prevalecendo as advertencias do Commiſſario Geral D. João da Silva, que como prudente, e pratico no Paiz, era de opinião, que o comboy não marchaſſe por aquella eſtrada, por ſe livrar do embaraço da paſſagem dos regatos, Celas, e Canção; porque ainda que erão pequenos, vadeavão-ſe muito difficilmente, e por eſte reſpeito a eſtrada de Campo-Maior era menos arriſcada, aſſim por ſer o caminho mais breve, e mais deſembaraçado, como por ſe dar calor a hum meſmo tempo a hum comboy de cevada, e trigo, que na meſma noite havia de introduzir em Elvas o Capitão de cavallos Jacome de Mello Pereira. Duarte Fernandes chegou aos ribeiros, e o tempo, que gaſtou em os paſſar, tiverão

Repartem o exercito pelos quarteis.

tiveraõ os Castelhanos, que o sentiraõ, quando sahio, para chegarem a investir os batalhoens da retaguarda. Erão os ultimos os de Miguel Barbosa da Franca, e Dom Martinho da Ribeira, que depois de alguma resistencia foraõ rotos, com que todos os mais se confundirão, de sorte, que divididos em tres troços, huns tomarão a estrada de Geromenha; outros a de Campo Maior, e Duarte Fernandes com os mais, tornou a voltar para Elvas. Tambem escaparão muitas das carruagens, que levavão os enfermos; porque os Castelhanos, embaraçando-lhes o receio o bom successo, que lhes presentou a fortuna, não souberão conseguillo, e só lhes ficarão alguns cavallos, que por enfermos hião desmontados, e algumas bagagens, com os doentes, que enfraquecidos da enfermidade, e medrosos dos Castelhanos, não souberão atinar com o caminho de se livrar do cativeiro. Os batalhoens, que se retirarão a Elvas com Duarte Fernandes, brevemente tornarão a sahir divididos em troços, que conduzirão os Tenentes Generaes da Cavallaria Tamaricurt, e Gil Vaz Lobo, e sem perigo chegarão Tamaricurt a Estremoz, e Gil Vaz a Campo-Maior. Melhor successo, que Duarte Fernandes, teve Jacome de Mello; porque não trazendo mais que sessenta cavallos, e sendo sentido dos Castelhanos, investio os primeiros que encontrou, e protestando-lhe os guias que se retirasse, lhes disse com mais valerosa consideração, que o retirar já não era remedio, senaõ perigo; que marchassem adiante, e conseguindo a fortuna dos ousados, entrou em Elvas pela estrada de Campo-Maior com hum grande comboy de trigo, e cevada; e neste tempo sahio da Praça Ambrosio Pereira de Barredo com a sua Companhia a comboyar Fernaõ de Mesquita, que hia governar Villa-Viçosa. Anno 1658.

Nas preparaçoens referidas da parte dos Castelhanos, para continuarem o sitio de Elvas, e nas disposiçoens dos sitiados para defendella, se passarão os primeiros dias de sitio. Neste tempo achando-se André de Albuquerque, e Affonso Furtado convalecidos das grandes enfermidades, que havião padecido, no dia, que se contavão quatorze de Novembro, deu André de Albu-

Anno 1658.

buquerque á execuçaõ a ordem, que tinha da Rainha, para sahir de Elvas com Affonso Furtado, e todos os mais Officiaes de guerra, e fazenda, que foraõ necessarios, para se prevenir o exercito, que havia de soccorrer Elvas. Tomada esta deliberaçaõ, se formou hum corpo de cento, e oitenta cavallos, e ás dez horas da noite sahio André de Albuquerque de Elvas pela porta de S. Vicente com os mais referidos, e o menos rumor que foi possivel, que não pode ser tão pequeno, que não deixasse em grande sobressalto aos que ficaraõ na Praça, dependentes do bom successo desta empreza, pela importancia das pessoas empenhadas nella, em que consistião as esperanças de se formar o novo exercito. Passarão o rio Ceto, e encaminhando-se pelo pé da Serra de Nossa Senhora da Graça, sahirão pelos mortaes, por constar não estava daquella parte levantada a trincheira. Tanto que entraraõ nos olivaes, foraõ sentidos das sentinellas dos Castelhanos: tocaraõ arma; porém sendo maior a diligencia dos que sahiraõ, do que o cuidado dos que os buscaraõ, conseguirão chegar a Estremoz sem perigo. D. Sancho Manoel ficou entregue do governo da Praça, e Pedro Jaques de Magalhaens governando a artilharia. Foraõ os Mestres de Campo, que ficaraõ com os seus Terços na Praça, o Conde de S. Joaõ, Simaõ Correia da Silva, Diogo de Mendoça Furtado, Diogo Gomes de Figueiredo, Joaõ Leite de Oliveira, Agostinho de Andrade Freire, de Terços pagos; Bernardino de Siqueira, Antonio de Sá de Menezes, Manoel de Sousa de Castro, de Auxiliares; o Conde da Torre, Francisco Pacheco Mascarenhas, sem os seus Terços, por estarem doentes; quando sahiraõ os Generaes. A estes Terços se aggregou toda a gente Auxiliar, e da Ordenança, que se achava na Praça saã, e enferma, e passando-lhe mostra se contaraõ onze mil praças; e esta gente, que pelo numero pudera prometter felicidade, prognosticava ruina pelas enfermidades, e máo trato, que padeceo grande parte della na campanha de Badajoz. O Commissario Geral D. Joaõ da Silva ficou governando oito Companhias, que André de Albuquerque deixou na Praça, de que eraõ

Sahe da Praça André de Albuquerque, e Affonso Furtado, a Cavallaria, e Officiaes da Fazenda para a prevençaõ do exercito que havia de soccorrer a Praça, ficando nella a guarniçaõ com patente.

Capi-

Capitaens D. Luiz de Menezes, Diogo de Mesquita, Jeronymo Borges da Costa, Joaõ Bocarro Quaresma, Antonio Fernandes Marques, Jàcome de Mello Pereira, Manoel Rodrigues Adibe, e a Companhia de D. Joaõ da Silva. Jacome de Mello, e Manoel Rodrigues, sahiraõ com André de Albuquerque, e passados quatro dias, tornaraõ a entrar na Praça, ajudando a noite, que vieraõ, a se retirarem alguns mosqueteiros, que guarneciaõ os moinhos de Chinches, que os Castelhanos occuparaõ. Constavão as oito Companhias de duzentos, e cincoenta cavallos, huma das maiores seguranças da Praça consistia nas pessoas do Conde de Prado, que ficou dentro com seus tres filhos, D. Antonio, D. Joaõ, e D. Pedro de Sousa; Fernando da Silveira, Dom Luiz de Almeida, e seu filho Dom Antonio, Miguel Carlos de Tavora, irmaõ do Conde de S. Joaõ, que havia de poucos annos começado a servir na campanha de Badajoz, e era Capitaõ de Infantaria; Joaõ Furtado, e Pedro Furtado de Mendoça, que occupavão o mesmo posto, D. Antonio de Ataide, Luiz Lobo da Silva, e outros Soldados de grande valor, e qualidade, que não tinhaõ praça no exercito. Ainda que a gente era muita, não faltavão na Praça mantimentos com que se sustentasse, por se haverem recolhido muitos da campanha, fóra os que estavaõ prevenidos para o mais tempo que ella durasse; e o successo mostrou, que o engano, que os Castelhanos padeceraõ nesta parte, foi a melhor defensa de Elvas, trocando pelo descanço do assedio o perigo dos aproxes, todos os mais Officiaes da Cavallaria, e Infantaria do exercito, que estavão em Elvas, sahiraõ com André de Albuquerque: os Officiaes da Fazenda se dividiraõ, ficaraõ huns com o Védor Geral Antonio de Freites dentro da Praça; sahiraõ outros com o Contador Geral Jorge da Franca, que levava o exercicio de Védor Geral para prevenir o exercito. Anno 1658.

Na mesma noite que André de Albuquerque sahio de Elvas havia marchado o Duque de Ossuna com a maior parte da Cavallaria, e hum troço de Infantaria a ganhar o Castello de Barbacena, que governava o Capitaõ

Anno 1658.

tão de Infantaria Gaspar de Amorim de Betancor do Terço do Conde de S. João, com quarenta Infantes, e alguns paizanos; e como o Castello não tinha mais defensa, que huma antiga muralha, sem fosso, nem terrapleno, depois de muitas horas de resistencia, e de custar as vidas ao Marquez de Santa Eulaia, e a alguns Officiaes, e Soldados, se rendeo com honradas capitulaçoens. Os sitiados em Elvas, logo que se desembaraçarão da gente que sahio da Praça, tratarão de se applicar á defensa della, estudando com a attenção precisa os meios, por onde podião prejudicar ao exercito inimigo. Laborava a artilharia furiosamente contra os quarteis, e fazião-se repetidas sortidas com a Cavallaria; todas felicemente succedidas; porque em D. João da Silva, que as governava, concorrião as qualidades de valor, prudencia, e conhecimento da campanha; e nos Officiaes, e Soldados se achavão as disposiçoens de que necessitava tão grande empreza. Hum dos primeiros dias do sitio se reconheceo que as guardas do quartel da Corte estavão com menos cautella: carregou as D. João da Silva com as oito Companhias, e com tanto vigor, que levando D. Luiz de Menezes a vanguarda, se fizerão junto das linhas alguns Soldados prisioneiros. Montou a Cavallaria, que guarnecia o quartel, porém a tempo, que já D. João da Silva, que sabia medir os tempos, estava retirado ao abrigo do Forte de Santa Luzia; e achando prevenido para este mesmo intento ao Mestre de Campo João Leite de Oliveira, que o governava, jogou a artilharia, e mosquetaria contra as Companhias, que carregarão as nossas, com tal effeito, que depressa se recolherão ao quartel com grande perda. Da nossa parte não houve mais damno, que ficar prisioneiro dentro do quartel da Corte Belchior de Torres de Siqueira, Soldado de D. Luiz de Menezes, que depois conseguio ser Capitão de Cavallos das Companhias de Lisboa com o titulo das guardas del-Rey. D. Sancho Manoel trabalhava com summo cuidado, e diligencia por atalhar ás enfermidades, que por instantes crescião, e por distribuir os mantimentos com tanta regularidade, que primeiro, se fosse possivel,

Fazem os sitiados varias sortidas cõ feliz successo.

faltassem ao exercito, que á Praça; e como as linhas naõ estavaõ de todo cerradas; todas as noites faziaõ avisos á Rainha, e André de Albuquerque, dos accidentes que hiaõ succedendo. André de Albuquerque quando entrou em Estremoz, achou governando aquelle districto a D. Joaõ Forjaz, Conde da Feira, em quem concorriaõ tantas virtudes, que era merecedor do maior dominio; porém como naõ tinhaõ ordem del Rey para governar aquella Provincia, naõ lhe obedecia o Mestre de Campo Pedro de Mello, que assistia em Villa Viçosa, nem Antonio de Sousa de Menezes, que governava Campo Maior: e a Rainha naõ decidio esta questaõ, porque na esperança de André de Albuquerque sahir de Elvas, como lhe tinha ordenado, entendeo que naõ era occasiaõ de deixar queixosos: e tanto que lhe constou, que o exercito de Castella se empenhava no sitio de Elvas; nomeou por Capitaõ General da Provincia de Alentejo a D. Raimundo de Alencastro, Duque de Aveiro, julgando ser o sujeito mais proprio pelas suas preminencias, e qualidade para formar o exercito, que determinava soccorresse Elvas. Foi geral a aceitaçaõ de todo o Reyno, por ter o Duque partes dignas de muita estimaçaõ. Acceitou elle o Posto; porém dentro de poucos dias o tornou a largar com razoens taõ frivolas, e pretextos taõ encontrados, que padeceo a murmuraçaõ; de que as poucas esperanças de ser o exercito, que se juntasse, capaz de bom successo, o obrigavaõ a se retirar da empreza; e durou lhe esta primeira macula, em quanto a naõ accrescentou com mais viciosa culpa.

Vendo a Rainha desvanecida a primeira eleição, intentou logo segunda com a certeza de se lhe não mallograr, entendendo que não era aquella a occasião, em que convinha vender barato o exercito de Alentejo; porque seus vassallos com demostração tão manifesta não desconfiassem da conservação do Reyno, de que se podião seguir muito prejudiciaes consequencias; e o subido entendimento da Rainha facilmente ponderava as mais miudas circunstancias dos negocios mais graves. Para conseguir o fim pertendido escreveo ao Conde de Cantanhede a carta seguinte.

Conde

Anno 1658.

Elege a Rainha o Conde de Cantanhede Governador das Armas para o soccorro de Elvas.

„ CONDE amigo, eu El-Rey vos envio muito saudar, como aquelle que amo. He de tanta importancia acudir á Provincia de Alentejo com huma pessoa que a governe, em quanto o inimigo persiste sobre Elvas; e que esta seja tal, que a alente, e console, e tenha authoridade, actividade, e zelo para formar hum exercito, capaz de hir soccorrer aquella Praça, se o pedir a necessidade; que ainda que a importancia da vossa pessoa nesta Corte pedia vos naõ apartasse de mim, me he preciso encõmendar-vos partais logo a livrar-me do cuidado, em que me tem posto as cousas daquella Provincia, e a fazer-me, e a este Reyno hum serviço taõ grande, como aquelle será; e porque para taõ conhecido amor como me tendes, e ao Reyno, e por o muito que desejais sua conservaçaõ, e defensa, saõ necessarias poucas palavras para vos persuadir vades accudir a tão grande occasiaõ, com estas poucas regras espero partireis logo, e por ellas mando a todos os Cabos, e Officiaes de Guerra, Justiça, e Fazenda vos obedeçaõ, cumpraõ, e guardem vossas ordens, em tudo o que tocar ao intento referido, em que espero façais o que deveis a quem sois, e á boa vontade que vos tenho, que saõ dous motivos bem grandes para hum homem como vós. Escrita em Lisboa a 2. de Dezembro de 1658.

RAINHA.

E depois chamou ao Conde, e lhe disse: Sois taõ empenhado na conservação deste Reyno, tendes tanta actividade, e tão grande coraçaõ, que fio de vós o soccorro da Praça de Elvas, que he a muralha, que na Provincia de Alentejo nos defende de nossos inimigos: partivos logo para Estremoz, e fiai da minha diligencia mandar-vos assistir com toda a gente, e cabedaes, que houver no Reyno; e não tenhais pelo menor soccorro as desattençoens, e desconcertos, que os Castelhanos costumão ter nos seus exercitos, quando as emprezas saõ dilatadas; e dou-vos licença para que na certeza desta

Anno 1658.

ta inteligencia me tenhais por Castelhana. O Conde, a quem bastavão menos estimulos, para abraçar emprezas difficultosas, cheios os olhos de agua, e o coração de fogo, posto de joelhos beijou a mão à Rainha, e lhe disse: Eu parto Senhora a Estremoz a obedecer a V. Magestade, e espero na justiça da causa que defendemos, e nos valerosos animos dos vassalos de V. Magestade, que brevemente hei de voltar aos pés de V. Magestade a render-lhe a gloria de vencedor do exercito de Castella. Era o Conde summamente activo, e com o grande poder de antigo Ministro, e Veador da Fazenda; facilitava qualquer embaraço, que se lhe offerecia, partes que juntas ao seu valor, o habilitavão para aquelle emprego. A vinte de Novembro partio para Alentejo, sendo nomeado dezoito dias antes: chegou a Estremoz, onde o aguardava André de Albuquerque com grande satisfação de o ter por General, que se lhe dobrou, dizendo-lhe o Conde com generosa modestia, quando o foi esperar, que elle vinha a prevenir o exercito, e sentar praça de seu Soldado: porque igualmente reconhecia em si a falta de se não haver criado na guerra, e nelle as grandes experiencias, que havia adquirido nella. Foi esta acçaõ geralmente louvada, e em poucas palavras ajustou o Conde importantissimas consequencias; porque se lograva a vitoria na grande empreza, que intentava, triunfava com esta coroa mais; se perdia a batalha, levava diante a desculpa na falta da experiencia, que publicava. Conciliou o animo de André de Albuquerque, de sorte, que o empenhou na empreza, como zeloso, e affeiçoado ao augmento da sua gloria. Fez-se venerado dos mais Cabos, Officiaes, e Soldados, de quem dependia a sua fortuna, ou infelicidade; e finalmente deu principio ao seu intento com venturoso pronostico do glorioso remate, que conseguio. Com poucas horas de descanço ouvio André de Albuquerque o lamentavel estado, a que as mortes, e doenças da campanha de Badajoz havião reduzido o exercito, que a sitiou, e toda aquella Provincia; porque fóra da guarniçaõ de Elvas, naõ havia em todas as Praças mais que dous mil Infantes, e mil e

Passa a Estremoz a ajuntar o exercito.

oito

Anno 1658.

oito centos cavallos; huns, e outros derrotados, e enfraquecidos do trabalho extraordinario, que tinhaõ padecido. O trem da artilharia, e a mayor parte das muniçoens haviaõ ficado em Elvas, os mantimentos eraõ poucos, das carruagens havia grande falta, e o perigo da exasperaçaõ dos Povos naõ era menor contrario; e rematou, dizendo: que esperava firmemente, que o calor do Conde, a sua authoridade, e industria haviaõ de vencer todas estas difficuldades, protestando ajudalo incensavel, e affectuosamente. O Conde, que com animo invencivel amava as emprezas mais difficeis, respondeo a André de Albuquerque com tanta confiança no bom successo daquella empreza, como se os impossiveis lhas facilitáraõ; e como se dispoz a verdadeira uniaõ com os Cabos, e Officiaes do exercito, pronosticou a felicidade do successo, por ser a desuniaõ dos Cabos o agouro mais certo dos infortunios dos exercitos. Assistia em Montemór o Conde de Misquitella convalecendo da grave enfermidade que havia padecido, e tendo a Rainha noticia que estava capaz de voltar a Estremoz, o mandou para aquella Praça a exercitar o seu posto, o que elle executou dentro de breves dias; e porque o seu natural naõ era muito sociavel, fez o Conde de Cantanhede particular estudo de o ter satisfeito, o que conseguio, naõ sem difficuldade, porque esteve por levissima causa desavindo com André de Albuquerque; damno que a prudencia do Conde remediou, e todos se applicavaõ vivamente ás prevençoens do exercito.

Trabalhaõ os Castelhanos em cerrar as linhas.

Neste tempo trabalhavaõ os Castelhanos com todo o calor por cerrar o cordaõ para impedir os soccorros da Praça; constandolhes, que entravaõ todas as noites muitos Soldados praticos, e valerosos, incitados do valor, e premio, carregados de regalos, e medicamentos para os enfermos; e ao mesmo passo que se trabalhava nas linhas, laborava a artilharia de duas plataformas levantadas, huma por baixo do Forte de Nossa Senhora da Graça, outra no Forte de S. Francisco, donde tambem incessantemente jogavaõ dous morteiros, que davaõ grande desasocego aos sitiados, principalmente aos enfermos,

Anno 1658.

mos, que não achavão lugar ſeguro dos ameaços da morte. Huma das bombas tirou a vida ao Capitão de cavallos Jeronymo Borges da Coſta, antigo, e valeroſo Soldado, na porta da ſua propria caza; porém a guerra, nem ainda a fome, eraõ os maiores perigos, que experimentavaõ os ſitiados: a peſte era o maior damno, porque naõ foi o contagio de menos laſtimoſa execução, ainda que as doenças não forão daquella qualidade, porque multiplicando-ſe com os dias as enfermidades, houve nos ultimos muitos, em que chegava a trezentos o numero dos mortos, originando eſte exceſſe monſtruoſos effeitos; porque os vivos perderaõ de ſorte o horror aos defuntos, e não ſepultados, que nas guardas lhe ſerviaõ os corpos mortos de aſſento para jogarem. De noite os Soldados Auxiliares, e da Ordenança, que não tinhão quartel, nem conhecimento algum na Praça, hião dormir aos alpendres das Igrejas, e as roupas dos cadaveres, que eſtavão nelles, lhes ſervião de cubertura; e chegou laſtimoſamente a faltar aos mortos aquelles ſete palmos de terra, para ſe enterrarem, que ſempre ſe teve por impoſſivel ſucceder aos mais deſgraçados; porque fóra das muralhas não convinha dar-lhes ſepultura, por não manifeſtar aos Caſtelhanos a falta da gente, que havia na Praça, nem tiralos do engano, em que eſtavão, de que erão mais os Soldados, que os mantimentos, concorrendo por eſte reſpeito no melhor ſoccorro, que podia ter a Praça, que era meterem lhe dentro todos os Soldados, que fazião priſioneiros na campanha. No foſſo, por ſer de pedra, não ſe podião abrir ſepulturas, com que todas ſe accõmodaraõ, depois de extintas as das Igrejas, nos terraplenos das muralhas; e ſendo mais os mortos, que a terra, tambem veio a faltar; e por eſte reſpeito forão muitos corpos ſepultados nos ventres dos animaes; porque dos que ſe conſervaraõ algum tempo vivos, faltando-lhes totalmente o ſuſtento, ſe alimentavaõ dos corpos mortos com lamentavel eſpectaculo. Acodia D. Sancho Manoel, e todos os mais Officiaes, e peſſoas particulares, que ficarão dentro de Elvas, a remediar taõ repetidos infortunios. Porém todas as diligencias eraõ infructuoſas;

Accendem-ſe dos ſitiados as doenças com laſtimoſa mortandade.

por-

Anno 1658.

porque a febre, e a debilidade corrompia de ſorte os miſeraveis Soldados, que tão ediondos, e inſopportaveis eraõ os vivos, como os mortos; e eſte peſtilente ar ſe diffundio de tal ſorte por toda a circumferencia da Praça, que depois de ſoccorrida, não ſe atreverão a entrar nella muitos dos que vierão no exercito. A fome era mais ſupportavel, porque não faltava pão; porém os que não eraõ coſtumados a viver ſó com eſte mantimento, padecião trabalho; mas as peſſoas principaes, que a todos ſervião de exemplo, o ſopportavão com tão magnanimo coração, que fazendo divertimento dos poucos regalos, inventavão iguarias exquiſitas, que a fóme fazia ſaboroſas. Os cavallos tambem padecião diminuição; mas ſuppria ſe com os muitos que ſe tomavaõ nas ſortidas, que eraõ continuas, e ſó á Companhia de D. Luiz de Menezes couberaõ noventa no tempo, em que durou o ſitio. Os Caſtelhanos na confiança da pouca Cavallaria, que havia na Praça, vendo hum dia que o gado, que paſtava fóra della, ſe alargara mais do que convinha á ſua ſegurança, avançaraõ quantidade de batalhoens de todos os quarteis até as muralhas, de que receberaõ pouco damno, por deſcuido dos que eſtavão de guarda, que naõ deraõ principio ás cargas, ſe naõ a tempo que ſe haviaõ retirado os que avançaraõ, e levado o gado, que naõ fez pequena falta; tomou D. Joaõ da Silva ſatisfaçaõ deſte damno, rompendo hum corpo da guarda do quartel do Duque de Oſſuna, de que reſultou ficarem na campanha quantidade de Caſtelhanos mortos, e trazermos á Praça vinte priſioneiros. Ainda que as ſortidas eraõ muitas, as armas do Ceo, que pelejavão a noſſo favor, eraõ mais favoraveis; porque a chuva naõ ceſſava; e o frio continuava com tanto rigor, que por mais reparos que os Caſtelhanos buſcavaõ nos troncos das oliveiras para fogo, e nas ramas para barracas, naõ podendo ſopportar as incommodidades da campanha, huns adoeciaõ, outros fugiaõ para as noſſas Praças, e os que achavaõ difficuldade em paſſar a Eſtremoz, Geromenha; ou Villa-Viçosa, fugiaõ para Elvas, preſumindo erradamente, que haviaõ de melhorar das incommodidades, que padeciaõ

na

Anno 1658.

na campanha, e muitos com a vida pagavaõ o ſeu engano. Diminuhia muito o exercito de Caſtella a fugida dos Soldados, e fomentava-a com grande diligencia Franciſco de Brito Freire, que governava Geromenha; porque favorecendo com grande cuidado os Soldados que paſſavaõ áquella Praça, e dando ſeſſenta patacas aos que vinhaõ montados, entregando os cavallos, cinco aos Infantes, e perſuadindo-os a que puzeſſem por eſcrito as commodidades que logravaõ, lançando ſe de noite eſtes papeis nas ſahidas dos quarteis do exercito, produzio taõ grande effeito eſta negociaçaõ, que houve dia que entráraõ em Geromenha oitenta Caſtelhanos, pagando a fazenda de Franciſco de Brito grande parte da deſpeza que faziaõ; e a meſma diligencia continuou Pedro de Mello (que aſſiſtia em Villa-Viçoſa) o tempo que durou a campanha. Suppria o poder de D. Luiz de Aro com novas levas abundantemente eſta falta; e a eſperança de que a fome, e as doenças lhe haviaõ de entregar Elvas, ſuaviſava a incommodidade do Alojamento, que o pouco exercicio daquelle modo de vida lhe fazia parecer intoleravel. Unio-ſe a eſta eſperança a noticia de naſcer a ElRey D. Filippe hum filho, que todo o exercito celebrou com grandes feſtas: pozlhe nome D. Fernando, e duroulhe pouco tempo a vida.

O máo exemplo que davaõ os Caſtelhanos, que fugiaõ do exercito, naõ foy imitado dos Portuguezes; porque paſſando de tres mil os que entráraõ em Portugal o tempo, que durou o ſitio, naõ conſtou que houveſſe Portuguez, que paſſaſſe para o exercito de Caſtella, ſendo mais louvavel eſta conſtancia nos que ficáraõ ſitiados; porque receando menos a morte, que a infamia, nenhum quiz trocar o perigo dos males, nem os apertos da fome pelos intereſſes dos Caſtelhanos. Trabalhavaõ elles com tanto cuidado em cerrar o cordaõ, que vieraõ a faltar os ſoccorros dos doentes, que traziaõ os Soldados aos hombros, e a falta dos remedios acreſcentou muito o perigo dos males; e chegárao a ſubir tanto de preço os alimentos neceſſarios aos enfermos, que valia huma gallinha ſete mil reis, e huma caixa de doce leis, e nos ul-

timos

Anno 1658.

timos dias do ſitio, nem por muito maior preço ſe achavaõ. Eſtes inconvenientes, e a noticia dos ſoccorros que entravaõ aos Caſtelhanos, accreſcentavaõ juſtamente o cuidado a D. Sancho Manoel, e ſó lhe ſerviaõ de alivio as muitas peſſoas de valor, e qualidade que ſe achavaõ naquella Praça, todos reſolutos a entregar as vidas pela ſua defenſa. O perigoſo eſtado, em que a Praça eſtava a reſpeito das enfermidades, fez preſente D. Sancho á Rainha, que logo remetteo a carta ao Conſelho de Guerra, em que já aſſiſtia o Conde de Soure, até aquelle tempo ſeparado de todos os negocios. Viſta a carta no Conſelho, ſubio á Rainha huma conſulta, cuja ſubſtancia era: Que quando os achaques ameaçavaõ a vida com o ultimo golpe, que ſe naõ perdoava a medicamento algum para ſuſtentala: que neſte ſentido conſideravaõ, perdida a Praça de Elvas, chegar o Reyno á maior ruina, que ſó podia evitar ſe tomando Sua Mageſtade a generoſa reſolução de paſſar a Eſtremoz a formar o exercito, que ſem duvida conſtaria em breves dias do numero de todos ſeus vaſſallos; porque ſe não devia crer, que houveſſe algum tão pouco lembrado das obrigaçoens com que naſcéra, que ſe reſolveſſe a ſe expor ao labêo de ficar no deſcanço da propria caza, entregando-ſe Sua Mageſtade aos riſcos, e incommodidades da campanha, com que era quaſi indubitavel formar-ſe tão numeroſo exercito, que ou os Caſtelhanos eſcuſarião a batalha, retirando ſe, ou ſe exporião a perdela, perſiſtindo no ſitio. Acharão-ſe neſta Conſulta do Conſelho de Guerra os Conſelheiros de Eſtado, e ſeguirão differente opinião o Marquez de Gouvea, o Conde de Odemira, Ruy de Moura Telles, dizendo que os inconvenientes, que ſe podião ſeguir deſta deliberação, erão muito grandes, porque ainda que todo o Reyno concorreſſe á obrigação de aſſiſtir á Rainha em tão generoſa empreza, por mais numeroſo que foſſe o exercito, não ſe podia contar a vitoria por infallivel; porque o exercito de Caſtella era governado por hum valido de hum Rey muito poderoſo, e compunha-ſe de muitos Cabos valeroſos, e praticos, que lhe aſſiſtião, e de grande numero de Terços, e Cavallaria, que guarne-

ciāo

ciaõ quarteis, linhas, fortins muito bem fortificados; e que nesta consideraçaõ se devia acodir a Elvas com todo o poder, reservando-se a soberana pessoa da Rainha para maior empenho; porque a gloria de Sua Magestade poder ficar victoriosa, não se devia contrapezar com a contingencia de ser vencida. Seguio a Rainha as ponderaçoens deste discurso, e não consentio procurarem-se Tropas Estrangeiras, como tambem o Concelho lhe propoz. Fez o successo plausivel esta deliberaçaõ, que a prudencia condemnava; porque só com o sangue dos vassallos naõ se devem defender os Reynos; e tambem não cedeo ás instancias do Conde de Cantanhede, que efficazmente lhe pedio mandasse ao exercito a gente, que se havia de embarcar na frota do Brasil, como se vê da substancia das razoens da carta seguinte. Anno 1658.

Que todos os Cabos do exercito se achavão affectuosamente animados a soccorrer Elvas, e elle prompto para os acompanhar, pelo muito que convinha á conservaçaõ do Reyno, e não poderia haver quem justamente pudesse entender o contrario: que chegando os soccorros da Corte, se poderia formar hum exercito capaz da facçaõ, que se intentava; e fazer muito gloriosas as Armas do Reyno; e que hum dos meios de se conseguir, seria naõ partir a Armada da Companhia geral; porque faria melhor viagem hindo em Março; e que ainda que assim naõ fora, importaria mais conservar o Reyno, que o Brasil por conveniencias dos particulares, e que nesta consideraçaõ devia a Rainha ordenar, que toda a gente que estivesse para hir na Armada, fosse para o exercito: que a Rainha devia usar de todos os meios licitos para juntar dinheiro; porque soccorrida Elvas, tudo ficaria barato, e não era razaõ que deixasse de se soccorrer, tendo a Rainha gente, e dinheiro, e todas as mais dependencias para se formar hum exercito poderoso.

Estas razoens, e outras não menos zelosas do Conde de Cantanhede, naõ venceraõ as difficuldades de lhe remetterem a gente que pedia, dissimuladas com a apparencia, de que a Rainha havia mandado declarar nos editaes, e bandos, que os Soldados, que sentassem praça na

Anno 1658. Armada da Companhia, se não divertirião para outro emprego. Escolherão seiscentos Infantes: porém este soccorro, e os mais que faltavão, tiverão tanta dilação, que o Concelho de Guerra, onde tambem ordinariamente se achavão os Concelheiros de Estado, com repetidas consultas instarão á Rainha, que não dilatasse os soccorros: em huma dellas foi o Marquez de Niza do parecer seguinte: Que o soccorro de Elvas não soffria a menor dilação; porque o perigo, em que estava aquella Praça, era imminente, e perdida, nem ficava outra defensa á Provincia de Alentejo, nem os povos terião animo para outra opposição; e que as doenças, que havia dentro da Praça, confórme os avisos de D. Sancho Manoel, e do Conde do Prado, eraõ de qualidade, que com poucos dias mais de dilação faltaria quem pegasse nas armas; e que as fervorosas razoens das suas cartas, manifestavaõ claramente este perigo, cujas copias se devião remetter ao Conde de Cantanhede com ordem de sahir em campanha, e soccorrer Elvas a todo o risco; porque o exercito de Castella naõ estava taõ numeroso, que fizesse desconfiar da empreza, e que só com a dilação se lhe podião accrescentar os soccorros. Que se perdera Olivença, por não haver resolução de se lhe remetter soccorro, e que se naõ ganhara Badajoz, por se não impedir o entrar-lhe: que se não perdesse tambem Elvas, pois com Elvas se arriscava Alentejo, por se não querer expor a algum risco: que se pelejasse huma vez, que Deos ajudaria o fervor de taõ valerosos Cabos, e Soldados, como os com que se achava o exercito: que partissem logo as ordens, por naõ permittir o tempo maior dilação: e que tambem parecia preciso passarem a Estremoz dous Concelheiros de Guerra, para o Conde de Cantanhede poder resolver com os mais Cabos do exercito as materias mais importantes, sem dependencia da Corte, para que não prejudicasse a dilação, como muitas vezes havia succedido, pois era preciso, que antes de passar Dezembro, estivesse o exercito prevenido; porque as cartas de D. Sancho Manoel, e do Conde do Prado bem mostravão hirem reduzindo as doenças o presidio daquella Praça ao ultimo aperto: que

o Conde

o Conde de Cantanhede lembrava remetter-se-lhe a gente da bolsa; e pedir dinheiro; e quanto á gente, que muitos dias havia fora aquelle o seu voto, e que naõ podia descubrir a causa, porque se naõ executava: que devia marchar logo logo, e que se pudesse ser naquelle instante, que não se guardasse para outro dia; que o dinheiro se devia remetter ao Conde todo quanto houvesse; porque perdida Elvas, mais serviria o que ficasse para os inimigos, que para conservaçaõ do Reyno, que a vinte e dous, e vinte e tres de Outubro dera á Rainha huma memoria sobre varias materias, e que nella apontava, que convinha viesse gente de fóra, e alguns Cabos, e Engenheiros, e hum Terço da Ilha da Madeira, e que estava em vinte e tres de Dezembro, e naõ via que a Rainha houvesse deliberado em alguma destas materias: que naõ parecendo á Rainha conveniente hirem os Conselheiros de Guerra, como tinha apontado, que devia ordenar ao Conde de Cantanhede, que soccorresse Elvas pela parte, e pelo modo, que melhor lhe parecesse, sem dependencia de alguma outra resoluçaõ da Rainha. Deste bem ponderado, e zeloso discurso do Marquez de Niza fez a Rainha toda a devida estimaçaõ, e a mesma fortuna teve a prudencia do Marquez em todos os negocios grandes, que votou no Concelho de Estado, em quanto lhe durou a vida. As instancias do Concelho de Guerra, e dos mais Ministros facilitaraõ tanto todos os embaraços, que dentro de poucos dias fez a Rainha passar a Estremoz gente, dinheiro, e carruagens; e o Conde de Cantanhede, e os mais Cabos, e Officiaes, que lhe assistiaõ, deraõ fórma ao exercito, e começaraõ a fazello capaz de se pôr em marcha para soccorrer Elvas. D. Sancho Manoel, e todos os mais que lhe assistiaõ, se achavaõ com taõ constante deliberaçaõ de defender Elvas, que conhecendo dos ultimos de Dezembro, que de onze mil Soldados, com que se havia dado principio ao sitio, naõ chegavaõ a mil, os que estavaõ capazes de tomar armas, com estes determinavaõ defender-se até a ultima respiraçaõ, tendo por mais conveniente eternizar a honra, que conservar a vida. No estado referido se achavaõ

Anno 1658.

Anno 1658.

o exercito, e a Praça nos ultimos dias de Dezembro; em que he preciso passarmos a referir outros successos conforme a ley desta Historia, e não privar o anno futuro da gloria do successo das linhas de Elvas.

Continua o Conde de Castello-Melhor o governo na Provincia de Entre Douro, e Minho.

Deixamos no fim do anno antecedente ao Conde de Castello Melhor, Governador das Armas da Provincia de Entre Douro e Minho, alojado no quartel da Silva em opposiçaõ do novo Forte de S. Luiz Gonzaga, que os inimigos haviaõ fabricado, expondo se aos perigos, e incommodidades da campanha, por atalhar o damno que ameaçava aquella Provincia; porém como este remedio era accidental pela difficuldade da persistencia dos Soldados, entrou o Conde em consideraçaõ no modo, com que devia emmendar os males futuros; conhecendo que na confiança do seu valor, e da sua fortuna livravaõ os moradores daquella Provincia as esperanças da sua conservaçaõ. Para tomar a resoluçaõ mais acertada, chamou os Cabos, e Officiaes do exercito a Conselho, e ao Bisconde de Villa-Nova, de cuja prudencia fiava a melhor eleiçaõ, e que ou mandando, ou obedecendo, sempre se achava prompto para accudir á defença de Entre Douro e Minho. Propoz o Conde no Conselho o risco, a que estava exposta aquella Provincia com o grande poder dos inimigos, e nova fortificaçaõ de S. Luiz, e que de todos os do Conselho esperava lhe advertissem os mais promptos, e mais seguros caminhos de remediar tantas difficuldades. Foraõ dilatadas as conferencias, que se seguirão a esta proposiçaõ, e ultimamente se assentou, que se fabricassem quatro Fortes para cubrir aquella Provincia, e que o tempo, que esta obra durasse, persistisse o exercito naquelle quartel. O Conde de Castello Melhor mostrou conformar se com esta opiniaõ, por encubrir o intento que tinha de emprender Tui, fundando-se em que a fortificaçaõ era debil, a difficuldade dos soccorros grande, por ser o Inverno rigoroso, e os inimigos terem separadas as forças, sendo facil a segurança dos comboys pela visinhança de Salvaterra; e conseguida aquella empreza, se augmentava a reputaçaõ, por ser Tui Praça de Armas do Reyno de Galliza, que franqueava a entrada

Anno 1658.

da de muitos lugares abertos, e difficultava a conſervação do Forte de S. Luiz. Eſta propoſição remeteo o Conde á Rainha, dizendo, que para ſe conſeguir eſte intento era neceſſario ſegredo, brevidade, e dinheiro, e que as outras Provincias concorreſſem com ſoccorros, que engroſſaſſem o exercito. A Rainha tanto que lhe chegou o proprio, que o Conde remetteo, lhe pareceo a empreza propoſta digna de ſe intentar; porém não quiz tomar a ultima determinação ſem o parecer de Joanne Mendes. Remeteolhe a Elvas a propoſição do Conde de Caſtello-Melhor, e Joanne Mendes como ſe perſuadia; que fabricava a ſua fortuna na Conquiſta de Badajoz com licença da Rainha (como temos referido) paſſou a Lisboa com o fim de desbaratar a empreza de Tuy, facilitando a de Badajoz, e conſeguio ſeu intento com a infelicidade, que havemos referido. Vendo o Conde de Caſtello Melhor deſvanecida a ſua bem fundada propoſição, tratou com todo o cuidado de fortificar o quartel em que eſtava, e de ganhar com alguns Fortes os ſitios mais arriſcados; porém como a gente era pouca, e o dinheiro menos, nem o trabalho luzia, nem o zelo aproveitava: ſendo a maior infelicidade dos varoens grandes faltarlhes inſtrumentos temperados, que ſuavizem a conſonancia das ſuas virtudes. Creſceo ao Conde o cuidado, e o deſvello com a noticia, de que o Marquez de Vianna multiplicava as preparaçoens da campanha futura, aſſim para continuar os progreſſos do anno antecedente, como para deter as tropas daquella provincia, e as de Traz os Montes paſſarem á Provincia de Alentejo. Dilatou ſahir em campanha mais do que ſe imaginava, e a vinte e cinco de Agoſto ao calor da artilharia do Forte de S. Luiz Gonzaga paſſou o exercito o Minho por huma ponte de barcas. Achava ſe o Conde de Caſtello Melhor no quartel da Silva com pouco mais de mil Infantes pagos, divididos em dous Terços, de que erão Meſtres de Campo Franciſco Peres da Silva, e Diogo de Brito Coutinho; que com a gente, que lhes faltava na campanha, guarnecião as Praças de Caminha, Villa-Nova, Valença, Lapella, Monção, Salvaterra, Melgaço, e Lindoſo.

Preſiſte no alojamento do qualtel da Silva.

L iii Conſta

Anno 1658.

Constava mais a guarniçaõ do quartel de dous mil, e quinhentos Auxiliares; e de treze Companhias de cavallos, seis governadas pelo Commissario Geral Antonio de Almeida Carvalhaes, que tambem era Governador de Salvaterra, e sete de Tras os Montes pelo Tenente General Domingos da Ponte Gallego, assistido do Commissario Geral Pupulinier Francez. Exercitava o Posto de Mestre de Campo General o General da Artilharia Nuno da Cunha, e servia Miguel de Lascol de Tenente Geral da Artilharia, Engenheiro, e Quartel-Mestre; e em todas estas operaçoens conseguia reputação. O Visconde de Villa-Nova continuava aquella assistencia, e serviaõ voluntarios Luiz de Sousa, filho mais velho do Conde de Castello Melhor, seu filho segundo Simão de Vasconcellos, Luiz de Mello, filho mais velho do Conde de S. Lourenço, Manoel de Mello seu irmão, Mathias da Cunha, Manoel da Cunha, D. Francisco Rolim, e outras pessoas de valor, e qualidade.

Governava o exercito de Castella o Marquez de Vianna; era seu Mestre de Campo General D. Balthasar de Roxas Pantoja, General da Cavallaria D. Luiz de Menezes, a quem El-Rey de Castella fez Marquez de Penalva, General da Artilharia D. Francisco de Castro, Tenente General da Cavallaria D. Francisco de la Cueva, Commissarios Geraes D. Joaõ de Taboada, e D. Christovão Zorrilha. Junto do quartel de S. Luiz Gonzaga se aquartelou o exercito de Castella, e como a distancia entre este quartel, e o de S. Jorge da Silva, era tão pouca, começaraõ a ser continuos os rebates, e quasi inseparaveis as escaramuças. O principal intento do Marquez de Vianna era impedir que as nossas Tropas passassem a Alentejo; porém reconhecendo, que ellas se expunhaõ aos perigos, em que costuma embaraçar-se o valor indiscreto, começou o Marquez de Vianna, por industria de D. Balthasar Pantoja, a dispor os incentivos de cahirem nos laços da temeridade. No primeiro dia de Setembro ás quatro horas da tarde sahiraõ os inimigos do Forte de S. Luiz com seis batalhoens, e seiscentos mosqueteiros, e marcharaõ a occupar huma emminencia, deixando o nosso so quartel á mão direita, e á esquerda Valença, e o Fortim de Bethlem, que de novo se havia fabricado. Os batedores inimigos avançaraõ a desalojar huma sentinella, que occupava o alto de hum monte superior a todos os daquelle sitio; soccorreo-a a esquadra, que lhe dava calor, da Companhia da guarda, e travou-se huma escaramuça, que durou o tempo, que se deteve em sahir do nosso quartel a Cavallaria, e Infantaria, á ordem do General da Artilharia Nuno da Cunha: o qual vendo que os inimigos reforçavão a escaramuça com mais poder, ordenou ao Capitão Carlos Passanha, que estava de guarda, que com as Companhias do Tenente General Domingos da Ponte Gallego, e Commissario Geral Jaques Tolon, occupasse hum monte fronteiro, aô em que estava a nossa sentinella; e reconhecendo os inimigos que as nossas Companhias erão só tres, avançarão com as doze, e desalojaraõ-nas. Nuno da Cunha pertendeo recuperar o posto com a gente que lhe ficava; porém o Conde de Castello-Melhor constando-lhe, que o Marquez de Vianna sahia do seu quartel com todo o exercito, ordenou a Nuno da Cunha que retirasse as Companhias ao abrigo da Infantaria, que guarnecia huns vallados. Entendeo Nuno da Cunha que guardar esta ordem, seria o mesmo que perder toda a gente que levava, e com muita prudencia mandou às tres Companhias, que sustentassem o Posto, em que estavão avançadas, e soppórtassem as repetidas cargas da mosquetaria inimiga; porque desoccupando aquelle sitio, ficava toda a nossa gente exposta, sem opposição, a maior perigo. Foi tão util este bem fundado discurso, que melhorou totalmente o nosso partido; porque o Commissario Geral Antonio de Almeida Carvalhaes, e o Capitão Diogo Pereira, colericos do damno, que as nossas tres Companhias recebião dos mosqueteiros, avançaraõ com as suas Companhias com tão boa fortuna, que os derrotaraõ, e degolando muitos, fizeraõ enfraquecer o partido contrario; e havendo durado tres horas o combate, se retirarão os Gallegos, deixando na campanha quantidade de mortos, e prisioneiros dous Capitaens de Infantaria, e alguns Soldados: oito perderaõ a vida

Anno 1658.

 da

Anno 1658. da nossa parte ficaraõ trinta feridos; entre elles Luiz de Sousa de Vasconcellos com huma balla; e havia procedido com grande valor, e os mais Fidalgos referidos, porque todos juntos, naõ houve lugar arriscado, em que naõ empenhassem as suas pessoas. Na defensa do quartel teve grande parte Fernaõ de Sousa Coutinho; porque havendo chegado do Porto, onde estava levantado hum Terço, a visitar o Conde de Castello-Melhor, lhe ordenou que governasse o Terço de Francisco Peres, que estava doente, e com elle occupou hum posto fóra do quartel, que o segurava, e foi por muitas vezes avançado da maior parte da Infantaria inimiga, a que resistio com grande valor, e constancia. Este successo teve de prejuizo facilitar a temeraria confiança do Conde de Castello-Melhor, a quem naõ moderava a prudencia de muitos annos os estimulos do valor inconsiderado, de que soube valer-se D. Balthasar Pantoja na occasiaõ, que lhe offereceo a fortuna em dezasete de Setembro; porque havendo sahido hum comboy de Villa-Nova pela estrada que corria entre os dous quarteis, mandou o Conde de Castello-Melhor sahir a Cavallaria a recebello á Torre do Nogueira, que ficava dos dous quarteis em igual distancia. Observou D. Balthasar esta resoluçaõ, e o pouco numero da nossa gente, e com ordem do Marquez de Vianna abalou a vanguarda a buscar os batalhoens. Este só movimento obrigou ao Conde de Castello-Melhor a sahir do quartel, estando já o comboy seguro, e podendo a Cavallaria retirar-se sem perigo. Os Mestres de Campo Francisco Peres da Silva, que já estava convalecido, e Diogo de Brito Coutinho, formaraõ os seus Terços, misturando-lhes Companhias de Auxiliares, na fralda de hum monte, que os Gallegos vinhaõ occupando. Domingos da Ponte, e os dous Commissarios Geraes abrigaraõ os batalhoens, que constavaõ de trezentos cavallos, ao calor da Infantaria: porém toda esta disposiçaõ foi taõ confusa, e apressada, que consistindo o perigo na gente ser taõ pouca, ainda o da desordem era maior. O Conde, o General da Artilharia, e o Visconde de Villa-Nova, querendo accudir com os Cabos, a emmendar a confu-

Persiste na conducçaõ de hũ comboy.

Carregaõ os Castelhanos a nossa Cavallaria.

Intenta o Cõde de Castello-Melhor soccorrela com Infantaria.

Anno 1658.

confuſaõ dos Terços, e Cavallaria, já não tiveraõ tempo mais que de pelejar valeroſamente como Soldados. Naõ quiz D. Balthaſar Pantoja dar tempo á que ſe remediaſſe eſta deſordem, que eſtava obſervando; baixou do monte com a vanguarda do exercito, ſeguio-o o Marquez de Vianna com a ſegunda linha, e a reſerva, conſtando eſte troço de ſeis mil Infantes, e oitocentos cavallos. Adiantou-ſe o General da Cavallaria com oito batalhoens, e algumas mangas de moſqueteiros, a atacar o lado direito da noſſa gente, e o Tenente General com o reſto dos batalhoens o lado eſquerdo: porém acharão muito maior oppoſição do que elles imaginavaõ; porque o Conde de Caſtello melhor, e os que lhe aſſiſtiaõ, determinaraõ ſupprir com o valor a deſigualdade do poder, e inferioridade do ſitio, e o ſuſtentaraõ a pezar de toda a reſoluçaõ dos inimigos. Reforçou D. Balthaſar o combate, e ſoccorreo o General da Cavallaria com mil Infantes, e cem cavallos, aſſiſtido de D. Pedro Lopes de Lémos, Conde de Amarante, de D. Luiz Peres de Viveros, irmaõ do Conde Fuen-Saldanha, de outras peſſoas principaes, e Officiaes reformados. O Conde de Caſtello-Melhor, e o General da Artilharia procuraraõ, emmendando a fórma, fazer maior a reſiſtencia; porém na força dos conflictos não coſtuma a ſer facil eſte intento, e pelejando os inimigos com dobrada gente, e ventagem do ſitio, foraõ os noſſos Terços, e batalhoens desbaratados; e procurando os Soldados ſalvar ſe no quartel viſinho, o conſeguiraõ, por ſuſtentarem valeroſamente a força do combate na retaguarda o Conde de Caſtello Melhor, o General da Artilharia, o Viſconde, a maior parte dos Officiaes da Cavallaria, e Infantaria, Luiz de Souſa, Simaõ de Vaſconcellos. Luiz de Mello, Manoel da Cunha, D. Franciſco Rolim, Mathias da Cunha, e Manoel de Mello. Dentro do quartel ſe detiveraõ os Soldados, e guarnecendo o, deraõ lugar a que os Cabos, e Officiaes ſe recolheſſem, e vieraõ pelejando até entrarem nelle, e eſta mudança de animo foi a defenſa daquella Provincia; porque os inimigos fizeraõ alto, e naõ tiveraõ reſoluçaõ para inveſtir o quartel, que penetrado, ficava a Provincia totalmente

Desbarataõ-no, e retira-ſe ao quartel.

Anno 1658.

te indefesa. Morrêraõ no conflicto os Capitaens de Auxiliares Manoel Teixeira, André de Abreu, e cincoenta Soldados: ficáraõ feridos cento e vinte, sendo hum delles Manoel de Mello, que havendo pelejado com insigne valor nesta, e em todas as occasioens antecedentes, morreo das feridas com merecido sentimento da sua falta. Os prisioneiros foraõ duzentos e cincoenta, em que entráraõ o Sargento maior Antonio Nunes Preto; onze Capitaens de Infantaria, cinco pagos, seis de Auxiliares; durou a contenda das tres da tarde até cerrar a noite. Morreraõ dos inimigos trinta, em que entrou o Capitaõ D. Joaõ Osorio: ficáraõ feridos oitenta, entre elles o Comissario Geral D. Joaõ Taboada, o Tenente General da Cavallaria D. Thomas Ruys, os Capitaens de cavallos D. André de Robles, D. Alvaro de Anaya, D. Antonio de Moscoso, D. Perdo Niño. O Marquez de Vianna levado do bom successo, descançou o dia seguinte, e deu lugar ao Conde de Castello-Melhor a tomar partido, e a salvar a pouca gente que lhe havia ficado. Chamou a conselho, e referio nelle o que todos tristemente testimunhárão. Disse que a gente era pouca, e os mantimentos menos: que o Marquez de Vianna vitorioso sem duvida buscaria aquelle quartel, incapaz de se defender, pela falta de fortificaçoens, e de guarnição; com que era preciso cèder á fortuna, e escolher se caminho menos arriscado de salvar aquelle pequeno troço, que era a unica defensa de toda aquella Provincia. Todos os do Conselho entenderão que a retirada era precisa; porém obrigados da valerosa afflicção do Conde de Castello-Melhor (que todos justamente amavão) desejavão antes arriscar as vidas, que apressar a marcha; porèm abreviou a precisa resolução da retirada, fugir para o exercito contrario André de Arenas, Ajudante da Cavallaria, accusado dos grandes delitos, que tinha commettido neste Reyno. Conhecendo o Conde de Castello-Melhor, que a sua noticia havia de facilitar aos Gallegos o receio de avançar o quartel, lhe poz o fogo em a noite de vinte, e hum de Setembro, e se retirou ás Serras de Coura distantes duas legoas do quartel da Silva, sitio tão aspero, que se julga-

Persiste nelle poucas horas, e busca o alojamento das Serras de Coura.

julgava por inexpugnavel. A artilharia conduzio a Valença o Capitão Diogo Pereira. O Marquez de Vianna animado das informaçoens de André de Arenas, determinou inveſtir o quartel na meſma noite, em que o Conde ſe retirou; e vendo que começava a atear-ſe nelle o fogo, mandou apreſſar a marcha, e naõ ſe atrevendo a ſeguir aos que o largavão, triunfou ſó das cinzas do incendio. Chegou o Conde ás montanhas de Coura, e com brevidade fortificou o paſſo da Ponte de S. Martinho, e outros, em que ſe podia conſiderar perigo. Recolheo as guarniçoens do Forte de Bethlem, e Atalaia do Sardal, poſtos importantes; porém era maior a neceſſidade de gente para ſegurança do quartel, porque as ordens que ſe paſſavaõ para convocar outra, todas eraõ mal ſuccedidas, havendo o temor eſtragado o reſpeito, e a obediencia. Não ſe perturbava o animo invencivel do Conde de Caſtello-Melhor com eſtes infelices accidentes, antes parece que lhe aperfeiçoavaõ as virtudes, reprimindo lhe a demaſiada confiança, que muitas vezes o expunha a empenhos inconſiderados, e perigoſos. Repreſentou vivamente á Rainha o grande riſco em que ſe achava, de que havia ſido cauſa o pouco credito que ſe dera aos ſeus aviſos, e perſuadio a Fernaõ de Souſa Coutinho, que ſem embargo das ordens que tinha para marchar a Alentejo com o Terço que havia levantado no Porto, acodiſſe áquella Provincia ameaçada de maior perigo. Fernaõ de Souſa aconſelhado da melhor prudencia, cedeo á inſtancia do Conde, e marchou para o quartel de Coura com ſeiscentos Infantes, dando conta á Rainha, que approvou a ſua reſoluçaõ. O Marquez de Vianna com mais vagar do que pedia o bom tempo, que colheo, marchou com o exercito pelo pé do monte de Faro, cujas fraldas ſe eſtendem pela campanha de Valença, e a trinta de Setembro ganhou poſtos ſobre o Caſtello de Lapella, ſituado, como fica referido, na margem do Minho entre Valença, e Monçaõ, e occupou hum Arrabalde, que por naõ ter defenſa, eſtava deſamparado. Eſte principio facilitou a reſoluçaõ de ſe dar hum aſſalto ao Caſtello na madrugada de dous de Outubro; mas foraõ rechaçados os que avan-

Anno 1658.

Anno 1658.

avançáraõ, com perda de hum Sargento Maior, e vinte e cinco Soldados, Governava Lapella Gaſpar Lobato de Lançoes, Soldado de valor, porém mais carregado de annos, que de experiencias; o que logo ſe começou a verificar, admittindo no Caſtello muitas mulheres, e meninos, que coſtumaõ ſer incentivos da pouca conſtancia dos Soldados na defenſa das Praças. Vendo o Marquez de Vianna o máo ſucceſſo do aſſalto, deu principio ao ſitio, e mandou lançar huma ponte de barcas em Lagos de Rey. Começáraõ a jogar as baterias contra o Caſtello de huma, e outra parte do Minho, naõ fizeraõ as ballas muito effeito nas muralhas, porém as que ſe empregáraõ na gente, baſtáraõ para render o Caſtello; e Gaſpar Lobato perturbado do clamor das mulheres, e meninos, e aſſombrado do horror dos mortos; e ameaço dos Gallegos, fez chamada, e ſe rendeo com cento e cincoenta Soldados, tres peças de artilharia, quantidade de muniçoens, e baſtimentos, com que pudéra defender o Caſtello muitos dias. Mandou o Marquez de Vianna os Soldados para Galliza, as mulheres, e meninos para Portugal. Recebeo o Conde de Caſtello Melhor eſta noticia com implacavel ſentimento, vendo totalmente mudado o ſemblante da fortuna, que naquella meſma Provincia achara tão favoravel; mas compondo virtuoſamente o animo com a reſignação na vontade Divina, fazia da infelicidade momentanea eterno merecimento. Porém eſta batalha, em que era neceſſario que o animo humano ficaſſe vencido do Eſpirito Divino, gaſtava a campanha da vida, em que hum, e outro contendia, e dava armas á morte, que tambem pelejava contra os muitos annos do Conde, enfraquecidos com os largos trabalhos, que havia padecido na ſua mocidade. No meſmo dia, que ſe perdeo Lapella, paſſárão o Minho, e entrárão no Valle do Roſal por ordem da Condeſſa de Caſtello Melhor cento e cincoenta Soldados do Terço de Rodrigo Pereira: forão ſentidos, e desbaratados, moſtrando o varonil eſpirito da Condeſſa, que até nas deſgraças da guerra acompanhava fielmente a ſeu marido. O Marquez de Vianna, tanto que ganhou Lapella, marchou

Tomaõ os Caſtelhanos Lapella.

chou ſobre Monção, onde chegou a ſete de Outubro, entendendo, que ganhada aquella Praça, ſe lhe entregaria a de Salvaterra, por ficar diſtante pelo Minho acima menos de huma legoa. Rodeava Monçaõ hum muro antigo de cantaria mal franqueado de alguns diſtantes cobelos: huma parte do breve recinto dos muros tinha barbacãa, que guarnecia huma eſtacada, a outra cubria hum arrabalde ſobre o rio, que eſtava fortificado com huma trincheira de terra, e faxina. Na parte que olhava a campanha, ſe viaõ dous baluartes imperfeitos, e alguns redentes, que deſcortinavão o rio. Havia-ſe levantado huma tenalha, a que chamavão Forte de Santo Antonio, que cubria huma emminencia exterior, e pertendia defender a agua de huma fonte tão arriſcada, por ſe naõ conſeguir, que a muitos Soldados ſuccedeo, antes de matarem a ſede, beberem a morte. No arrabalde ha dous Conventos, hum de Religioſas Franciſcanas, outro de Freiras de S. Bento: eſte foi logo ganhado, e ſervio de plataforma; aquelle arruinou a artilharia. Governava Monçaõ o Tenente de Meſtre de Campo General Lourenço de Amorim Pereira. Conſtava a guarniçaõ de ſeiscentos Infantes pagos, e Auxiliares, aſſiſtidos de Officiaes de conhecido valor, os mantimentos eraõ muitos, as muniçoens poucas; e a eſperança dos ſoccorros eſtava dilatada.

Anno 1658.

Sitia-ſe Mõçaõ, que governava Lourenço de Amorim.

A ſete de Outubro começaraõ a jogar as batárias, e para cubrir o trabalho de huma, avançou D. Balthaſar Pantoja hum Terço de Infantaria a humas cazas, que eſtavaõ fóra da Praça: ſahio a defendellas o Sargento Maior Diogo de Oliveira com quarenta Infantes, e reſiſtio muitas horas as avançadas do Terço. Reforçaraõ os inimigos o poder, retirou-ſe o Sargento Maior ferido de huma balla de moſquete, de que brevemente morreo. Ganhadas as cazas, e lançada a ponte de barcas em o ſitio chamado Caracoes, deraõ os Gallegos hum aſſalto á tenalha de Santo Antonio, que defendia o Alferes Eſtevão de Barbeitas. Foi o combate muito vigoroſo; porém maior a reſiſtencia. Retiraraõ-ſe os Gallegos, e no quarto da Alva tornaraõ a inveſtir a tenalha, imaginando que os defenſores deſ-

cançaſſem

Anno 1658.

cançassem no bom successo: porém o Alferes valeroso, e vigilante, havendo lhe Lourenço de Amorim reforçado a guarnição, teve taõ bom successo, que obrigou aos Gallegos a se retirarem com perda consideravel, de que inferio o Marquez de Vianna, que a empreza de Monçaõ era mais difficil, que a de Lapella, e dispoz continuar o sitio com maior cuidado. Levantaraõ-se duas plataformas, huma em o patio do Mosteiro de S. Bento, outra em a Ermida de S. Juliaõ, em que jogaraõ seis meyos canhoens contra a muralha: a artilharia do Forte de Aitona occasionava grande ruina nas cazas da Villa, e a este mesmo fim se levantou quarta bateria na margem do rio, e todas, e hum morteiro laboravaõ incessantemente. Os defensores armados de valor, e facilitados com o costume das ballas, não buscaraõ mais reparo, que entregar-se á Providencia Divina. (Melhor resguardo dos maiores perigos) Difundio-se esta confiança pela debilidade das mulhes, que sem temor das ballas servião de admiraçaõ, e remedio aos feridos, e enfermos. O Conde de Castello-Melhor com incessante trabalho despedia ordens, promettia premios, e ameaçava com castigos a todos aquelles, que não acudissem ao perigo publico: porém naõ valião estes remedios; porque dedicando Ponte de Lima para frente de bandeiras, e ordenando o General da artilharia assistisse naquella Villa para formar o exercito, era taõ pouco o numero da gente que acudia, e tão pouca a persistencia dos que chegavaõ, que mais crescia a desconfiança da defensa da Praça pelo desalento dos naturaes, que pelo valor dos inimigos; e todas estas fatalidades se hiaõ conjurando contra a vida do Conde de Castello-Melhor, que como se alimentava dos alentos da honra, qualquer infelicidade a debilitava. O Marquez de Vianna conhecendo no valor dos defensores de Monçaõ, que não determinavão entregar aquella Praça a pouco custo, dividio a circumvallaçaõ della em tres quarteis bem fortificados com linhas, e fortins, que cerravão o cordão. D. Balthasar Pantoja, logo que segurou com o exercito o soccorro, que podia entrar na Praça, caminhou com dous aproxes contra os sitiados. Determinaraõ

Levantaõ os quarteis, linhas, e deixaõ assediada Salvaterra.

raõ elles atalhar lhe os paſſos, e o conſeguiraõ fazendo Anno
varias ſortidas. A dezaſete de Outubro ſahiraõ do Fortim 1658.
de S. Antonio contra o aproxe, que caminhava para aquella parte, e obrigaraõ os Gallegos que guarneciaõ, a deſamparallo. Foraõ ſoccorridos do exercito: retiraraõ-ſe os ſitiados, pelejando com tanto valor á cuſta de alguns feridos, que deixaraõ a campanha cuberta de corpos de Gallegos, entrando nos mortos o Capitaõ Segurá, e outros Officiaes; e eſtes bons ſucceſſos, que augmentavão o alento dos ſitiados, accreſcentavão a pena do Conde de Caſtello-Melhor pela impoſſibilidade de ſoccorrellos com a brevidade que deſejava. Aliviou-lhe eſte cuidado o Conde de Miranda Governador do Porto, que chegou ao quartel de Coura com oitocentos Infantes, trazendo na ſua peſſoa o maior ſoccorro. Deu o Conde de Caſtello Melhor noticia ao de Miranda do aperto, em que conſiderava a Praça de Monçaõ, do muito que neceſſitava de ſer ſoccorrida, e dos poucos meios que achava para ſe conſeguir eſte intento: e depois de larga conferencia ajuſtaraõ, que ſe lhe introduziſſe qualquer ſoccorro que foſſe poſſivel; porque ainda que muitas vezes os ſoccorros pequenos mais ſervem de deſengano aos ſitiados, que de remedio, ſempre ſe conſegue o alivio de mais defenſores, e dar tempo de ſe formarem os exercitos para o ſoccorro, ou para alguma util diverſaõ. Offereceo-ſe o Meſtre de Campo Fernaõ de Souſa Coutinho para examinar o ſitio, por onde ſe devia introduzir o ſoccorro premeditado. Moſtrou o Conde de Caſtello Melhor a ſatisfaçaõ que tivera deſta offerta, entregando a Fernão de Souſa ſeus dous filhos, para o acompanharem. O meſmo fez Mathias da Cunha, e o Capitaõ de Cavallos Diogo Pereira de Araujo, muito pratico daquelle diſtricto. Sahio Fernaõ de Souſa do quartel de Coura em a noite dezanove de Outubro, e chegando ao quartel de Cortos a tiro de moſquete ſe apeou, e o Capitaõ Diogo Pereira, e entrando por entre as ſentinellas das Companhias da guarda, que ficavão fóra dos quarteis, examinou o ſitio que occupavaõ, a altura das linhas, o eſtado das eſtradas, e tudo o mais que convinha, para informar ao Conde do que vira,

e naõ

Anno 1658.

e naõ do que ſuppuzera; vicio, com que muitos exploradores tem feito perder grandes emprezas. Retirou-ſe Fernaõ de Souſa, e informando ao Conde de tudo o que havia examinado, lhe deu eſperança de conſeguir o que intentava. Promptamente fez o Conde aviſo a Antonio de Almeida Carvalhaes, que governava Salvaterra, para que tiveſſe prevenidos todos os barcos, que eraõ neceſſarios para introduzir o ſoccorro, advertindo o de huns ſinaes, que ſe lhe havião de fazer, para a hora de ſahirem os barcos da Gandra de Cortos; emminencia, cujas fraldas lava o rio Minho; ſitio, em que a Infantaria, e muniçoens haviaõ de embarcar, para ſe introduzirem por Salvaterra em Monçaõ. Feita eſta prevençaõ, marchou a vinte e hum de Outubro o Tenente General da Cavallaria Domingos da Ponte Gallego com trezentos cavallos, e Fernaõ de Souſa Coutinho com quatrocentos Infantes, que foraõ entregues, depois de embarcados, ao Capitaõ Fernaõ Leite Pita, que levava em ſua companhia os Capitaens Antonio Ferraz, Franciſco de Caſtro de Arahujo, Alexandre de Souſa de Azevedo, Franciſco Nunes Pacheco, e outros Officiaes, trinta barrís de polvora, oito cunhetes de ballas, e dezaſeis quintaes de murraõ. Medio-ſe o tempo com tanta igualdade, que tudo ſe executou ſem embaraço. Carregou a Cavallaria as guardas, fez a Infantaria os ſinaes, ſahiraõ os barcos de Salvaterra, receberaõ trezentos e cincoenta Infantes, e as munições, e brevemente ſe introduziraõ em Monçaõ. Os inimigos, quando quizeraõ divertir eſte intento, acharaõ occupadas as eſtradas, que Fernão de Souſa havia reconhecido a noite antecedente. Foraõ rechaçados, e Domingos da Ponte, e Fernaõ de Souſa ſe recolheraõ ſem perda alguma; retirando cincoenta Infantes, que por errarem o caminho ſe não embarcaraõ. Lourenço de Amorim recebeo o ſoccorro com grande contentamento, e entregou a Fernão Leite Pita a defenſa das trincheiras. O Marquez de Vianna com a noticia da entrada do ſoccorro, e experiencia do máo ſucceſſo dos achaques, deliberou ſe deſſe hum aſſalto á Praça em a noite de vinte e cinco de Outubro, havendo as antecedentes mandado tocar repetidamente arma,

Soccorre a Praça o Conde de Caſtel-lo-Melhor com trezentos e cincoenta Infantes, que embarcou no rio Minho.

Anno 1658.

ma, para que no difvello dos fitiados os fizeffe menos vigorofos. A' meia noite marcharaõ os Terços, e batalhoens para o affalto, e os Soldados, que carregavaõ faxinas para cegar os foffos, o executarão promptamente, e os Officiaes, que levavão as efcadas, as arrimarão ás trincheiras com muito valor, accrefcentando o ao fubir por ellas. Accodirão os fitiados á defenfa, picarão-fe os finos, acenderão fe fogos, e como todos eftavão deftros, e exercitados, fizerão precipitar aos inimigos. Os Cabos, que affiftião ao affalto, mandarão repetillo a tempo, que os fitiados havião allumiado os foffos com candieiros de fogo, e varios artificios; e ajudada efta luz das muitas que fcintillavão das peças de artilharia, e mofquetes, ficou tão clara a campanha, que foi grande o effeito das ballas, empregando fe quafi todas as que os fitiados tiravão, affim nos inimigos, que fubião pelas efcadas, como nas mampoftas, e Terços de referva. Ao mefmo tempo que as trincheiras, forão avançados o Forte, que ficava por cima da fonte; governado pelo Capitão Francifco Nunes Pacheco; e os baluartes, e cortina, que olhavão para a campanha, e com o mefmo valor forão os inimigos rechaçados: perderão quatrocentos homens dos mais luzidos do exercito, levaraõ outros tantos feridos. Na Praça morrerão fetenta Soldados, entre elles os Capitaens Antonio Ferraz, Jofeph Pereira Caldas, João Gomes de Soufa: ficarão cincoenta feridos, de que forão os principaes os Capitaens Fernão Leite Pita, Fernão Figueira de Palhares, João Pereira Pinto, Francifco Pita Malheiro; e o Capitaõ Francifco Nunes Pacheco perdeo a maõ direita de huma granada, que nella lhe rebentou; e todos os fitiados refiftiraõ á furia, e perfiftencia do affalto com memoravel conftancia. Ao dia feguinte fizeraõ os inimigos chamada, pedio o Marquez ceffaõ de armas, concedeo-a Lourenço de Amorim para fe enterrarem os mortos, o que logo fe executou. Foraõ-fe continuando os aproxes, e avizinhando-fe os que caminhavaõ ás trincheiras, que cobriaõ o arrabalde, e Mofteiro de S. Francifco, e fazendo hum alojamento junto de hum Fortim chamado do Montinho, começaraõ a minalo; e co-

Refiftem os fitiados hum furiofo affalto.

M nhe-

Anno 1658.

nhecendo Lourenço de Amorim o aperto a que a Praça se hia reduzindo; resolveo fazer aviso ao Conde de Castello Melhor, e elegeo para este empenho a Francisco Alvares Galé, pagador Geral daquella Provincia, que havia ficado na Praça, e a Fernaõ Taveira de Palhares; que sem risco chegaraõ ao quartel de Paredes, onde a nossa gente estava, e já naõ acharaõ ao Conde de Castello-Melhor; porque depois de fazer toda a diligencia possivel por juntar gente para romper as linhas dos inimigos, e vendo que o naõ podia conseguir, e que eraõ mais os que se ausentavaõ, do que os que se conduziaõ; o que o Conde inimigo do rigor, muito contra a ordem militar, naõ emendava com o castigo, e de haver encommendado a Fernaõ de Sousa Coutinho, que intentasse meter na Praça novo soccorro pelos mesmos passos do primeiro, o que felicemente conseguio; introduzindo nella por Salvaterra oitenta Infantes, de que era Cabo o Capitaõ Diogo de Caldas Barbosa, se retirou a Ponte de Lima com huma febre originada de huma profunda melancolia, que o obrigou a tomar oito sangrias. Com a mudança do sitio pareceo que melhorava; porém sobreveio-lhe huma cezaõ tanto maior que as antecedentes, que a treze de Novembro com todos os Sacramentos, e actos de verdadeiro Catholico acabou a vida. Sentio-se universalmente a sua falta, por ser o Conde de Castello-Melhor dotado das virtudes, que costumaõ acreditar os Varoens mais excellentes. Era muito valeroso, igualmente entendido, e summamente amante da conservaçaõ do Reyno, o que varias vezes justificou, expondo a vida por lhe grangear gloria, e utilidade. Naõ descançava no trabalho dos negocios, mas em muitas occasioens se descompuzeraõ, por consentir que descançassem os que lhe obedeciaõ, desejando conseguir o que emprendia com affabilidade; doutrina, que naõ deve praticar-se em todos os casos; porque na balança da politica militar deve ter igual pezo a Justiça, e a Misericordia: nascendo filho quarto de seus pays, deveo ao seu merecimento a grandeza da sua Casa. Era de estatura pequena, mas de presença agradavel; morreo de sessenta e cinco annos; deixou por succesor Luis de

Morte do Conde de Castello-Melhor.

Sou-

Anno 1658.

Soufa de Vafconcellos, que fubio a fua cafa a maior, e mais varia fortuna. O General da Artilharia Nuno da Cunha, logo que recebeo a nova da morte do Conde de Caftello Melhor, deu conta á Rainha, reprefentando-lhe o muito que a falta do Conde accrefcentava o perigo, naõ fó de Monçaõ, e de Salvaterra, mas de toda a Provincia, parecendo que a gente, que a authoridade da fua peffoa naõ baftava a conduzir para o remedio publico, naõ feria facil convocala a quem lhe fuccedeffe; fendo nefta confideraçaõ muito para recear os progreffos dos inimigos. Affiftiaõ no quartel o Vifconde de Villa-Nova, o Conde de Miranda, D. Francifco de Azevedo; o Balío de Leffa Frey Diogo de Mello Pereira, e todos fem controverfia fe fugeitáraõ a obedecer a Nuno da Cunha, em quanto a Rainha naõ nomeava Governador das armas. Chamou elle a confelho, e todos convieraõ, que fe mudaffe aquelle quartel para as Aldeas das Choças, fituadas em hum valle cercado de afperiffimas ferras, que o feguravaõ; muito abundante de mantimentos, e taõ pouco diftante dos quarteis dos Gallegos, que do alto das ferras fe defcubria toda a Ribeira de Monçaõ, e com a commodidade de fer regada com as aguas do Rio Véz. Entrou Nuno da Cunha nefte quartel, e achando nelle tudo o que anticipadamente fa havia premeditado, fó carecia de fe facilitar no foccorro de Monçaõ o fim pertendido por falta de meios proporcionados de dinheiro, e gente, por naõ haver em todos os Terços pagos, Auxiliares, e ordenanças, mais que tres mil Soldados, igualmente bizonhos; porque os efcolhidos eftavaõ em Monçaõ e Salvaterra, e occupavaõ as outras Praças ameaçadas todas as horas de igual perigo. A Cavallaria conftava de quatrocentos cavallos debilitados com o largo tempo da campanha. Nuno da Cunha mandou a Fernaõ de Soufa, e Miguel de Lafcol reconhecer os quarteis inimigos, e chegando depois de executarem efta ordem com grande perigo, referio Fernaõ de Soufa no confelho affim o que vira, como o que entendia, na fórma feguinte. Que a importancia das Praças, e o aperto dos fitiados coftumava a fer eftimulo de fe lhe introduzirem os foccorros: que

Fica governando o exercito o General da Artilharia Nuno da Cunha de Ataide.

Muda o exercito para o quartel das Choças.

Anno 1658. estas circunstancias concorriaõ em Monçaõ, porque na sua perda consistia quasi a de toda a Ribeira do Minho, hum dos melhores districtos de toda aquella Provincia; e os seus defensores, depois de valerosa resistencia de tres mezes, chegavaõ á ultima extremidade, defendendo com poucas municoens, e bastimentos humas debeis trincheiras contra hum poderoso exercito: que o remedio dos dous soccorros, que com muita felicidade se haviaõ introduzido, se fora util para augmentar os defensores, fora prejudicial por diminuir os mantimentos, sendo tal a extremidade, que da morte de huns dependia a vida dos uotros: que neste aperto era necessaria prompta resoluçaõ, e que difficilmente se descobria alguma, que naõ fosse muito perigosa: que o exercito inimigo se se diminuia com as mortes, crescia com as levas, e que as fortificaçoens eraõ de qualidade, que só os Fortes exteriores eraõ onze com fossos de trinta pés de alto, e que os quarteis eraõ tres, taõ bem flaqueados, ajudando-os a aspereza do sitio, que difficilmente poderiaõ ser superados de hum grande exercito; mas que por outra parte considerava, que Monçaõ perdido, naõ se podia defender Salvaterra, e que desta Conquista se devia recear a de toda a Provincia; porque as debeis, e antigas fortificaçoens de Valença, e Villa Nova a naõ cobriaõ: e Vianna, e Ponte de Lima naõ estavaõ fortificadas, e do Porto se naõ devia esperar resistencia alguma; porque nem defensa: nem presidio tinha, que segurasse aquella Cidade, que se podia contar pela segunda do Reino; e que por todas estas consideraçoens se devia procurar, que o soccorro de Monçaõ o conseguisse mais a arte, do que a força: que o rio Mouro, que entra no Minho huma legoa por cima de Monçaõ, e duas abaixo de Melgaço, tinha hum porto muito capaz de se introduzir por elle o soccorro, e fortissimo pelo sitio para segurança do quartel daquelle pequeno exercito: que se deviaõ fabricar quantidade de barcos, para que naõ faltavaõ madeiras, e que carregando se de mantimentos, e da gente, que pudessem levar, se ficava dando tempo aos sitiados, para aguardarem o successo do exercito, que em Alentejo se

prepa-

preparava para ſoccorrer Elvas, que erão as unicas eſperanças, de que devia ſuſtentar ſe a duração daquella Praça: que os barcos podião ſer vinte e cinco, que confórme o computo que havia feito com Miguel de Laſcol, eraõ os que baſtavão para levarem duzentos homens, e mantimentos, e muniçoens para hum mez: que ſe podiaõ fabricar em Melgaço no termo de quinze dias, e que lançados de noite á rapida corrente do Minho, mal poderiaõ ſer atacados de outros, quando a falta da noticia naõ facilitaſſe ao Marquez de Vianna o mandar prevenillos. Ouvio Nuno da Cunha eſta propoſiçaõ, e antes de ſe votar nella, diſſe, que havião ſahido do quartel de Paredes para aquelle ſitio das Choças, onde ſe achavão, ſó a fim de meter em Monçaõ, ou Salvaterra hum groſſo comboy, o que ſe difficultava pelos tres Fortes, e bateria; que os Gallegos havião levantado na parte, por onde ſe determinava introduzir o ſoccorro: que pelas liſtas que tinha tirado, ſe achava com dous mil homens, que aguardava oitocentos da Comarca de Barcellos, a Vaſco de Azevedo Coutinho com alguma gente, e a que o Viſconde havia tomado por ſua conta mandar conduzir; e que toda junta, ſuppunha preſaria o numero de cinco mil Infantes da qualidade que era notoria, e que nas Companhias de cavallos poderiaõ montar quatrocentos e vinte cavallos: e que neſta ſuppoſiçaõ, no perigo em que Monçaõ ſe achava, e ao que ficava expoſta toda aquella Provincia com a perda de Monçaõ, lhe diſſeſſem os do Concelho, ſe lhes parecia ſe intentaſſe o ſoccorro pela parte dos Cortos, ou pela de S. Bento da Torre, levando ſe inſtrumentos de fogo para ſe romper a ponte: e naõ ſe podendo conſeguir, que caminho ſe poderia intentar, ou que ſitio ſe devia eleger para ſe fortificar; e que qualquer reſoluçaõ, que ſe tomaſſe, devia ſer prompta pela gravidade do negocio, ponderando ſe juntamente, como merecia, o parecer de Fernaõ de Souſa; e que ſe acaſo ſerviſſe de embaraço exercitar elle a occupaçaõ em que eſtava, a cederia voluntariamente, antepondo a conveniencia publica a todas as dependencias particulares. Conferio-ſe no Concelho largamente a propoſta de Nu- Anno 1658.

Anno 1658.

no da Cunha, e a opinião de Fernão de Sousa, e o Visconde, o Conde de Miranda, e D. Francisco de Azevedo fizeraõ hum papel, em que dizião, que sendo vivo o Conde de Castello Melhor em vinte e seis do mez antecedente, havião sido de parecer, que se fizesse hum Forte sobre a Praça de Lapella, em quanto se juntava gente para soccorrer os sitiados, e que conseguido este intento, se passaria a remediar o damno do Forte de S. Luiz; e que não podia haver mais util emprego, que este que tinhaõ apontado, podendo fabricar-se com os barços, que havia, facilmente huma ponte, por onde se introduzisse soccorro nas duas Praças, e se procurassem cortar os comboys, que continuamente entravão no exercito inimigo: que esta opinião se desprezara, de que se havia originado o perigo imminente, em que por Monção, e Salvaterra se achava toda aquella Provincia: que na presente occasiaõ, juntando-se cinco mil homens, como o General da Artilharia propunha, eraõ de parecer que se fabricasse hum quartel para a parte de S. Bento da Torre, no sitio que parecesse mais conveniente; que deste quartel se intentasse por todos os caminhos o soccorro de Monçaõ, e se fizesse toda a diligencia por se romper a ponte de barcas dos Gallegos, e que estas resoluçoens todas devião de ser promptissimas; porque os sitiados, conforme os avisos de Lourenço de Amorim, hiaõ carecendo de todos os meios de se defenderem: que o successo deste intento ensinaria as resoluçoens, que se devião tomar nas mais difficuldades, que ficavão por decidir: que a diligencia mais precisa era juntar-se Infantaria capaz de superar intentos taõ perigosos, e que para este effeito se devião applicar os meios mais proporcionados. Os Mestres de Campo Francisco Peres da Silva, Diogo de Brito Coutinho, e o Tenente General da Cavallaria Domingos da Ponte foraõ de parecer, que naquelle quartel das Choças se aguardasse o numero de gente, que perfizesse o de quatro mil homens, e que com elles se occupasse o alojamento de S. Bento da Torre, que ficava meia legoa de Monçaõ, e hum quarto de legoa da ponte do inimigo; e que conseguido este intento, parecia facti-

vel

vel ſoccorrer-ſe Monçaõ, e queimar-ſe a ponte. Nuno da Cunha affeiçoado ao voto de Fernão de Souſa mandou preparar as barcas; havendo ellas de ſer vinte e cinco, não ſe fabricaraõ mais que ſeis; deſigualdade que diminuhio muito o intento deſte ſoccorro. Anno 1658.

A vinte e ſeis de Novembro marchou Nuno da Cunha do quartel das Choças, deixando guarnecidos huns Fortins com Infantaria Auxiliar para ſegurança dos fornos, que coziaõ o paõ do exercito. Adiantou ſe Franciſco Peres da Silva com o ſeu Terço, e duas Companhias de cavallos. Seguia-ſe-lhe o Tenente da Artilharia Miguel de Lalcol com oitenta carros de muniçoens, e varios ingredientes; e no fim de tres dias tomaraõ quartel no ſitio da Valinha entre os dous rios Mouro, e Valadares, cobrindo o primeiro a frente, o ſegundo a retaguarda daquelle breve troço de exercito. Encõmendou Nuno da Cunha a preparaçaõ de ſeis barcos a Joaõ Filgueira y Gajo, que ſe achava no exercito, como particular: Joaõ Filgueira ajudado da grande expediçaõ do Tenente de Meſtre de Campo General Joſeph de Souſa Sid, a quatro de Dezembro, fez que ficaſſem preparados para poderem navegar. Em quanto durou eſta prevençaõ, trabalharaõ os Gallegos por aperfeiçoar os fornilhos; com que determinavão voar o Fortim do Montinho, e tendo os atacado a ſeis de Novembro, deraõ fogo ás minas; e ainda que ſurtirão pouco effeito, deu o aſſalto à gente que eſtava prevenida para eſte fim, e ſendo a brecha valeroſamente defendida dos ſitiádos, ſe retiraraõ com grande perda os expugnadores; e querendo manifeſtar o ſeu pouco receio, fizeraõ huma ſortida contra hum Fortim oppoſto ao de S. Franciſco, de que tambem foraõ rechaçados. Satisfizeraõ-ſe os inimigos com outro aſſalto pelo meſmo lugar do antecedente, de que ſe retiraraõ com igual ſucceſſo. A quantidade de mortos, os muitos feridos, e enfermos haviaõ ſido cauſa de ſe diminuir muito aquelle exercito. Mandou El-Rei D. Filippe reforçallo com novas levas, e remontas, e dous Terços, que de novo ſe formaraõ. Na Praça era maior o perigo; e o trabalho, porque os mortos, e feridos eraõ muitos, as doenças grandes, e os mantimentos tão pou-

Anno 1658.

cos, que o Governador mandou coartar a reção; e como a necessidade facilita impossiveis, a vinte e cinco de Novembro sahio da Praça hum Ajudante com vinte Soldados pela parte dos aproxes, que caminhavão ao Forte de cima da fonte, por haver visto, que naquelle sitio pastava algum do gado, que servia em o Trem da Artilharia. Pegou em oito boys, em dous cavallos, e tres Soldados, e sendo carregado de grande numero de inimigos, conduzio a preza valerosamente á Praça ao calor da Artilharia, e mosquetaria della. Dos prisioneiros soube Lourenço de Amorim, que no aproxe, que caminhava ao Fortim de S. Francisco, se não trabalhava pela grande aspereza do terreno, e que o tempo que persistiraõ nelle, haviaõ perdido os inimigos quantidade de Soldados, e derão juntamente outras noticias muito uteis aos sitiados. Morreo neste tempo o Capitaõ Mór de Monçaõ Felis Pereira de Castro do grande trabalho, e cansaço que havia padecido, e foi eleito em seu lugar Francisco da Cunha da Silva, e os mais Postos, que vagaraõ, proveo Lourenço de Amorim em pessoas muito benemeritas; e considerando que os enfermos lhe serviaõ de embaraço, e gastavão os mantimentos, embarcou setenta, e os lançou pelo rio abaixo. Havendo passado Salvaterra, foraõ sentidos do Forte de Aitona; sahiraõ delle algumas mangas de Infantaria ao porto, e a mosquetaços obrigaraõ aos miseraveis enfermos a se recolherem a Salvaterra, onde todos acabaraõ lastimosamente a vida. Nos aproxes, que caminharaõ ao Forte de cima da fonte, trabalhavão os inimigos com incessante calor, e como chegarão a alojar-se pouco distantes do Forte, deraõ principio ao trabalho das minas, que sendo sentidas dos sitiados, intentaraõ com máo successo desembocallas; por serem tambem sentidos, e se lhe mudar o caminho. Acabada a mina, que rematou em o angulo de hum baluarte, atacada, e prevenidos os Terços para o assalto pelo Mestre de Campo General, e montada a Cavallaria para lhe dar calor, pelas onze horas do dia se deu fogo á mina, e aberta brecha capaz do assalto, a investiraõ com grande valor os que estavaõ destinados para este emprego. Foi o primeiro, que

 acodio

acodio a defender a brecha, o Capitaõ Francifco de Caftro de Araujo, que governava aquelle Forte, feguido do Capitaõ Francifco Soares Malheiro, e do Alferes Domingos Nogueira. Acodio por outra parte o Capitaõ Francifco de Soufa de Lucena, e os Alferes Roque Gonçalves, e Matheus Alvares Galé, que ajudados de outros Officiaes, e Soldados, detiveraõ valerofamente o impeto, com que os inimigos intentavaõ confeguir o affalto. Ao eftrondo da mina acodio Lourenço de Amorim, e exhortando com memoravel conftancia aos feus Soldados, foi ás cutiladas hum dos principaes defenfores da brecha. Esforçou D. Balthafar Pantoja varias vezes com novos foccorros o affalto; mas rebatidos todos do ardor dos defenfores, mandou tocar a retirar, por ferem tantos os mortos, e feridos, que receou a defobediencia dos que novamente intentaffe mandar ao affalto. Defemparada a brecha, a fortificaraõ os fitiados, que perderaõ nefta occafiaõ ao Alferes Domingos Nogueira, e ficaraõ alguns Soldados mortos, e outros feridos; e como a gente era já taõ pouca, qualquer diminuiçaõ era perda confideravel, e a que eftava capaz de pelejar, fuftentava-fe com tão pouco, e mal faõ mantimento, que por inftantes fe lhes diminuhiaõ as forças, e fe lhe dilatava o vigor, fó animado do efpirito, que era invencivel. — Anno 1658.

Nefte tempo havia chegado ao Vifconde de Villa-Nova patente de Governador das Armas de Entre Douro, e Minho; porque logo que a Rainha recebeo avifo da morte do Conde de Caftello-Melhor, fez eleiçaõ da fua peffoa para aquelle emprego, affim pelas muitas partes, de que era dotado, como pelo refpeito, que tinha grangeado em Entre Douro e Minho a fua authoridade, adquirido na criação, dominio de lugares, e governo das Armas, que por tantos annos havia exercitado. Quando lhe chegou a patente, eftavaõ carregados os feis barcos, em que havia de navegar o foccorro de Monçaõ, com mil e quatrocentos, e feffenta alqueires de trigo, quantidade de legumes, medicamentos, e refrefcos, dezafeis barrís de polvora, oito cunhetes de ballas, e oito quintaes de murraõ. O Vifconde, fuppofto que efta — Nomea a Rainha o Vifcóde de Villa-Nova por Governador das Armas.

Anno 1658.

esta fórma de soccorro fora contra o seu parecer, resolveo que se intentasse, porque á vista parecia a execuçaõ menos difficil, do que fora considerada; o que redundava em louvor de Fernão de Sousa, que propoz este intento, e de Nuno da Cunha que o deu á execuçaõ. Antes de despedidos os barcos, havendo crescido o rio Minho excessivamente com as grandes innundaçoens do Inverno, mandou o Visconde com prudente consideraçaõ larçar ao rio alguns madeiros compridos; que a furia da corrente não deixava profundar, cujo impeto combatendo as ligaduras dos barcos da ponte dos inimigos, as rompeo em varias partes; e tendo o Visconde este aviso em quatro de Dezembro, despedio o soccorro conduzido pelo Capitão Christovão Ferraõ de Castello Branco, que se offereceo para este emprego, acompanhado de alguns Soldados valerosos, entregando-se os cinco barcos, que o seguião, a varios Officiaes. Desamarraraõ, e acharaõ opposto o Capitão reformado D. Affonçò Pita com seis barcos armados, e huma cadeia atravessada no rio, despertando a vizinhança do quartel, e a ruina da ponte o cuidado do Marquez de Vianna: porém o impeto da corrente do rio ajudou aos nossos barcos a romper por estas difficuldades, e conseguiraõ tres, entrarem dous em Monção, hum em Salvaterra, que necessitava de mantimentos, como Monção: os outros tres barcos atracados com igual numero de embarcaçoens inimigas se foraõ apique. Lourenço de Amorim logo que sentio o estrondo no rio, mandou baixar gente á praia, e recebeo com grande contentamento ao Capitão Christovão Ferrão, e ao Alferes reformado Marcos Barbosa. Os sitiados, ainda que o soccorro era pequeno, ostentarão das muralhas com grandes demonstraçoens de alegria o seu contentamento, que occasionou no Marquez de Vianna tanta desconfiança, que esteve resoluto a levantar o sitio, a não ser encontrada a sua determinação dos mais Cabos do exercito; que o persuadirão a não perder a constancia; e tanto que se diminuhio o impeto da corrente do Minho, reformarão a ponte, e dobrarão a vigilancia. os sitiados (como os soccorros erão inferiores aos perigos) cada dia se lhes accrescentavão

Introduz-se em Monçaõ segundo soccorro pelo rio, e fazem os sitiados valerosa resistencia.

vaõ os trabalhos, e não foi o de menos molestia o da morte do Capitaõ Fernão Leite Pita, occasionada de huma febre, que lhe sobreveio sobre as feridas que havia recebido, por ser o seu valor, e prestimo merecedor de toda a estimação. Succedeo-lhe no governo das trincheiras o Capitão Diogo de Caldas Barbosa. O Marquez de Vianna com a experiencia do máo succésso dos assaltos mandou fazer a guerra pelos morteiros, e artilharia, que pelejavão em damno alheio sem perigo proprio. Desejava desculpar com algum bom succésso a desgraça dos antecedentes, offereceo-se o General da Cavallaria para author desta vingança, como se não tivera tanto risco em ser vencedor, como em ser vencido; sendo os proprios naturaes os que buscava, para serem ligados aos carros dos seus triunfos. Inculcou ao Marquez a interpreza dos dous Fortes, que cobrião a estrada dos arcos de Val-de-Vez, distantes duas legoas do nosso quartel, e huma das feitorias das Choças, discursando, que rendidos os Fortes, e as feitorias, necessariamente havia o Visconde de mudar de quartel, de que resultaria grande desalento nos sitiados. Pareceo esta empreza digna de se executar, e para este effeito entregou o Marquez de Vianna ao General da Cavallaria dous mil Infantes, e trezentos cavallos, marchou com elles a sete de Dezembro, e achou os Fortes guarnecidos com gente da Ordenança, de tal qualidade, que fazendo mais confiança dos pés, que das mãos, os desempararão antes de serem investidos; mas entropeccidos do medo se perdérão no caminho, que buscavão de se salvarem; porque alcançados dos inimigos, padecéraõ o merecido, e lastimoso estrago; se póde chamar-se lastimoso o dos que perdem a vida, por faltarem ás obrigaçoens da honra. Occupou o General os Fortes, e algumas partidas que se adiantaraõ, chegando ás feitorias, lhe puzéraõ o fogo; porém o receio da retirada, e a muita agua que choveo, divertio a total ruina daquella fabrica. Na mesma noite, que os inimigos marcháraõ a esta empreza, intentou o Visconde introduzir em Monçaõ outro soccorro na mesma fórma, que havia mandado o antecedente; porém lan- Anno 1658.

çan-

Anno 1658. çando-se ao rio quatro barcas com Soldados, muniçoens, e mantimentos, todas se perdérão: huma foi a pique atacada com outra inimiga, as tres levadas da corrente apartárão no paiz contrario. Esta noticia, e a da perda dos Fortes chegarão ao Visconde ao mesmo tempo; e sem dilação levantou o quartel do rio Mouro, e passou ao das Choças a reedificar os Fortins, e feitoria, de que dependia o sustento daquella gente, que necessariamente devia conservar na campanha para defensa daquella Provincia. Antes que marchasse, mandou derribar huma ponte por cima do rio Mouro, que facilitava aos Gallegos a entrada dos Lugares abertos. Poucos dias depois chegado o Visconde ao quartel, padeceo o sentimento da morte do Mestre de Campo Francisco Peres da Silva pela causa, e pela pessoa; porque tocando se arma, pleteou a vanguarda o Capitão Gonçalo Mendes com tanta demasia, que o Mestre de Campo cegamente intentou castigallo com a bengala. Pareceolhe ao Capitão que não salvava a honra com a obediencia, e avaliando o castigo por afronta, disparou ao Mestre de Campo huma pistola em huma fonte, de que logo cahio morto. Foi preso Gonçalo Mendes, e escapou da morte fugindo da prisão: passou a Roma, teve intelligencia para tomar Ordens, e alcançou alguns Beneficios no mesmo lugar do homicidio, conseguindo pelo delicto, o que devia negocear pela virtude. Succedeo esta desgraça nos ultimos dias de Dezembro, tempo, em que os sitiados erão mais apertados da fome, das baterias, e dos assaltos, e o Visconde com incessante cuidado trabalhava por soccorrer Monção, e cobrir aquella Provincia: e nós reservaremos, conforme a ordem da historia, para o lugar competente o remate desta campanha.

Successos de Tras os Montes.

No governo das armas da Provincia de Tras os Montes succedeo D. Rodrigo de Castro a Joanne Mendes de Vasconcellos, quando a Rainha o mandou passar á Provincia de Alentejo; porém D. Rodrigo antes que entrasse a governar Tras os Montes, exercitou no exercito de Alentejo o Posto de Mestre de Campo General na fórma, que fica referido, e governou Tras os Montes mais de hum

hum anno o Mestre de Campo Antonio Jaques de Paiva. Na Primavera investigou com util diligencia as preparaçoens dos Castelhanos, de que fez á Rainha repetidos avisos, e desejando conservar os Povos socegados, procurava observar a correspondencia, que Joanne Mendes havia ajustado com elles, de que as entradas de huma, e outra parte se suspendessem, e se algumas partidas se desmandassem, se restituissem os gados, e roupa que se roubassem: porém os Castelhanos animados das esperanças do poder, que se prevenia para a Conquista de Portugal, quebrarão o ajustamento, e entrarão pelo termo de Miranda, e como acharão os lugares seguros na fé do contrato, fizerão damnos consideraveis, e levárão grossissima preza. Desejava Antonio Jaques satisfazer se desta exorbitancia; porém não achava, que tinha poder sufficiente mais que para huma difficultosa defensa; porque a gente paga, Auxiliar, e da Ordenança estava igualmente dedicada para o soccorro das Provincias de Alentejo, e Entre Douro e Minho, ficando Antonio Jaques necessitado de pesar na balança dos perigos, qual dos dous era maior. Por muitas vezes teve ordem da Rainha para mandar todas as tropas para Alentejo: porém o damno daquella Provincia, e o risco de Entre Douro e Minho, o obrigarão a expor-se a asperissimas reprehensoens, por suspender a execução, até que ultimamente dividio o soccorro, parte para Alentejo, parte para Entre-Douro e Minho, e defendeo Tras os Montes sem damno consideravel. **Anno 1658.**

Governava neste tempo ambos os Partidos da Beira D. Sancho Manoel, e tratava com grande cuidado não só de os conservar, mas de divertir os soccorros, que podião embaraçar a empreza de Badajoz. Constoulhe nos ultimos de Mayo que hum troço de Infantaria passava a este intento, e sabendo que necessariamente havia de demandar o porto de S. Maria, mandou occupallo com trezentos Infantes, e duas Companhias de cavallos. Forão sentidos dos Castelhanos, que estavão no lugar de Arevo, legoa e meia distantes do porto, e sahirão resolutos a desalojallos. Teve D. Sancho noticia desta marcha, **Successos dos Partidos da Beira.**

achan-

Anno 1658.

achando-se duas legoas do porto; apressou-se com toda a diligencia, e não levando mais que cem cavallos, chegou a tempo taõ opportuno, que os Castelhanos começaraõ a travar a peleja com os que occupavão o porto. Dividio os cem cavallos em duas Companhias, e atacou-os com tão bom successo, que os desbaratou, ficando huma parte mortos, os mais prisioneiros. Retirou-se, e começou a despedir soccorros a Alentejo taõ consideraveis, que no tempo que durou o sitio de Badajoz, passarão de doze mil Infantes, e de seiscentos cavallos, e mandou com a Cavallaria os Tenentes Generaes Manoel Freire de Andrade, Gil Vaz Lobo, e o Commissario Geral Francisco Freire de Andrade, e com a Infantaria o Mestre de Campo Bartholomeu de Azevedo Coutinho. Porém os Castelhanos animados da falta de gente daquelles partidos fizeraõ varias entradas com grande damno dos lavradores. Foi das mais consideraveis, a que executaraõ no termo de Castello-Rodrigo com trezentos cavallos, e com cem mosqueteiros, e levaraõ todos os gados daquelle districto. O sentimento desta perda persuadio aos Paizanos de Castello-Rodrigo, Almofalla, e Escalhaõ, a intentarem restaurar a preza com quatrocentos homens, que juntaraõ, e formados na estrada por onde os Castelhanos se retiravão, os investiraõ sem ordem, de que se originou serem derrotados com facilidade; porque depois que a prudencia armou ao valor, foraõ quasi sempre vencedores os melhor disciplinados: e naõ houve no descurso deste anno nesta Provincia outro successo digno de memoria.

Noticia do Estado do governo politico, Embaixadas, e Conquistas.

Resistia o coração varonil da Rainha Regente o furor das guerras externas com tanto vigor, prudencia, e actividade, como temos mostrado, e dispunha com grande cuidado atalhar as domesticas, de que por instantes lhe crescia o receio, vendo augmentarem-se nas inclinações del-Rey habitos indignos da sua grandeza, de que os Principes difficilmente se despem, persuadidos do engano de serem, por arbitros da justiça, izentos do castigo, como se a Divina não fora superior a esta vaidade. Dissimulava a Rainha as reprehençoens que devia dar a El-Rey;

porque

Anno 1658.

porque reconhecendo-as pouco efficazes, não queria expor a perigos o seu respeito. O Prior de Sodofeita acha-va-se desenganado, de que os preceitos da Grammatica pudessem ter emprego nos divertimentos del-Rey : só o Conde de Odemira trabalhava por moderar os excessos que julgava em El-Rey perniciosos, e intolleraveis ; mas de tal sorte, e com tal arte, que por não arriscar a sua conservação, não procurava a sua emmenda por reprehençoens, nem por ameaços de castigo, que erão muitos quinze annos na soberania de hum Rey para exasperados, e só usava de exquesitas diligencias para lhe impossibilitar os divertimentos, que não erão licitos, apartando o mais que era possivel da sua communicação os meios de os executar, e encaminhando-o a outros mais uteis, e mais decorosos. foi hum delles o exercicio de montar a cavallo, assim para que não carecesse de arte tão digna do emprego de hum Principe, que parece inseparavel da grandeza dos soberanos ; como para que exercitada a perna direita, que era a offendida da febre maligna, e meneando a redea o braço da mesma parte, que padecia igual lesão, pudessem ambas cobrar algum vigor. Deo-se ordem ao Conde do Prado, que servia de Estribeiro Mór pela menoridade de Luiz Guedes de Miranda, de quem era o officio, para que tivesse cavallos promptos, e a Antonio Galvão de Andrade, Estribeiro menor, antigo criado da Caza de Bragança, e destro no manejo dos cavallos feitos ás sellas de brida, e gineta, para que assistisse a dar lição a El-Rey. Teve principio em hum patio no interior do Paço, a que chamavão de Leão, por hum que em huma leoneira nelle se criava ; e introduzindo se o veneno pelo mesmo caminho da triaga, pela parte, por onde entravão os que assistião da familia inferior á lição dos cavallos, se introduzião nas horas de festa na presença del-Rey varias pessoas de humilde nascimento, encaminhadas por Antonio de Conte, para serem instrumentos das melhoras da sua fortuna. Os effeitos perigosos, que a conversação da vileza desta gente produzia no animo del-Rey, se começarão a diffundir por todo o Reyno em grave prejuizo da prudencia do

Conde

Anno 1658.

Conde de Odemira, por se presumir que á sua omissaõ era comprehendida neste desconcerto. Soube o Conde, que corria contra elle esta calumnia, e dispoz-se valorosamente a remediala; buscou a hora em que El Rey se divertia na indignidade dos exercicios referidos, entrou de improviso na presença del-Rey, e depois de expulsar a Antonio de Conte, e a todos os mais de que elle se acompanhava, estranhou a El-Rey severamente aquelle divertimento, mostrando-lhe os grandes, e perigosos inconvenientes a que se expunha, sendo hum delles o risco da propria vida, pouco segura entre tão abatida companhia, e rematou dizendo: que Antonio de Conte, como author de taõ grave delicto, naõ havia de tornar a apparecer na sua presença. Recolheo-se El-Rey com grandes demonstraçoens de sentimento, e Antonio de Conte, naõ querendo dar lugar a que a separaçaõ o fizesse esquecido del-Rey, teve industria para lhe introduzir taõ viva desconfiança, e taõ implacavel ira, que o mesmo Conde de Odemira, que tinha sido author de taõ louvavel resoluçaõ, naõ teve poder para evitar, que Antonio de Conte sahisse da presença del-Rey; e como estes foraõ os remedios, que se applicarão a taõ mortal enfermidade, naõ se podia restaurar a saude, como se pertendia. Antonio de Conte, para maior segurança da sua fortuna, introduzio na assistencia del-Rey a hum irmão seu estudante, chamado João de Conte, menos artificioso; porém de mais arrojados impulsos, que os de Antonio de Conte, e desta sorte se forão tecendo tantos exercicios indignos, que não he justo explicalos; escolhendo-se só aquelles, que bastão, para dar luz á historia, e que servem para justificação das graves materias, que havemos de referir.

Crescia tenra planta neste infecundo terreno de virtudes o Infante D. Pedro com tão adversa fortuna, que os rayos do mesmo Sol, que devião alimentar o seu espirito de heroicas doutrinas, eraõ settas venenosas, que furiosamente determinavão sepultallo na morte dos vicios, que costumão immortalizar-se nas memorias posthumas dos Principes, passando muito além das sepulturas.

El-Rey

El-Rey naõ ſó offendia a criaçaõ do Infante com os perigoſos exemplos dos ſeus illicitos deſenfados, porém abſolutamente lhe divertia as horas da lição, e mais por emulação, que por affecto, o apartava dos ſaudaveis documentos de ſeus Meſtres. A Rainha emmendava quanto lhe era poſſivel eſte perigoſo mal, de que via ſe inficionava a deſcendencia de tão glorioſos Progenitores, e o docil natural do Infante; ainda que ſe ſeparava mais do que ſe podia eſperar de tão poucos annos de trato taõ arriſcado, naõ deixava de lhe ſer prejudicial á educação, que era preciſa a hum Principe, de que dependião todas as eſperanças do Reyno: porém a myſterioſa attenção da Providencia Divina o livrou de muitos precipicios, a que eſteve arriſcado. Anno 1658.

Aſſiſtia em París Feliciano Dourado, e não teve eſte anno mais negocio de importancia, que conſervar a amizade daquella Coroa; e a Rainha fez eleição de Franciſco Ferreira Rebello para o mandar a París a pedir permiſſaõ á Rainha Regente para levantar quatro mil homens, e perſuadir alguns Engenheiros a que paſſaſſem a eſte Reyno; diligencia que ſe deſvaneceo com a vitoria das linhas de Elvas.

Em Roma aſſiſtia Franciſco de Souſa Coutinho: a ajudar a ſua negoceação paſſou Frei Domingos do Roſario, e antecedentemente o Padre Nuno da Cunha, mas encontrando todos os grandes obſtaculos, com que prevalecia o poder dos Caſtelhanos, esforçando as ſuas propoſiçoens com a morte del-Rey D. Joaõ, que diziaõ ſer a ultima ruina da conſervaçaõ de Portugal, e quaſi ſe chegava ao ultimo deſengano de não poderem melhorar os intentos deſte Reyno.

A Londres paſſou Franciſco de Mello em virtude da mercê, que a Rainha lhe fez deſta embaixada, na fórma que fica referido. Pouco tempo depois de chegar, morreo Cromuel; mas ſubſiſtindo a ſua parcialidade, foi acclamado Protector ſeu filho Ricardo, durando a contumacia dos inimigos del-Rey, que com exceſſiva moleſtia ſujeitava a ſua grandeza á dependencia de favores alheios. Franciſco de Mello com grande prudencia buſcava todos

Anno 1658.

os caminhos de ſuſtentar a correſpondencia com eſte Reyno; porque não perigaſſe no embaraço de hum rompimento maritimo em tempo, que Caſtella applicava todo o ſeu poder pelas fronteiras deſte Reyno.

Nomeou a Rainha por Embaixador de Hollanda a D. Fernando Telles de Faro, em quem concorrião muitas partes dignas daquelle emprego, de que ſe originou parecer a eleição acertada; porque os negocios de Hollanda eraõ os que merecião maior cuidado, e os que deviaõ ſer tratados com maior deſtreza; porque os Caſtelhanos com particular attenção ſe valião de todos os ſucceſſos antecedentes do Braſil, para irritarem contra eſte Reyno, as armas daquella Républica.

Succeſſos de Tangere.

O Conde D. Fernando de Menezes continuava a aſſiſtencia do governo de Tangere com tanto acerto, e prudencia, que igualmente era amado dos moradores daquella Cidade, e timido dos Mouros. Poucos dias deixava de ſahir ao campo, e como tinha Gailan por oppoſto, neceſſitava de toda a vigilancia, por ſer Gailan de grande valor, e muita induſtria; e era de qualidade o reſpeito que lhe tinhão os Mouros, que eſtando reſolutos a largarem as ſementeiras pelo damno, que recebião dos Cavalleiros da Praça, não deixando lograr-lhes os frutos, os obrigou Gailan a continuarem o trabalho, defendendo os com a Cavallaria: porém não lhe pode prohibir o prejuizo de naõ colherem as ſementeiras, por lhas queimarem os Cavalleiros da Praça no tempo, em que haviaõ de ſegalas. Adoeceo neſte tempo o Conde General, e começando a convalecer, tornou a recair obrigado do deſaſſocego, que lhe occaſionava o cuidado da defenſa daquella Praça. Começando a melhorar, teve noticia que Gailan eſtava com todo o poder além de Alcaçar ſocegando algumas alteraçoens, que havia entre os Mouros. Valeo-ſe da opportunidade, mandou entrar ao Adail com cento e cincoenta Cavalleiros pela parte de Nazareth, chegou até hum poſto chamado a Safa grande, fez conſideravel preza de Mouros, Mouras, e gado, e recolheo ſe, ſem aviſtar os inimigos. Continuavaõ-ſe vivamente as entradas, e correrias dos Mouros, e como

de

de tanto exercicio se occasionava perda de cavallos, resolveo o Conde tiralos com industria de Andaluzia, pela desconfiança de lhe naõ poderem hir do Reyno opprimido com o sitio de Badajoz, e guerra do Minho. Conseguio este intento pela diligencia de André Lourenço, e Francisco Domingues, que mandou lançar de noite na praia de Tarifa, onde tinhaõ intelligencia, e por varias vezes trouxeraõ a Tangere excellentes cavallos, que remediaraõ a falta, que havia delles. Mandou neste tempo Gailan ao Conde hum Secretario seu, chamado Seron, muito pratico, e intelligente, pedir-lhe cessaõ de armas por dous mezes, para que de huma, e de outra parte houvesse algum descanço; porém que Gailan naõ se obrigava a segurar mais, que a roda do Xarfe, e Meimaõ, e o campo, que fica entre a ribeira de Tangere velho, e a dos Indios, excluindo a serra, que dizia naõ segurar, pelo perigo de o exporem a quebrar a sua palavra alguns ladroens, que podiaõ entrar na serra sem seu consentimento. Chamou o Conde a Concelho os Cavalleiros principaes, e concordaraõ que a tregoa se naõ admittisse, se Gailan naõ segurasse o campo, e a serra do cabo para dentro, e toda á roda, que costumava empregar-se em guardas; e que os escutas, e atalhadores pudessem occupar os seus postos seguramente, e outras clausulas, e declaraçoens precisas pára segurança de negócio taõ importante, tratando-se com gente de tanta infidelidade. Respondeo Seron; que naõ trazia poderes taõ largos, pedio oito dias de prazo para trazer a reposta de Gailan. Passados elles, voltou sem conclusaõ. Continuou-se a guerra, e Gailan acodio a oppor-se a hum Capitaõ de Bambucar, que determinava apoderar-se de Alcaçar: porém ganhando o com dinheiro, se livrou deste perigo, e continuou lentamente a guerra do campo de Tangere. Anno 1658.

Achou o principio deste anno governando o Estado da India a Francisco de Mello de Castro, e Antonio de Sousa Coutinho, por ser já falecido Manoel Mascarenhas Homem; e como a armada Hollandeza continuava a assistencia daquella Praça, elegeraõ para guarda della por Capitaõ Mór de Sanguiceis a Bernardo Correia, e preveni- Successos da India.

Anno 1658. veniraõ para a armada de alto bordo nove náos, e hum Pataxo, de que era Capitania o Sacramento da Trindade, em que se embarcou o General Luiz de Mendoça, levando por Capitaõ de Mar, e Guerra a Verissimo Pereira. Bartholomeu de Vasconcellos, que havia chegado do Reyno por Capitaõ Mór em a náo Bom JESUS do Carmo, duvidou embarcar-se á ordem de Luiz de Mendoça, sem a preminencia, que lhe tocava pelo seu Posto, de levar bandeira de Capitania. Cedeo desta duvida com declaraçaõ, que o regimento, que Luiz de Mendoça havia de repartir pelos Capitaens de Mar, e Guerra, expressasse, que lhe communicava a ordem que havia de seguir, e naõ que lha mandava. D. Pedro de Alencastre, que se havia de embarcar em a náo Bom JESUS da Vidigueira, achava-se doente e foi nomeado para governala o Capitaõ Jeronymo Carvalho. Da náo Saõ Francisco era Capitaõ Manoel André, de Santa Maria de Anzic Joaõ Rodrigues Viegas, de Saõ Lourenço Joseph Pereira de Menezes, de Saõ Thomé Gaspar Pereira dos Reys, de S. Joaõ D. Manoel Lobo da Silveira, do Pataxo S. Thereza Antonio de Saldanha, e por Almirante em a náo S. Antonio da Esperança Antonio Pereira. Acompanhavão a estes galeoẽs seis navios de remo governados por Bernardino de Tavora, de quem era Almirante seu filho Luiz Alvares de Tavora. A gente que andava nos Sanguiceis, que guardavaõ a Barra, se dividio pela guarnição da armada: acabada de aparelhar, e passando de dous mil homens que levava de guarniçaõ, sahio Luiz de Mendoça a pelejar com os Hollandezes a cinco de Janeiro. A noite antecedente mandou repartir os Regimentos pelos Capitaens de Mar, e Guerra, e não levando o que tocava a Bartholomeu de Vasconcellos a especialidade, que se lhe havia promettido, escreveo a Luiz de Mendoça hum escrito, em que dizia, além de outros desconcertos, q̃ em quanto se lhe dilatava tomar maior satisfaçaõ do aggravo, que recebia, fizera com os pés em pedaços o regimento que lhe mandara: e fez deixaçaõ do Posto. Luiz de Mendoça, logo que recebeo este escrito, o foi levar a Antonio de Sousa

Souſa Coutinho, que eſtava na Fortaleza da Aguada. Para remedio da falta de Bartholomeu de Vaſconcellos elegeo Antonio de Souſa a D. Manoel Maſcarenhas, que acceitou o governo do navio pela importancia da occaſiaõ, ſem reparar nos grandes Poſtos, que tinha occupado, e embarcou-ſe por ſeu Soldado Bartholomeu de Vaſconcellos. No meſmo tempo ſe auſentou D. Manoel Lobo da Silveira, publicando haver tido noticia, que por huns Soldados do ſeu meſmo navio o mandava matar Antonio de Souſa Coutinho; mas não ſe verificou que houveſſe cauſa antecedente, que pediſſe taõ grande demonſtraçaõ; mas a cauſa verdadeira deſta ſeparaçaõ foraõ as duvidas que teve com Luiz de Mendoça, tendo os ſerviços de D. Manoel na India mui inferior premio ao ſeu merecimento, e ſimilhantes deſunioens foraõ ſempre a origem dos máos ſucceſſos, que tivemos no Eſtado da India; pois ſempre deſtemperou a deſordem muitos progreſſos, que havia forjado o valor. Mandou tambem Antonio de Souſa Coutinho a Franciſco Gomes da Silva, governar a náo de Gaſpar dos Reys, que adoeceo antes de ſahir a Armada. Ao romper da manhãa deſamarrou Luiz de Mendoça ſeguido dos mais navios: achou já á vela a Armada de Hollanda, que com a diligencia poſſivel ſe fez na volta do mar, moſtrando não querer eſperar a contenda. Adiantou-ſe Luiz de Mendoça na Capitania, que era bom navio de véla, e alcançando dous navios Hollandezes, começou a acanhoalos. Voltou a ſua Capitania a ſoccorrelos, e encorporados, ſeguio a ſua derrota, e a noſſa Armada o ſeu alcance, ſeparada da Capitania em taõ larga diſtancia, que cerrando a noite, naõ deu Luiz de Mendoça viſta dos mais navios, nem da Almiranta, que atracou com huma náo Hollandeza, que deixou dentro da Almiranta a bandeira do gorupés. O Bom JESUS do Carmo, e S. Thomé tambem pelejaraõ com a artilharia; mas pouco eſpáço. Os Hollandezes deſculpavaõ o deſdouro deſta retirada, dizendo que era o ſeu regimento naõ pelejar com a noſſa Armada, e ſó lhes mandava detela, para que naõ ſoccorreſſe Jafanapataõ, que tinhaõ ſitiado. Recolheo-ſe Luiz de Mendoça na manhãa ſeguinte, e entendendo que lhe naõ

Anno 1658.

Anno 1658. servia o pataxo que levava, o desarmou, e dividio pelas náos a guarnição. Sahio segunda vez, passados poucos dias, procurando emmendar no regimento os erros da primeira jornada. Os Hollandezes da mesma sorte se fizerão á véla, e forão discorrendo pela costa abaixo, seguidos a balravento da nossa armada, e chegando quasi a poder abordalla, se fizeraõ os Hollandezes ao mar. Luiz de Mendoça mandou tirar huma peça, e não sendo entendida dos Capitaens de Mar, e Guerra dos mais navios, voltou para Goa; e chamando abordo os Capitaens, os reprehendeo de naõ atracarem os novios Hollandezes ao sinal da peça que tirou. Respondeo lhe D. Manoel Mascarenhas, que o regimento, que elle havia dado, não especificava, que o sinal da peça fosse para se atracarem os navios; e que sendo elles obrigados a guardar o regimento, ficava por sua conta dar a razão, porque se havia posto aos bordos com os inimigos, podendo atracalos. Conhecendo Luiz de Mendoça o fundamento desta justificada desculpa, mandou recolher os Capitaens aos seus navios; e os Gevernadores agradeceraõ a D. Manoel o seu zelo, e destinando a sua náo, para haver de passar nella ao Reyno Bartholomeu de Vasconcellos, mandaraõ prevenila, e D. Manoel se recolheo a sua caza. Sahio terceira vez Luiz de Mendoça, e tornou a recolher se sem mais effeito, que alguns mortos das bassas inimigas. Voltou quarta, promettendo seguir os Hollandezes até Bathavia, ou desbaratalos, se se resolvessem a pelejar. Com este intento levantou ferro de noite; mas os Hollandezes, que não dormião, se fizerão á véla com grande ordem, e diligencia, e estando já a nossa Armada entre a sua, acalmou o vento: ficou a Capitania entre quatro navios, com que peleijou furiosamente; porém ficando desaparelhada com as muitas ballas que receberaõ todas as obras, naõ pode acodir aos mais navios. Ao mesmo tempo peleijou a náo S. Thomé com quasi toda a Armada de Hollanda; porém com peior fortuna; porque morto o Capitão Francisco Gomes da Silva, que a governava, e outra muita gente, se lhe ateou o fogo da artelharia no velame, que estava tendido por fóra da náo, e se queimou miseravelmente,

velmente, não lhe acodindo a Almiranta, como pudera; porque o Almirante ficou deſacordado de hum haſtilhaço, que lhe deu pelos peitos. Salvou-ſe alguma gente da que ſe lançou a nado por diligencia do Ajudante Franciſco Gracia: os Hollandezes recolherão a outra parte, e recebefaõ neſte dia conſideravel perda; porém naõ foi baſtante para largarem a barra, e continuaraõ na aſſiſtencia della até os ultimos de Mayo, que ſe recolheraõ, reſpeitando as tormentas do Inverno.

Anno 1658.

No tempo dos ſucceſſos referidos foraõ os Holandezes ſobre Manar com oito navios, e cinco pataxos, dous mil Infantes Européos, cinco mil Chingalás, quantidade de Brandanezes, gente muito valeroſa. Governava aquelle diſtricto Antonio de Amaral de Menezes com titulo de General da Ilha de Ceilão. Tanto que chegou a Armada, mandou ſahir em ſua oppoſição a Armada de remo, que conſtava de quatro navios, e de quatro Sanguiceis, governada pelo Capitaõ Mór Gaſpar Carneiro Giraõ, que levou por Almirante a Alvaro Rodrigues Borralho. Eraõ Capitaens das outras embarcaçoens Franciſco Pereira, e Antonio de Aguiar de Mendoça, Pantaleaõ Gomes Brandão, Joaõ Pereira, Joaõ de Abreu, e Antonio Toſcano. Tres dias pelejarão com a Armada Hollandeza com grande reſoluçaõ, e lhe embaraçarão lançar gente em terra: porém conſiderando o General que o poder dos Hollandezes era taõ ſuperior, que neceſſariamente o remate da peleja havia de ſer infelice, mandou ordem ao Capitaõ Mór, que paſſaſſe para a ponte de Talemanar, rompendo por qualquer oppoſição, que os Hollandezes lhe fizeſſem, até ſe queimar com as ſuas náos. Chegou eſta ordem ao Capitão Mór de noite, e executou-a com tanta brevidade, e reſoluçaõ, que mandando picar as amarras, inveſtio com as náos inimigas, e deitando-lhe dentro quantidade de panellas de polvora, as obrigou a lhe darem lugar a ſahir para fóra, e occupar o ſitio, que ſe lhe havia ordenado. Na manhãa ſeguinte achando-ſe os Hollandezes ſem oppoſiçaõ; lançaraõ debaixo da ſua artilharia a Infantaria em terra, ſem poder impedir-lho a noſſa gente, que conſtava de ſeiſcentos homens em oito Companhias; porque in-

Anno 1658.

tentando sahir das trincheiras, que os cobriaõ das ballas, foi morto o General, e o Sargento Maior Bento de Sousa, e o Capitaõ Simaõ Dorta; e o Capitaõ Mór se retirou á Fortaleza com tres feridas, e perda de alguns Soldados. O Capitaõ Mór da Armada, sabendo deste destroço, mandou queimar os navios: retirou-se para a Fortaleza com a gente delles, que o conduzio ás costas, por ser tropego, e quasi cego: e como a Fortaleza naõ tinha capacidade para se defender de taõ poderosos inimigos, deixou o Capitaõ Mór Antonio Mendes Aranha nella alguns Soldados, que embaraçassem, o que fosse possivel, a marcha dos Hollandezes: passou com mais gente a Montota, e deste sitio com trabalhosa marcha chegou a Jafanapataõ, onde os Hollandezes tambem chegaraõ dentro de poucos dias. Aguardou-os fóra da Cidade Alvaro Rodrigues Borralho, que governava pelo impedimento de Antonio Mendes Aranha: pelejou com os Hollandezes no sitio de Columbo Manoel da Gama, e depois de perder cincoenta Soldados, se retirou á Cidade, recebendo os Hollandezes consideravel perda. Era a Cidade aberta, mas com as defensas, que os sitiados lhe fizeraõ, a defenderaõ valerosamente hum mez. Passado este tempo, se recolheraõ á Fortaleza, que constava de quatro baluartes, mas de materias taõ frageis, que fizeraõ pouca resistencia ás ballas de artelharia. Debaixo de dezasete baterias começaraõ os Hollandezes os aproxes: pelejaraõ os sitiados com grande valor quatro mezes, que durou o sitio; porém corrompidos da peste, e desmaiados da noticia do máo successo da Armada, que era toda a sua esperança, se entregaraõ vespera de S. Joaõ, governando a Fortaleza Joaõ de Mello Sampayo. Foraõ as capitulaçoens á vontade dos sitiados, em quanto ás honras militares, e permissaõ de salvarem os casados a sua roupa; porém não durou mais a palavra promettida, que o que tardarão os sitiados em abrir as portas do Castello; porque Henrique Lofo General dos Hollandezes permittio indigna, e tirannamente, que os Soldados fossem desarmados, as mulheres ultrajadas, roubados os paizanos: levou o Governador, e mais Officiaes para

para Bathavia, onde eſtiveraõ mais de hum anno priſioneiros com exceſſivas moleſtias: as meſmas padeceraõ os Soldados que mandou para Europa. Emmendou em parte eſte deſconcerto o General Joaõ Macuca, que aſſiſtia em Bathavia no governo ſupremo, favorecendo os Officiaes, remettendo os paizanos, huns para a India, outros caſados á inſtancia ſua para Bengale. Depois da perda de Jafanapataõ tomaraõ os Hollandezes Negapataõ, que por naõ ter Infantaria paga ſe entregou. e os moradores, que eraõ ricos, capitularão ſalvarem as fazendas, e guardando-ſe lhe a capitulaçaõ, paſſaraõ á Fortaleza de S. Thomé; e entre tantas infelicidades fluctuava o Eſtado da India; triunfando os Hollandezes das noſſas diſſençoens, e deſordens, que erão de qualidade, que não podião os Governadores em Goa, nem compolas, nem caſtigalas: ultima miſeria dos Imperios. Chegou em Outubro a Goa o Capitão Mór Urbano Fialho Ferreira, que vinha de Chaul com cinco navios a encorporarſe com Ignacio Sarmento de Carvalho, que eſtava nomeado General da Armada, e Coſta do Norte; e do Reyno o Capitão Mór D. Jeronimo Manoel de Mello em a não Bom JESUS de S. Domingos, e Manoel Velho, que ſahio de Lisboa por ſeu Almirante, apartando-ſe da viagem, não chegou a Goa, ſenão em Mayo do anno ſeguinte. Anno 1658.

HISTO-

HISTORIA DE PORTUGAL RESTAURADO.

LIVRO IV.

SUMMARIO.

JUNTA o Conde de Cantanhede o exercito para soccorrer Elvas: pergunta os pareceres de D. Sancho Manoel, e Officiaes Maiores, que estavaõ sitiados. Chega-lhe sem risco a reposta. tem peor successo cinco Soldados, que mandou subir da Praça, que informaraõ a D. Luiz de Aro da parte, por onde se determinava introduzir o soccorro. Sahe o exercito de Estremoz: da-se a batalha a quatorze de Janeiro: rompem se as linhas: soccorre-se a Praça, ficando os Castelhanos totalmente desbaratados. Passa o Conde de Cantanhede a Lisboa a lograr o merecido applauso da vitoria. Fica D. Sancho Manoel governando a Provincia de Alentejo:

jo: manda o Tenente General Pedro de Lalanda, e ao Commissario Geral João da Silva de Sousa armar as Companhias de Valença, e carear os gados dos campos de Broças com quatrocentos cavallos. Derrotaõ-nos os Castelhanos. Nomea a Rainha por Mestre de Campo General da Provincia de Alentejo ao Conde de Atouguia, e Affonso Furtado General da Cavallaria. Dá principio a este exercito armando as tropas de Badajoz: derrota parte dellas, e Diniz de Mello desbarata em Mouraõ outro troço de Cavallaria. No Minho continua-se o sitio de Monçaõ: intenta o Visconde varias vezes soccorrelo, e naõ o consegue. Resistem os sitiados hum furioso assalto, e rendem a Praça, por se extinguirem quasi totalmente os defensores della. Retira o Visconde o exercito á vista dos inimigos valerosa, e militarmente, e segura-o, passada a ponte do rio Mouro, e aquartela-se nas Aldeas das Choças. Rende-se Salvaterra, e resolve a Rainha Regente formar novo exercito para a defensa do Minho. Varios successos nas outras Provincias. Dispoem a Rainha dar Caza a El-Rey: nomea-lhe Gentis homens da Camara. Manda por Embaixador a França ao Conde Se Soure. Chega áquelle Reyno, quando se começava a tratar a paz entre aquella Coroa, e a de Castella: acha insuperaveis contradições, e naõ pode divertir a fugida do Duque de Aveiro, que passou por França para Castella. Passa a Portugal o Marquez de Chup com varias proposiçoens, que se lhe não admittem. Continuão-se com pouco effeito as negoceaçoens de Roma. Sustenta Francisco de Mello a correspondencia de Inglaterra. Parte por Embaixador de Hollanda D. Fernando Telles. Toma a escandalosa resolução de passar contra a fé publica, Anno 1659.

blica, e particular; ao serviço del-Rey de Castella. Nomea a Rainha o Conde de Miranda por Embaixador das Provincias unidas. Noticias da guerra de Africa, e estado da India.

Anno 1659.

NOs termos apertados, a que estava reduzida a Praça de Elvas depois de dous mezes e meio de continuas, e mortaes enfermidades, a deixámos sitiada no fim do anno antecedente da guerra da Provincia de Alentejo, e ao Conde de Cantanhede com grande zelo, e actividade, prevenindo em Estremoz o exercito para soccorrer os sitiados, tão dependentes deste remedio, que quasi estavão reduzidos ao ultimo aperto, e as difficuldades de se unir ao exercito eraõ insuperaveis, que parece que só o grande coraçaõ do Conde pudera vencelas; porque as enfermidades, que o contagio de Badajoz espalhou por todo o Reyno, inficionaraõ de sorte quasi todas as povoaçoens delle, que era difficultosissimo tirarem-se levas de gente capaz de tão grande empreza; e a que chegava ao exercito, era tão mal disciplinada, que só a confiança do valor invencivel da Nação Portugueza podia animar as esperanças da vitoria.

Junta o Cõde de Cantanhede o exercito para soccorrer Elvas.

O Conde de Cantanhede, antes de tomar a ultima resolução da fórma, e da parte, por onde havia de introduzir o soccorro em Elvas, escreveo a D. Sancho Manoel, e lhe ordenou chamasse a Concelho todos os Officiaes Maiores, e pessoas mais qualificadas, e propondo-lhes a resoluçaõ, com que a Rainha ordenava se soccorresse aquella Praça, a deliberaçaõ com que elle, e todo o exercito se achavão de conseguir a empreza, ou acabar na demanda, ouvisse os seus pareceres sobre a parte, por onde se havia de introduzir o soccorro. Chegou este aviso a D. Sancho, não sem difficuldade, pelo muito que se hião adiantando as fortificaçoens dos Castelhanos. Logo que o recebeo chamou a Concelho, e na conferencia, antes dos votos forão muitos, e diversos os pareceres. Discursavão huns, que o exercito devia escolher hum de dous partidos, ou da arte, ou da força artificiosa

Pergunta os pareceres de D. Sancho Manoel, e Officiaes Maiores que estavaõ sitiados.

tificiosa: que a disposiçaõ de se conseguir o soccorro por arte, devia ser introduzir se em Campo-Maior a quantidade de mantimentos, e muniçoens, que fosse possivel, marchar o exercito por aquella Praça, e alojar junto do rio Caia, occupando cinco portos, que só se vadeavaõ do porto das Mestras, que he a parte por onde entra em Guadiana até a Godinha, espessa mata, que facilitava a commodidade da lenha, e barracas: que estes portos eraõ os unicos, por onde recebia mantimentos o exercito de Castella; porque o rio Guadiana com as repetidas innundaçoens do Inverno, nem dava passo, nem soffria ponte, por se espalhar a corrente pela campanha, de sorte que não havia distinçaõ entre ella, e o rio: que alojado o exercito, e guarnecidos, e fortificados os postos, necessariamente havião os Castelhanos carecer totalmente de mantimentos, e por este respeito, ou levantar o sitio, retirando-se a Valença, ficando na eleição do nosso exercito pelejar com as ventagens, que na marcha se offerecessem; ou pertender facilitar a passagem de Caia por qualquer dos cinco portos com tão inferior partido, como claramente se mostrava nas ventagens do nosso alojamento, com a differença de querer dar huma batalha, rompendo as bem fortificadas linhas dos Castelhanos, para introduzir o soccorro em Elvas; ou esperalo o nosso exercito fortificado com hum grande rio por fosso, e huma Praça como Campo-Maior na retaguarda, e que a gente bizonha que trazia, cobraria novo alento, vendo o superior partido com que havia de pelejar: que achando-se nesta prudente, e militar disposiçaõ algum inconveniente, e querendo-se fazer o pleito mais summario, pela desconfiança da pouca persistencia da gente devia ser a força taõ artificiosa, que se escusasse o maior perigo a hum exercito, de que totalmente dependia a conservaçaõ do Reyno: que o modo de se conseguir este intento, devia ser marchar o exercito com a frente no quartel da Corte, alojar o mais visinho delle que fosse possivel, compondo-se os Terços da retaguarda de quatro mil homens os melhores do exercito com escadas, e faxinas, e todos os instrumentos de expugnaçaõ necessarios para taõ

Anno 1659.

Anno 1659. taõ grande empreza, e que ametade dos batalhoens deviaõ levar faxinas, e granadas: que tomado o alojamento, tanto que cerrasse a noite, se haviaõ de mandar partidas, que tocassem vivamente arma em todo o quartel; e a vanguarda do exercito se havia de arrimar ao quartel da Corte, e atacar as trincheiras, de sorte que os Castelhanos entendessem que os outros rebates eraõ diversoens, e por aquella parte se intentava o soccorro; e para os confirmar nesta presunçaõ, devia jogar furiosamente a artilharia dos baluartes daquella parte, e á do Forte de Santa Luzia contra o quartel da Corte, mandando juntamente huma grossa partida, que sahisse da Praça a tocar-lhe arma: que antes de se dar principio a todas estas operaçoens, havia de estar em marcha o troço dos quatro mil Infantes, e mil e trezentos cavallos, e chegar-se com toda a diligencia pela parte das Ameymoas (onde quasi não havia linha levantada) ao Forte de nossa Senhora da Graça, e a todo o risco se devia dar o assalto com a Infantaria, e naõ bastando, com os Soldados de cavallo desmontados; e que logo que esta operaçaõ tivesse principio, sahiria a Cavallaria, e Infantaria, que houvesse na Praça, a ajudalos, por consistir nella a saude publica; e porque o Forte era pequeno, e facil de ganhar, logo que se rendesse, ficava a Praça soccorrida; porque o exercito com esta certeza havia de marchar a aquelle sitio, e delle caminhar para a Praça; porque entre ella, e o Forte naõ podiaõ subsistir as tropas inimigas, sem padecerem da artilharia, e mosquetaria da Praça o ultimo estrago: que a todas estas operaçoens dariaõ lugar as muitas horas que durava a noite, e que os Castelhano divididos na precisa segurança dos quarteis, e larga circumvallaçaõ das linhas, naõ fariaõ de noite a menor opposiçaõ fóra dellas. Este parecer foi exposto na conferencia por D. Luiz de Menezes, a quem D. Sancho Manoel havia chamado a Concelho por favor particular, naõ lhe tocando entrar nelle pelo seu Posto. Approvou-o D. Sancho, o Conde de S. Joaõ, e D Joaõ da Silva: seguiraõ os mais a Diogo Gomes de Figueiredo, que disse que o valor dos Portuguezes naõ necessitava de industrias,

nem

Anno 1659.

nèm a qualidade da Infantaria do exercito, por ſer a maior parte bizonha, dava lugar a muitas operaçoens: que o exercito devia marchar pela eſtrada direita de Eſtremoz, e pela parte dos Murtaes, que ficavaõ á maõ direita daquella eſtrada ao pé da ſerra de N. Senhora da Graça; inveſtir as linhas com as eſpadas nas mãos ao favor das baterias da Praça, e da ſortida da Infantaria, e Cavallaria della: que com eſta reſoluçaõ, e favor Divino, que ſe devia eſperar propicio á noſſa juſtiça, podiamos contar por infallivel a vitoria. Eſtes pareceres remetteo D. Sancho Manoel ao Conde de Cantanhede, e chegando-lhe ſeguros, chamou a Concelho a André de Albuquerque, D. Rodrigo de Caſtro, Affonſo Furtado, e ao Conde da Feira, e propondo lhes as duas opinioens dos ſitiados, ſeguiraõ todos atacarem-ſe as linhas pela parte dos Murtaes, ſem prevalecer a conſideraçaõ de ſe poder achar, como devia ſuppor-ſe, o exercito de Caſtella formado dentro da linha á noſſa oppoſiçaõ; experiencia que totalmente difficultava eſte intento, ou porque a ſciencia militar até aquelle tempo naõ tinha mais exercicio, que o do valor; ou porque a Providencia Divina, querendo manifeſtar a ſua miſericordia, deſviava os diſcurſos prudentes, para que triunfando as Armas Portuguezas pelos caminhos menos acertados, naõ perigaſſe na vaidade o agradecimento. Tomada eſta reſoluçaõ, fez o Conde de Cantanhede aviſo a D. Sancho Manoel do que ficava determinado, e ordenou-lhe mandaſſe logo cinco Soldados praticos na campanha para guiarem a marcha do exercito pela parte mais conveniente. Moſtrou o ſucceſſo quanto devia eſcuſar-ſe o perigo deſta ordem; porque no exercito havia grande numero de Officiaes, e Soldados, que ſabiaõ todos aquelles caminhos, e nas obſervaçoens dos Cabos conſiſtia o ſeu acerto, e ſegurança. Chegou a D. Sancho eſta ordem, e executando a com menos recato, do que convinha, eſcolheo os cinco Soldados, e os examinou ſe ſaberiaõ guiar o exercito pela parte dos Murtaes. Reſponderaõ-lhe o que não podião ignorar, e vierão a entender o que não convinha que ſoubeſſem, pelo perigo a que hião expoſtos. Deſpedio-os D. Sancho, e a pouca

Chega ao Conde de Cantanhede ſem riſco a repoſta.

Tem por ſucceſſo cinco ſoldados, que mandou ſahir da Praça, que informaraõ a D. Luiz de Aro da parte por onde ſe determinava introduzir o ſoccorro,

Anno 1659. pouca diſtancia da Praça, os fez priſioneiros huma groſſa partida, que com outra ſe occupava em impedir a correſpondencia entre a Praça, e o exercito. Mandou D. Luiz de Aro dividilos, e examinalos, e com promeſſas, e ameaços ſe renderão a confeſſarem ao que erão mandados; e como a declaraçaõ de cada hum concordou com a que fizeraõ todos, teve D. Luiz de Aro por ſem duvida, que o exercito determinava romper a linha pelo ſitio dos Murtaes, e perſuadido deſta certeza mandou com grande calor adiantar por aquella parte as fortificaçoens. O Conde de Cantanhede, nem D. Sancho Manoel tiverão noticia da perda deſtes Soldados, com que ficou muito mais arriſcado o intento do exercito; nem D. Sancho recebeo hum aviſo, que o Conde lhe fez, de que determinava ſahir de Eſtremoz a onze de Janeiro; porque os Caſtelhanos na certeza da viſinhança do perigo dobraraõ a vigilancia, e por mais de vinte dias teve ſó communicaçaõ a Praça com o exercito na valeroſa ſahida, que fez Gomes Freire de Andrade, a tomar poſſe de huma Companhia de Cavallos, em que eſtava provido, acompanhado de Marcos Teixera, tambem nomeado no exercito Védor Geral da Artilharia, e de dous guias, levando Gomes Freire aviſos de grande importancia ao Marquez de Marialva; os quaes D. Sancho Manoel lhe deu vocalmente, por fiar do ſeu ſegredo, que os naõ deſcobriſſe em caſo, que foſſe priſioneiro, e temer que não pudeſſe occultar as cartas que levaſſe, e tiverão a fortuna de que o ſeu volor, e diligencia os livrou de tão grande perigo, conduzindo os ao exercito, e neſte tempo não houve na Praça mais que algumas ſortidas de pouca importancia; porque os Caſtelhanos ſó tratavão de ſegurar os quarteis com fortificaçoens, e de applicar levas de Infantaria, e Cavallaria, para engroſſar o exercito, entendendo, que deſvanecido o ſoccorro, ficava a Praça entregue, e a Provincia perdida.

Erão os mortos em tão exceſſiva quantidade, que havia dia, em que acabavaõ trezentos, como já diſſemos, e o numero dos que eſtavão capazes de tomar armas, era taõ diminuto, que o Terço de Agoſtinho de Andrade, a que ſe se haviaõ aggregado nove Auxiliares, e Ordenanças, constava de noventa Soldados. A noticia das muitas levas, que entravão todos os dias no exercito de Castella, teve o Conde de Cantanhede por Geromenha de Francisco de Brito Freire: porém valeroso, e acautelado não quiz communicalla a outra alguma pessoa; porque o ardor com que todos caminhavão á gloria daquella empreza, não passasse de arrojado a discursivo, pois nesta occasiaõ a temeridade devia ser contada como virtude, na consideraçaõ de consistir no soccorro de Elvas a conservaçaõ do Reyno; e havendo neste tempo chegado todas as levas, e carruagens, que se aguardavão, e achando-se promptas todas as mais preparaçoens precisas para taõ grande intento, sahio de Estremoz o nosso exercito Sabbado onze de Janeiro, governado por D. Antonio Luiz de Menezes Conde de Cantanhede. Era seu Mestre de Campo General com titulo de primeiro, e com o exercicio de General da Cavallaria André de Albuquerque. Exercitava a occupação de Mestre de Campo General D. Rodrigo de Castro Conde de Misquitella: Occupava o Posto de Capitão General da Artilharia Affonso Furtado de Mendoça: Os Tenentes Generaes da Cavallaria da Provincia de Alentejo, eraõ Achim de Tamaricurt, e Diniz de Mello de Castro: da Provincia da Beira, Manoel Freire de Andrade, e Gil Vaz Lobo: do Reyno do Algarve, Pedro de Lalanda: Commissarios Geraes da Cavallaria, Joaõ da Silva de Sousa, e Joaõ Vanichele. Constava a Infantaria de oito mil Infantes, dous mil e quinhentos pagos, os mais Auxiliares, e Ordenanças, divididos em dezaseis esquadroens governados pelos Mestres de Campo Pedro de Mello, D. Manoel Henriques, Antonio Galvão, Fernando de Mesquita Pimentel, Bartholomeu de Azevedo Coutinho, Gabriel de Castro Barbosa, Luiz de Sousa de Menezes, Luiz de Mesquita Pimentel, Alvaro de Azevedo Barreto, Antonio de Sá Pereira, Gregorio de Castro de Moraes. O Terço de Manoel Velho, que havia falecido em Estremoz, governava o Tenente de Mestre de Campo General, Affonso de Barros Torvão, o de Mertola o Capitão Mór Lucas Barroso Sembrano, o

Anno 1658.

Sahe o exercito de Estremoz.

O de

Anno 1658. de Moura o Sargento Maior Balthasar de Sá de Souto Maior, o do Conde da Torre o Sargento Maior Manoel Nunes Leitaõ, o de Francisco Pacheco Mascarenhas o Sargento Maior Manoel da Silva Dorta. Serviaõ os postos de Tenentes de Mestres de Campo General Diogo Gomes de Figueiredo, Manoel Lobato Pinto, Acenço Alvares Barreto. Compunha-se a Cavallaria de dous mil, e quinhentos cavallos, e quatrocentas egoas, e constava o trem de sete peças de artilharia da campanha, com todas as prevençoens convenientes. Na retaguarda do exercito marchavão duas mil cargas de muniçoens, e mantimentos, e duas mil cabeças de gado para se introduzirem na Praça, em caso que fosse possivel.

Quando o exercito sahio de Estremoz, naõ marchou todo unido: ao segundo, e terceiro dia da marcha se lhe encorporaraõ as guarniçoens de Geromenha, Villa-Viçosa, Borba, Campo-Maior, Arronches, e Monforte. Tomou o primeiro alojamento em Alcaraviça, e continuou a marcha ao Domingo ao amanhecer: e havendo sido todos os dias antecedentes de excessivas tempestades, este foi de Sol claro, e resplandecente, e servio de felice annuncio aos Soldados, e logo que sahio de Atalaia dos matos, se formou em batalha; e como a maior parte da Infantaria tinha pouco exercicio, fez dilaçaõ a fórma, e ficou alojado no sitio de Rebola, huma legoa da Atalaia dos matos. A' segunda feira, tanto que rompeo a manhãa, divididos os claros, e compassadas as tropas, marchou a occupar o alto da Atalaia dos Capateiros, que lhe ficava visinho, e os batalhoens da vanguarda desalojaraõ hum batalhaõ, que havia sahido dos quarteis a reconhecer a marcha, e retirar os Infantes, que guarneciaõ a Atalaia dos Capateiros. Brevemente occupo o exercito as collinas da Açomada, de que se descobre a Praça de Elvas, e se divisavaõ as dilatadas linhas dos Castelhanos. Valeroso, e alegre impulso occasionou em todos os Soldados a vista daquelle magestoso, e militar espectaculo; porq̃ a Praça emminente, e na apparencia formidavel, mostrava dominar todos os quarteis dos inimigos, que lhe ficavaõ inferiores, e a realidade persuadia que

toda

toda aquella maquina militar, pelo rigor do contagio, era mausoléo de grande numero de Soldados valerosos, e consistia a sua defensa em outros, ou moribundos, ou combalidos dos ares inficionados, com que a madureza do discurso perturbava toda a alegria dos olhos. Porém esta ponderaçaõ dobrava em ardentes estimulos todos os discursos, de tal sorte, que naõ havia Soldado de animo taõ humilde, que lhe naõ parecesse pequena empreza romper aquelles quarteis, e desbaratar todo o exercito, que os animava. O Conde de Cantanhede, para introduzir nos sitiados a certeza da sua chegada, mandou disparar a artilharia; a que a Praça, e o Forte de Santa Luzia responderaõ com repetidas salvas, que em huma, e outra parte multiplicaraõ o alvoroço. D. Sancho Manoel sahindo do cuidado, em que o tinha posto a dilaçaõ dos avisos do exercito, se lhe dobrou o contentamento, que de sorte se diffundio por toda a Praça, que em hum mesmo ponto se viraõ sahir dos alojamentos os saõs com armas, os enfermos animados a tamallas, D. Sancho acompanhado dos Officiaes, e pessoas particulares ornados de galas, e plumas, montaraõ acavallo; e sahindo da Praça com a Cavallaria, carregaraõ furiosamente as sentinellas, e Companhias da guarda do quartel da Corte, e naõ acharaõ muita resistencia; porque o cuidado dos Castelhanos tinha maior emprego, havendo todo o exercito acodido a se formar na frente, que o nosso trazia, e D. Luiz de Aro mandado ao Tenente General da Cavallaria D. Joaõ Pacheco com alguns batalhoens a observar o alojamento, que o nosso exercito tomava. Fez elle esta diligencia, e reconhecendo que se aquartelava no sitio da Amoreira visinho aos Murtaes, que era a parte, que os cinco Soldados, que foraõ prisioneiros sahindo da Praça, haviaõ signalado, para se lhe introduzir o soccorro, naõ servio esta confrontaçaõ de sinal, para D. Joaõ Pacheco advertir a D. Luiz de Aro formasse o exercito na parte opposta ao nosso intento, antes enganado com o successo de Olivença, e tomando por felice annuncio ter este quartel o nome da Amoreira, que era o mesmo do que haviamos tomado naquella occasiaõ, segurou a D.

Anno 1658.

Anno 1659.

Luiz de Aro, que o nosso exercito caminhava, ou pelos mesmos passos, ou pelos mesmos erros; e dando o nome ridiculo de Olivençada a esta sua confiança, pertendeo livrar a D. Luiz de Aro do cuidado, que podia ter do nosso intento, e conseguio persuadillo a dar ordem, que os Terços, e Cavallaria voltassem para os seus quarteis. Neste mesmo tempo cerrando a noite se recolheo D. Sancho Manoel para a Praça, e nella acômodou o General da Artilharia Pedro Jaques de Magalhaens no baluarte do Principe, que dominava o sitio, por onde o exercito determinava romper a linha, vinte peças de artilharia das mais grossas, de que os Castelhanos receberaõ muito consideravel perda na batalha do dia seguinte. Ordenou D. Sancho, que aquella noite estivesse exposto o Santissimo Sacramento, sendo a principal obrigação Catholica buscar-se em Deos a primeira segurança, e todos os Officiaes, e Soldados dos Terços, e Cavallaria se preveniraõ para a sortida primeiro com confissoens, depois com armas, e todos com tanto contentamento, que parecia mais celebrar a vitoria, que preparar para a batalha; e os Terços do Conde de S. Joaõ, e de Simão Correa da Silva, que pela falta de gente de dous se haviaõ reduzido a hum, como todos os da Praça, e tambem os Terços de Agostinho de Andrade, e Diogo Gomes de Figueiredo ficaraõ alojados na estrada cuberta. Tanto que o nosso exercito tomou o quartel referido, se adiantaraõ André de Albuquerque, e o Conde de Mesquitella a reconhecer os alojamentos dos inimigos, e observando que as linhas, que determinavaõ romper, estavaõ naõ só mais levantadas do que suppunhaõ, mas em muitas partes com outras de circumvallaçaõ, e fortins, que as seguravaõ, entraraõ em novo cuidado, e voltaraõ a dar conta ao Conde de Cantanhede, que no mesmo tempo tinha recebido aviso de Francisco de Brito Freire de haverem chegado de soccorro aos Castelhanos tres mil Infantes, e quinhentos cavallos: e naõ fiando esta noticia mais que do seu grande coraçaõ, brevemente se desembaraçou do cuidado das novas fortificaçoens, dizendo aos dous Cabos, que naõ podia encontrar maior perigo, que mudar de resoluçaõ, na certeza de que passado

Anno 1658.

do o primeiro ardor, seria difficil conservar o exercito formado de gente nova, e mal disciplinada; e juntamente entendeo não devia buscar outro caminho de soccorrer Elvas, tendo feito aviso a D. Sancho, que por aquelle determinava romper a linha; e juntos os mais Cabos, e Officiaes Maiores, todos ajustaraõ valerosamente seguir aquella grande empreza na fórma premeditada. D. Luiz de Aro, logo que cerrou a noite, constou que chamara a Conselho os Cabos, e os muitos Officiaes vivos, e reformados, de que se compunha o exercito, sahisse das linhas a dar batalha na campanha, respeitando a sortida, e artilharia da Praça, e ponderando a supperioridade do exercito, por se achar com quatorze mil Infantes; e tres mil, e quinhentos cavallos: porém prevaleceraõ os votos contrarios, resolvendo D. Luiz de Aro, que o exercito esperasse dentro das linhas a nossa determinaçaõ; porque ainda que as noticias anticipadas insinuavaõ, que pela parte dos Murtaes determinavão os Portuguezes romper a linha, alojarem o exercito naquelle mesmo sitio, evidentemente mostrava, que a determinação era outra, e que este intento podia ser espalhado para trazer áquella parte todo o exercito em opposiçaõ do nosso, investindo de noite outro posto naõ imaginado, que seria difficultoso defender pela dilatada circumvallaçaõ das linhas; e que as operaçoẽs do dia seguinte haviaõ de mostrar, se os Portuguezes caminhavaõ a esta empreza com a mesma confusaõ, que padeceraõ no soccorro de Olivença, inferencia, a que persuadiaõ as suas primeiras disposiçoens. Este discurso obrigou a D. Luiz de Aro a segurar com as suas guarniçoens todos os quarteis, e só nas linhas oppostas ao nosso exercito ficou hum pequeno troço de Cavallaria, e Infantaria, e ao Commissario Geral D. Joaõ Quintanal se deu ordem, que com quinhentos cavallos se oppuzesse á sortida da Praça. Aquella noite se passou no exercito, na Praça, e nos quarteis com differentes imaginaçoens: os do exercito consideravaõ, que no successo daquella empreza consistia a liberdade de Portugal; porque se o exercito ficasse vencido perdia-se a Praça, arriscava-se a Provincia, e por con-

Anno 1658.

ſequencia todo o Reyno, e ſe foſſe vencedor, na gloria do triunfo ſe ſegurava a ſubſiſtencia da Monarquia; e aquelle temor, e eſta eſperança inflamava de ſorte os animos, não ſó dos Cabos, e Officiaes, mas de todos os Soldados, que não ſó deſprezavão os perigos do dia ſeguinte, mas com ardor efficaciſſimo os deſejavão: porém em muitos a ignorancia delles era a melhor medianeira da ouſadia, e unidos todos por differentes caminhos a hum ſó fim, depois de preparados catholicamente para morrer, ſe aparelharaõ valeroſamente para matar. Nos quarteis eraõ differentes os intentos, ainda q iguaes os diſcurſos: todos entendiaõ que Portugal tinha empenhado as ultimas forças naquelle ſoccorro, e que desbaratadas, não haveria difficuldade em chegar o exercito a aviſtar os edificios de Lisboa, com taõ poucas fortificaçoens, que ſeria impoſſivel defender-ſe; e que as conſequencias daquella grande conquiſta eraõ de qualidade, que o General ſegurava a valia, os Cabos, e Officiaes os premios, os Soldados os deſpojos taõ conſideraveis, que nem a imaginação baſtava a comprehendellos. Reconhecião o exercito de Portugal de tão pouco numero, e inferior qualidade, que a viſta formidavel dos quarteis, linhas, e Fortes baſtava a desbaratallo, e neſta enganoſa confiança primeiro ſe julgavão triunfantes, que vencedores; e aguardavão o dia ſeguinte, para ſer contado pelo mais felice da Monarquia de Caſtella. Os ſitiados de cuidados, e eſperanças tecião os ſeus diſcurſos: ponderavão General do exercito de Caſtella a D. Luiz de Aro abſoluto director daquella Monarquia, aſſiſtido de Cabos, e Officiaes muito praticos, e valeroſos, e de muita nobreza: (alma das acçoens heroicas) vião os quarteis bem fortificados, as linhas levantadas, os Fortins guarnecidos, os Terços numeroſos, a Cavallaria excellente; e para ſuperar tantas difficuldades, e vencer taõ grande poder, vinha ſoccorrellos hum pequeno exercito, compoſta a Infantaria de gente Auxiliar, e da Ordenança, e a Cavallaria remontada, não ſó de cavallos dedicados para as caudellarias, mas das egoas, de que ellas conſtavão, os Terços pagos, huns ſem Meſtres de Campo, outros ſem Ca-

pitaens

Anno 1658.

pitaens conhecidos dos Soldados: os Generaes, de quem ſó a conſtancia podia ſupprir tanta falta, e tão pequeno numero de gente, para haver de ſahir na ſortida da Praça, que apenas podião tomar armas mil Infantes, e montar cento e ſeſſenta cavallos: porém a confiança do valor da Nação Portugueza, tantas vezes experimentado, animava aos ſitiados a eſperarem vencer impoſſiveis; que pareciaõ taõ invenciveis na fé de ſe eſperar propicio o favor Divino pela cauſa juſta, que defendia mos, pertendendo ſó livrarnos do jugo de Caſtella, argumentando do trato paſſado, o que deviamos eſperar do futuro.

Da-ſe a batalha a quatorze de Janeiro.

A decifrar toda eſta maquina de diſcurſos, amanheceo terça feira, quatorze de Janeiro do anno de mil e ſeiscentos, cincoenta e nove, dia tão fauſto á Nação Portugueza, que até a ſi meſmo ſe fez felice, por ſer de ſeculos immemoraveis erradamente julgado por infauſto; tomando a maior parte neſte agouro a familia dos Menezes, de que era cabeça o Conde de Cantanhede, que conſeguio mais huma vitoria na reſolução de deſvanecer eſta ſuperſtiçaõ gentilica. Ao ſahir do Sol eſcureceo o dia huma groſſa nevoa, anticipando o luto ás mortes, de que havia de ſer teſtimunha. Toda a noite antecedente ſe tocou vivamente arma em todos os quarteis, vigilantemente guarnecidos dos Caſtelhanos; e logo que rompeo a manhãa, ſahio D. João Pacheco com alguns batalhoens a reconhecer o exercito, e obſervando, que nem havia mudado de alojamento, nem pegava nas armas para marchar, de que a nevoa havia ſido cauſa (coſtumando eſtes accidentes ſer as melhores armas dos vencedores) voltou a ſegurar a D. Luiz de Aro, que naquelle dia naõ poderia haver novidade, de que reſultou retirarem-ſe da linha oppoſta ao exercito os Terços, e Cavallaria, que de noite a havia ſegurado, ficando ſó guarnecidos os Fortins. Parece que o Sol eſperou, que ſe retiraſſem enganados os expugnadores da Praça, para ſe manifeſtar fermoſiſſimo pelas oito horas da manhãa, convidando o noſſo exercito á generoſa acçaõ, que emprendia; e como as ordens eſtavaõ diſtribuidas da noite antecedente, e o exercito tinha ficado em batalha, naõ foi

Anno 1658. necessario mais que pegar nas armas, estender as bandeiras, tocar caixas, e trombetas, e na pausa dellas, antes que a marcha tivesse principio, fallou o Conde de Cantanhede, galhardo na pessoa, alegre no semblante, neste sentido: os meus annos, e as minhas experiencias, valerosos Portuguezes, me tem dado taõ verdadeiro conhecimento dos successos futuros, que do governo politico, e do socego da paz passei voluntariamente ao exercicio militar, e á incerteza dos successos da guerra, naõ só por sacrificar a vida pela liberdade da Patria, que todos restauramos, se naõ por entender, que das mesmas difficuldades, que se offereceraõ para juntar este exercito, haviaõ de sahir os instrumentos do soccorro de Elvas, a pezar da opposiçaõ dos Castelhanos. Com grande contentamento considero lograda esta esperança; porque no heroico valor, que vejo manifesto em cada qual dos vossos semblantes, reconheço que acertei, como Gedeaõ por Divina Providencia, na escolha dos companheiros, que elegí para esta generosa empreza; tendo por infallivel, que naõ pudera neste instante haver no Mundo opposiçaõ, que bastasse à resistir os vossos impulsos, quanto mais a debilidade de huma fraca trincheira, defendida por huma Naçaõ, tantas vezes vencida por vós outros, e vossos antepassados, e agora enganada, presumindo que determinamos romper a linha por outra parte, o que se verifica, reconhecendo se que naõ tem nella guarniçaõ; porque o exercito está dividido em todos os quarteis, taõ distantes huns de outros, que muito primeiro havemos nós de chegar a romper a linha, que elles a defendella; ventagem que desde logo nos começa a assegurar a vitoria. He D. Luiz de Aro o General, que tenho por opposto, a que naõ reconheço ventagem, e os mais Cabos neste exercito, excedem tanto aos dos inimigos, como tém mostrado as muitas occasioens, que delles triunfaraõ; e entre Soldados, e Soldados, vós mesmos conheceis a differença, sem necessitar a minha estimaçaõ de explicar o que nella venero, esperando ver brevemente provadas estas infalliveis proposiçoens, e libertados nossos parentes, e amigos sitiados na Praça, que temos á vista, tanto mais opprimi-

opprimidos do contagio, que dos Castelhanos, que na guerra das sortidas, que he a que só tem sustentado, por se não atreverem os Castelhanos a caminhar com aproxes, sempre tem sahido gloriosamente vitoriosos; porém taõ lastimosamente offendidos das enfermidades, que me segura D. Sancho Manoel, que ha dias, que morrem trezentos homens, e como he infallivel, que se logo lhe não acodirmos, pereceraõ todos: devemos gastar o tempo mais nas obras que nas palavras, segurando vos, que vereis as minhas em tudo confórmes. He tempo valerosos Soldados, de investir aquellas linhas, de vencer aquelles inimigos, de soccorrer aquella Praça, e de livrar aos nossos venerados, e legitimos Principes do cuidado, com que aguardaõ a noticia deste succesto. Em hum só rumor, melhor entendido, que explicado, respondeo confórme o exercito ao Conde de Cantanhede, e manifestou o desejo com que todos estavaõ de investir as linhas. Naõ deu tempo a prudencia do Conde a outra novidade, conhecendo que os Generaes devem venerar, e usar destes impulsos, como Divinos: mandou que o exercito marchasse a atacar os Fortins, e linhas oppostas na disposiçaõ das ordens antecedentes, e na fórma seguinte. Anno 1658.

Pouco distante da linha da vanguarda marchou o Tenente de Mestre de Campo General Diogo Gomes de Figueiredo com os Sargentos Maiores Joaõ Machado Fagundes, Antonio Tavares da Costa, Fernando Martins de Seixas, Alvaro Saraiva, Antonio de Vasconcellos, e mil Infantes escolhidos em todos os Terços, armados de mosquetes, pistolas, partezanas, espadas, e rodelas, e os mosqueteiros com feixes de faxina para cegar o fosso. A vanguarda da Infantaria governada pelo Conde de Misquitella, constava de tres mil Infantes repartidos em cinco Terços, de que eraõ Mestres de Campo Pedro de Mello, que occupava o lado direito, e era Capitaõ do seu Terço Roque da Costa Barreto, que individuamos pela satisfaçaõ, com que depois occupou os maiores lugares na paz, e na guerra, ainda que os mais Capitaens o merecessem; D. Manoel Henriques, Fernando de Mesquita, Bartholomeu de Azevedo: e no lado esquerdo Anto-

Anno 1658. Antonio Galvaõ. Dezaseis batalhoens de Cavallaria, que constavaõ de mil, e duzentos cavallos, guarneciaõ os flancos dos cinco Terços, governados pelo General da Cavallaria André de Albuquerque, assistido no lado direito, onde marchava; do Tenente General Diniz de Mello de Castro, e do Commissario Geral Joaõ Vanichelle: o lado esquerdo governava o Tenente General Achim de Tamaricurt, acompanhado do Commissario Geral Joaõ da Silva de Sousa. Constava a batalha de dous mil Infantes formados nos esquadroens do Conde da Torre sitiado em Elvas, governados pelo Sargento Maior Manoel Nunes Leitão: seguia-se Luiz de Sousa de Menezes, Affonso de Barros Torvaõ, o Terço de Francisco Pacheco Mascarenhas tambem sitiado, que governava o Sargento Maior Manoel da Silva Dorta, Antonio de Sá Pereira; e no lado esquerdo o Terço que havia sido do Baraõ de Alvito, governado pelo Sargento Maior Balthasar de Sá. Outros dezaseis batalhoens, que se compunhaõ de novecentos cavallos, guarneciaõ o corpo da batalha: governavaõ o lado direito Gil Vaz Lobo, o esquerdo o Tenente General Manoel Freire de Andrade. Constava a reserva de dous mil Infantes divididos nos Terços de Gregorio de Castro de Moraes, que marchava ao lado direito, Alvaro de Azevedo, Lucas Barroso, Luiz de Mesquita, Gabriel de Castro. Cobria estes Terços, e segurava as bagagens o Tenente General Pedro de Lalanda com oito batalhoens, que se compunhaõ de quatrocentos cavallos, e de quatrocentas egoas. O General da Artilharia Affonso Furtado de Mendoça fez jogar as peças que levava de huma emminencia, que descobria o lugar da batalha, e laborou em grande prejuizo dos Castelhanos, e deixando-a accõmodada, e guarnecida, passou á vanguarda da Infantaria. O Conde de Cantanhede elegeo por Capitaõ da sua guarda, em lugar de D. Luiz de Menezes sitiado em Elvas, a Pedro Cesar de Menezes, que fazia batalhaõ com André Gatino, Capitaõ de arcabuzeiros da guarda, e marchou na frente da batalha acompanhado de D. Joaõ Forjaz Pereira, Conde da Feira, de Gracia de Mello, Monteiro Mór do Reyno, que havia

trazido

trazido ao exercito quatrocentos espingardeiros de Mertola, de Christovaõ de Mello, filho mais velho do Porteiro mor Luiz de Mello, Luiz de Saldanha, Gonçalo Pires de Carvalho, Manoel Freire de Andrade, Governador da Praça de Peniche, do Capitaõ Miguel Alvares Galvaõ, do Tenente de Mestre de Campo General Manoel Lobato Pinto, e do Capitaõ Mathias Correa de Faria. Logo que o exercito começou a marchar, observando da Praça D. Sancho Manoel a sua resoluçaõ, deu ordem ao Conde de S. Joaõ, a Simão Correia da Silva, e a Diogo Gomes de Figueiredo, que marchassem da porta da esquina, onde havião ficado aquella noite, a se formar junto aõ ribeiro de Chinches, que corre entre a Praça, e o Forte de Nossa Senhora da Graça; e que observando os movimentos do nosso exercito, obrassem em seu soccorro o que julgassem mais conveniente; não se arrojando porém sem grande causa ao maior empenho, pela contingencia do successo do exercito, e pouca, e debilitada guarnição, com que a Praça ficava; e mandou dizer ao Commissario Geral D. João da Silva, que estava formado no Outeiro de S. Pedro com cento e secenta cavallos, e cincoenta espingardeiros, que deixava na sua eleição executar o que julgasse mais conveniente em beneficio do exercito. Tanto que recebeo esta ordem, marchou a se encorporar com os Terços no ribeiro de Chinches. Na Companhia de D. Luiz de Menezes, que constava de sessenta e cinco cavallos, pelos muitos, que nas sortidas havia tomado aos Castelhanos, hia o Conde da Torre, e Fernando da Silveira, e Luiz Lobo da Silva, era seu Tenente Joseph Passanha de Castro. D. João da Silva tirou das Companhias vinte e cinco cavallos, e entregou-os ao Tenente Russo com ordem, que observando de hum alto, que ficava visinho, as operaçoens do exercito, e as dos inimigos, o fosse avisando para tomar a resolução mais conveniente. Fernando da Silveira, que era de valor intrepido, e invencivel, se atrojou acompanhar o Tenente: pedirão-lhe todos, principalmente o Conde da Torre, e D. Luiz de Menezes, que erão seus sobrinhos, que não quizesse tomar aquella arriscada reso-

Anno 1658.

lução

Anno 1658. lução, sendo tanto mais util darlhes naquella batalha em que consistia a conservação do Reino, a doutrina aprendida nos muitos annos, que havia continuado a guerra. Naõ foi possivel reduzilo chamado do destino (que costuma tentar com os perigos a que condemna) a ser huma das primeiras vidas, que se sacrificasse pelo soccorro daquella Praça. Seguiraõ esta partida com duas mangas de mosqueteiros, os Capitaens de Infantaria Miguel Carlos de Tavora, Irmaõ segundo do Conde de Saõ Joaõ, e Joaõ Furtado de Mendoça, com o fim de dar calor na aspereza das serras á Cavallaria que avançasse.

Na fórma referida marchava o exercito, e o aguardavaõ os sitiados, quando avisado D. Luiz de Aro dos eccos das caixas, e trombetas, reconhecendo o engano que havia padecido, montou aceleradamente á cavallo, e da mesma sorte nos quarteis, em que assistiaõ o Duque de S. German, o Mestre de Campo General D. Rodrigo Moxica, o Duque de Ossuna General da Cavallaria, e o General da Artilharia D. Gaspar de la Cueva, e todos confusamente fizeraõ marchar os Terços, e batalhoens que encontravaõ, e lhes foi possivel conduzir, e correraõ a remediar o damno, que taõ manifestamente os ameaçava, pertendendo guarnecer a linha, que o nosso exercito investia, que era a que corria do Mosteiro de S. Francisco para o Forte de N. Senhora da Graça pelo sitio dos Murtaes. Porém como a circumvallaçaõ era taõ larga, quando o nosso exercito chegou ás linhas, naõ haviaõ os Castelhanos formado na sua opposiçaõ mais que alguns Terços confusos, e alguns batalhoens embaraçados. D. Luiz de Aro subio ao Forte de Nossa Senhora da Graça, que governava o Mestre de Campo D. Joaõ Zuñiga, a observar a determinaçaõ do nosso exercito, dizendo em mal explicadas palavras, pelo sobresalto repentino, que acodissem todos a defender nas linhas a honra da Naçaõ, e o perigo das armas. O Duque de S. German, e o Mestre de Campo General com summa diligencia formáraõ os Terços, que de todos os quarteis vieraõ acodindo: o Duque de Ossuna com mais largo giro foi unindo os batalhoens, que precipitadamente corriaõ sem ordem, e marchou

chou com elles a remediar o damno, que por instantes crescia: D. Gaspar de la Cueva fez jogar a artilharia na melhor fórma, que naquelle repentino accidente lhe foi possivel: os Grandes, e Titulos, pessoas particulares, e Officiaes reformados, que eraõ em grande numero, acodiraõ ao lugar, em que ameaçava maior perigo. Neste tempo havia chegado o nosso exercito á linha, e confórme a disposiçaõ referida, se adiantou Diogo Gomes de Figueiredo com os Sargentos Maiores, e Infantes, que governava, e lançando as faxinas no fosso usando vivamente das mampostas, começaraõ a fazer a primeira brecha, e promptamente chegaraõ a ajudallos os Terços da vanguarda, investindo cada hum delles, sem descompor a fórma, o Fortim, ou linha com que topava, para que fosse bem dilatada a brecha, que se abrisse, e com ardor inexplicavel, cegavaõ huns o fosso, outros abatiaõ a terra, outros saltavaõ nas trincheiras ajudados da bateria da artilharia da Praça, que furiosamente laborava, e a pezar das repetidas cargas dos Castelhanos, e de toda a sua opposiçaõ, se começaraõ a formar dentro da linha os Terços dos Mestres de Campo Antonio Galvaõ, e Bartholomeu de Azevedo, a tempo que o Commissario Geral da Cavallaria D. Joaõ Quintanal, que tinha ordem para se oppor á sortida da Praça com quinhentos cavallos, e com errada confiança havia passado a noite fóra dos Olivaes para a parte de Campo Maior, vinha baixando com valerosa diligencia do alto do monte de Nossa Senhora da Graça, pertendendo romper a Infantaria, que se hia formando. O Tenente Russo seguindo a ordem, que D. Joaõ da Silva lhe tinha dado, o avisou deste movimento. D. Joaõ ornado de prudente, e promptissimo valor, reconhecendo que este era o melhor, e mais util emprego da Cavallaria, que mandava, contando os Soldados pelo valor, e naõ pelo numero, avançou a taõ felice tempo, que occupando o claro, que ainda achou livre entre os nossos dous Terços, e os batalhoens Castelhanos, os investio com tal impeto, que os obrigou a voltar as caras com tanto medo, que se alentaraõ os nossos Soldados no principio da batalha appellidar a vitoria, e se-

Anno 1659

Rompem-se as linhas.

Anno 1659.

e seguindo aos Castelhanos com menos ordem da que D. Joaõ desejava, obrigarão a muitos a saltar fóra das linhas, outros a despenhar-se da serra. Ao tempo que começavamos abaixala, acodio aos Castelhanos, que fugião, hum grande troço de Cavallaria da parte do quartel da Vergada, e obrigando-os a se tornarem a formar, todos carregárão aos da sortida, e pelo excesso do numero lhe suspenderão o ardor; porèm como o sitio era estreito, e a serra aspera pelejárão muito largo espaço, sem darem lugar aos Castelhanos a ganharem terreno, em grande utilidade dos que rompião a linha, mas achando-se obrigados a ceder, se forão retirando, ficando na retaguarda D. João da Silva, o Conde da Torre, D. Luiz de Menezes, Joseph Passanha, e Luiz Lobo, e os Officiaes da Praça, que ficão nomeados, e todos em hum corpo fazendo varias voltas, se forão retirando: em huma dellas cahio o cavallo ao Conde da Torre, que valerosamente peleijava. Carregarão sobre elle grande numero de Castelhanos; acodiolhe Antonio Heitor, Francisco Velho da Fonseca, e Manoel Gonçalves, Soldados particulares, e rompendo por toda a opposição dos Castelhanos, lhe dérão lugar a que recuperasse o seu cavallo; o que fez com grande acordo, sem o embaraçar huma ferida que recebeo em o alto da cabeça, e a grande molestia da quéda, que o obrigou a se recolher á Praça. Na fórma referida viemos peleijando até o alto da serra, e quando já era impossivel resistir o impeto dos Castelhanos, fomos felice, e opportunamente soccorridos dos Tenentes Generaes da Cavallaria Diniz de Mello de Castro, e Achim de Tamaricurt com os batalhoens da linha da vanguarda, a cujo valor voltarão os batalhoens da Praça, e todos obrigarão os Castelhanos a virar as costas. Seguirão-nos até o quartel da Vergarda, onde fizerão alto, lembrandolhes D. Luiz de Menezes o succésso de Carlos VIII. Rey de França na batalha de Tarro, e ganhada, por se divertir a Cavallaria Alemãa no alcance dos que fugírão, e roubo das bagagens. Voltou a Cavallaria a buscar o lugar da batalha, e acharão que as duas mangas de Miguel Carlos, e João Furtado depois de haverem subido até o Forte de Nossa

Se:

senhora da Graça, e pelejando com grande valor, se tinhaõ unido com os seus Terços. Os Terços da vangarda do exercito assistidos de André de Albuquerque, e do Conde de Misquitella, rota a linha, ganharaõ hum de cinco Fortins que a guarneciçaõ. O Conde de Cantanhede observando este felice principio, marchou com a batalha, e todos os Terços divididos em varias operaçoens fizeraõ retirar os primeiros defensores da linha; e porque os Fortes, que estavaõ bem guarnecidos, eraõ o maior obstaculo, acodio hum grande troço de Castelhanos a soccorrer hum Forte, que André de Albuquerque havia mandado atacar. Ordenou a Gil Vaz, e Manoel Freire, que com os batalhoens da segunda linha os investissem. Avançaraõ elles a taõ bom tempo, que acharaõ com a mesma resoluçaõ ao Conde de S. Joaõ, e a Simaõ Correa da Silva, que impacientes do socego, interpretando a ordem de D. Sancho Manoel a favor do seu impulso, passaraõ o rio, buscaraõ a linha, subiraõ por ella, e fizeraõ render o Forte que estava atacado, e os Castelhanos intentavaõ soccorrer. O Mestre de Campo Diogo Gomes de Figueiredo, seguindo a opiniaõ, de que a ordem de D. Sancho lhe não dava lugar a passar o rio, ficou formado junto a elle. Anno 1658.

O Duque de S. German, vendo que por instantes caminhava o exercito de Castella á ultima ruina, applicava com notavel diligencia, e summo valor reduzir os Terços, e Cavallaria a fórma conveniente, e engrossar por todas as partes os soccorros, assistido do Duque de Ossuna com grande grosso de Cavallaria na linha opposta ao lado direito do nosso exercito, e por este respeito, e haver daquella parte linha de contravallação, era por ella maior a resistencia. D. Luiz de Aro, que no principio da batalha (como dissemos) tinha subido ao Forte de Nossa Senhora da Graça, já neste tempo se havia retirado a Badajóz, deixando naquelle sitio ao Mestre de Campo General D. Rodrigo Moxica, que tambem o desamparou, antes de cerrar a noite, vendo sem remedio perdida a batalha. O Conde de Misquitella, e Affonso Furtado assistiraõ valerosamente ao ataque dos Fortes, e a todo o exercito animava a presença do Conde de Canta-

nhede

Anno 1659.

nhede, que a todas as partes acodia com inceſſante diligencia, ajudado de valor das peſſoas nomeadas, que o acompanhavão. Hum dos Fortes, que atacava o Terço de Fernando de Meſquita, perſiſtindo animoſamente em ſe defender, mandou o Conde de Miſquitella ao Meſtre de Campo Alvaro de Azevedo Barreto, que o inveſtiſſe com o ſeu Terço. Valeroſo, e diligente deu a ordem á execuçaõ, e com tanta felicidade, que eſcalou o Forte á cuſta das vidas, que pertenderaõ defendello. Foi tanto menos felice a conquiſta do outro Forte, que fez lamentavel toda a gloria daquelle dia. André de Albuquerque, que havia empenhado naquella empreza todo o ſeu valor, e toda a ſua prudencia, e tinha ſido por circunſtancias inexplicaveis inſtrumento principal da liberdade, que a ſua Patria conſeguio naquella vitoria, andava na vanguarda averiguando a parte em que era maior o perigo, para lhe acodir com o remedio; e depois de haver logrado varias vezes eſte intento, attendeo a hum Forte, que na linha de contravallaçaõ ſegurava o Duque de S. German com a gente, que lhe aſſiſtia, e vio que o Terço de Luiz de Souſa de Menezes, perdia o terreno que havia ganhado, ſem animar aos Soldados o valor do ſeu Meſtre de Campo, já mortalmente ferido; e como em todo o decurſo de ſua vida não tolerou André de Albuquerque, que os ſeus Soldados voltaſſem as coſtas aos inimigos, arrojou o cavallo ao centro do eſquadrão, exhortou aos que ſe retiravão, e perſuadindo os a que voltaſſem as caras, os levou junto da eſtrada do Forte, e tocando nas eſtacas com a bengala, os advertio como havião de arrancalas; obedecerão os Soldados, emmendando o erro antecedente. Acertou huma balla tirada do Forte no peito, a André de Albuquerque, entrando por entre o extremo do braço direito, e o principio das armas com efeito tão mortal, que infelicemente cahio morto em terra aſſiſtido do Védor Geral Jorge da Franca, e do Contador Geral Antonio de Torres, que buſcando os perigos, a que não erão obrigados, ſe lançarão em terra, e não podendo com as muitas lagrimas dilatar-lhe a vida, levarão a Elvas o corpo daquelle em todos os ſeculos illuſtriſſimo varão. Quaſi fi ao mefmo tempo, que foy ferido André de Albuquerque, recebeo o Duque de S. German huma bála de mofquete no alto da cabeça, caufa de que foy effeito afrouxar mais por aquella parte o combate, porque na fua peffoa confiftio naquella occafiaõ a maior parte da refiftencia que fizerão os Caftelhanos. Tamaricurt, e Diniz de Mello, depois de feguido o alcance dos batalhoens inimigos até o quartel da Vergada, voltáraõ (como referimos) a fe encorporarem com o exercito, e D. Joaõ da Silva por ordem do Conde de Cantanhede ficou com as Companhias da Praça dando calor ao affalto, que aquella noite fe deu ao Forte de Noffa Senhora da Graça. E como nefte tempo por todas as partes fe declarava a vitoria a favor das noffas armas, marchou o Conde de Cantanhede a fegurar com o foccorro o triunfo na entrada da Praça; e de forte fe havia expofto em todo o conflicto aos maiores perigos, que permittio a Pedro Cefar de Menezes, que com o batalhaõ da fua guarda foccorreffe os que atacavaõ os Fortins, ameaçados de hum groffo de Cavallaria, que determinava inveftilos. Avançou Pedro Cefar a tempo taõ conveniente, que livrou todos do rifco que corriaõ com a morte de muitos Caftelhanos: perdeo alguns Soldados do feu batalhaõ, e ao Capitaõ André Gatino Francez, que havia fervido com muito acerto muitos annos a efta Coroa. Fez o Conde alto na linha; porque ainda durava a refiftencia de alguns Fortes, e mandou marchar as cargas de muniçoens, e mantimentos para a Praça. D. Sancho Manoel, vendo chegada a hora, que tanto defejava na afflicção que padeceo no fitio, que com tanto valor, prudencia, e zelo havia fuftentado, acompanhado de todas as peffoas principaes, que na Praça fe naõ achavão enfermas, veyo a receber ao rio Ceto ao Conde de Cantanhede, e a exercitar o pofto de André de Albuquerque, deixando a Praça entregue a Pedro Jaques de Magalhaens, que tinha feito jogar a artilharia com taõ felice emprego, que refpeitada dos Caftelhanos, foy huma das caufas principaes de achar o noffo exercito facilitada a oppofiçaõ na entrada das linhas. O Conde de Cantanhede continuando a marcha, entrou em Elvas a

Soccorre-fe a Praça, ficando os Caftelhanos totalmente desbaratados.

 render

Anno 1659.

render na Sé a Deos as graças de taõ ſignalado beneficio, e voltou ao exercito, que ſe aquartelou, quando cerrava a noite, em o valle, que fica entre a Praça, e o Forte de N. Senhora da Graça, que ainda perſiſtia na reſiſtencia; e da meſma ſorte outro, que governava o Meſtre de Campo D. Nicolao Fernandes de Cordova. O Conde de Cantanhede, entendendo que era preciſo, que antes de amanhecer ſe rendeſſe o Forte de Noſſa Senhora da Graça, que governava o Meſtre de Campo D. Joaõ de Zuñiga; mandou ordem ao General da Artilharia Affonſo Furtado, para que o atacaſſe com os Terços do Conde de Saõ Joaõ, Simaõ Correa da Silva, e Companhias de outros, com que ſe reforçáraõ. Eraõ as diſpoſiçoens para o aſſalto menos das que pareciaõ convenientes, e por eſta razaõ, e naõ ſer o aſſalto preciſo, eſtando a batalha ganhada, e a Praça ſoccorrida, pudéra ſuſpender-ſe para o dia ſeguinte, em que devia eſperar ſe que o Forte ſem diligencia alguma ſe rendeſſe. Diſpoſto o aſſalto, avançá-aõ os dous Meſtres de Campo aſſiſtidos de Affonſo Furtado, e lançando-ſe com os Officiaes, e muitos Soldados, que os ſeguíraõ, em o pequeno foſſo, recebéraõ conſideravel damno das bombas, e granadas, e outros inſtrumentos de fogo, que do Forte ſe arrojáraõ; e pertendendo montar as trincheiras varias vezes, reconhecéraõ que era impoſſivel pela falta de faxinas, e eſcadas, que naõ levavaõ; e depois dos Meſtres de Campo feridos, e Miguel Carlos de Tavora, e Joaõ Furtado de Mendoça, ferido, e queimado de huma panella de polvora, e quantidade de Soldados mortos, mandou Affonſo Furtado, que ſe retiraſſem; e a meſma ordem deu a D. Joaõ da Silva, que com as Companhias da Praça havia aſſiſtido ao aſſalto, e ſegurou na retaguarda a marcha da Infantaria. A' meia noite chegáraõ ao exercito, onde recebéraõ nos louvores do Conde de Cantanhede o premio do trabalho, que haviaõ padecido no ſitio, e na batalha. Os Caſtelhanos uſando do beneficio da noite, ſe retiráraõ para Badajoz os que eſcapáraõ da batalha, e com tanta confuſaõ, e deſordem, que muitos perecéraõ na corrente de Caia, e Guadiana. Logo que

que amanheceo, marchou D. Sancho Manoel com toda a Cavallaria, e mandando avançar ao Commissario Geral D. Joaõ da Silva até Caia, recolheo duas peças de artilharia, que foraõ as unicas, que os Castelhanos pertendéraõ retirar, quantidade de muniçoens, e cinco carroças de D. Luiz de Aro. Espalháraõ-se os Soldados do exercito pelos quarteis, em que acháraõ grande despojo; porque as casas de madeira, em que D. Luiz de Aro assistia, as tendas dos Cabos, Officiaes, e pessoas particulares, todas estavaõ com adereços, e alfaias de grande preço, e justificou o desacordo da retirada, deixar D. Luiz de Aro na sua Secretaria todos os papeis, de que ella constava, e nelles manifestos os intimos segredos que tratava com El-Rey, cuja importancia se verificava no absoluto poder, com que dominava aquella Monarquia. D. Sancho Manoel mandou recado a D. Joaõ de Zuñiga, e a D. Nicolao de Cordova, que entregassem os dous Fortes que governavaõ, pois viaõ atalhados com a fugida do exercito todos os caminhos de defendelos. Rendeo-se D. Joaõ; porém D. Nicolao persistiõ em que não havia de entregar-se, senão á pessoa do Conde de S. Joaõ. Concedeo-se lhe e logrou o Conde de S. Joaõ o merecido applauso de conhecerem, e confessarem os inimigos as suas grandes virtudes. Rendidos os dous Fortes, cessou de todo o conflicto, e os Soldados, e paizanos gloriosos, e abundantes lográrão saborosamente o descanço merecido por taõ heroico, e felice trabalho. Anno 1659.

Os Castelhanos tiverão huma das maiores perdas, que em muitos seculos havia experimentado dentro em Espanha aquella Monarquia; porque depois de haverem entrado de soccorro naquelle exercito trinta e seis mil homens, achou D. Luiz de Aro para defender as linhas no dia da batalha quatorze mil Infantes, e tres mil e quinhentos cavallos, e passando-se mostra em Badajoz no dia depois da batalha, se não achárão mais que cinco mil Infantes, e mil e trezentos cavallos, e destes perecérão brevemente muitos de enfermidades adquiridas no rigor do inverno, e incommodidades do sitio. Entre os mortos ficárão, e entre os prisioneiros vierão grande nu-

Anno 1659. mero de Officiaes maiores, e inferiores, vivos, e reformados, e muitas pessoas de qualidade. Foraõ os prisioneiros mais de cinco mil., além de seiscentos feridos; e enfermos, que o Conde de Cantanhede piedosamente mandou para Badajoz. Recolhêraõ-se no Trem da artilharia dezasete peças de varios calibres, tres morteiros, cinco petardos, quinze mil armas, muitas bandeiras, quantidade de muniçoens, e conduzíraõ-se para a Praça grande numero de mantimentos. Os mortos do nosso exercito de mais relevantes consequencias foraõ o Mestre de Campo General, e General da Cavallaria André de Albuquerque, em que acabou hum varaõ de taõ singulares virtudes, que do exercicio de Soldado, que teve principio na guerra do Brasil, ao de General, passando por todos os Postos, naõ teve acçaõ alguma que deslustrasse infelice accidente; porque obedecendo, excedia na diligencia virtuosamente aos preceitos, e mandando, ensinava a não errar com summa prudencia aos que lhe obedecião. Grangeou geralmente com todos os que teve trato, amor, e respeito, porque era igualmente affavel, e severo. Distribuhia os premios iguaes aos merecimentos, e castigava os delictos, como pedia a qualidade delles, e desta sorte conseguindo o affecto dos que favorecia, naõ padecia o odio dos que castigava. Teve valor insigne, excellente discriçaõ militar, e experiencia toda a que se podia colher dos successos, que houve ate aquelle tempo na guerra de Alentejo. Soube temer a Deos, venerar os seus Principes, amar a sua Patria, até entregar a vida pela libertar. Tinha agradavel gentileza, usando sem artificio de traje magnifico: era galhardo, de estatura proporcionada. Morreo de trinta e nove annos, concertado para casar com Dona Anna de Portugal, filha segunda de D. Joaõ de Almeida. Naõ foi menos sensivel a morte de Fernando da Silveira, irmaõ segundo do Conde de Sarzedes, e Conselheiro de guerra; porque depois de servir muitos annos nas guerras de Flandes, em que ganhou tanta opiniaõ, que só na defensa do Forte de Esquenque mereceo quatro escudos de ventagem, que naquelle tempo se não concedião, senão por acçoens muito signaladas, e

do

Anno 1659.

do Posto de Capitão de cavallos, que exercitou muitos annos, passou a Portugal, embarcou-se para o Brasil na armada, que governou seu cunhado o Conde da Torre, e só com o seu navio peleijou muitas horas com a armada de Hollanda: depois da acclamação, foi Almirante da armada Real, e os muitos achaques, que lhe sobrevierão, lhe impediraõ passar a maiores postos, mas não lhe embaraçarão morrer gloriosamente. O Mestre de Campo Luiz de Sousa de Menezes acabou tambem das feridas, que recebeo valerosamente na batalha. Morrerão nella os Capitaens de Cavallos Joaõ Fereira da Cunha, e André Gatino, dez Capitaens de Infantaria, dous Ajudantes, dez Alferes, e cento, e setenta e sete Soldados. Ficarão feridos os Mestes de Campo, o Conde de S. João, o Conde da Torre, Simão Correa da Silva, Bartholomeu de Azevedo Coutinho, Antonio Galvão, o Tenente de Mestre de Campo General Acenço Alvares Barreto, Luiz Francisco Barem, quatro Sargentos Maiores, hum Ajudante de Tenente, vinte e tres Capitaens de Infantaria, oito Ajudantes, vinte e dous Alferes, trinta e dous Sargentos, e seiscentos Soldados. As acçoens particulares desta batalha difficultosamente pódem individuar se, sem encontrar as leys da historia: todos os que ficão nomeados, e os que não he possivel nomearem-se, procederão com tanto valor, que merecerão ser authores da liberdade da sua Patria; com o que o elogio geral vem a servir a cada hum dos particulares.

Foraõ muito grandes as consequencias desta empreza; porque a adversidade dos successos antecedentes havia sido causa de se empenharem no soccorro de Elvas quasi os ultimos esforços do Reyno; e se a vitoria se declarara a favor dos Castelhanos, todos os golpes das suas espadas havião de cortar só pela Nação Portugueza, por não constar o exercito de soccorro algum de tropas Estrangeiras. A defensa da Praça seria duvidosa, porque as doenças tinhão destruido a guarnição: os lugares abertos ficavão expostos á invasaõ dos Castelhanos; porque Estremoz não tinha naquelle tempo fortificação, e a estes forçosos males era contingente encadearem-se outros mui-

Anno 1659. to maiores; e quanto mais os Castelhanos haviaõ encarecido o tempo, que durou o sitio, nas gazetas, e manifestos, que publicaraõ, a certeza das suas felicidades na confiança do nosso ultimo aperto, tanto foi mais forçosa a sentença, que deraõ contra o poder daquella Monarquia, mostrando ao Mundo, que o menos vigoroso das forças de Portugal, diminuidas pelos effeitos de hum contagio, bastava para desbaratallo. Os povos do Reyno, desmaiados com as infelicidades padecidas, cobraraõ invencivel espirito, e se começaraõ a prevenir para novas emprezas. Os Principes aliados, argumentando das circunstancias da vitoria o valor dos Portuguezes, e o resoluto empenho, com que determinavão defender a sua liberdade, trataraõ de ajustar novas alianças; e por conclusaõ esta vitoria foi o seguro fundamento da conservaçaõ de Portugal.

Chegou a nova da batalha a Lisboa a tempo, que El-Rey estava assistindo ao Sermão do primeiro dia da festa, que a Nobreza costuma fazer ao Santissimo Sacramento da Freguezia de Santa Engracia, para desaggravo do insulto feito naquella Igreja no tempo do governo de Castella. Prégava o Padre D. Prospero dos Martyres, Conego Regular de Santo Agostinho, e foi taõ ajustado o successo ao seu nome, que ao mesmo tempo que promettia nova alegre da empreza, entrou na Igreja o aviso, que o Conde de Cantanhede mandava a El Rey da vitoria. Ajudou o contentamento o cantico do *Te Deum laudamus*, acabou-se o Sermão em graças, e a festa em jubilos. Voltou El-Rey ao Paço entre applausos do povo, fazendo mais alegre a vitoria, as poucas cazas grandes, a que custou lagrimas, sendo muito caudelosa a corrente dellas na Corte de Madrid, e mais lugares dentro de Hispanha, por haver poucos, a que perdoasse o sentimento da perda de parente, ou amigo morto, ou prisioneiro na batalha. Contra El-Rey D. Filippe, e D. Luiz de Aro bradavão os povos, e dizião, que a omissaõ del-Rey havia perdido naquella Monarquia a maior parte do dominio, que seus gloriosos antecessores com tanto valor, e industria grangearaõ: que no mesmo ponto, em que entrara a

reynar,

reynar, se entregara ao arbitrio injusto do Conde de Olivares; artificiosa prisaõ, em que o tivera mais de vinte annos taõ enganado, que era só a sua felicidade encobrirem-se-lhe os infortunios: e que quando, abertos os olhos dos erros em que vivia, quizera mostrar na expulsaõ do Conde Duque o seu arrependimento, com poucos dias de exercicio do governo conhecera, que os habitos infelices da natureza se emmendaõ difficilmente na maior idade; e que o Principe que naõ cria os hombros robustos para sustentar o pezo do governo da Monarquia, que Deos lhe entrega, a poucos lances arruina todo o edificio pelos fundamentos: que pertendera aliviar-se do trabalho, que naõ queria tolerar, elegendo para primeiro Ministro a D. Luiz de Aro, de animo mais sincero, que o Conde Duque, mas de talento elevado; porém ainda que naõ era incapaz do governo politico, era totalmente falto de experiencia militar, por naõ ter visto a menor operaçaõ desta grande sciencia, nunca de todo comprehendida: que da sua insufficiencia nascera naõ atacar nas linhas do sitio de Badajoz, que occupavaõ tres legoas de circumvallaçaõ, ao exercito de Portugal, quasi desbaratado do contagio que havia padecido, nem lhe embaraçar, quando se retirou, a passagem do rio Caia, com que pudera sem risco destruillo: sitiar Elvas, sendo a Praça mais forte, em que assistia o mais vigoroso das forças de Portugal, deixando Estremoz, e Evora, lugares abertos, e de maiores consequencias: naõ caminhar no sitio com aproxes, constando-lhe a debilidade, e pouco numero dos sitiados destituido das enfermidades; e occasionar a ultima desgraça do exercito, deixando sem guarniçaõ a linha opposta ao alojamento inimigo, e desamparar cegamente o exercito no principio da batalha, antepondo a saude propria á saude publica. El-Rey D. Filippe, a quem naõ puderaõ ser occultas, nem as novas da perda da batalha, nem a noticia da murmuraçaõ dos povos, sentio com a maior efficacia este golpe da fortuna, por ser a separaçaõ de Portugal a sua maior pena.

Anno 1659.

Differentes eraõ os discursos dos Portuguezes; porque applaudindo com diversos elogios as disposiçoẽs da

Anno 1659.

Rainha Regente, e de ſeus Miniſtros, julgavaõ a gloria conſeguida, digna ſatisfaçaõ de taõ repetidos acertos. O Conde de Cantanhede no dia ſeguinte ao que ſe ganhou a batalha, deu ordem á ſepultura do corpo de André de Albuquerque, com todas as funebres demonſtraçoens militares, que merecia a memoria de hum varaõ de taõ excellentes virtudes. Foi enterrado no Moſteiro de S. Franciſco. A todas as mais peſſoas particulares ſe deraõ ſepulturas em os Conventos, e Igrejas de Elvas, e alguns, que tinhaõ jazigos proprios, ficaraõ em depoſito. Tambem ſe enterraraõ todos os corpos Caſtelhanos, e Portuguezes na campanha, aſſim de piedade, como por prevençaõ para os ares ſe naõ corromperem. Acabadas todas eſtas pias attençoens, mandou o Conde de Cantanhede desfazer as linhas, e Fortins, que circumvallavaõ a Praça, o que ſe executou com difficuldade; porque a Infantaria como era de gente collecticia, naõ aguardou permiſſaõ para ſe auſentar. Deſoccuparaõ-ſe os Hoſpitaes dos convalecentes, que ſe mandaraõ para Evora, e Eſtremoz; e a muitos cuſtou a vida o deſejo de lograr a liberdade, acabando nas eſtradas que ſeguiaõ, para grangear a ſaude, que deſejavaõ; e os males dos ſitiados ſe eſtenderaõ de ſorte a todos os lugares do Reyno, que morreo nelle grande numero de gente. Divididas as guarniçoens, e deſpedidos os ſoccorros, paſſou o Conde de Cantanhede a Lisboa com licença da Rainha, onde logrou o applauſo, que merecia a vitoria que havia alcançado; grangeada pelo ſeu valor, e pelo zelo, e actividade com que juntou o exercito, que conſeguio, ſuperando as grandes difficuldades, que ſe lhe oppuzeraõ; e quando o Conde chegou á caza em que El-Rey o eſperava, deu El-Rey alguns paſſos a recebello, perſuadido do Conde de Odemira: honra ſingular, e merecida do eſclarecido procedimento do Conde de Cantanhede. Ficou governando D. Sancho Manoel, e antes de ſe dividirem pelas priſoens de outros lugares os priſioneiros de maior importancia, que eſtavaõ alojados na caza da Camera de Elvas, o Conde de Medelhim, que era hum delles, levemente ferido, teve induſtria para fugir para Badajoz, aſſiſtido de hum

Paſſa o Conde de Cantanhede a Lisboa a lograr o merecido applauſo da vitoria.

Fica D. Sancho Manoel governando a Provincia de Alentejo.

hum Religioſo, que tambem havia ficado priſioneiro: ajudou lhe a ligar á grade de huma das janellas da caza, em que eſtava, a roupa da cama, em que dormia: deſceo á Praça ſem prejuizo, buſcou huma cortina da muralha, que o Religioſo tinha examinado, por ſer de menos altura que as outras, e mais deſoccupada das ſentinellas. Ligaraõ os dous huma corda a huma peça de artilharia, lançaraõ-ſe por ella, acharaõ dous cavallos promptos, montaraõ nelles, e chegaraõ a Badajoz, ſem encontrar partida, que os embaraçaſſe. Eſte ſucceſſo abreviou a diligencia de ſe dividirem os priſioneiros pelas priſoés do interior do Reyno.

Anno 1659.

D. Sancho Manoel teve ordem da Rainha para remeter a Lisboa preſo a Joanne Mendes de Vaſconcellos: poucos dias depois de chegado, deu libello contra elle Rodrigo Rodrigues de Lemos, Fiſcal do Conſelho de Guerra. Continhaõ os cargos, propor á Rainha a empreza de Badajoz, ſendo a mais difficultoſa, viſitar no Forte de S. Chriſtovaõ o poſto mais defenſivel, buſcar poucos meios de o ganhar, paſſar Guadiana depois de ſoccorrida a Praça com mantimentos para muitos mezes, individuando os cargos outras muitas circunſtancias, e rematando que inſinuavaõ eſtas deſatençoens profundos myſterios, dignos de grande caſtigo. Eſtes cargos, e outras culpas de Joanne Mendes, que lhe formaraõ ſeus inimigos, em que o arguhiaõ, contra toda a verdade, de ter communicaçaõ com os Caſtelhanos, mandou a Rainha entregar aos Miniſtros, que contém a copia do decreto ſeguite.

Franciſco de Souſa Coutinho do meu Conſelho de Eſtado, o Doutor Fernando de Matos de Carvalhoſa do meu Conſelho, Deſembargador do Paço, e o Doutor Jorge da Silva Maſcarenhas do meu Conſelho, e Deputado da Meſa da Conſciencia, e Ordens, vejaõ os cargos, que Rodrigo Rodrigues de Lemos, Fiſcal do Conſelho de Guerra, deu contra Joanne Mendes de Vaſconcellos ſobre o procedimento, que teve no ſitio de Badajoz; e porque naõ convem fazer accuſaçoens a Miniſtros ſem cauſas juſtificadas, me digaõ ſe lhes parece o ſaõ as daquelles cargos, para ſe proceder publica, ou camarariamente contra Joanne Mendes; ou ſe ſem offenſa da Juſtiça

ſerá

Anno 1659. será mais conveniente escusar estes procedimentos; e sendo necessario verem os papeis, de que Rodrigo Rodrigues tirou aquelles cargos, lhos mandarei remeter.

Formada por este decreto a Junta dos Ministros referidos, e vendo elles as clausulas, pediraõ os papeis, de que Rodrigo Rodrigues havia tirado os cargos Examinadas todas as circunstancias, fizeraõ huma consulta, em que disseraõ á Rainha, que havendo considerado com a maior circunspecçaõ a qualidade de taõ grave materia; acharaõ, que contra Joanne Mendes não havia devaça, nem culpa provada: que não fora pronunciado, nem sindicado, nem havia tido capitulos assinados, nem se achava houvesse faltado á sua obrigação, procedendo conforme as ordens da Rainha, e parecer dos Cabos: que o successo de não ganhar Badajoz, fora desgraça, e não culpa: que a resolução de retirar o exercito dos quarteis, antes de chegar D. Luiz de Aro, o purificava de todas as calumnias, que injustamente pertendiaõ macular a sua fidelidade; porque se elle houvera prevaricado, que melhor occasiaõ podia ter de entregar o Reino, que entregar o exercito? Porque era infallivel, se taõ opportunamente naõ levantaraõ o sitio, de que tambem resultara a defensa de Elvas, e vitoria das linhas; e que maiores erros, e mais sensiveis infelicidades padecera D. Luiz de Aro, e que ficara taõ seguro no governo de Espanha, como estava de antes: e que por todos estes respeitos, e consideraçaõ dos felices successos, que o exercito havia tido o dia, que chegou ao Forte de S. Christovaõ, quando foi derrotado em Caia o Duque de Ossuna no encontro, e empreza do Forte de Saõ Miguel, e na preza do comboi, parecia á junta que S. Magestade naõ só devia mandar soltar Joanne Mendes de Vasconcellos, mas honralo, e fazerlhe mercê em recompensa do descredito, que sem culpa na prisaõ havia padecido. Conformou-se a Rainha com o parecer da Junta, e baixou hum decreto ao Conselho de Guerra, que dizia: Por resoluçaõ de huma consulta, que me fez o Conselho de estado, e Guerra, mandei prender Joanne Mendes de Vasconcellos; e porque fiz examinar com toda a consideraçaõ as causas da

sua

ſua priſaõ, hei por bem declarar, que Joanne Mendes procedeo como devia ás obrigaçoens do poſto, que occupou no exercito de Alentejo, e que naõ faltou em nada a meu ſerviço, por cuja razaõ o mando ſoltar, e que ſe naõ proceda contra elle: o Conſelho de Guerra o tenha entendido, e ſendo neceſſario dar ſe do Conſelho algum deſpacho o fara [illegible], e ſe entregará a Joanne Mendes huma cópia deſte decreto. Foi geralmente eſtimada eſta reſoluçaõ da Rainha; porque nos erros de Joanne Mendes no ſitio de Badajoz naõ havia errado o animo, e os ſerviços, que tinha feito á ſua Patria, mereciaõ igual recompenſa; e poucos ſaõ os vaſſallos, que os Principes podem contar de taõ igual fortuna, que naõ tenhaõ no decurſo do ſeu merecimento acertos, e erros, deſgraças, e felicidades. Anno 1659.

D. Sancho Manoel, que pela auſencia do Conde de Cantanhede ficou governando a Provincia de Alentejo, poucos dias depois de partido o Conde, recebeo hum volatim do Duque de S. German, em que pédia que ſe remetteſſem todos os priſioneiros da batalha antecedente até o poſto de Meſtre de Campo incluſive, em virtude do ajuſtamento feito entre o Marquez de Leganes, e o Conde de S. Lourenço no anno de ſeiscentos cincoenta e tres. Deu D. Sancho Manoel conta á Rainha, que ordenou que obſervaſſe pontualmente o ajuſtado; porque todas as politicas, que na felicidade preſente podiáo inſinuar tomar-ſe outro partido, cediaõ á inviolavel obrigaçaõ de ſe naõ quebrar a palavra, e aſſento tomado, em que os amigos, e inimigos devem ter igual privilegio. Juntaraõ-ſe todos os priſioneiros, e brevemente teve execuçaõ a ſua liberdade. D. Sancho com todo o cuidado applicava melhorar Elvas de todas as ruinas, que havia padecido, e acodir ás mais Praças, que ſe achavaõ muito deſtituidas de gente; e para que eſta falta naõ provocaſſe os Caſtelhanos a intentarem em alguma das Praças o deſafogo das deſgraças proximamente padecidas, eſcreveo á Rainha, pedindolhe que promptamente a remediaſſe; e fazendo outras advertencias muito uteis á conſervaçaõ do Reyno, paſſou de Elvas a Eſtremoz, para daquella Pra-

ça

Anno 1659. ça ficar mais prompto para acodir a todas as da Provincia, deixando governando Elvas a Pedro Jaques de Magalhaens; porque Affonso Furtado havia passado a Lisboa com os Condes de Cantanhede, e Misquitella. Desejava D. Sancho averiguar o intento que os Castelhanos tinhão, e o modo de satisfaçaõ, que determinavaõ tomar na primavera seguinte. Mandou huma partida a Olivença, que fez prisioneiros dous Soldados de cavallo, que affirmaraõ que o Duque de S. German se prevenia para sitiar Alconchel. Com este aviso mandou D. Sancho para aquella Praça quantidade de mantimentos, e fez aviso á Rainha, repetindo a instancia do soccorro de gente, e dinheiro, e expondo a sua opiniaõ, dizia, que era de parecer, que Alconchel se desmantelasse; porque perdida Olivença, ficava logo esta Praça inutil, e de grande despeza; e que seria mais decoroso para a reputaçaõ das armas largalla, que ganharem-na os Castelhanos. Mandou a Rainha esta proposta ao Conselho de Guerra, e todos os Conselheiros foraõ de parecer, que Alconchel se naõ desmantelasse; porque o sitio era muito forte, e que seria mais conveniente deixar que os Castelhanos fizessem huma larga despeza para sitiar aquella Praça, e que dando tempo, como era verosimel, a se juntar o exercito, ou seria soccorrida em damno, e descredito dos Castelhanos, ou facilitaria alguma diversaõ, de que resultasse maior utilidade, que a perda de Alconchel. Conformou-se a Rainha com esta opiniaõ, e os Castelhanos naõ tiveraõ meios naquelle tempo para executarem este intento. Antes de D. Sancho ter esta noticia, entendendo que em Olivença se havia de fazer a preparaçaõ da empreza de Alconchel, mandou ao Capitaõ de cavallos Antonio Coelho de Gois, com cincoenta a Olivença, ordenando-lhe que ao sahir das guardas pela manhãa, fizesse toda a diligencia por tomar lingua. Teve taõ bom successo, que derrotou as Companhias da guarda, e lhes tomou trinta cavallos, e os Soldados prisioneiros seguraraõ, que o poder dos Castelhanos era taõ pouco, que mais receavaõ o damno proprio, do que premeditavaõ o perigo alheio. Esta segurança facilitou a implacavel

sede

sede das pilhagens; preciso inimigo, que nos intervallos das Campanhas padeceo a nossa guerra, merecendo este titulo; porque foraõ causa de muitas acçoens tão desordenadas, como forçosas; porque sem prezas, nem era possivel sustentar-se, nem remontar se a Cavallaria, sendo a experiencia taõ fiel abonadora desta proposiçaõ, que no fim da guerra as duas partes da nossa Cavallaria se compunhaõ de cavallos Castelhanos. O Commissario Geral Joaõ da Silva de Sousa propoz a D. Sancho Manoel, que seria facil armar as Companhias de cavallos do Partido de Valença, fazendo-se preza nos gados dos campos de Brossas; e que para maior segurança, devia mandar-se occupar a ponte de Solor no rio Cever pelo Tenente General Pedro de Lalanda com as Companhias do partido de Portalegre, e Castello de Vide, que governava, e juntamente com Joaõ da Silva fazia a mesma instancia; Deixou-se D. Sancho persuadir, e ordenou que se fizesse a entrada na fórma proposta. Marchou Joaõ da Silva a fazer a preza com as Companhias de Campo-Maior, e Arronches, e foi sentido, quando entrava. Ao mesmo tempo marchou Lalanda, que tambem foi sentido, e sem fazer caso da ordem que levava de segurar a ponte de Solor, se adiantou a pegar na preza, receando a partilha, se Joaõ da Silva se fizesse primeiro senhor della. As partidas avançadas de hum, e outro troço chegáraõ ao mesmo tempo ao lugar da preza, e careáraõ grande numero de ovelhas. Na dilação de as conduzirem tiverão tempo algumas Companhias Castelhanas, que se achárão na Cidade de Brossas, de se encorporarem com outras, que estavão na Villa de S. Vicente, com intento de entrar em Portugal. Os nossos batedores reconhecérão na pista, que os batalhoens Castelhanos se compunhão de mais de quatrocentos cavallos, que era o numero que levavão os dous Cabos. João da Silva ainda neste tempo não estava encorporado com Lalanda, mas já sabia, que elle não havia occupado a ponte de Solor, e que tinha entrado nos Campos de Brossas. A conselhárão-lhe alguns Officiaes, que se retirasse a Montalvão, que o podia fazer seguramente; porque a desobediencia de Lalanda não mere-

Anno 1659.

Manda ao Tenente General Pedro de Lalanda, e ao Cõmissario Geral Joaõ da Silva de Sousa armar as Cõpanhias de Valença, e carear os gados dos campos de Brossas com quatrocentos cavallos.

Anno 1659.

merecia perder-se por seu respeito. Naõ pareceo a Joaõ da Silva acertado este discurso, por não cahir o castigo só na pessoa de Lalanda, senão tambem nas dos Officiaes, e Soldados que o acompanhavão. Marchou a buscalo, e determinando ambos conduzir a preza por junto do districto de Pena Furada, para a passarem no rio Cever pelo charco de Fernão Lopes, apparecérão os Castelhanos. Estavão os nossos Soldados cançados da larga marcha, e os dous Cabos pouco unidos, porém todos conformes em pelejar, formárão os batalhoens. Trazião os Castelhanos encorporados com os seus alguns espingardeiros, e por se livrar do damno das espingardas, intentárão os nossos Cabos melhorar de sitio, sem reparar na visinhança dos inimigos, que observando o movimento dos nossos batalhoens, os carregárão, e rompérão com pouca resistencia. Era perto da noite, e favoreceo a desordem da nossa gente, para se não perder toda: ficou morto o Capitão de cavallos D. Antonio de Ataide, e ficárão prisioneiros João da Silva, e Lalanda, os Capitaens de cavallos Bernardo de Faria, Francisco Cabral, e duzentos e sessenta Soldados. Mandou a Rainha tirar o posto de Tenente General a Pedro de Lalanda, e João da Silva passou a occupar o posto de Tenente General da Cavallaria ao Partido de D. Sancho, tocando-lhe esta occupação em Alentejo, por Commissario Geral mais antigo. D. Sancho Manoel passou a governar a sua Provincia, deixando a de Alentejo livre das armas de Castella, e gloriosa pelas vitorias alcançadas, em que havia tido a grande parte que acima referimos.

Derrotaõ-nos os Castelhanos.

Nomêa a Rainha por Mestre de Campo General da Provincia de Alentejo ao Conde de Atouguia, e Affonso Furtado General da Cavallaria.

Necessitava a Provincia de Alentejo de pessoa, que a governasse, de tanta capacidade, e experiencia, que bastasse a compor os damnos, que as Campanhas antecedentes lhe havião occasionado. Por este respeito, e por outras muitas virtudes, nomeou a Rainha ao Conde de Atouguia por Mestre de Campo General daquella Provincia, fiando do seu zelo, e generoso coração aceitaria nella segundo lugar, havendo occupado o primeiro nos governos da Provincia de Tras os Montes, e Estado do Brasil, sahindo de ambas as occupaçoens com tanta opiniaõ, que na primeira igualou aos que melhor procedéraõ, e na ſegunda triunfando do intereſſe, mereceo collocarem os moradores da Bahia o ſeu retrato na caſa do Senado com elegantes inſcripçoens, que explicaõ as ſuas virtudes. Deſempenhou o Conde o diſcurſo da Rainha, aceitou o poſto, e foi declarado o Conde de S. Lourenço terceira vez Governador das armas, occupaçaõ que não tornou a exercitar: Nomeou juntamente a Rainha Affonſo Furtado de Mendoça Generel da Cavallaria, e á Pedro Jaques de Magalhaens General da Artilharia, e provéraõ-ſe todos os Terços, e Companhias vagas em Officiaes benemeritos. Teve o Conde de Cantanhede pouca parte neſtas eleiçoens; porque o Conde de Odemira havia adiantado muito o ſeu poder; e a Rainha naõ eſtava ſatisfeita da generoſidade, com que o Conde de Cantanhede tinha engeitado varias mercês, que lhe tinha feito, dizendo, que naõ queria mais premio, que concorrer na defenſa da ſua Patria: não advertindo que os homens prudentes devem ter medida até nas acçoens virtuoſas, ſendo muitas vezes neceſſario recatalas, por não dar materia, em que arda o fogo da emulação. Paſſou o Conde de Atouguia á Praça de Elvas, e começou logo a dar moſtras da ſua grande prudencia na diſtribuição das ordens, na fortificação das Praças, no provimento dellas, na preparaçaõ do Trem da artilharia, e fez exactas diligencias, por ſuſtentar correſpondencia em Caſtella, de que recebeſſe verdadeiras noticias de todos os movimentos daquella Monarquia, e conſeguio cabalmente eſte intento, e todos os mais concernentes á ſegurança da Provincia de Alentejo. Affonſo Furtado tomou juntamente com o Conde de Atouguia poſſe da ſua occupação, e deſejando não perder tempo em moſtrar o ſeu valor, e actividade, propoz ao Conde o intento de armar á Cavallaria de Badajoz, paſſando Caia; e havendo avançado ao Capitaõ Manoel de Paiva Soares com dous batalhoens, não conſeguio maior effeito, que tomar trinta cavallos das Companhias da guarda. Retirou-ſe, e achou que o Conde de Atouguia havia recebido aviſo do Meſtre de Campo Pedro de Mello, que governava a Praça de Ser-

Anno 1659.

Dá principio a eſte exercicio armado ás tropas de Badajoz.

Anno 1659.

pa, de que os Castelhanos intentavão entrar naquella Campanha, por noticia que lhe havião dado algumas intelligencias, e o mesmo verificou o Mestre de Campo Agostinho de Andrade, que governava a Praça de Moura. Ordenou o Conde ao General da Cavallaria, que mandasse tres Companhias para Serpa, e mandou a Agostinho de Andrade, que tivesse partidas sobre as Praças visinhas; e que logo que recebesse aviso, que o inimigo entrava, mandasse disparar seis peças de artilharia com aviso a Mourão, que ouvidas as seis peças, se disparassem outras tantas; que o mesmo faria Monçarâz, Terena, Landroal, e Villa-Viçosa com tres peças: e avisou ao Tenente General da Cavallaria Diniz de Mello, que ouvindo este sinal, marchasse a toda a diligencia de Villa-Viçosa, onde estava alojado, com todas as Companhias dos quarteis visinhos até Mourão, onde com as noticias que achasse naquella Praça, executaria o que julgasse mais conveniente. Desta vigilancia resultou, que huma partida da Companhia de D. Francisco Mascarenhas, que assistia em Monçaraz, lhe fez aviso, que estando sobre Xerez, havia visto quinhentos cavallos, que marchavão para a parte de Valença de Bomboy. Disparárão se as peças, fez D. Francisco repetidos avisos a Diniz de Mello, que sem dilação se poz em marcha para Mourão, onde achou noticia de que quatro batalhoens Castelhanos, que era a vanguarda dos quinhentos cavallos, havião entrado naquella campanha. Marchou logo a buscalos, e adiantou ao Capitão D. Luiz da Costa com dous batalhoens a detelos. Executou D. Luiz esta ordem com tão bom successo, que dando vista dos quatro batalhoens Castelhanos, os investio, e desbaratou, escapando só trinta, de mais de duzentos cavallos, de que constavão. Conseguida a rota dos quatro batalhoens, intentou Diniz de Mello observar o poder da Cavallaria dos inimigos, que conduzia huma grossa preza, e marchava a encorporar-se com os batalhoens desbaratados; e reconhecendo quanto o seu numero era inferior ao dos Castelhanos, elegeo sitio, aonde dilatando a frente das tropas, as suppuzessem mais numerosas; e desejan-

Derrota parte dellas.

desejando ao mesmo tempo, que os inimigos soubessem a perda dos quatro batalhoens, felizmente conseguio hum, e outro intento; porque supondo elles a nossa Cavallaria superior á sua, e reconhecendo a perda das suas Tropas, por não estarem no posto, que lhe tinhão assignalado, em cerrando a noite, começaraõ a retirar-se. Diniz de Mello com a sua natural actividade mandou avançar D. Luiz da Costa com cincoenta cavallos a carregar-lhe a retaguarda, e elle com o resto lhe deu calor, pondo os inimigos em tal confusaõ, que com desordenada fugida largaraõ a preza, perdendo mais de sessenta cavallos. Anno 1659.

O dia que sahio de Villa-Viçosa para Mouraõ, deu conta ao Conde de Atouguia, que sem dilação mandou encorporar as Companhias de Campo-Maior com as de Elvas. Marchou com ellas Affonso Furtado a segurar a guarniçaõ de Badajoz, que naõ passasse a se encorporar com os quinhentos cavallos. Conseguio-se este intento em grande damno daquella campanha, e em Talavera, derrotou huma Companhia, que estava alojada em Montijo, o Commissario Geral D. Joaõ da Silva, que o General havia avançado com quinhentos cavallos. O Capitão de Couraças Duarte Fernandes Lobo, que governava as Tropas de Portalegre, querendo armar ás que estavão de quartel em Valença, sahio com duzentos cavallos, e adiantou huma partida de quinze a fazer huma preza, e de escolta ao Capitão de Cavallos Gomes Freire de Andrade com trinta. Foi sentida a partida, e a Cavallaria, e a Infantaria da Praça, que a esperava formada, a desmontou. Correo Gomes Freire a soccorrella, e achando os inimigos occupados nos despojos dos prisioneiros, recuperou os seus cavallos, tomando lhes alguns, e matando, e ferindo a muitos, tendo só a perda de Lafontana valeroso Francez, Capitão de Cavallos de Marvão, que como particular o acompanhava. Pouco depois o Commissario Geral D. Pedro Ponse com quatrocentos cavallos veio a armar á Cavallaria de Portalegre pela parte da serra. Sahio ao rebate Duarte Fernandes Lobo com os Capitaens Gomes Freire, e Bernardo de Faria (cujas Tropas

Diniz de Mello desbarata em Mouraõ outro troço de Cavallaria.

Anno 1659.

estavão diminutas, por terem sahido dellas quarenta cavallos a fazer hum comboy) cahirão na emboscada, que tinhão feito os inimigos, no sitio chamado as Rebeladas, em o mais alto da serra: correraõ todos a formarse em hum só batalhão, ficando na retaguarda Gomes Freire com quinze cavallos soltos, sustentando o impeto dos inimigos, e foi soccorrido muitas vezes do Capitão Duarte Fernandes Lobo, dando tempo a que o batalhão, fazendo varias voltas, occupasse hum passe estreito cuberto com algumas arvores, onde fez rosto aos Castelhanos, que receando, que tivessemos a Infantaria no mesmo passo, se retirarão sem nos fazer damno, e em Castella tirarão por esta occasiaõ o posto ao Commissario Geral. Neste tempo chegarão ao Conde de Atouguia, repetidos avisos das pazes, que se havião celebrado entre as Coroas de França, e Castella, pelos motivos, que adiante diremos. Esta noticia obrigou ao Conde a tratar com toda a diligencia das fortificaçoens das Praças de maior importancia, da prevenção do Trem da artilharia; e das reconducçoens dos Terços, e Cavallaria, instando com efficazes razoens á Rainha, que se não perdesse tempo nas prevençoens de todo o Reyno; porque a guerra, que se esperava, havia de ser mais vigorosa, que toda a antecedente, na infallivel consideração de haverem os Castelhanos de empregar contra Portugal os exercitos, com que defendião as fronteiras de Flandes, Italia, e Catalunha.

No Minho continua o sitio de Monçaõ.

As felicidades do anno, que escrevemos, não emendaraõ na Provincia de Entre-Douro, e Minho, como na de Alentejo, as desgraças do anno antecedente; porque de sorte se encadearão humas a outras, que reduziraõ aquella Provincia, quasi á ultima extremidade. Entre perigos, e difficuldades trabalhava o Visconde de Villa-Nova, por atalhar os damnos, que lhe era possivel. Eraõ muitas as cartas que escrevia á Rainha, e aos Ministros, mas tão pouco o effeito desta diligencia, que avaliava por maior contrario a desconfiança dos soccorros, que o poder dos inimigos. Havia acudido ás cazas da feitoria do lugar das Choças, largando o quartel do rio Mouro,

e para

e para intentar novo ſoccorro a Monção, paſſou o Conde de Miranda ajuntar gente ao Porto, e o Balío Diogo de Mello Pereira a Barcellos; porém o trabalho repetido, e os máos ſucceſſos multiplicados, fazião aos povos pouco appetecido o emprego das armas, e era quaſi invencivel a diligencia de ajuntar, e conſervar numero de gente capaz de intentar hum ſoccorro util á defenſa de Monção. Deu alguma confiança ao Viſconde a noticia, de que a força da corrente do rio Minho havia levado duas pontes dos inimigos, huma junto a Lapella, outra por cima de Monção: porém desvaneceo ſe depreſſa eſta eſperança; porque reconhecendo os Gallegos o perigo deſte accidente, fabricaraõ hum Forte junto da Ponte de Mouro, huma legoa diſtante dos quarteis, que impoſſibilitava o intento de ſe lançarem no Minho as barcas, que ſe havião fabricado em Melgaço. Ordenou o Viſconde a Miguel de Laſcol, que foſſe reconhecer a nova fortificaçaõ, comboyado do Capitaõ de cavallos Diogo Pereira de Arahujo com a ſua Companhia. Antes de chegarem, encontrarão trinta Soldados de cavallo Gallegos, que andavão roubando a campanha: degolarão nos, reſervando cinco, que affirmaraõ eſtar o Forte acabado, e guarnecido com trezentos Infantes. Eſta certeza eſcuſou adiantar-ſe Miguel de Laſcol; e o Viſconde, depois de haver examinado todos os ſitios, que poderia occupar a gente, com que ſe achava para intentar do quartel, que elegeſſe, o ſoccorro de Monção, reſolveo a vinte e quatro de Janeiro tomar o quartel em Valladares, e com toda a diligencia ſe deu principio a novos barcos. Neſte poſto recebeo a nova da vitoria das linhas de Elvas, que a Rainha lhe mandou a toda a diligencia, ſegurando lhe, que os ſoccorros de Alentejo o haviaõ de fazer brevemente author da ſegunda vitoria. Reſpiraraõ com eſta noticia os cuidados do Viſconde, entendendo que naõ podia haver duvida em ſer ſoccorrido das tropas vitorioſas da Provincia de Alentejo, juntas á gente daquella Provincia, que concorria ſem duvida a conſeguir taõ felice empreza, ſeria infallivel, ou retirar-ſe, ou perder-ſe o Marquez de Vianna; e com eſte bem fundado diſcurſo ſe accreſcentou o Viſ- Anno 1659.

Anno 1659.

conde o contentamento da nova da vitoria, e ao passo desta consideração applicou as diligencias de juntar gente, e accrescentar outras prevençoens, que segurassem o soccorro de Monção, e o remedio de Salvaterra, que corria a mesma fortuna. Os motivos da esperança do Visconde o forão de receio ao Marquez de Vianna; porque chegando-lhe com a nova da perda do exercito, que sitiava Elvas, Ordem del Rey D. Filippe para se retirar de Monçaõ, se lhe constasse que as Tropas de Alentejo passavão a Entre Douro, e Minho, entrou na confusaõ de ver baldada a confiança de ganhar aquellas duas Praças, depois de haver dispendido taõ grossos cabedaes, e sido causa da morte de tanto numero de Soldados. Chamou a conselho, e dividiraõ se os votos em duas opinioens. Diziaõ, huns, que o exercito se retirasse, antes de chegarem as Tropas de Alentejo, para que esta resolução parecesse menos desairosa: outros, que se tentasse com hum assalto geral a constancia dos sitiados, porque se podia conseguir o successo, que se achava na ultima desesperação de se lograr. Seguio o Marquez este parecer, e déu ordem para que o exercito se preparasse para o assalto.

Intenta o Visconde varias vezes soccorrello, e naõ o consegue.

Nos dias que se gastaraõ nas disposiçoens referidas havião as cinco batarias, que cruzavão a Praça, occasionado grande damno nos sitiados, sendo tantos os mortos, e feridos, que faltava quem guarnecesse os postos mais importantes, e até nas mulheres fazião lastimoso emprego. Governava as trinta, que ficarão na Praça, Elena Peres, mulher que havia sido de João Filgueira, com hum chapéo na cabeça, e hum chuço nas mãos conduzia as outras aos maiores conflictos, sem se conhecer em algumas dellas o menor indicio de temor. Acertou em huma chamada a Turca, huma balla de artilharia pela barriga, e lançando lhe as tripas fóra se abraçou com ellas, pedio que a levassem para a Igreja do Espirito Santo: brevemente a conduziraõ, e chegando á Igreja, sem mostrar a menor perturbaçaõ, ordenou que hum pouco de dinheiro, que levava na algibeira, se lhe mandasse dizer em Missas, e morreo com notavel exemplo de constancia; sendo timbre de todas as mulheres de Monção imitarem

Deu-

Deusadeu Martins, que no tempo del-Rey D. Fernando, Anno
na guerra que teve com El-Rey Henrique o Segundo de 1659.
Castella, era casada com o Capitaõ Mór Vasco Gomes de Abreu; e sitiando D. Pedro Rodrigues Sarmento. Adiantado do Reyno de Galliza a Praça de Monçaõ, foi esta matrona causa com sua industria, e valor de se levantar o sitio, merecendo por esta acçaõ ficar por timbre das armas da mesma Villa hum meio corpo de huma mulher com a letra Deusadeu Martins, andar pintada nas bandeiras da Camera, e abrirem-se todos os annos as pautas dos Vereadores de Monçaõ junto da sua sepultura. Igualmente prejudicavaõ as baterias ás muralhas, naõ havendo nellas parte, que não padecesse consideravel ruina. Não fazia nos sitiados menos prejuizo a fóme; porque vendo-se quasi totalmente consumidos todos os mantimentos, chegaraõ a extinguir a carne de cavallos, gatos, e ratos, e outros animaes immundos, que solicitavão para dilatar a vida, de que se originavão doenças horrendas, e mortaes; porém não bastavão tantas infelicidades para diminuir o animo do Governador, e dos mais Officiaes, que lhe assistião: e desejando todos dar noticia ao Visconde do estado em que se achavão, offereceo-se para esta difficultosa jornada o Sargento Marçal Ferreira, e instruhido em tudo o que devia dar conta, álém da noticia, que levava em hum papel cozido no cóz dos calçoens, o lançou da Praça Diogo de Caldas Barbosa por entre as hortas, e tendo vencido passar pelo interior dos quarteis, sem ser sentido, ao saltar das linhas o fizerão prisioneiro; porém constantemente não pronunciou palavra, que não fosse em beneficio dos sitiados. Melhor successo teve o Visconde em os informar de que os inimigos prevenião o assalto, introduzindo-lhe este aviso em varios papeis que se meterão em cabaças, que se lançavão pelo rio abaixo de noite, e huma dellas se recolheo a Salvaterra, donde passou a noticia ao Governador de Monção. Chamou logo a Conselho, e propondo achar-se unicamente com quinhentos homens para defensa daquella Praça, os mais delles incapazes de pelejar pelas feridas, que haviaõ recebido, e falta de ali-

 mento,

Anno 1659.

mento, concordaraõ todos, que em quanto duraſſe o dia, perſiſtiſſe a guarnição nas trincheiras ſem alteração; e que logo que cerraſſe a noite, deixando ſó as ſentinellas, ſe recolheſſe a guarnição á barbacãa, e que eſtas ſentindo rumor, que lhes pareceſſe era principio de aſſalto, poderião tambem recolher-ſe, e que deſta ſorte ſe hirião dilatando quantos dias lhe foſſe poſſivel, até lhes chegar ou o ſoccorro, ou o ultimo deſengano. Neſta ordem ſe foraõ conſervando os ſitiados até o primeiro de Fevereiro, dia, que o Marquez de Vianna deſtinou para ſe dar o aſſalto, obrigado tanto das razoens referidas, quanto da informação de hum Sargento chamado Roboredo, que fugio da Praça, e lhe individuou o aperto a que eſtava reduzida, a ruina das muralhas, e a certeza de a render, ſe ſe reſolveſſe a paſſar do aſſedio aos aſſaltos, que a debilidade, e pouco numero dos ſitiados não poderião reſiſtir. Repartiraõ-ſe as ordens pela gente deſtinada para o aſſalto, e pelos Terços, que lhe haviaõ de dar calor. Formaraõ-ſe na circumferencia da Praça, e no quarto da alva favorecidos de huma denſa nevoa, atacaraõ a muralha, que olha á parte de S. Bento, que era a que o Sargento lhe havia apontado; e por todas as trincheiras fizeraõ varias diverſoens, para que divertindo-ſe o pouco numero dos ſitiados, naõ accodiſſem todos á principal defenſa. Achavaõ-ſe nas muralhas os Capitaens Diogo de Caldas Barboſa, Luiz de Souſa de Caſtro, Carlos Malheiro Pereira, Franciſco da Cunha da Silva, Gonçallo da Cunha de Lemos, Franciſco Pita Malheiro, Alexandre de Souſa, e Azevedo, Bartholomeu da Silva, Joaõ Pereira Caldas, Chriſtovaõ Ferraõ, Joaõ Pereira Pinto, Manoel Soares Brandaõ, Franciſco de Araujo Bello, Rafael Rebello Soares, Domingos de Almeida Cabral, e outros Officiaes de menores poſtos, aſſiſtindo a todos com incanſavel valor Lourenço de Amorim. Ao tempo que os inimigos começaraõ a marchar, ſe tocou arma, e os obrigou a apreſſarem a marcha, e a arrimarem valeroſamente as eſcadas que levavaõ prevenidas. Subiraõ por ellas grande numero de Officiaes, e Soldados: porém conſtrangidos dos artificios de fogo, traves, pedras, e outros inſtrumen-

Reſiſtem os ſitiados hum furioſo aſſalto, e rendem a Praça, por extinguirem quaſi totalmente os defenſſores della.

mentos, baixavão mais depressa, do que subião, huns mortos, outros feridos: os que escaparaõ, se retirarão com grande diligencia, não bastando a detellos os Terços da reserva, nem as persuaçoens dos sitiados, que com alentado espirito lhes diziaõ, que voltassem ao assalto, que acodissem pela honra da sua Nação, que dessem conta aos seus Cabos das escadas, que lhes entregaraõ, e outras affrontas, que puderaõ persuadillos, se o medo, com que fugião, lhes dera lugar a ouvillas. Com este máo successo cessáraõ as mampostas dos inimigos, que furiosamente havião jogado: os Terços se retirarão, o que examinado pelos sitiados, baixarão pelas escadas, que os Castelhanos haviaõ deixado, e desfardaraõ grande numero de Officiaes, e Soldados; pequeno premio do trabalho, que padecião, e do valor com que peleijarão: sendo tambem memoraveis as acçoẽs de Helena Peres, e das outras mulheres, que lhe assistiaõ; porque tomando grandes pedras á cabeça, as lançavão dos parapeitos sem temor das ballas, de que resultou gravissimo damno aos inimigos, que só conseguirão entrarem as trincheiras, que estavão desamparadas; e não podendo recolher-se á Praça o Alferes reformado João de Passos, que andava de ronda, por aguardar pelas sentinellas, foi investido dos Castelhanos, e depois de venderem todos caras as vidas, as perderão na defensa da Praça; e era taõ geral o valor de todos os sitiados, que entrando os Gallegos em humas cazas, em que estavaõ alojados quantidade de enfermos, se levantarão todos, e com as espadas que tinhão junto das camas, matando, e morrendo, deraõ as vidas; glorioso remate, depois de padecerem tão continuos trabalhos, e miserias, que alguns Soldados obrigados de implacavel fóme, vendo que huma balla de artilharia despedaçara hum Soldado, que estava de sentinella, correrão a colher os pedaços, e investirão ao furioso intento de os assarem; o que executarão, a naõ serem impedidos de Francisco de Arahujo Bello, e Joaõ Pereira Pinto, que com intimo sentimento divertiraõ taõ lastimoso espectaculo; que era inculpavel nos vivos, buscar o sustento nos corpos daquelles, por- Anno 1659.

 cuja

Anno 1659.

cuja defensa, pouco espaço antes, offereciaõ as vidas. Entrando o arrebalde, levantaraõ os inimigos huma trincheira que corria da Ermida de Nossa Senhora do Outeiro ao Convento das Freiras. Logo que amanheceo, se oppuzeraõ os sitiados ao damno, que daquella parte começavaõ a receber: porèm já era baldada esta opposiçaõ, porque álem de estarem destituidos das esperanças do soccorro, eraõ taõ poucos os que se achavaõ capazes de tomar armas, que já parecia desesperaçaõ a resistencia. Os inimigos puxaraõ pela artilharia grossa, e começaraõ a bater as muralhas daquella parte, e querendo animar mantas em a noite seguinte com o fim de as picarem, foraõ rebatidos com grande perda: porém a artilharia começou a abrir taõ grandes brechas, que era o ultimo remedio dos sitiados as cortaduras, e em todas estas operaçoens se acabava de extinguir a guarniçaõ; porque as ballas, e as astilhas occasionavão igual perigo. Foraõ feridos dellas os Capitaens Diogo de Caldas, Carlos Malheiro, e Joaõ Malheiro Moscoso. A este trabalho se juntou o perigo de duas minas, que em cinco dias passaraõ á segunda muralha, e huma caminhava para o armazem da polvora. Logo que os sitiados as sentirão, mandou o Governador trabalhar nas contraminas, e acodindo todos com incrivel diligencia a tão diversos conflictos, fizerão os inimigos huma chamada a sete de Fevereiro, suspenderão-se as armas, e foi a primeira a que deu pratica Lourenço de Amorim. Mandou receber huma proposta do Marquez de Vianna, em que o persuadia rendesse a Praça, pois se achava desesperado do soccorro, com as brechas abertas, e as minas atacadas, sem mantimentos, muniçoens, nem gente, e que se acaso a sua resistencia passasse de valor a obstinação, mandaria dar fogo ás minas, e assaltar as brechas com ordem de se não dar quartel a algum dos que se achassem vivos na Praça. Chamou Lourenço de Amorim a Conselho, mostrou a proposta a todos os Officiaes, e ponderando se, que de dous mil homens, de que havia constado a guarnição daquella Praça, não chegavão a duzentos, os que se achavão capazes de tomar armas, debilitados de fóme, e enfermidades

dades; e que ainda que o numero fora muito ſuperior, não poderião defender ſe das brechas, e minas com que eſtavão atacados; o que conſiderado por todos, reſolverão, que a Praça ſe entregaſſe, concordando o Marquez de Vianna nas capitulaçoens ſeguintes. Anno 1659.

Que os ſitiados querião render a Praça, concedendo-lhes o Marquez General duas peças de artelharia, e o ſahir com a ſua gente formada pela brecha, corda aceza, balla em bocca, bandeiras deſpregadas, tocando caixas, carruagens para os Officiaes, e para os enfermos, e feridos, e aos mercadores ſe lhes daria tambem toda a carruagem, que lhes foſſe neceſſaria para o ſeu fato: e que não lhe ſendo poſſivel o poderem ſahir logo todos os paizanos, ſe lhes concedeſſe quinze dias de prazo, para dentro delles ſe poderem retirar com a roupa, com que alli ſe achaſſem, e ſe lhe não faria nenhuma hoſtilidade, nem vexação, antes ſe lhes ſeguraria a campanha, e a carruagem ſe lhes deſſe até o lugar da Portela, em que ſe finda o termo da Villa de Monção, e ſe paſſarião refens de huma, e outra parte: e que ás Religioſas darião toda a carruagem, e todo o mais neceſſario, para ellas ſahirem, e retirarem todo o ſeu fato: que concedendo-lhes eſtes partidos, ſe renderião, e negando ſe, ſe querião defender.

Remeteo Lourenço de Amorim eſtes capitulos ao Marquez de Vianna, que depois de examinados, e de ſe gaſtarem algumas horas de debate, concedeo aos ſitiados, que ſahiſſem formados pela brecha com balla em boca, e corda aceza, bandeiras deſpregadas, tocando caixas, e com huma peça de artilharia: que ſe lhes darião todas as carruagens que foſſem neceſſarias para os Officiaes, e Soldados enfermos, e para a roupa dos paizanos; dando-ſe-lhes hum mez de prazo para commodamente as poderem conduzir. Acceitou Lourenço de Amorim eſtas capitulaçoẽs, derão-ſe refens, introduzio D. Balthaſar Pantoja guarnição na Praça, ſahio della Lourenço de Amorim com duzentos e trinta e ſeis Soldados formados, os mais delles tão debeis, que admirado D. Balthaſar Pantoja, depois de averiguar, que não era maior o numero dos defenſo-

Anno 1659 fenſores capazes de tomar armas, diſſe, que ao meſmo que via, naõ podia dar credito, e chamando os Officiaes dos Terços, e da Cavallaria do exercito, os exhortou a que aprendeſſem naquelles valeroſos Soldados o modo com que haviaõ de defender as Praças. Deu-ſe comboy a Lourenço de Amorim, que o ſegurou até o rio Bom: paſſou ao noſſo quartel, e foi recebido do Viſconde, e de todos os mais que o acompanhavaõ, com as honras, e louvores, que taõ egregiamente haviaõ merecido, e a todos os Officiaes empregou logo em varios poſtos. Os moradores paſſaraõ a Portugal, ſem haver algum que ſe rendeſſe aos rogos, e promeſſas do Marquez de Vianna, acabando de apurar com eſta conſtante reſoluçaõ a ſua fidelidade.

Em quanto ſuccedeo na Praça o que fica referido, determinou o Viſconde, deſenganado de lhe naõ haver de chegar ſoccorro algum de Alentejo; porque a fortuna da vitoria das linhas deſcompoz todo o diſcurſo prudente, ſendo muitas vezes na fragilidade humana taõ nocivas as felicidades, como as deſgraças; determinou com o pouco, e inconſtante poder com que ſe achava, que naõ chegava a tres mil homens, paſſar o rio Minho para animar os ſitiados, e divertir os inimigos. Tomou o Conde de Miranda por ſua conta o cuidado de preparar as barcas, aſſiſtido do Tenente de Meſtre de Campo General Joſeph de Souſa Sid, que a Rainha havia mandado de Lisboa a ſervir naquella campanha. Prepararaõ-ſe promptamente os barcos, e entregou o Viſconde a execuçaõ de ſe lançarem ao rio, ao Tenente de Meſtre de Campo General Antonio Soares da Coſta. Deferio a elle ſem cauſa da noite de dous de Fevereiro para a ſeguinte com taõ infelice ſucceſſo, que fugindo hum Soldado de cavallo para os inimigos, baldou com a noticia, que deu deſtas prevençoens, todo o emprego dellas; porque logo guarneceraõ o ſitio, donde ſe intentava lançar as barcas, e ficou o Viſconde totalmente deſtituido das eſperanças de ſoccorrer a Praça. Tanto que chegou Lourenço de Amorim, entendeo o Viſconde (como ſuccedeo) que o Marquez de Vianna com o exercito vitorioſo havia de paſſar o

rio

Anno 1659.

rio a buscallo no quartel em que assistia. Com esta prudente imaginaçaõ determinou retirar-se, e querendo executallo na manhãa de nove de Fevereiro, teve noticia que os inimigos passavaõ o rio, e aconselhando-lhe o perigo a brevidade, e naõ lhe embaraçando a repentina noticia a boa direcçaõ, poz os Terços, e batalhoens em marcha, e entregou ao Conde de Miranda a artilharia, e bagagens; porque como era a parte, em que considerava maior perigo, merecia maior cuidado: e ordenou a Fernaõ de Sousa Coutinho, com que trezentos cavallos, e algumas mangas de mosqueteiros detivesse a marcha do inimigo, até se expor ao perigo ultimo. Marchou Fernaõ de Sousa com tanta diligencia, que achou o exercito com grande pressa passando o rio. Suspenderaõ os Gallegos esta deliberaçaõ, reconhecendo a nossa Cavallaria, e Fernaõ de Sousa occupou huma collina, que ficava emminente a toda a campanha, e cobria a marcha do nosso pequeno poder. Valeo-se o Visconde deste beneficio do tempo, e sem confusaõ, ou desordem alguma fez continuar a marcha, visitando com summa vigilancia os passos mais difficultosos, que segurava, como pedia o perigo delles. O Marquez de Vianna reconhecendo o intento da nossa Cavallaria, ordenou ao Mestre de Campo General, mandasse investilla. Offereceo-se o General da Cavallaria, para executor desta empreza, e fiou se dignamente do seu valor. Escolheo quinhentos cavallos, e os Terços do Mestre de Campo D. Affonso Peres, e outro governado pelo Sargento Maior D. Joaõ Queixada, e marchou a ganhar o posto que occupava Fernaõ de Sousa, com firme confiança de conseguir o intento a que se arrojava. Facilitou-a Fernão de Sousa com muita industria; porque ao tempo que os Gallegos chegavão quasi ao alto da eminencia, em que estava formado, retirou os batalhoens a distancia, que bastava para se lhe encobrirem. Entenderão elles, que o receio os fazia voltar as costas, e por este respeito adiantou o General da Cavallaria a vanguarda, por não perder o emprego da vitoria. Porém chegando ao alto da collina, donde suppunha descobrir a nossa Cavallaria fugitiva, a achou tão prompta para a execução que havia premedi-

Anno 1659.

meditado, que sem o menor intrevallo investio a nossa gente valerosamente os batalhoens da vanguarda, que acompanhavão confusos ao General, e sem difficuldade os desbaratarão, ficando mortos o Mestre de Campo D. Affonso Peres, o Capitão de couraças D. Affonso Antelo, e muito mal ferido o Capitão de cavallos D. Bartholomeu Mosquechos. O exemplo dos batalhoens da vanguarda seguirão os mais que subirão ao monte, deixando a Infantaria exposta aos golpes das espadas dos nossos Soldados, que cortarão pouco nos rendidos; e Fernão de Sousa vendo que o seu calor podia mal-lograr o bom successo conseguido, se adiantou a detellos. Obedeceraõ promptamente, tornaraõ a formar-se, tendo grande parte em todas estas operaçoens Domingos da Ponte Gallego, Tenente General da Cavallaria de Tras os Montes. Foi morto ao primeiro encontro o Alferes Domingos Laburt, Cabo dos batedores, ficou ferido o Capitaõ Joaõ da Cunha Sotto-Maior, e todos os Officiaes procederaõ valerosamente signalando-se Ignacio da Franca, Tenente de Joaõ da Cunha; porque adiantando-se dos batalhoens, matou na frente da sua Companhia ao Capitão D. Affonso Antelo, contado por hum dos mais valerosos do exercito inimigo. Com este successo se adiantou muito a marcha da Infantaria, e Artilharia, e melhorando de terreno, por ser mais aspero, occuparaõ mangas de mosqueteiros varios postos, que seguravão a marcha, largando-os a tempo, que outras haviaõ ganhado sitios da mesma importancia, e pouco a pouco se hia segurando o nosso partido. Os Cabos inimigos tornaraõ a compor o exercito, que havia acabado de passar o rio, e por lugares asperos introduziraõ quantidade de mangas de mosqueteiros, intentando desalojar a nossa Cavallaria: porém os dous Tenentes Generaes valerosos, e persistentes reconhecendo que a sua constancia salvava naõ só a gente, que marchava, mas toda a Provincia, naõ largaraõ aquelle posto, sem reconhecerem, que o Visconde se havia adiantado a sitio, em que já era inutil a sua firmeza. Mas quando quizeraõ retirar-se, vinha taõ perto o exercito inimigo, que lhe foi necessario usarem da contramarcha, ficando

Retira o Visconde o exercito á vista dos inimigos valerosa, e militarmente, e segura-o, passada a ponte ao rio Mouro.

ficando na retaguarda os dous Tenentes Generaes com vinte cavallos escolhidos, de que era Cabo o Tenente Ignacio da Franca. Necessitaraõ os batalhoens de entrarem por hum passo estreito, para melhorarem de posto na colla da nossa Infantaria. Reconheceraõ os inimigos esta ventagem, e correraõ alguns batalhoens furiosamente a logralla; porèm achâraõ na entrada do passo aos Tenentes Generaes com os vinte cavallos, e outros que se lhe aggregaraõ, que o defenderão todo o tempo, que bastou para os batalhoens melhorarem de posto, não fazendo cazo dos mosquetes das mangas inimigas, que a toda a diligencia occupavão os penhascos emminentes aos sitios, por onde a Cavallaria se retirava: e os Gallegos vendo a resolução com que erão rebatidos, se naõ atreviaõ a investir, sem virem formados, e com batalhoens superiores. Esta receosa disciplina deu tempo aos Tenentes Generaes, a que dividissem em dous troços os trezentos cavallos, com que se retiravão; ajustavaõ-se de sorte nesta divisaõ, que o tempo que hum gastava em rebater os batalhoens, que carregavão, lograva o outro para adiantar a marcha por esta causa tão vagarosa, que a distancia de huma só legoa gastou todo hum dia. Antes de cerrar a noite, chegou a avisalos o Tenente de Mestre de Campo General Joseph de Sousa Cid da parte do Visconde, que a artilharia havia passado a ponte do rio Mouro, vencendo o Conde de Miranda quasi insuperaveis difficuldades, ajudado de D. Francisco de Azevedo, e Miguel de Lascol. Livres os Tenentes Generaes com este aviso de maior cuidado, e faltando-lhes já neste tempo a campanha, que lhes tinha facilitado retirarem-se na fórma referida, deraõ ordem ás Companhias da vanguarda, que desfiladas á redea solta, se arrojassem a passar a ponte do rio Mouro; e prevenirão aos Soldados, recomendando-lhes a brevidade, para que os da vanguarda não embaraçassem os da retaguarda, carregando os o inimigos com todo o poder na estreiteza daquelle passo, como succedeo; porém a ordem foi tao bem executada, favorecida do escuro da noite, que quando os Gallegos se resolveraõ a empenhar-se, sem receio já a maior parte

Anno 1659.

Anno 1659.

te dos trezentos cavallos havia passado a ponte; e os Tenentes Generaes com os Officiaes das Companhias, o Governador do Priorado do Crato, o Balío, e alguns Soldados resistirað com tanto valor o impeto dos inimigos, que investindo-os na ultima conclusað galhardamente, os fizerað alargar de sorte, que tiverað lugar de passar a ponte já guarnecida com mosqueteiros nossos. Fizerað alto os Gallegos, e o Marquez de Vianna desenganado do intento, que havia trazido, nað continuou a marcha.

Aquartela-se nas Aldeas das Choças.

O Visconde fez alto ao amanhecer nas Aldeas das Choças, havendo os Soldados padecido grande trabalho; porém nað dá molestia, o que se logra na felicidade. Foi muito grande a que se conseguio naquelle successo; porque além do valor com que peleijou, e destreza com que o Visconde salvou aquelle troço do exercito, livrou-se aquella Provincia de grande ruina.

Rende-se Salvaterra.

Salvaterra governada por Antonio de Almeida Carvalhaes, tanto que Monçað se rendeo, seguio a mesma fortuna com as mesmas capitulaçoens, por ser impossivel a sua defensa, e o Marquez de Vianna dividio o exercito pelos quarteis. Chegou ao Visconde esta noticia, e tratou com grande diligencia da fortificaçað de Caminha, dividindo a gente pelas guarniçoens; fez trabalhar nas outras Praças com incessante disvelo pelo grande perigo, a que todas ficavað expostas.

Resolve a Rainha Regente formar novo exercito para a defensa do Minho.

A nova da infelicidade dos successos de Entre Douro, e Minho recebeo a Rainha com grande sentimento, assim pelo perigo daquella Provincia, como por entender que a demasiada satisfaçað da vitoria das linhas de Elvas desbaratavað a prudencia, com que era necessario accodir se ao soccorro de Monçað; mas accrescentando aos males passados o receio dos damnos futuros, tratou com toda a attençað de lhe prevenir os remedios, formando hum exercito capaz de resistir os progressos dos inimigos na Provincia de Entre Douro, e Minho. Foi a primeira diligencia ordenar a Joað Nunes da Cunha, naquelle tempo Deputado da Junta dos Tres Estados, que com largos poderes passasse a Entre Douro, e Minho a formar os Terços, e Companhias de cavallos, que julgasse precisas,

ſas, e fazer o aſſento de paõ de munição, e prevenir o trem da artilharia; entendendo juſtamente a Rainha, que a grande capacidade, inteireza, e zelo de Joaõ Nunes da Cunha baſtaria a perſuadir aquelles povos a contribuhirem com os tributos neceſſarios á ſua defenſa. Juſtificou a experiencia o acerto deſta eleição; porque á diligencia, e á induſtria de Joaõ Nunes da Cunha deveo Entre Douro, e Minho huma das melhores partes da ſua defenſa. Nomeou juntamente a Rainha ao Conde da Torre, Meſtre de Campo General do Viſconde, e ao Conde de S. Joaõ General da Cavallaria de Entre Douro, e Minho, e Tras os Montes, e a Simão Correa da Silva, Conde da Caſtanheira, General da Artilharia; e ordenou ao Conde de Miſquitella paſſaſſe ſem dilaçaõ ao governo das Armas da Provincia de Tras os Montes, com declaração, que ſem dependencia de nova ordem, acodiſſe a ſoccorrer a Entre Douro, e Minho, todas as vezes que os inimigos a invadiſſem. Partio Joaõ Nunes primeiro que os mais nomeados, e logo começou a dar á execução as ordens que levava, levantando quatro Terços de Infantaria pagos, comprando cavallos para novas Companhias, formando Terços de Auxiliares com tanta brevidade, pouca deſpeza da fazenda Real, e grande ſatisfaçaõ dos povos, que as meſmas operaçoens executadas pareciáo incriveis. Quando começou a comprar cavallos, chegou o Conde de S. Joaõ, e em breves dias formou as Companhias da gente mais nobre daquella Provincia, e paſſou á de Tras os Montes a fazer a meſma diligencia. Neſte tempo ganharão os Gallegos o Forte da Portella de Vez, guarnecido com cento e cincoenta Infantes, que naõ fizeraõ reſiſtencia alguma, e ficou deſcuberto todo aquelle diſtricto. Joaõ Nunes da Cunha ſentido deſta deſgraça, propoz ao Viſconde a empreza da Cidade de Tui, offerecendo-ſe a facilitar todos os meios que pareceſſem convenientes. Affeiçoou-ſe o Viſconde a eſta opinião, deu conta á Rainha; porém os Conſelheiros de Guerra, com quem a Rainha ſe conformou, foraõ de parecer, que ſe guardaſſe eſta empreza (que nunca teve effeito) para tempo, em que o exercito do Minho eſtiveſſe acabado de formar. Anno 1659.

A Pro-

Anno 1659.

Varios succeſſos da Provincia de Tras os Mõtes, e dos dous partidos da Beira.

A Provincia de Tras os Montes governava o Meſtre de Campo Antonio Jaques de Paiva, quando ſe renderaõ em Entre Douro, e Minho as Praças de Monçaõ, e Salvaterra; e reconhecendo a viſinhança do perigo, e os poucos meios que havia naquella Provincia para ſe defender, fez vivas inſtancias á Rainha, para que o Conde de Miſquitella, nomeado Governador das Armas de Traz os Montes, ſe não dilataſſe. Partio o Conde para Chaves, pouco tempo depois da batalha de Elvas, e ainda mal convalecido da grande enfermidade, que padeceo; ſem dilaçaõ correo a Provincia, tratou das fortificaçoens das Praças mais importantes, formou Auxiliares, e Ordenanças; prevençoens, com que deteve as entradas dos Caſtelhanos por todo o diſcurſo deſte anno.

O partido de Almeida entregou a Rainha ao Conde da Feira: eleiçaõ geralmente applaudida; por concorrerem no Conde valor, juizo, e prudencia, e todas as mais virtudes, que o conſtituhião merecedor dos maiores lugares. Logo que chegou a Almeida, tratou com todo o cuidado da fortificação das Praças, e augmento das Tropas, o que conſeguio tanto pela ſua actividade, quanto pelas aſſiſtencias da Corte, em que era melhor livrado, que os outros Governadores das armas, pela authoridade de ſeu ſogro o Conde de Odemira, que o amava, e reſpeitava, como merecia a ſua qualidade, e procedimento. O trabalho que a Cavallaria de huma, e outra parte havia padecido o anno antecedente, fez taõ appetecido o deſcanço, que não houve operaçaõ militar, que mereça ſer referida. No partido de Penamaçor ſe paſſou com igual ſoccego: tornou-o a governar D Sancho Manoel, como fica declarado, e em todas as Provincias deſcançaraõ as Tropas de huma, e outra parte, para darem principio a maiores emprezas.

A Rainha Regente havia acudido a todos os accidentes da Monarquia com juizo taõ util, e taõ prudente, illuſtrado das experiencias dos negocios graviſſimos, que manejava a ſua direcçaõ, que era nas Cortes de Europa exemplar de valor, e entendimento varonil. Deſejava ſummamenre augmentar eſta opinião na educaçaõ del-Rey

ſeu

ſeu filho já entrado na idade de dezaſeis annos, e para conſeguir eſte virtuoſo intento, naõ perdoava a diligencia alguma, Divina, e humana, mandando pelas Religioens pedir a Deos a emenda dos deſconcertos del-Rey, e procurando inceſſantemente atalhalos, hora com rogos, hora com ameaços; porque o amor affectuoſo de mãy, e o perigo infallivel do Reyno naõ deixavaõ afroxar o cuidado continuo de importancias taõ relevantes; porém naõ baſtavaõ tantas attençoens virtuoſas, para cobrar o deſencaminhado animo delRey perturbado com a razaõ original de ſeus achaques, e pervertido com os exemplos perniciosos de alguns de ſeus aſſiſtentes. Antonio de Conte eſtava já neſte tempo reſoluto a ſe arrojar ao mar tempeſtuoſo da difficultoſa empreza de repreſentar no theatro do mundo o papel de valído de hum poderoſo Rey, totalmente ſeparado do temor das ondas politicas, que furioſamente o ameaçavaõ; e conſiderando que naõ lhe era poſſivel encobrir a humildade do ſeu naſcimento, largou a tenda da Capella, com o pretexto de haver deſcuberto a nobreza da ſua geraçaõ, pertendendo provar ſer deſcendente da caſa de Vintimilia, familia nobiliſſima do Reyno de Sicilia, e facilmente achou teſtimunhas, que o affirmaſſem, paſſando na eſperança da recompenſa pelo delicto da falſidade. Foi ElRey o primeiro, que deu credito a eſta ſua ficçaõ, e como baſtava a Antonio de Conte que foſſe o unico, logrou tantas ventagens no ſeu favor, que já as ſuas entradas naõ eraõ por partes occultas, nem a ſua aſſiſtencia ſeparada delRey. O remedio que a Rainha buſcou para atalhar eſtes, e outros inconvenientes, foy ſeparar ElRey do ſeu quarto, e ſignalar-lhe outro novamente fabricado junto ao Forte, que banhado das aguas do Tejo, parece que com a prata, e ouro daquelle rio enriquece o Occeano; e para decoroſa aſſiſtencia da ſua grandeza lhe nomeou por Gentil-homens da Camara ao Marquez de Gouvea, ao Conde de Prado, Garcia de Mello, Monteiro mor, Luiz de Mello, Porteiro mór, e D. Joaõ de Almeida: ſervia juntamente o Marquez de Mordomo mór, Garcia de Mello de Camareiro mór, o Conde do Prado de Eſtribeiro mór, e paſſan-

Anno 1659.

Diſpoem a Rainha Caſa a ElRey.

Nomealhe Gentis-homens da Camara.

Anno 1659.

do brevemente a governar a Provincia de Entre-Douro, e Minho, lhe succedeo o Visconde de Villa Nova; e a D. João de Almeida, que servia de Reposteiro mór, Luiz de Vasconcellos e Sousa, Conde de Castello Melhor, e foy a resoluçaõ da Rainha, que servissem ás semanas: e para que o trabalho ficasse mais toleravel, nomeou ao Conde de Val de Reys, ao Conde de Obidos, ao Conde de Aveiras, D. Thomaz de Noronha, e a Francisco de Sousa Goutinho: porém durando-lhe pouco tempo a vida, foi eleito em seu lugar D. Pedro de Castello-Branco, Conde de Pombeiro, e de todos os nomeados, só os primeiros, cada hum sua semana ficava de noite assistindo a ElRey; e juntamente foraõ eleitos outros Officiaes, e criados inferiores para a assistencia da Casa delRey. Ficou o Conde de Odemira continuando as preminencias de Ayo. Nestes successos, e disposiçoens politicas com o absoluto imperio que tem no Mundo, gastou o tempo na Corte o anno que escrevemos, e no seguinte (como em seu lugar daremos noticia) passou ElRey ao novo quarto, que lhe estava destinado.

Manda por Embaixador a França o Conde de Soure.

O estado em que ficou o Reyno depois das campanhas de Badajoz, e Elvas pelas faltas de gente, e cabedal, obrigarão á Rainha Regente a nomear Embaixador extraordinario a ElRey de França ao Conde de Soure, fiando do seu grande talento, e louvavel zelo a conclusaõ dos importantes negocios que lhe encomendou, que novos accidentes, depois de partir, fizeraõ maiores. Ainda que os pezares, que o Conde havia padecido, e a molestia do achaque da gotta, que tolerava, pudéraõ escusalo do trabalho desta jornada, prevalecendo sempre no seu animo a utilidade publica, depoz a queixa, e superou achaques, e aceitando a embaixada, se dispoz a partir para França. Continha a instrucçaõ, que a Rainha lhe mandou dar: representar em França a perigosa conservaçaõ deste Reyno, ainda que vitorioso, com as perdas de muitas tropas velhas nos sitios de Badajoz, Elvas, e Monçaõ, e por esta causa pedir a ElRey Christianissimo soccorro de quatro mil Infantes formados em seis Regimentos, e mil cavallos pagos com o dinheiro de França:

po-

poder eſcolher, e capitular com dous ſugeitos de opiniaõ conhecida para occuparem os poſtos de Meſtres de Campo Generaes, approvado o ſeu preſtimo, e fidelidade pelo Cardeal Julio Maſſarino, primeiro Miniſtro daquella Coroa; e naõ ſe podendo conſeguir eſtes ſoccorros á cuſta de França, pediſſe licença para levantar aquelle meſmo numero de gente por conta delRey, entregando-ſe-lhe para eſte effeito hum credito de cem mil cruzados. Individuava juntamente a inſtrucçaõ todos os paſſos, que nas Embaixadas antecedentes ſe haviaõ dado em ſeguimento do tratado da liga offenſiva, e defenſiva daquella Coroa, e ſe encomendava ao Conde procuraſſe a ultima reſoluçaõ della: que fizeſſe aviſo a Londres a Franciſco de Mello do ſucceſſo deſte negocio; porque ſe em França ſe naõ concluiſſe, tinha ordem para ajuſtar neſta meſma fórma, a liga em Inglaterra, que varias vezes ſe lhe havia offerecido. Partio o Conde de Lisboa a treze de Abril em huma náo Ingleza, e levou por Secretario da Embaixada a Duarte Ribeiro de Macedo, que havia acabado o triennio de Provedor da Comarca da Torre de Moncorvo, e ſugeito de merecida eſtimaçaõ. Foi comboyado de huma náo de guerra da meſma Naçaõ, obrigando-ſe o Capitaõ a chegar com elle até o porto de Avre de Graçia. Experimentou o Conde taõ contrarios no mar os ventos, como depois na terra os negocios, obrigando-o as tempeſtades a gaſtar quarenta dias do porto de Lisboa ao Canal de Inglaterra. Naquella altura encontrou tres fragatas de guerra Inglezas, e reconhecendo ſe humas a outras, ſe puzeraõ á capa, e os tres Capitaens vieraõ a bordo do navio do Conde Embaixador a viſitalo. Deraõ-lhe noticia de que o governo de Inglaterra padecia univerſal mudança; porque Ricardo Cromuel, que havia ſuccedido a ſeu pay no governo ſupremo, e titulo de Protector, eſtava depoſto, e reduzido a vida particular, e o Parlamento occupáva a áuthoridade ſoberana: que o tratado da paz entre as Coroas de França, e Caſtella ſe tinha por ajuſtado; porque em Flandes ſe havia publicado ſuſpenſaõ de armas até nova ordem; e achando ſe poderoſo o partido de França, naõ era crivel arrojar-ſe a perder os intereſſes, Anno 1659.

Anno 1659

que podiá eſperar da guerra na campanha preſente, ſem a eſperança infallivel da paz futura. Deu grande pena ao Embaixador eſta noticia, porque a verdade della alterava a ſubſtancia das inſtrucçoens que levava, mudava a fórma aos negocios, e paſſava o cuidado delles a difficil emprego; naõ ficando mais eſperança, que a negoceaçaõ de entrar no tratado da paz, ou conſeguir alguma favoravel reſerva, ſuccedendo ficar fóra della. Deſpedidos os Capitaens, entrou a náo no porto de Plemuth, e achando o Conde verificada a nova do tratado da paz, eſcreveo á Rainha, dandolhe eſta noticia; remetteo as cartas a Franciſco de Mello, e fez-lhe aviſo da viagem que levava, e do novo cuidado, que lhe perturbava a primeira direcçaõ, e que em Pariz eſperava repoſta ſua, e informaçaõ dos negocios preſentes. Paſſados dous dias, partio o Conde para Avre de Gracia, onde entrou em vinte e ſeis de Mayo. Continuava o governo da Monarquia de França a Rainha Regente Dona Anna de Auſtria, e entrava ElRey ſeu filho Luiz XIV. na idade de vinte e hum annos com diſpoſiçaõ, e gentileza correſpondentes á grandeza do naſcimento, e com partes adquiridas nos exercicios das artes liberaes. Os divertimentos da Corte o ſeparavaõ de tal ſorte dos cuidados do governo, que padecia as cenſuras dos Corteſaõs, que brevemente emendáraõ as ſuas heroicas acçoens. Governava a Rainha a unica aſſiſtencia do Cardeal Julio Maſſarino, que lhe devia a conſtante reſoluçaõ, com que o conſervou em o lugar mais ſupremo entre os tumultos Civis, que o odio do ſeu poder ſuſcitou naquella Monarquia. Naõ deſmerecia o talento do Cardeál a ſua fortuna, logrando-a pacifica na auſencia de França do Principe de Condé, e ſatisfeito o animo ſocegado do Duque de Orleans Gaſtaõ de França, e empenhadas as maiores caſas de França com as alianças de ſuas ſobrinhas. Suſtentava a guerra de França com proſperos ſucceſſos debaixo do governo do Marichal de Turena, e entretinha-ſe com moderadas forças em Catalunha, e Italia.

Chega áquelle Reyno, quando ſe começava a tratar a paz entre aquella Coroa, e a de Caſtella.

Era o maior cuidado da Corte o caſamento delRey e quatro as Princezas que ſe propunhaõ; a de Portugal Dona

Anno 1659.

Dona Catharina, depois Rainha de Inglaterra, Henriqueta de Inglaterra, que foy Duqueza de Orleans, Margarita de Saboya, que caſou com o Duque de Parma, Dona Maria Thereſa de Caſtella, preferida a todos no goſto, e nas conveniencias da Rainha mãy; e por eſta cauſa as diligencias, que ſe faziaõ com as mais, eraõ apparentes, e ſerviaõ ſó de dar ciumes ao Reyno de Caſtella, e todo o poder das armas ſe encaminhava a fazer preciſa a paz pelo caminho deſte matrimonio, por cuja concluſaõ naõ duvidava a Rainha mãy ſacrificar o Reyno de Portugal aos intereſſes de Caſtella, e o Conde de Cominges, Embaixador de França em Lisboa, entretinha a pratica do caſamento no meſmo tempo, que em Madrid ſolicitava o effeito delle o Senhor Dilione; havendo declarado, que a paz ſummamente deſejada dos Miniſtros de Caſtella, ſe naõ havia de concluir ſem ſe ajuſtar o caſamento. Retardava ElRey D. Filippe juntamente eſta reſoluçaõ, conhecendo mal ſegura a ſua ſaude, e ficando a ſucceſſaõ daquella Monarquia fiada ſó em hum Principe de poucos annos, e grande debilidade. A Rainha mãy vendo eſta perplexidade delRey ſeu irmaõ, determinou vencela com hum bem logrado artificio. Publicou que caſava ElRey ſeu filho em Saboia, e ajuſtou aviſtar-ſe com Madama Real ſua cunhada em Leaõ; para onde partio acompanhada de ſeus filhos, applicando que correſſe a opiniaõ, de que hia ajuſtar o caſamento com a princeza Margarita. Chegando a Corte a Leaõ, e juntamente Madama Real com a Princeza Margarita, foraõ taõ admiradas as ſuas perfeiçoens, que ſe deu o caſamento por ajuſtado. Chegou eſta noticia a Madrid a tempo, que ElRey D. Filippe ſe achava com mais hum ſucceſſor; e concorrendo eſte ſucceſſo, e aquella noticia em beneficio do intento da Rainha mãy, deliberou ElRey D. Filippe mandar pela poſta a Leaõ a D. Antonio Pimentel, pratico Miniſtro daquella Coroa, a lançar com o Cardeal os primeiros projectos do caſamento, e da paz. Chegou D. Antonio a Leaõ, e a poucos lances ſe rompeo o tratado do caſamento de Saboia; paſſou a Corte a Pariz, retirou-ſe Madama Real mal ſatisfeita do engano padecido, e adiantou-ſe de for-

Anno 1659.

te a negoceaçaõ com Castella, que nos primeiros dias de Abril se publicou a suspensaõ de armas entre ambas as Coroas. Todas estas noticias achou o Conde Embaixador em Avre de Gracia, e juntamente que a tregoa estava em pratica, e declarado o dia para a jornada do Cardeal Massarino ás conferencias dos Pyrineos. Fez á Rainha repetidos avisos de tantas, e taõ prejudiciaes novidades á conservaçaõ de Portugal; pedio novas instrucçoens, e meios para poder propor naquelle congresso a pratica da paz com esta Coroa; que podia ser admittida dos Castelhanos na desconfiança, de que os Francezes poderiaõ querer fomentar a guerra contra Castella nas campanhas de Portugal, e que o Cardeal Massarino pelos seus interesses naõ havia de desviar este designio. Partio o Embaixador para Ruaõ, onde achou aviso de Pariz de Feliciano Dourado, que naõ continuasse a jornada, sem elle chegar a buscalo; o que executou brevemente, e entre outras noticias, que deu ao Conde, lhe disse, que dando conta ao Cardeal da sua chegada a Avre de Gracia, lhe advertira que lhe communicasse, convinha passar a Pariz incognito a tratar com elle negocio de tanta importancia; que pedia larga conferencia; e accrescentou que o Cardeal reparava em receber huma Embaixada publica de Portugal no tempo, em que o tratado da paz de Castella fazia preciso desemparar França os seus interesses.

Acha insuperaveis cõtradiçoẽs, e naõ pode divertir a fugida do Duque de Aveiro, que passou por França para Castella.

Com o enfado destas noticias partio o Embaixador de Leaõ, e chegou a Pariz a quatro de Junho: a sete teve audiencia do Cardeal, e depois das primeiras ceremonias expoz brevemente o fim com que partíra de Portugal; e o que continha a instrucçaõ da sua Embaixada; porém que achava naquella Corte taõ varios accidentes, que lhe parecia necessario fallar primeiro nelles, do que no soccorro dos Cabos, que vinha buscar; que ouvia estar ajustada a paz de Castella com exclusaõ dos interesses da sua Patria, o que entendia ser fama vaga, respeitando o summo acerto, com que o Cardeal encaminhava as conveniencias da Monarquia de França totalmente prejudicadas, facilitando pelo caminho proposto recuperar ElRey Catholico os Reynos, e dilatados Senhorios de Portugal,

tugal, ficando facil aos Caſtelhanos cobrar com eſta fortuna tudo, o que cedeſſem a França em os tratados da paz: que a ſeparaçaõ de Portugal fora o ſucceſſo mais deſejado da acertada politica do Cardeal Rechilieu; e que vendo agora o Mundo ſacrificado Portugal aos intereſſes delRey Catholico, neceſſariamente havia de entender, que ou fora errado o diſcurſo daquelle Miniſtro, ou ſe naõ acertava na opiniaõ preſente; e que ſe o Cardeal ſeguia a politica de deixar em Portugal huma occupaçaõ ás armas Caſtelhanas, reſolvendo tacitamente ſoccorrer as Portuguezas, advertiſſe naõ ſer taõ ſegura aquella diverſaõ, como fora a de Holanda, ſuſtentada com os ſoccorros Francezes; porque Holanda tinha as difficuldades do terreno, cortado de Ribeiras, e Diques, que o faziaõ impenetravel; e Portugal tinha por vizinhos os Reynos de Caſtella com cem legoas de fronteira, que eraõ outras tantas portas aos exercitos Caſtelhanos; que os ſoccorros paſſavaõ a Holanda inſenſivelmente pela viſinhança do paiz, e tinhaõ por ella reparaçaõ prompta as perdas das batalhas, e Praças: a Portugal haviaõ de paſſar pela incerteza, e vagarés da navegaçaõ, que os fariaõ chegar quando ja naõ pudeſſem ſervir de remedio: que ultimamente lhe lembrava tantas promeſſas feitas a Portugal, ainda em communicaçoens ſecretas, de que lhe moſtraria ſinaes firmados por Luiz XIII. Ouvio o Cardeal ao Embaixador com aquelle natural agrado, e paciencia, que tinha para diſſimular, coſtumando magoar-ſe com os pertendentes queixoſos das meſmas reſoluçoens, de que era author, e que applicava como intereſſes proprios; e reſpondeo ao Conde na lingua Caſtelhana, que fallava com acerto: que elle julgava aquelle Reyno na preciſa neceſſidade de fazer a paz; porque a tardança do caſamento delRey havia ſuſcitado huma geral murmuraçaõ em todos os ſeus vaſſallos, e que a inclinaçaõ da Rainha mãy a obrigava a eſcolher a infante de Caſtella, como a mais deſejada condiçaõ da paz: que a nova mudança do governo de Inglaterra havia ſeparado aquella Coroa dos intereſſes de França, com quem antes eſtava unida, deixando as armas Francezas ſem aliados, em

Anno 1659.

Anno 1659. tempo que o Emperador levantava hum grosso exercito para soccorrer os Estados de Flandes: que os povos de França desejavaõ a paz, achando se faltos de commercio, opprimidos com grossas contribuiçoens, e com facil disposiçaõ a se alterarem na experiencia do primeiro successo contrario, que houvesse na guerra, o que daria opportuna occasiaõ a se declararem os parciaes do Principe de Códé, e a introduzirem outra vez em França os perigos da guerra Civil, e Portugal duvidára celebrar em França o tratado da liga por huma despeza, que se lhe pedira entre os apertos da oppressaõ dos annos antecedentes: que elle havia obrado, quanto lhe era possivel, pela inclusaõ de Portugal no tratado da páz, chegando a offerecer todas as Praças, que as armas Francezas tinhaõ occupado em Italia, Flandes, e Catalunha no discurso de vinte e cinco annos de guerra com dispendio inestimavel de sangue, e fazenda, e só pudéra conseguir huma tregoa de tres mezes, no discurso dos quaes tinha resoluto enviar á Portugal hum Gentil-homem com proposiçoens que avaliava por praticaveis: que quando fosse tempo lhe daria parte das instrucçoens que levava, e entretanto cuidaria attentamente nos sugeitos que lhe pedia para Mestres de Campo Generaes, e em meyos para a passagem de tropas para Portugal: que a sua entrada podia dispor, e publicar-se na Corte; porque naõ se offerecia duvida em se continuarem com elle os tratamentos devidos á sua representaçaõ. Esta conferencia deixou desenganado o Conde de Soure de poder melhorar naquelle congresso os interesses do Reyno: suspendeo as diligencias até ter noticia das proposiçoens, que se mandavaõ a Portugal: deu contra á Rainha mãy do que havia passado com o Cardeal, instou pelas ordens que tinha pedido, e que se lhe facilitassem meyos, com que pudesse empenhar o Cardeal, e outros sugeitos importantes.

Era naquella Corte a materia mais ventilada a inclusaõ de Portugal no tratado das pazes: porem só os dependentes do governo avaliavaõ a exclusaõ por licita. Chegou neste tempo á Corte o Marichal de Turena, cujas heroicas virtudes eraõ nella a summa estimaçaõ. Havia

via ganhado na campanha antecedente á batalha e Praça de Dunquerque, governando o exercito de Castella D. Joaõ de Austria; e a esperança de mayores successos na certeza da diminuiçaõ das tropas de Castella, o obrigavaõ a desejar que a guerra se continuasse. Havia mostrado em varias occasioens particular inclinaçaõ ao valor da Naçaõ Portugueza, e seguindo a opiniaõ do Duque de Ruaõ, dizia, que tanto convinha a França a uniaõ inseparavel dos interesses de Portugal, como ao Imperio a de Castella, de que naõ era pequeno torcedor serem as mesmas as Baronias. Esta noticia obrigou ao Embaixador a buscar o Marichal, e experimentou que acertara o discurso; porque o Marichal se lhe offereceo a solicitar, quanto lhe fosse possivel, as conveniencias de Portugal, e que logo facilitaria a passagem de alguns sugeitos. Foi o primeiro que escolheo, Jeremias Jovet, que passou a este Reyno por Coronel de hum Regimento de Cavallaria, e acabada a guerra de Portugal, subio ao Posto de Mestre de Campo General das Tropas do Principe de Lussemburg. Poucos dias depois desta conferencia teve o Marichal de Turena occasiaõ de fallar ao Cardeal em os negocios de Portugal, perguntando-lhe elle o seu parecer sobre os interesses da paz daquella Coroa com ElRey Catholico; e com o desembaraço adquirido em dilatados annos de desinteresse, lhe disse que naõ podia haver maior erro, que deixar expor o Reyno de Portugal á invasaõ de Castella, ministrando França com o desacerto desta politica os interesses de seus mayores inimigos, e tirando totalmente a confiança de seus aliados; sendo justo reconhecer França, que era este hum dos principaes motivos das vitorias, que haviaõ alcançado os seus exercitos contra as armas de Castella; e a estas acrescentou outras prudentissimas, e forçosas razoens, que pudéraõ ser de grande utilidade, a naõ estar a Rainha taõ empenhada no casamento de Castella, e o Cardeal inseparavel dos seus designios. Anno 1659.

Chegou aviso áquella Corte, que D. Luiz de Aro havia sahido de Madrid para Fuente Rabia, e logo dispoz o Cardeal a sua jornada: dous dias antes de partir deu

Anno 1659.

deu audiencia ao Conde, que lhe tornou a representar a inclusaõ de Portugal na paz, os Cabos, e soccorros, e lhe pedia licença para o seguir, tanto que recebesse as novas ordens de Portugal, que aguardava por horas. Respondeolhe o Cardeal, que desejava summamente assistir aos negocios deste Reyno, assim pelos interesses de França, como pelo respeito, com que venerava as virtudes da Rainha mãy de Portugal: que tinha grande duvida a lhe nomear Cabos Francezes; porque seguindo-se a paz; poderiaõ duvidar os Portuguezes da sua fidelidade, e os Castelhanos arguir de pouco segura a fé do tratado: que procurasse ajustar para Mestres de Campo Generaes o Conde Federico de Schomberg, e o Conde de Insequim, o primeiro Alemaõ, o segundo Irlandez, sugeitos que haviaõ occupado os mesmos Postos, e adquirido nelles grande opiniaõ de praticos, e valerosos; que para deliberar os soccorros ficava tempo; porque ainda seguindo-se a paz entre as duas Coroas, e elle segurava hum anno de repouso, naõ sendo possivel aos Castelhanos introduzirem em menos tempo nas fronteiras de Portugal as tropas que desoccupassem de Italia, e Flandes: que deixava disposta a sua entrada, e teria cuidado de o avisar para seguir a jornada de Baiona, e escrever pelo Inviado que mandava a Portugal. Esta conferencia, e o desengano do Marichal de Turena, que communicou ao Conde, hindo a visitalo, o obrigou a perder de todo a esperança de ajustamento util no tratado da paz. Approvou o Marichal os dous sugeitos para Mestres de Campo Generaes, e nesta fé foi o primeiro, que se ajustou, o Conde de Insequim com mil cruzados de soldo cada mez, e patente de Mestre de Campo General, posto que serviria, ou no exercito, ou governando a Cavallaria tomando as ordens do Mestre de Campo General, que tivesse patente mais antiga, que a sua. Embarcou-se no porto da Arrochela com hum filho seu: na altura de Vianna foi a náo atacada de tres de Argel, e rendida depois de hum custoso combate, de que sahio mal ferido o filho do Conde. De Argel voltou resgatado a Lisboa, onde a Rainha mãy lhe mandou pagar os soldos vencidos desde o

dia,

dia, em que se embarcára. Passou a Alentejo ; mas a poucos dias de assistencia naquella Provincia teve aviso da restituiçaõ delRey da Gram Bretanha, o que lhe facilitou poder voltar á sua patria, e entrar na posse dos seus Estados, que havia perdido por Realista. Anno 1659.

Havendo o Conde Embaixador prevenido a sua entrada com grande luzimento, lhe deu ElRey audiencia na Casa de Campo de Fonteneblaut. Partio de Pariz, e meia legoa antes de chegar á Corte, o aguardavaõ tres coches delRey, da Rainha mãy, e do Duque de Orleans: no delRey vinha o Marichal de Aumont, que recebeo nelle o Conde, e o conduzio a hum quarto do Paço, onde foy tres dias magnificamente hospedado. No seguinte o veyo buscar o Conde de Suessons, filho do Principe Thomaz de Saboia, e o levou á audiencia delRey, e da Rainha, e no mesmo dia veio o Duque de Orleans acompanhado do Marichal Duplécis, que havia sido seu Aio. Acabada esta funçaõ, se retirou a Pariz, e constando lhe que os interessados no governo faziaõ correr, como justificada, a acçaõ de se desemparar Portugal pelo tratado da paz, lhe pareceo justificar a nossa causa com hum manifesto da justiça, e conveniencias della, passando pela difficuldade da offensa dos Ministros de França; porque as razoens do manifesto necessariamente haviaõ de condemnar as resoluçoens tomadas contra este Reyno no tratado da paz: porém a pouca esperança de se poderem alterar pelos meios ordinarios, obrigou ao Conde a buscar caminho extraordinario, muitas vezes util nos casos apertados. Tomada esta deliberaçaõ, encomendou o manifesto ao Secretario da Embaixada Duarte Ribeiro, que o imprimio na lingua Franceza, e depois o traduzio em Portugez. Continha vinte e sete razoens, que elegantemente concluhiaõ, que o maior interesse de França era naõ ajustar a paz sem a inclusaõ de Portugal. Espalhou se este papel com taõ geral aceitaçaõ de toda a Corte, que julgou preciso o Cardeal Massarino mandar, que se recolhesse: passou ordem para ser preso o Impressor, e conhecendo se pelo estilo hum Francez, que o havia traduzido, foi pronunciado á prisaõ, de que o livrou a immunidade da casa do Conde Embaixa-

dor;

Anno 1659

dor; e no mesmo tempo o buscou o Conde de Briana Secretario de Estado, e lhe disse da parte do Cardeal, que a materia daquelle papel podia alterar o socego da Corte, que lhe pedia quizesse entregar as copias delle: porque as razoens, que continha, se deviaõ representar a ElRey seu Senhor, sem se entregarem á censura publica; e acabou insinuando, que se queixaria a Portugal. Respondeolhe o Embaixador, que o seu intento na impressaõ daquelle papel fora só informar aos Ministros de Sua Magestade Christianissima das justas causas, em que se fundava a pertençaõ delRey seu senhor, totalmente ignoradas naquella Corte; e que entendia naõ havia alterado o direito publico na impressaõ de hum memorial, que continha conveniencias reciprocas a ambas as Coroas; mas que por naõ faltar á sociedade, que desejava estabelecer, mandava entregar as copias com que se achava. Deraõ-se-lhe oito, sendo mais de quinhentas as que se haviaõ espalhado. Queixou-se o Cardeal á Rainha, como o Conde de Briana havia insinuado; que ouvidas as razoens do Conde, lhe approvou; e agradeceo a impressaõ do papel: e entendendo o Conde, que o Cardeal tomaria por satisfaçaõ desta offensa negarlhe licença para seguir a Corte, mandou ao Residente Feliciano Dourado a solicitala, com ordem que negando-lha, ficasse em S. Joaõ da Luz, e carta de crença para offerecer ao Cardeal hum milhão de cruzados pago em dous annos, e o Arcebispado de Evora para a pessoa, em quem quizesse nomealo, pela inclusão da paz. E supposto que o Conde não havia recebido ordem alguma da Rainha para esta offerta, medindo a resolução pelo tempo, executou o que convinha ao bem do Reyno sem attenção a outra censura; porque os vassallos, em que concorrem tão relevantes supposiçoens, como no Conde se conhecião, não devem atar-se a mais documentos, que aos da razão, nem a mais instrucçoens, que ás dos interesses dos seus principes, quando os grandes accidentes, e a larga distancia lhes impossibilita o communicarlhos. Partio Feliciano Dourado, e chegou a tempo, que os dous Ministros estavão nos lugares ultimos das fronteiras de hum, e outro Reyno. Deo a

carta

carta ao Cardeal, que lhe dilatou a reposta até o dia das primeiras vistas com D. Luiz de Aro, de que se inferio lhe dera parte da proposta do Embaixador querer seguir a Corte. Respondeo lhe podia fazer jornada: porque a assistencia daquelle concurso era livre aos Ministros de todos os Principes. Feliciano Dourado, vendo repetir as conferencias do Cardeal, e D. Luiz de Aro, se resolveo a fazer a proposiçaõ do milhaõ, e Arcebispado. Respondeo-lhe o Cardeal, que pela inclusaõ da paz de Portugal ser admittida dos Ministros de Castella, déra elle dous milhoens da fazenda delRey seu Senhor. Da primeira, e segunda reposta deu Feliciano Dourado conta ao Conde, que sem embargo deste desengano partio para S. Joaõ da Luz, onde chegou a vinte e sete de Outubro. Anno 1659.

Entre os Pyrineos, onde acabaõ, e começaõ a dividir Espenha de França, pela parte do Oceano, se celebrou este congresso. Corre por esta parte huma pequena ribeira, que os Naturaes chamaõ Bidassaa, e separa as Provincias de Guipuscua, e Bearne; sahe ao Mar entre Fuente Rabia, primeira Praça de Guipuscua, e Andaya, ultimo lugar de França: huma legoa antes que chegue a estes lugares, fórma huma Ilha conhecida pelo nome dos Faizoens, e mais a cerca com as aguas, que recebe do mar, que com as que leva. Nesta Ilha dividida igualmente sobre huma linha imaginaria da separaçaõ dos Reynos, se formou hum Palacio de madeira, que entaõ servio ás conferencias dos dous Ministros, e depois regiamente adornado ás vistas dos Reys, e entrega da Infante. Constava de duas galarias fabricadas sobre barcos, por onde se entrava da parte de Espanha, e França. Rematavaõ em huma grande sala dividida com huma tea lançada sobre a linha imaginaria da separaçaõ dos Reynos, com huma porta de communicaçaõ. Estas duas galarias estavaõ taõ regularmente ornadas, que abertas as portas, se via da entrada de huma o fim da outra. Da sala se passava por dous corredores, no fim dos quaes, por duas portas em igual correspondencia, se entrava em huma camara quadrada com vistas, e vidraças para a parte, por onde decia a ribeira. No pavimento desta sala se via signalada

Anno 1659. nalada a divisaõ dos Reynos de sorte, que as cadeiras, onde os Reys se sentáraõ, se supunhaõ sobre o dominio de hum, e outro Rey. Aos dous corredores se seguiaõ duas camaras, e dous gabinetes separados com hum pequeno passeio, que rematava a Ilha, e dava luz á camara, onde se viraõ os Reys. O custo, e adorno desta fabrica se fez por conta das duas Coroas, cada huma na parte que a divisaõ lhe signalava. Em Fuente Rabia estava D. Luiz de Aro; e em huma gandola passava ao lugar das conferencias; e o Cardeal em carroça do lugar de S. Joaõ da Luz. Chegando a elle o Conde Embaixador, mandou o Cardeal hum Gentil-homem a visitalo, e o mesmo fizeraõ todos os Ministros dos Principes, que alli se achavaõ. Foy logo o Embaixador ver o Cardeal, e depois de repetidas as razoens de huma, e outra parte com a destreza, e engenho, de que eraõ compostos estes grandes dous Ministros, perguntou o Cardeal ao Conde, que conveniencias se poderiaõ propor aos Ministros Castelhanos, para facilitar a grande difficuldade de ser Portugal incluido no tratado da paz. Respondeo-lhe, que salva a soberania, e independencia da Coroa, que todos os meyos, que D. Luiz de Aro lhe propuzesse, e o Cardeal approvasse, poderiaõ ter facil accommodamento, e tinha todos os poderes necessarios para os ajustar. Continuou o Cardeal com hum largo discurso do valor, e constancia dos Portuguezes admirado dos mesmos inimigos; facilitou as esperanças da conservaçaõ de Portugal com a variedade dos tempos, e instabilidade dos negocios politicos, segurou a sua mediaçaõ, e finalmente disse, que tinha nomeado o Marquez de Choup para enviar a Portugal com as condiçoens que pudesse tirar a favor desta Coroa. Separou-se a conferencia, e conheceo claramente o Conde que as artificiosas apparencias do Cardeal todas eraõ fundadas em querer vender por mais preço aos Castelhanos a exclusaõ de Portugal no tratado da paz. O Cardeal havia feito eleiçaõ da pessoa do Marquez de Choup para mandar a portugal; porque supposto que nas guerras civís havia seguido o partido do Principe de Condé, e adquirido no posto de Mestre de Campo General opiniaõ

de

de hum dos mais praticos Officiaes de Infantaria, que tinha França, havia ſido Mediador, depois que o Principe de Condé paſſou a Flandes, do caſamento de ſeu Irmaõ o Principe de Conti com huma das ſobrinhas do Cardeal, e por eſte reſpeito entrado na ſua confiança, querendo que juntamente examinaſſe de mais peito as forças de Portugal, que os Caſtelhanos em praticas, e manifeſtos abatiaõ, quanto lhes era poſſivel. Neſte tempo chegou a S. Joaõ da Luz o Duque Carlos de Lorena detido priſioneiro largo tempo em Caſtella, e com eſta noticia vieraõ de París aſſiſtir-lhe o Duque de Guiza, e o Conde de Arcourt, ambos inimigos da Caſa de Auſtria, e por eſte reſpeito affeiçoados aos intereſſes de Portugal. Logo que o Duque de Lorena chegou, lhe mandou pedir hora o Conde Embaixador para o ir viſitar; de que o Duque ſe eſcuſou, deſculpando-ſe com as dependencias dos Caſtelhanos; e para ſer mais formal o fundamento da ſua juſtificaçaõ, foi o Duque de Guiza viſitar o Conde, e ſegurando-lhe o affecto do Duque, e de todos os Principes da ſua caſa, aos intereſſes de Portugal; o que ſe reſolvia juſtificar, mandando ſervir a eſte Reyno ſeu filho natural o Conde de Vaudemont com dous mil homens poſtos em Portugal á ſua cuſta; e que o Conde de Arcourt paſſaria a Portugal com o Poſto de Capitaõ General da Provincia de Alentejo, trazendo em ſua companhia dous Regimentos de Infantaria, e dous filhos ſeus por Meſtres de Campo delles, e que para o effeito da jornada lhe baſtaria ſó huma tacita conceſſaõ de França. Deu o Conde Embaixador ao Duque de Guiza as devidas graças das duas grandes propoſiçoens, que lhe havia feito, com a eloquencia de que era dotado; ſegurou-lhe fazer em continente prompto aviſo á Rainha, o que logo executou, e reſpondendo-lhe á ſatisfaçaõ com que as aceitava, ſe ajuſtáraõ em Pariz os tratados, que depois ſe deſvaneceraõ; porque os embaraços do accommodamento do Duque de Lorena duráraõ tanto em França, que naõ teve meyos para levantar os dous Regimentos; e ao Conde de Arcourt negou o Cardeal a tacita permiſſaõ, que pedia, com taes clauſulas, que foi huma dellas, que ſe paſſaſſe ao ſerviço de

Anno 1659.

Anno 1659. de Portugal, que perderia o grande Officio de Estribeiro mor delRey, cuja mercê já tinha para seu filho o Conde de Armanhac; de que se deixa evidentemente conhecer a destréza das demonstraçoens apparentes do Cardeal Massarino.

Os dous pontos mais apertados do tratado da paz eraõ a exclusaõ de Portugal, e a restituiçaõ do Principe de Conde: ambos venceraõ os Castelhanos ajudados da inclinaçaõ da Rainha mãy, ficando o Principe restituido á graça delRey, e aos seus Estados; e sendo declarado em hum dos capitulos da paz, que França, nem directe, nem indirecte assistiria á defensa de Portugal, cedendo os Castelhanos por esta ultima conclusaõ as Praças de Filipe-Ville, e Mariembourg, com que de todo julgou Europa por infallivelmente arruinada a conservaçaõ de Portugal, para que rompendo depois por todos estes impossiveis, viesse a ser a mais sublimada a gloria dos seus triunfos. O Cardeal, depois desta ultima deliberaçaõ, teve huma larga conferencia com o Conde, em que mudou totalmente a fraze de esperanças em desenganos, tecendo persuaçoens de se facilitarem as proposiçoens, que levava ao Marquez de Choup, dizendo desejava rogalo á Rainha mãy com as mãos erguidas, para que se evitassem os formidaveis estragos, que a guerra havia de produzir. Respondeo-lhe o Conde, que se desenganasse, que Portugal naõ havia de admittir a menor sobordinaçaõ a Castella; e que tanto que o tratado fosse livre, e independente a soberania, tudo o mais, como lhe havia segurado, poderia facilitar-se. Ao dia seguinte depois desta conferencia buscou o Marquez de Choup ao Conde Embaixador, e lhe mostrou da parte do Cardeal a instrucçaõ que levava. Continha ella tres capitulos: no primeiro com palavras plausiveis se encarecia tudo o que se tinha obrado, todas as diligencias que se haviaõ feito pela inclusaõ de Portugal na paz, chegando-se a offerecer por ella todas as Praças, que no discurso de vinte e cinco annos tinhaõ occupado as armas Francezas com preço inextimavel de sangue, e thesouros, porém que não dando os Ministros de Castella ouvidos a esta pratica;

ante

antes declarando ser o effeito della hum obstaculo invencivel para a inclusaõ da paz, se passára a procurar os meios de algum accommodamento, que evitasse damnos de huma guerra, que naõ podia terminar-se sem lamentavel ruina. Eraõ os meyos, que se propunhaõ no segundo capitulo, que o Reyno de Portugal se reduzisse ao estado do anno de quarenta, esquecendo-se tudo o que tinha passado, sem que se pudesse intentar, ou acçaõ, ou castigo algum pelos damnos recebidos, antes huma inteira restituiçaõ de todos os bens, que os vassallos Portuguezes tivessem em qualquer parte da Monarquia de Castella. Dizia o terceiro capitulo, que a casa de Bragança seria conservada em todos os fóros, prerogativas, e grandezas que tinha, e que seus successores seriaõ Governadores, e Viso-Reys perpetuos de Portugal; e para segurança da observaçaõ destas condiçoens ficaria por fiador ElRey Christianissimo, havendo-se por infracçaõ da paz qualquer alteraçaõ que tivessem, e promettia defender com as armas tudo, o que se firmasse no tratado: Supposto que o Conde Embaixador anticipadamente havia conhecido, que este era o fim a que caminhava aquelle congresso, sentio efficazmente este ultimo desengano, ainda mais pelo discurso, que se fazia em França da pouca constancia de Portugal, que pelos soccorros, que se lhe negavaõ para sua defensa. Pedio audiencia ao Cardeal, que logo lhe foi concedida, e depois de lhe manifestar com generoso desprezo, que vira as proposiçoens, que levava o Marquez de Choup, lhe disse que vinha a saber, se as mais proposiçoens, que havia feito sobre os soccorros, que deviaõ passar a Portugal, tinhaõ a reposta, que suppunha do seu elevado discurso; tendo por certo naõ havia de todo querer desemparar os interesses de Portugal em augmento da fortuna de Castella. A reposta que teve do Cardeal, foraõ novas instancias em se ajustar o accommodamento proposto; porque era necessario ceder ao tempo, e naõ entregar á ultima desesperaçaõ. Este procedimento do Cardeal foi variamente julgado: porém os interesses, que conseguio neste congresso, o declararaõ parcial dos Ministros de Castella; e o pouco tempo, que

Anno 1659.

S

Anno 1659

que lhe durou a vida, publicou o pouco justificado procedimento que teve com Portugal.

Quando se continuavaõ com maior fervor as conferencias do Cardeal, e D. Luiz de Aro, chegou a S. Joaõ da Luz nova, de que ElRey Catholico chorava a morte de seu filho D. Filippe Prospero, e ficava aquella Monarquia só nas esperanças de hum debil successor. Entendeo-se que este accidente destruisse toda a maquina do tratado; porque naõ era crivel, que ElRey Catholico quizesse expor aquella dilatada Monarquia á contingente sucessaõ de França, passando pela multidaõ de perigos, que arrastava esta arrojada resoluçaõ. Quasi ao mesmo tempo chegou a S. Joaõ da Luz nova dos movimentos de Inglaterra, da marcha de dous exercitos Inglezes, hum formado em Escocia pelo General Monch, que entaõ governava aquelle Reyno, e outro com que sahia de Londres a encontralo Lambert com authoridade do Parlamento. Passou ElRey da Gram Bretanha a ver se em Fuente-Rabia com D. Luiz de Aro. Esta noticia, e a dos movimentos de Inglatera deu nova confiança ao Cardeal para repetir ao Embaixador as dependencias, com que estava Portugal no accommodamento, que se lhe propunha, novámente destituido dos soccorros, que podia esperar de Inglaterra. Respondeo-lhe o Conde com a mesma constancia, e resoluçaõ das conferencias antecedentes, e despachou Filippe de Almeida seu criado em companhia do Marquez de Choup; e deu conta á Rainha de todos os successos referidos, representando-lhe com vivas razoens o muito que convinha, que o Marquez de Choup voltasse inteiramente persuadido da nossa constancia, e das disposiçoens, com que o Reyno estava unido para sua defensa; e escreveo ao Conde de Atouguia, advertindo o da passagem do Inviado de Badajoz a Elvas. A vinte de Novembro assináraõ os dous Ministros de Castella, e França o tratado da paz, ajustando, que naquelle lugar, onde conferíraõ, ficassem dous Gentis-homens, hum Francez, outro Castelhano, para receberem, e trocarem as ratificaçoens delle, e despedidos, passou o Cardeal a Tolosa, onde estava a Corte, e o Embaixador partio para

para Baiona, onde lhe sobreveio o achaque da gota com a molestia que pediaõ taõ penosos incentivos, e se acrescentáraõ com novo accidente. Anno 1659.

De Fuente Rabia passou por Baiona ElRey da Gram Bretanha; ordenou o Embaixador ao Secretario Duarte Ribeiro fosse a visitalo, e representar-lhe a impossibilidade, que o embaraçava a acodir pessoalmente a esta obrigaçaõ. O espaço, que se deteve Duarte Ribeiro antes de fallar a ElRey, lhe disse hum Gentil-homem, que o acompanhava, que D. Luiz de Aro havia referido a ElRey, quando se despedira delle, que o Duque de Aveiro passava ao serviço delRey de Castella. Entrou o Conde no justo cuidado, que merecia esta nova; e obrigando-o a amizade, que havia professado com o Duque, a duvidar de taõ intempestiva, e infelice resoluçaõ, começou a desenganar-se com a passagem de Pedro de Lalanda por Baiona, que manifestou a chegada do Duque a França, publicando havia partido com elle da enseada da Arrabida, onde se embarcou em huma charrua, que Lalanda fretou em Setuval, sabendo que hia para Bretanha. Com esta informaçaõ, determinado o Conde a embaraçar, quanto lhe fosse possivel, o precipicio do Duque, lhe despachou hum proprio com huma carta, em que mostrava entender, que algum desgosto particular o traria a procurar a protecção de França, para cujo effeito lhe offerecia a sua intervenção na authoridade que representava, e a sua fazenda, e que em Tolosa o aguardava com hum quarto prevenido; e na supposição de que a pressa da partida o obrigaria a caminhar com poucos effeitos, lhe remettia hum largo credito. Despachado o proprio, partio o Conde para Tolosa, onde recebeo aviso de Portugal, que continha a retirada do Duque de Aveiro, e huma instrucção particular da Rainha sobre este negocio, da substancia seguinte. A estimação que sempre fizera da pessoa do Duque de Aveiro, e da sua casa, imitando a ElRey D. João, que em todo o tempo do seu governo tratára ao Duque com particular affeição: que não bastárão estas demonstraçoens, para que o Duque deixasse de ter sempre queixas injustas: que ultimamente offerecéra hum papel so-

Anno 1659. bre particulares de ſua caſa, em tempo que os communs do Reyno naõ davaõ lugar a ſe tratar de outra materia; que lhe mandára logo reſponder: que naõ ſe ſatisfizera da repoſta, e fora a ultima queixa que tivera taõ pouco juſtificada, que nem aquella, nem as paſſadas podiaõ dar cor a huma reſoluçaõ taõ alheya das obrigaçoens do Duque, deixando a terra, onde naſcera, quando ella neceſſitava naõ ſó do maior, mas do menor vaſſallo: que nas cartas, que deixára eſcritas, eraõ os pontos mais eſſenciaes, como das copias veria o Conde Embaixador, impedirem-lhe o ſeu caſamento, que nunca ſuccedéra, antes que no tempo delRey D. Joaõ, e a Rainha depois do ſeu falecimento lhe concedéraõ, naõ ſó licença, mas dizendo elle, que caſava em França, os navios da armada, para com mais authoridade, ſegurança, e menor deſpeza ſua trazer ſua mulher ao Reyno. A ſegunda, que deſejando, e procurando a Rainha todos os acertos no governo dos ſeus Reynos, e querendo que o Duque tiveſſe nelles muita parte, o fizera do Conſelho de Eſtado, que largou, naõ ſó ſem cauſa, mas com deſabrimento mui differente da boa vontade, com que lhe offerecéra aquella occupaçaõ: que lhe encomendára o governo das armas na mais importante Provincia, e mais apertada occaſiaõ, e poſto que o aceitára, o largára logo com o termo que era notorio; de que ſe via, que aſſim na paz, como na guerra lhe déra todos os caminhos de accreſcentar a ſua opiniaõ: o que ſuppoſto, lhe fora taõ eſtranha a reſoluçaõ do Duque, ſem exemplo pelo tempo, e occaſiaõ, que naõ podia negar o grande ſentimento a que a obrigava; e ſendo taõ geral o eſcandalo em todos, que moſtravaõ bem a pouca tençaõ que tinha de o ſeguir; e que eraõ taõ contrarios os juizos que fazião da acção do Duque, que convinha dar ſatisfação ao Mundo, e ao Reyno: ao Mundo, moſtrando que o Duque largára o ſerviço delRey ſem cauſa, nem motivo juſto, e ao Reyno, procurando ſaber os intentos com que caminhava, e procedimentos que tinha; e que em caſo que o Duque foſſe a caſa do Embaixador, como inſinuava na carta, que eſcrevéra a ſua Irmãa; entenderia delle ſe hia conſtante em ſeu ſerviço,

e em

e em assistir ao bem do Reyno, como era obrigado; e succedendo ser assim, diria a ElRey de França, e a seus Ministros o que fosse necessario para os persuadir, que se lhe déra causa por parte da Rainha, e que o seu intento fora curiosidade de ver a grandeza daquella Corte, e fazer nella eleiçaõ de mulher a seu contentamento, e o mais, que parecesse bastante para esmaltar o decoro que se devia ao Duque. Porém em caso que elle naõ fosse a casa do Embaixador, e caminhasse com intentos encontrados ás obrigaçoens com que nascéra, se queixaria o Conde do seu procedimento ao Cardeal, procurando encontralo em tudo o que fosse prejuizo ao Reyno, e conforme ao seu procedimento teria a correspondencia, que com elle tivesse; e supposto que seria facil a diligencia do Conde alcançar os intentos do Duque, particularmente a encomendaria da parte da Rainha ao Secretario da Embaixada Duarte Ribeiro de Macedo; porque fiava da sua industria, e prudencia, saberia tomar a informaçaõ conveniente: que deixára o Duque huma procuraçaõ a sua irmãa Dona Maria para governar a sua casa, e em defeito della, o mesmo poder a seu Tio D. Pedro de Lencastre: que deixára mais ordem para se lhe remetterem cincoenta mil cruzados das suas rendas, e outras advertencias de menor consideraçaõ; e que até aquelle tempo naõ declarava o procedimento, que se havia de ter em cada huma destas disposiçoens; que logo que o fizesse, avisaria ao Conde com os fundamentos da resoluçaõ que tomasse. Anno 1659.

Recebida esta carta, voltou com reposta o proprio mandado ao Duque: agradecia nella em poucas regras os offerecimentos do Conde. Continuava, que fazia jornada a Pariz, levado da curiosidade de ver a Corte; e acabava, dizendo: Duvido que nos possamos ver; porque conforme a regra de Euclides: *Duæ lineæ, quamquam in infinitum protrahantur, non tanguntur.* O successo verificou a facil intelligencia deste lugar, e conheceo o Conde, que deixar o Duque escrito em Lisboa, que hia a poular a sua casa, fora prevenir-se para o caso, em que algum temporal o obrigasse a entrar em porto do Reyno. As ordens da Rainha Regente conferidas com os passos, que o Du-

Anno 1659.

que tinha dado em França, fizeraõ inutil o exame, que na instrucçaõ se encomendava ao Conde, e necessaria a diligencia de prevenir, e recorrer á Corte. Despachou hum proprio ao Cardeal, dando-lhe conta da jornada do Duque, e das razoens que tinha para entender que passava ao serviço delRey Catholico; e ultimamente pedia a ElRey Christianissimo lhe negasse passo por França; pois naõ era justo que hum vassallo de hum Principe aliado fizesse estrada por aquelle Reyno para se declarar inimigo da sua Patria. No mesmo tempo mandou o Duque de Aveiro hum proprio ao Conde de Cominges, que proximamente havia chegado a França da embaixada de Portugal, pedindo-lhe, quizesse solicitar-lhe licença para hir fallar a ElRey. Fez o Conde presente ao Cardeal esta supplica. Respondeo-lhe que podia escrever ao Duque, que se o traziaõ a França negocios de sua pessoa, e casa, sem embaraço fizesse a jornada, que acharia em ElRey seu senhor o acolhimento que merecia, e toda a satisfaçaõ que pudesse desejar nos seus particulares; mas que se o intento, com que passava por França, era differente, escusasse o trabalho da jornada. Esta resoluçaõ referio o Cardeal na reposta que mandou ao Embaixador, e se escusava de haver de passar a mayor demonstraçaõ com o Duque, por ser em todos os tempos o passo por França livre aos Estrangeiros. Vendo o Conde Embaixador baldada esta diligencia, e achando-se Feliciano Dourado de caminho para Portugal, lhe ordenou esperasse em Bordeos ao Duque, por ter noticia, que infallivelmente passava por aquella Cidade, e instruindo-o em tudo o que devia dizer-lhe, lhe deo huma carta, em que dizia ao Duque lhe désse inteiro credito a tudo o que lhe referisse. Partio Feliciano Dourado, e achando o Duque em Bordeos, tendo com elle algumas conferencias, lhe communicou as ordens, que o Embaixador tinha, para lhe facilitar tudo, quanto desejasse nos seus particulares em Portugal, e França: que seguir outro caminho era totalmente precipitar-se, e perder a sua casa, sem esperanças de restaurala: que ainda que o conseguisse, havia de ser com a ruina, e desolaçaõ da sua Patria: que esperava facilmente defender-se assim

pelo

pelo valor, e uniaõ de ſeus naturaes, que elle bem conhecia; como porque a inconſtancia dos tempos havia de perſuadir facilmente á defenſa de Portugal os meſmos, que naquella occaſiaõ ſe eſqueciaõ della. A todas eſtas razoens reſpondeo o Duque com indifferença, dandolhe o titulo de politicas do Conde de Soure; e conhecendo Feliciano Dourado, que era infructuoſa toda a diligencia, deu conta ao Embaixador, e partio de Bordeos. Chegado eſte aviſo, e nelle o ultimo deſengano de que o Duque paſſava a Madrid, reſolveo o Conde eſcrever-lhe a carta ſeguinte, para que lhe naõ faltaſſe circunſtancia, em que naõ juſtificaſſe o ſeu procedimento. Anno 1659.

„EM fim ſenhor Duque, V. Excellencia tem toma„do a reſoluçaõ de ſe paſſar ao ſerviço delRey Ca„tholico; porque aſſim o tem moſtrado as acçoens „de V. Excellencia em França, e a repoſta que deu ás inſ„tancias, que lhe tenho feito, ſeguindo as ordens del„Rey meu ſenhor, e a obrigaçaõ de Miniſtro publico de „Portugal; e porque me naõ fique nada por fazer em ma„teria taõ grande, eſcrevo eſta carta, que ſerá a ultima, „lembrado da confiança, e amizade, com que V. Excel„lencia ſempre me tratou. As obrigaçoens que V. Excel„lencia deve ao ſeu naſcimento, clamaõ todas contra a „reſoluçaõ que tem tomado. O tempo, e a occaſiaõ moſ„traráõ ao Mundo, que tem V. Excellencia o partido de „Caſtella por mais ſeguro, e que procura hum principe eſ„trangeiro, para ſe livrar dos perigos, que ameaçaõ o Prin„cipe natural; porque vê a paz feita, os exercitos delRey „Catholico deſocupados, os intereſſes de Portugal deſ„emparados de França, e duvidoſa a conſervaçaõ da ſua „Patria: iſto he o que agora diz o mundo da intempeſti„va, e cega reſoluçaõ de V. Excellencia, e iſto he o meſ„mo, que depois ha de dizer a poſteridade. Pergunto: „ſe V. Excellencia teve a cauſa de Portugal por menos „juſta, como a ſeguio vinte annos? Como jurou fideli„dade áquelles Principes? Como os conheceo por tantos „actos de obediencia? E ſe teve o ſeu dominio por ju„ſtificado, como o deſempara agora? Em verdade que en-

Anno 1659.

„ entendo, que se V. Excellencia fizer reflexaõ no que „ emprende, e no labeo com que grava a sua memoria, „ que ha de suspender os passos ao desacerto com que se „ precipita. Supponhamos que apparece hoje no Mundo o „ Senhor Rey D. Joaõ o II. Avo de V. Excellencia, e ins- „ tituidor da Casa de Aveiro, aquelle grande Mestre de „ reinar, glorioso Rey de seus filhos, e amoroso pay de „ seus vassallos, que vê a Portugal em perigo, e a V. „ Excellencia duvidoso: que diria a V. Excellencia? Que „ seguisse hum Principe estrangeiro neto da Imperatriz D. „ Isabel, ou hum Principe natural, neto do Infante D. „ Duarte? Quereria que Governasse Portugal hum Prin- „ cipe da Casa de Austria, ou hum Principe do seu mes- „ mo sangue? Quereria ver as suas Praças com presidios „ Castelhanos, e os Portuguezes sempre dominantes, „ agora dominados? He sem duvida que V. Excellencia en- „ tre si confessa, que he impossivel poder ser esta a sua von- „ tade; e será possivel, que V. Excellencia siga maximas „ encontradas a hum grande Monarca, que lhe deu o ser, „ e a seu proprio entendimento? Naõ duvido que V. Ex- „ cellencia será bem recebido em Castella; mas duvido „ que lhe dem o tratamento, que V. Excellencia sup- „ poem, porque ha lá muitos grandes muito cheyos de „ vaidade. Obrigará aos Castelhanos a sua politica a fa- „ zerem a V. Excellencia muita festa; porque esperaõ que „ este exemplo lhes ha de ser util: porém se succeder (o „ que eu tenho por infallivel) que os vassallos delRey „ meu senhor naõ tenhaõ memoria de V. Excellencia, mais „ que para abominar a sua resoluçaõ: que pezado ha V. „ Excellencia de ser aos Castelhanos! Que importunos „ lhes haõ de parecer os seus requerimentos! Que breve- „ mente ha V. Excellencia de ver o que deixa, e o que „ busca! Deixa a sua Patria; onde toda a nobreza o ama, „ e todo o Povo o respeita, e busca huma Corte estranha, „ onde todos suppoem, que ninguem lhe deve amor, ou „ respeito. Expoem-se a passar mares em huma pequena „ barca, por hir buscar Castella, e sahe de huma grande „ náo, onde deixa tantos homens honrados trabalhando „ com os temporaes, por chegar ao porto da fé, que de-

„ vem

„ vem ao ſeu Principe natural. Naõ quer V. Excellencia Anno
„ exporſe ás armas caſtelhanas, por defender a ſua Patria, 1659.
„ e reſolver-ſe-ha a vir com os Caſtelhanos expor-ſe ás ar-
„ mas Portuguezas pelas ſugeitar? Hora, ſenhor, ainda
„ V. Excellencia tem tempo de mudar de opiniaõ, e ſe
„ o perſuadirem taõ bem fundadas conſideraçoens, muitos
„ amigos tem para o ſervirem; mas ſe acaſo obſtinado ſe-
„ guir o ſeu principio, em paſſando os Pyrineos, trate
„ de nos buſcar bem armado, porque todos, e em tudo
„ o havemos de eſperar como inimigo.

Foi a repoſta deſta carta taõ extravagante, que offende a opiniaõ do Duque em huma acçaõ taõ indigna, que naõ depende de circunſtancias para ſer condemnada. Dizia a repoſta: Sempre conheci a V. Excellencia com
„ o achaque de zeloſo do bem publico, e neſta conſidera-
„ çaõ lhe prometto fazelo meu Alferes mór, quando for
„ Rey de Portugal.

Foi de ſorte a juſta ira que o Conde ſentio com eſta repoſta, que eſteve reſoluto a deſafiar o Duque; o que parece ſe deſvaneceo pela brevidade, com que o Duque ſahio de França; porque logo que reſpondeo ao Conde, deſpachou hum Capellaõ ſeu Irlandez á Corte com huma carta para o Cardeal, em que lhe pedia paſſaporte para Caſtella, para onde caminhava com o ſentimento de ſe lhe negar licença para fallar a ElRey. Reſpondeo-lhe o Cardeal com o paſſaporte, e de palavra diſſe ao Capellaõ, que em quanto naõ ſoubera a ultima reſoluçaõ do Duque, o eſperava na Corte com hum quarto prevenido no ſeu Palacio; mas como a ſua jornada a França tivera ſó por fim a paſſagem para Caſtella, deixar-lha livre era quanto podia permittir. Com eſta ultima certeza do opprobrio, com que a ſua determinaçaõ era julgada no Mundo, paſſou o Duque os Pyrineos: chegou a Medrid, onde já era eſperado; porque as ſeguranças de D. Fernando Telles, que havia tido infelice arte de tomar reſoluçaõ ainda mais indigna, que a do Duque, como veremos, e as intelligencias de D. Joaõ de Sunega tinhaõ introduzido em ElRey, e D. Luiz de Aro a confiança da ſua deliberaçaõ; porque D. Joaõ de Sunega, havendo ficado priſioneiro na ba-

Anno 1659.

batalha de Elvas, depois de entregue o Forte de Nossa Senhora da Graça, que governava (como referimos) teve a sua prisaõ no Castello de Lisboa, e o tempo que assistio nella, empregou em estreita communicaçaõ com o Duque de Aveiro, e Dom Fernando Telles, de que resultou fiarem do seu segredo, quando partio para Castella livre da prisaõ, o muito que desejavão passar ao serviço delRey Catholico, concedendo-lhe varias permissoens, que assentáraõ, que D. Joaõ conferisse com D. Luiz de Aro; e naõ havendo duvida em se lhe permittirem, aguardava o Duque huma tal fórma de aviso, que nunca pudesse ser penetrada, e vinha a ser, que D. Joaõ lhe mandaria de presente hum caixaõ de chocolate com tantas arrobas, huma mula com huma gualdrapa de veludo verde, guarnecido de passamanes de prata, humas espingardas, e outras cousas, que cada huma dellas significava a concessaõ de cada huma das proposiçoens, que o Duque, e D Fernando havião feito; e logo que chegou este presente, resolvéraõ a sua partida. Foi o Duque recebido delRey com singulares favores, que em poucos dias se trocáraõ em grandes pesares; ordenando-lhe trouxesse cobertos os cocheiros, que determinou trazer descubertos: fallando lhe os filhos primogenitos dos grandes por senhoria, e respondendo a hum no Paço por mercê, teve differenças, que a politica, e naõ as espadas compuzeraõ: successos que he factivel lhe introduziraõ o arrependimento do seu erro, quando encontrava impossivel o remedio.

Passa a Portugal o Marquez de Choup com varias proposiçoens, que se lhe naõ admittem.

No tempo em que aconteceo o que fica referido, chegou o Marquez de Choup a Elvas, onde entrou a sete de Dezembro. Na tarde em que sahio de Badajoz, se adiantou Filippe de Almeida criado do Conde de Soure, e succedendo haver sahido á caça o Conde de Atouguia junto a Guadiana com os Cabos, e Officiaes que assistiaõ em Elvas, chegou Filippe de Almeida, e pela carta que trazia para o Conde de Atouguia, e outra para D. Luiz de Menezes, ficavão informados do fim desta novidade, e pelas recomendaçoens que o Embaixador fazia em huma, e outra carta; ordenou promptamente

o Cono Conde de Atouguia, que a Cavallaria, e Terços sahissem de Elvas a esperar o Marquez de Choup com toda a brevidade, e regular ordem: que a artilharia se disparasse: que as casas do Bispo que estavaõ desoccupadas se adereçassem, e a ceia esplendidamente se prevenisse. Foi taõ prompta a execução de todas estas ordens, que quãdo o Marquez chegou, ficou cabalmente satisfeito da primeira hospedagem, que de repente recebia em Portugal, e juntamente da pessoa do Conde de Atouguia, do luzimento da guarnição de Elvas, e da excellente fortificação daquella Praça. Trazia o Conde em sua companhia ao Conde de Conismarc, que fez esta jornada levado da curiosidade de ver Espanha, e seis Gentis-homens. No mesmo, ponto em que o Marquez entrou em Elvas, despachou o Conde de Atouguia hum correio pela posta á Rainha com o aviso, que havia tido do Conde de Soure, e noticia do intento da vinda do Marquez, dizendo aguardava ordem para a fórma com que havia de proceder, visto o Marquez se haver introduzido em Elvas, sem mais aviso, que adiantar de Caia Filippe de Almeida. Tres dias se deteve a reposta da Rainha, em que o Conde de Atouguia ostentou com o Marquez a sua magnificencia em regalos, e presentes, e em todos os divertimentos militares, de que elle se mostrou summamente obrigado: porém no dia terceiro começou a penetrar-se de sorte do receio, de que o Conde o tinha por fins, que elle não alcançava, que dando ao Conde esta noticia o Tenente General da Cavallaria Tamaricurt, mãdou a D. Luiz de Menezes fosse buscar o Marquez, e fizesse toda a diligencia pelo dissuadir daquella imaginação. Quando D. Luiz entrou em casa do Marquez, era hora de ter principio á ceia, a que o Marquez penetrado do enfado havia dito não querer assistir. Começou a conferencia, e depois de largo espaço se convenceo com a verdade do successo, dizendo lhe D. Luiz, que claramente lhe devia mostrar o seu discurso, que o Conde não podia deixalo passar á Corte sem ordem expressa da Rainha, a quem déra conta pela posta no mesmo ponto da sua chegada: que se á elle lhe convinhá obviar dilação, porque não anticipá-

ra

Anno 1659.

Anno 1659 ra de Madrid aviso da sua jornada? E que neste sentido devia reparar, em naõ dar aos Castelhanos o gosto de penetrarem; que estava mal achado em Portugal; e que naõ só lhe pedia que lhe désse credito, mas que fosse servido dar lhe de cear, usando D. Luiz desta destreza, para que o Marquez alterasse a resoluçaõ, que tinha tomado de naõ hir á mesa. Cedeo elle a hum, e outro rogo: convidou-o D. Luiz, para o dia seguinte ver exercitar o seu Terço, e emendar com a sua grande sciencia os erros, que lhe condemnasse. Aceitou, e vendo o exercicio, satisfeito delle, só reparou em que as forquilhas dos mosqueteiros eraõ demasiadamente compridas, com que as pontarias haviaõ de ser incertas. Disse-lhe D. Luiz, que este erro tinha facil emenda, estendendo-se as forquilhas na proporçaõ das pontarias. Respondeo-lhe, que mandasse cortalas pela altura dos peitos, e que nunca fiasse do entendimento dos Soldados, o que pudesse emendar com o seu entendimento; prudente axioma, que nos pareceo digno de ficar em memoria.

Naquelle mesmo dia chegou ordem da Rainha, para que o Marquez continuasse a jornada: partio de Elvas acompanhado do Conde de Atouguia, e dos mais Cabos, e Officiaes até á fonte dos C,apateiros,e de alguns batalhoens de Cavallaria até Estremoz, onde o Conde lhe havia mandado prevenir sumptuosa hospedagem, e da mesma sorte em todos os lugares, por onde passou até Aldea Gallega. Estava nesta Villa Diogo Gomes de Figueiredo com duas falúas. Embarcou-se o Marquez, chegou a Lisboa, onde o aguardava D. Lucas de Portugal, Mestre Sala delRey com duas carroças. Conduzio o ás casas do Marquez de Montalvaõ, que estavaõ adereçadas por ordem da Rainha; teve hospedagem tres dias, e audiencia no cabo delles acompanhado de D. Lucas. Nomeou-lhe a Rainha por conferentes aos Condes de Odemira, e Cantanhede, e assistia a esta conferencia o Secretario de Estado Pedro Vieira da Silva. Juntos os Ministros, e o Marquez de Choup na Secretaria de Estado, principiou o Marquez a pratica com hum largo exordio do estado dos negocios de Europa, da necessidade, em que se achava El-

Rey

Rey Christianissimo de concluir a paz, e dar repouso a seus vassallos; das diligencias que continuara sobre a inclusaõ de Portugal; e que ultimamente naõ pudéra conseguir mais, que as condiçoens apontadas em hum papel, que offereceo, que saõ as mesmas que acima referimos. Logo que se leraõ, respondeo o Conde de Odemira, que aquella materia totalmente era impraticavel; e determinando alargar o discurso artificiosamente, para entender se o Marquez trazia outra instrucçaõ secreta, que merecesse attençaõ, rompeo o Conde de Cantanhede a pratica, e se levantou, dizendo, que se a Nobreza, e povo soubessem o que continhaõ as proposiçoens, que se haviaõ lido, que nenhum dos que estavaõ presentes, estavaõ seguros naquelle lugar; generosa resoluçaõ, que os successos futuros acabáraõ de acreditar. Separou-se a conferencia, e ficando só o Marquez de Choup com o Secretario Pedro Vieira, lhe disse, que os negocios daquella importancia naõ era justo que a paixaõ os interrompesse; e que ordinariamente das conferencias se chegava ás concluzoens, ainda que os passos vagarosos das conveniencias reciprocas as dilatassem. Deu Pedro Vieira conta á Rainha deste seu discurso, de que resultou ordenar ao Conde do Prado buscasse o Marquez, e entendesse delle se trazia poderes mais estendidos das materias, que havia proposto. Fez o Conde prudentemente a diligencia, e conhecendo que o Marquez naõ trazia mais poderes pela sua confissaõ, o despedio a Rainha, certificando-lhe com o generoso, e varonil espirito, de que era dotada, o pouco receyo que lhe ficava das armas de Castella, por antigo costume, glorioso despojo do valor dos Portuguezes. Despedio-se o Marquez a vinte e tres de Dezembro, voltou por Elvas, onde achou os semblantes mais melancolicos, do que havia experimentado nos dias da sua primeira assistencia, e ouvio tantas arrogancias militares, que teve, quando chegou a França, largamente que repetir ao Cardeal Massarino da resolução, e constancia dos Portuguezes, fundada, além do valor natural, no luzimento, e numero de tropas, e fortificação das Praças. Tanto que o Marquez sahio de Lisboa, despedio a Rai- Anno 1659.

Rai-

Anno 1659.

Rainha por mar a Filippe de Almeida com instrucçaõ nova ao Conde de Soure, de que daremos noticia no anno seguinte; por troncar o fim deste a gravidade desta materia.

Continuaõ-se com pouco effeito as negociaçoẽs de Roma.

Os negocios de Roma ainda este anno caminhàraõ mais lentamente, que os antecedentes; porque como foy notoria a resoluçaõ, que França tomava de se obrigar no tratado da paz de Castella a naõ soccorrer Portugal, ainda se avaliou por mais indubitavel a ruina deste Reyno, e por este respeito prevaleciaõ sem controversia as negociaçoens dos Castelhanos.

Sustenta Francisco de Mello a correspondencia de Inglaterra.

Continuava Francisco de Mello a assistencia de Londres, e com grande prudencia sustentava a correspondencia de Portugal entre as variedades do governo daquelle Reyno. Prevaleceo, como havemos referido, a politica da exclusaõ do Protector, e formada a Republica, aceitou a Embaixada de Francisco de Mello com funçaõ publica, e continuou as negoceaçoens em grande utilidade deste Reyno: correspondeo se com o Conde de Soure, e naõ podendo desviar o perverso intento de D. Fernando Telles, remetteo á Rainha huma carta, que D. Fernando lhe escreveo, quando passou para Castella, em que o persuadia a seguir o seu abominavel exemplo, e continuou com o zelo, e fidelidade tantas vezes experimentado, as acertadas acçoens, que adiante referiremos.

Parte por Embaixador de Hollanda Dom Fernando Telles.

No principio deste mesmo anno nomeára a Rainha Embaixador de Holanda a D. Fernando Telles de Faro, entendendo (como já dissemos) que devia fiar da sua capacidade commissaõ taõ importante, e de tantas consequencias, como á Embaixada de Holanda. Embarcou-se em hum navio de hum Capitaõ chamado D. Joaõ Colarte, que com Soldados de varias Naçoens andava a corço. Nos primeiros dias padeceo hum temporal, que o obrigou á arribar a Setuval, parece que mostrando-lhe o mar, que lhe era pezada carga a sua pessoa corrupta dos máos intentos, que levava. Passou de Setuval do navio de D. Joaõ a outro Inglez, e nelle fez sua viagem, e chegou a salvamento a Holanda. Logo que desembarcou, fez a

sua

Anno 1659.

ſua entrada, e conſeguio aviſtar-ſe com o Confeſſor de D. Eſtevaõ Gamarra, Embaixador de Caſtella naquella Corte; e receando o diſcurſo, que podia fazer Luiz Alvares Ribeiro, Secretario da Embaixada, deſta communicaçaõ, que lhe naõ podia ſer encuberta, lhe diſſe, que tinha chamado ao Confeſſor para ajuſtar a cortezia, que devia haver entre elle, e o Embaixador de Caſtella, quando ſuccedeſſe encontrarem ſe; naõ podendo Luiz Alvares penetrar por outra alguma inferencia o ſeu abominavel intento, facilmente ſe deixou perſuadir da ſua deſculpa: porém naõ querendo D. Fernando arriſcar-ſe na continuaçaõ da pratica a alguma ſuſpeita, concertou com o Confeſſor, que de noite depois da caſa recolhida, vieſſe fallarlhe o Secretario do Embaixador de Caſtella, chamado Richarte. Depois de varias conferencias reſolveo D. Fernando, para conſeguir o ultimo ajuſtamento, hir ás meſmas horas a caſa do Embaixador de Caſtella, e receando que Monſieur de Tur Conde de Merlay, Embaixador de França, poderia penetrar por alguma intelligencia a ſua negoceaçaõ, grangeou com tantas attençoens a ſua amizade, que conſeguio travala de ſorte, que lhe communicou o Embaixador os ſeus divertimentos em o galanteio de huma Dama chamada Joſina; e moſtrando D. Fernando deſejo de vela, e ouvila cantar, lho concedeo ſingelamente o Embaixador; e como eſte era ſó o intento da fingida amizade de D. Fernando; deſejando lavrar com o buril de huma traiçaõ outra mais relevante, ás primeiras viſtas de Joſina começou a namorala com pouca cautela, para fundar a ſua fabrica nos ciumes do Embaixador. Facilmente logrou eſta deſtreza, e o Embaixador com publicas, e juſtificadas queixas ſe ſeparou da ſua converſaçaõ. Eſtabelecido eſte intento, deu D. Fernando conta á Rainha, affirmando que por eſta apparente ſuppoſiçaõ intentava deſcompolo o Embaixador de França. Neſte tempo havia o Embaixador de Caſtella dado conta a D. Joaõ de Auſtria, que governava Flandes, da intelligencia que tinha com D. Fernando, da certeza de o haver comparado, e de que elle ſegurava paſſar o Duque de Aveiro tambem para Caſtella. Teve ordem

Toma a eſcandaloſa reſoluçaõ de paſſar contra a fé publica, e particular ao ſerviço del-Rey de Caſtella.

Anno 1659. dem o Embaixador delRey Catholico para dizer a D. Fernando, que feria maior conveniencia de feu ferviço dilatar-fe em Holanda, embaraçando a paz entre os Eftados, e efta Coroa, até romper a guerra no tempo, que elle lhe ordenaffe: e juntamente lhe recomendava fizeffe avifo ao Duque de Aveiro não fahiffe de Portugal fem ordem expreffa fua; porque da fua affiftencia efperava receber maiores ferviços, que da fua paffagem. O avifo, que D. Eftevão Gamarra fez a D. João de Auftria, foi notorio a hum Secretario de D. João, que o Cardeal Maffarino tinha comprado, e promptamente lhe fez avifo da deliberação de D. Fernando Telles. Não dilatou o Cardeal avifar a Monfieur de Tur de haver recebido efta noticia, ordenando-lhe a participaffe da fua parte a Luiz Alvares Ribeiro, recomendando lhe que obfervaffe as acçoens de D. Fernando, tendo por infallivel, que do defconcerto dellas colheria facilmente os feus intentos. Fez o Embaixador de França efta diligencia com Luiz Alvares, que ficou de acordo em feguir efta advertencia muito exactamente, e em dar avifo ao Cardeal de tudo o que alcançaffe. Porém prefumindo que toda efta maquina era effeito dos ciumes do Embaixador de França, fem mais exame, que efte difcurfo, deu levemente conta ao Padre Antonio Vaz, Confeffor de D. Fernando Telles, de tudo quanto o Embaixador de França lhe havia communicado, pedindo-lhe déffe parte a D. Fernando; por não fer aquella materia capaz de fe participar de rofto a rofto. Sem dilação fez Antonio Vaz a diligencia, e D. Fernando diffimulando o grande fobrefalto, que padeceo, vendo defcuberta toda a cavilação dos feus intentos, bufcou promptamente a Luiz Alvares Ribeiro, e dando-lhe com grandes expreffoens do feu affecto as graças da finceridade com que o tratava, ajuftou com elle, e com Antonio Vaz efcrever huma carta á Rainha, em que lhe dava conta de todo efte fucceffo, de que dava por author ao Embaixador de França, e lhe pedia com grande efficacia lhe déffe licença para paffar a Lisboa a fe meter na Torre de Belem, em quanto fe examinaffe a fua innocencia: e Luiz Alvares efcreveo tambem á Rainha, fegurando o

que

que naõ havia feito, que era ter examinado os passos, e acçoens de D. Fernando, antes de lhe communicar o aviso, que tivera do Cardeal Massarino; e que havia apurado, que tudo tinha sido fabrica do Embaixador de França, obrigado dos seus ciumes, para descompor D. Fernando Telles. Respondeo a Rainha a estas cartas, segurando a D. Fernando a certeza com que ficava do seu zelo, e fidelidade, e agradecendo a Luiz Alvares o acerto, com que havia procedido em negocio de taõ relevantes consequencias. Estas cartas alleviáraõ muito o cuidado de D. Fernando, e seguindo pontualmente a ordem delRey de Castella, pôs toda a attençaõ em fomentar discordia entre os Estados, e este Reyno: e havendo-se ajustado com o Duque de Aveiro, que em caso que ElRey de Castella resolvesse que elle se detivesse em Portugal, lhe havia de mandar huma capa encarnada; e determinando que passasse logo para Castella, humas botas de agoa: seguindo a ordem que teve, lhe remetteo a capa; e passando algum tempo, em que dispôs o embaraço da paz de Holanda com toda a industria, que lhe foy possivel, tendo noticia que a Rainha havia nomeado o Conde de Soure Embaixador de França, entrou em vehementissimo receyo, de que a intelligencia do Conde podia descobrir o seu falso trato: precipitado do temor, e levado do receyo, passou da casa, em que vivia, huma noite para a do Embaixador de Castella, e fez conduzir a ella o seu fato, assistido do Secretario do Embaixador. Fez logo aviso ao Duque de Aveiro da resoluçao que havia tomado; em continente se partio para França, como havemos referido. Naõ se deteve D. Fernando muito na Corte de Holanda, por naõ padecer no theatro da sua culpa os opprobrios da mayor maldade, que inventou a vileza humana, solicitando a occupaçaõ de Embaixador do seu Principe natural para mudar as guardas aos seus intimos segredos, faltando á fé, á verdade, ás obrigações da honra, e a todos quantos requisitos empenhaõ os homens na sua opiniaõ. Passou por Italia a Castella, e foy a primeira satisfaçaõ, que teve del-Rey Catholico, mandar enforcar occultamente o Secretario de D. Joaõ de Austria, chamado Valentim, por se

Anno 1660

Anno 1660

averiguar fora o que delatára ao Cardeal Massarino o aviso, que o Embaixador de Castella fez a D. Joaõ de Austria do intento de D. Fernando Telles. Depois o fez El-Rey de Castella Conde da Arada em Portugal, celebrada a paz, que acabou de infamar a sua memoria: fez hum manifesto, que imprimio, em que pertendeo inutilmente justificar as razoens da sua fugida. Tinha ido com D. Fernando Martim Correa de Sá, depois Visconde da Asseca, que era de muito poucos annos, e o naõ perverteo taõ máo exemplo, sahindo-se logo de Holanda, e voltando pouco tempo depois para Portugal, donde servio com muito valor, como adiante referiremos. Admirado Luiz Alvares Ribeiro da deliberaçaõ de D. Fernando, e confuso do engano que havia padecido, deo conta á Rainha, que promptamente mandou a Holanda por Enviado Feliciano Dourado, e nomeou por Embaixador áquella Corte ao Conde de Miranda; e tendo ordenado a Luiz Alvares Ribeiro voltasse a Portugal, lhe tornou a mandar aguardasse em Holanda pelo Conde Embaixador, porque o havia nomeado por seu Secretario, fiando justamente do zelo, e prudencia do Conde a emenda dos desacertos de D. Fernando Telles, e a concordia dos desabrimentos, que havia introduzido nos Ministros dos Estados; por ser a fidelidade do Conde de Miranda a melhor triaga para superar o veneno, que D. Fernando Telles havia introduzido. Partio de Lisboa com grande luzimento; e como as suas negociaçoens tiveraõ principio no anno successivo, daremos em seu lugar relaçaõ dellas.

Nomea a Rainha ao Conde de Miranda por Embaixador das Provincias unidas.

A Rainha, logo que succedeo a fugida do Duque de Aveiro, e D. Fernando Telles, mandou processar as causas de hum, e outro. Foy sentenciado D. Fernando ao degolarem em estatua queimando-se com o theatro, e se lhe fez a execuçaõ em o mez de Agosto deste anno: mandava a sentença que se arrazassem, e salgassem as casas, pondo-se nellas hum padraõ para memoria do seu delicto. O Duque de Aveiro no anno de 1664. teve a mesma sentença de ser degolado em estatua, e se lhe executou; e a hum, e outro se confiscáraõ os bens, e foraõ

Noticias da guerra de Africa.

bani-

banidos: dentro de pouco tempo tiveraõ em Castella tantas desavenças, que ate entre si mesmos experimentáraõ o castigo de seus desacertos. Anno 1660.

Continuava o governo da Praça de Tangere o Conde da Ericeira D. Fernando de Menezes, e sendo muito contínua a assistencia dos Mouros no campo daquella Cidade, eraõ repetidos os bons successos; porque era grande o cuidado, e valor, com que dispunha a fórma daquella guerra, e ordinariamente experimentavaõ os Mouros o prejuizo nas armaçoens, em que determinavaõ fazer-nos damno. Estimulado Gaylan de tantos infortunios, juntou consideravel poder, e escolhendo seiscentos escopeteiros, os emboscou a pé nas hortas mais visinhas da Cidade, e fóra dos vallos ficou encoberto com duzentos e cincoenta cavallos, para lhe dar calor; deixando ordem aos escopeteiros, que estivessem encobertos, até que o rebate da campanha obrigasse ao General a sahir da Praça com os Cavalleiros como costumava, e que neste tempo sahissem a cortar-lhe o passo. Ao romper da manhaã sahio o Conde ao campo, sem se haver reparado na advertencia, que os caens da Praça tinhaõ feito toda a noite, ladrando sem socego pelas muralhas da parte das hortas, o que muitas vezes costumavaõ fazer, quando lhes chegava o faro da visinhança dos Mouros; sendo o instincto destes animaes por antigas tradiçoens experimentado, e conhecido: porèm o Conde acautelado de lhe haverem armado os Mouros naquellas mesmas hortas, costumava mandar descobri-las antes de se alargarem os Cavalleiros da Praça. Tocou esta diligencia a Manoel Luiz, e dando vista dos Mouros lhe tiráraõ com huma espingarda, de que cahio morto, dando a vida aos mais que sahiaõ da Praça; porque ao rebate se retiráraõ todos. Acudio o General, e a mais gente: guarneceo-se o rebellim novo de mosqueteria: carregou Gaylan com a gente de cavallo até a muralha para salvar os espingardeiros, mas desta resoluçaõ recebêraõ os Mouros grande prejuizo; porque a artilheria, e mosqueteria matou, e ferio muitos. Retirou-se Gaylan, por naõ padecer mayor damno: seguio-os o Adail com os Cavalleiros, e lançados os Mouros do campo, se

Anno 1660

occupáraõ os póstos na fórma costumada. Era no fim das sementeiras, e crescêraõ nos Mouros as alteraçoens, e por huma, e outra causa se ausentou Gaylan; e insolente com o favor da fortuna, se ajuntou com Benguiler, e outras Cabildas levantadas contra Bembucar, a que elle, e os mais estavaõ sujeitos, aspirando ao dominio de Tetuaõ, e a lançar de Salé Cid Abdala, filho de Bembucar. Fomentava este designio Seron, que foy por elles desterrado de Salé, e por este respeito juntou Gaylan a sua gente, e passou a Alcaçar, para fazer opposiçaõ ao poder de Bembucar, que vinha contra elle, e entretanto cerrou os pórtos, e mandou recolher os gados, dando ordem, que na Serra assistisse por esquadras a gente de pé, para atalharem o campo, e trazerem os Cavalleiros da Praça com inquietaçaõ, e cuidado. Desejava o Conde tomar lingua, e naõ podia consegui-lo: mandou o Almacadem Diogo Correa com quarenta Cavalleiros a C,afa de Angera; mas sendo sentido dos Mouros, que dormiaõ nos portos, se recolheo sem effeito; porêm no dia seguinte sahindo ao campo, carregáraõ alguns Mouros da Atalainha aos descobridores. Foraõ com diligencia soccorridos, e depois de mortos tres, ficáraõ dous prisioneiros, e delles constou ao Conde a ausencia de Gaylan com a gente daquelle districto; e parecendo-lhe opportuna occasiaõ para mandar entrar na Barbarîa, mandou o Adail com todos os Cavalleiros da Praça. Chegou a Barbarîa sem ser sentido, e emboscando-se entre o porto das Pedras, e a ponte de Bosma, lançou pelo meyo dia varias partidas, a que foy dando calor, que naõ dando lugar aos Mouros a recolherem o gado á Serra de Arquelaõ, pouco distante de Farrobo, cativáraõ quantidade delles, e se recolhêraõ a Tangere com huma grossa preza. Neste tempo voltou Gaylan, e embaraçado com as guerras domesticas, desejou cessaõ de armas, e mandou para este effeito Seron pedir ao Conde General lhe desse salvo conducto para lhe vir fallar ao rebellim, e ajustar varias proposiçoens, de que Seron lhe deo noticia; porêm sendo huma dellas, que os Mouros, e Mouras, que se haviaõ bautizado em Tangere, viessem em publico a declarar a ley, que queriaõ

riaõ ſeguir, e ſendo a dos Mouros, pudeſſem ſem embaraço voltar-ſe para ſuas terras, naõ quiz o Conde conceder a Gaylan o ſalvo conducto; e paſſou eſte anno ſem outra novidade. Anno 1659

Governava a India Franciſco de Mello e Caſtro, e Antonio de Souſa Coutinho, e faltando-lhes meyos para apparelharem a armada dos Galeoens, deraõ o titulo de General da Armada a Ignacio Sarmento de Carvalho para ſegurar a Coſta na fórma, que lhe foſſe poſſivel; e naõ conſeguio até os ultimos de Mayo, tempo em que os Holandezes largáraõ a Barra por cauſa do Inverno, mais que lançar, ſem perigo, para eſte Reyno huma caravéla fóra da Barra; porêm querendo deſpedir hum navio para Macao, o lançáraõ os Holandezes a pique: e tendo os Governadores noticia, que elles haviaõ mandado hum Embaixador ao Semorim, pedindo-lhe os ajudaſſe a ſitiar a Cidade de Cochim, ordenáraõ a Ignacio Sarmento paſſaſſe a elle a tratar das fortificações, e encomendando-lhe juntamente defender com a armada os Fortalezas de Coulaõ, e Cranganor; e temendo os Governadores que o Idalcaõ ſe confederaſſe com os Holandezes, lhe mandáraõ por Embaixador a D. Pedro Henriquez. Fez elle a ſua funçaõ com grande luzimento, e voltou com muitas ſeguranças do Idalcaõ, de que naõ daria ajuda aos Holandezes; promeſſa a que depois faltou, como ſe devia recear da ſua inſtabilidade. Chegou em Setembro a Goa o Governador de Jafanapataõ com duzentos homens rendidos naquella Cidade, tranſportado em náos Holandezas, havendo mandado lançar em Baſſaim a mais gente, deixando naquella Barra huma eſquadra com ordem de eſperar os navios, que vieſſem do Reyno, entendendo chegariaõ áquella altura a tomar noticia do Eſtado de Goa. Dentro de poucos dias chegou do Reyno huma caravéla, de que era Capitaõ Franciſco Ferraz. Deraõ-lhe alcance os Holandezes; porêm foy ſoccorrida com humas Galeotas do Governador da Fortaleza Antonio de Mello e Caſtro, que livráraõ a caravéla. No meſmo tempo entrou hum General do Idalcaõ chamado Abdula Aquimo com cinco mil Infantes, e quinhentos Cavallos

Noticia do Eſtado da India.

nas terras de Salſete. Ordenáraõ os Governadores a Luiz de Mendoça ſahiſſe a encontrá-lo com a guarniçaõ da Infantaria das Fortalezas. Pôs-ſe elle em marcha da Fortaleza de Rachol com quinhentos Infantes, havendo deſpedido a Companhia de Manoel Furtado de Mendoça a guarnecer a Aldea de Margaõ, a mais importante daquella Ilha. Achou Manoel Furtado já os inimigos ſobre ella, por cujo reſpeito lhe foy preciſo retirar-ſe a huma collina, onde os inimigos o atacáraõ; porêm defendendo-ſe valoroſamente, o ſoccorreo Luiz de Mendoça: retiráraõ-ſe os inimigos á campanha, baixou a ella Luiz de Mendoça com a Infantaria formada, e ſahindo da ordenança alguns Fidalgos intempeſtivamente, os carregou a Cavallaria inimiga, e os obrigou a ſe tornarem a retirar, ficando morto Eſtevaõ Soares de Mello. Os cavallos, que os carregáraõ, chegáraõ até ás primeiras fileiras da noſſa gente, e a mayor parte ficáraõ mortos com as cargas que recebêraõ. Retiráraõ-ſe os mais, porque ſó coſtumaõ moſtrar valor nos bons ſucceſſos. Seguio-os Luiz de Mendoça até Cocolim, ultimo lugar da noſſa Raya. Deteve-ſe alguns mezes em Margaõ, e mandou fazer varias entradas nas terras inimigas, de que reſultaraõ aos Soldados, ſem algum perigo, grandes utilidades.

Anno 1659

HISTO-

HISTORIA
DE
PORTUGAL
RESTAURADO.
LIVRO V.

SUMMARIO.

TRATA o Conde de Atougnia das fortificaçoens das Praças da Provincia de Alemtejo com grande actividade. O Visconde de Villa-Nova continúa o governo da Provincia de Entre Douro e Minho: larga-o obrigado das razoens particulares de sua casa. Succedeo-lhe o Conde do Prado. Governa a Provincia de Traz os Montes, em ausencia do Conde de Misquitella, o Conde de S. Joaõ, General da Cavallaria daquella Provincia, e de Entre Douro e Minho: junta hum Exercito, e to-

ma Alcanices. Governa o partido de Ribacoa o Thenente General da Cavallaria Manoel Freire de Andrade em ausencia do Conde da Feira, junta varias Tropas, e interprende o Castello de Alvergaria. D. Sancho Manoel no Partido de Penamacor derrota hum Troço da Cavallaria inimiga. Executa a Rainha Regente dar Casa a ElRey: passa elle a Azeitaõ. volta brevemente a Lisboa livre de hum grande perigo: entra em outros naõ menos consideraveis. Continûa o Conde de Soure a Embaixada de França: chega ao ultimo desengano de naõ ser o Reyno de Portugal incluido no Tratado das pazes de França, e Castella: volta a Portugal com o soccorro da pessoa do Conde de Schomberg no Posto de Mestre de Campo General, e outros Officiaes de importancia. Restituese ao Reyno de Inglaterra Carlos II. Consegue o Embaixador Francisco de Mello firmar ElRey o Tratado da paz, e adianta outras negociações de grande importancia. Passa á Embaixada de Holanda o Conde de Miranda: depois de varias contendas volta a Lisboa com o Tratado da paz. Varias noticias das guerras das Conquistas. Nomea ElRey de Castella Capitaõ General seu filho D. Joaõ de Austria: passa a Badajoz, junta hum Exercito, ganha Arronches, fortifica a Villa, retira-se a tempo que o Conde de Atouguia marchou a buscá-lo no quartel. Derrota o Conde de Schomberg hum Troço de Cavallaria inimiga. Sabe em campanha na Provincia de Entre-Douro e Minho o Marquez de Vianna: oppoem-se-lhe o Conde do Prado, divertindo-lhe todas as emprezas com grande acerto, e felicidade. Derrota o Conde de S. Joaõ hum quartel de Cavallaria. Sabe em campanha na Provincia da Beira o Duque de Ossuna, e ganha alguns lugares abertos. Une-se o poder dos dous partidos

tidos da Beira: ganhaõ dous lugares, retiraõ-se, e na marcha derrotaõ varias Tropas inimigas. Intenta a Rainha Regente largar o Governo, naõ tem effeito por urgentes razoens.

O Grande vigor da guerra antecedente, e as preparaçoens da guerra futura concorrêraõ para que as duas Coroas de Portugal, e Castella tomassem para descanso o anno de seiscentos e sessenta com iguaes intentos de augmentarem nelle as Tropas, prevenirem as Praças, esforçarem os cabedaes, e negociarem as allianças, determinando ElRey D. Filippe satisfazer na Provincia de Alemtejo a offensa padecida na perda da batalha de Elvas; e a Rainha D. Luiza restaurar na Provincia de Entre Douro e Minho o damno experimentado na falta das Praças de Monçaõ, e Salvaterra. Luziaõ muito as prevençoens da Provincia de Alemtejo; porque era singular a diligencia, e actividade do Conde de Atouguia: e conhecendo que naõ podia durar mais o socego, que o tempo que os Castelhanos gastassem em segurar as novas Capitulaçoens da paz de França, naõ havia instante, que naõ gastasse em solicitar os meyos da defensa daquella Provincia, augmentando-lhe o cuidado ter seguros avisos, que os Castelhanos, entendendo que era indubitavel achar-se Portugal obrigado a sustentar a guerra sem soccorro de França, contavaõ como infallivel, que empregadas todas as forças daquella Monarchia na Conquista de Portugal, facilmente seria todo o Reyno despojo da ira, com que o ameaçavaõ; como se para triunfar na batalha de Elvas de D. Luiz de Aro, offendido author de toda esta maquina, houvessem os Portuguezes necessitado de mais soccorros, que das forças nacionaes, e sido valorosos instrumentos do auxilio Divino, Senhor dos Exercitos, e Author das victorias. Sendo iguaes em huma, e outra Coroa as ordens dos Principes, e as opinioens dos Generaes, se poupavaõ as Tropas para as emprezas dos annos futuros, e com tanta attençaõ, que naõ houve em Alemtejo, em todo este anno, mais

Anno 1660

Trata o Conde de Atouguia das fortificaçoens das Praças da Provincia do Alemtejo cõ grande actividade.

acçaõ

acçaõ digna de memoria, que intentar Affonso Furtado Anno 1660 armar á Cavallaria de Badajoz com o menor numero de Cavallaria, que fosse possivel, para ser menos perigosa a quebra do segredo, e poder conseguir-se empreza tantas vezes inutilmente solicitada. Era o seu designio marchar com quatrocentos cavallos das Companhias de Elvas a se encorporar com o Thenente General da Cavallaria Achim de Tamaricurt, que assistia em Campo Mayor, e embos-carem-se em hum sitio chamado as Charcas, que ficava passado o rio Xévora, e fazendo na estrada de Talavera algumas partidas a preza, que fosse possivel, provocar á Cavallaria de Badajoz, que forçosamente havia de sahir ao rebate, a cahir na emboscada. Approvou o Conde de Atouguia o intento de Affonso Furtado: sahio de Elvas com o Thenente General da Cavallaria Joaõ Vanichele, e o Commissario Geral D. Joaõ da Silva com quatrocentos cavallos, e encorporou-se nas Charcas com Tamaricurt, que de Campo Mayor havia trazido trezentos, e tinha avançado ao Capitaõ Bartholomeu de Barros com oitenta, sendo só elle a quem communicou onde ficava a emboscada; porque succedendo fazerem os Castelhanos algum Soldado prisioneiro, naõ pudesse descubrî-lo. Fez Bartholomeu de Barros alto na cabeça de Leitaõ, sitio duas legoas de Badajoz, e logo que rompeo a manhaã, fez preza em quantidade de gado na estrada de Talavera. Ao rebate das Atalayas montou em Badajoz o Thenente General D. Joaõ Pacheco com as Companhias de Cavallos da guarniçaõ daquella Praça, e averiguando a causa de tocarem arma as Atalayas, mandou descobrir o mato de Cantilhana, que era o sitio, de que entendeo podia só recear-se; e tendo aviso que estava desembaraçado, entregou dous Batalhoens a Joaõ Diaz de Matos, com ordem de correrem até Campo Mayor os que haviaõ feito a preza, que era a Praça mais visinha, que podiaõ buscar para a segurarem. Joaõ Diaz de Matos mais pratico na campanha, que acautelado nos perigos, e juntamente precipitado das suas culpas, pertendeo impedir a Bartholomeu de Barros o passo de Xévora, para onde vio que caminhava com a preza. Huns, e outros chegáraõ a Xévo-

ra

ra ao mesmo tempo, e Bartholomeu de Barros, vendo-se apertado dos dous Batalhoens, havia feito aviso ao General, que o soccorresse, e já vinha marchando por dentro do mato, tendo avançado dous Batalhões; logo que lhe chegou o aviso dos que deraõ vista dos Castelhanos, havendo elles passado Xévora no porto das Juntas, que toma este nome, por se unir nelle a Xévora o rio Botóva, e fazendo huma pequena Ilha, se tornaõ a dividir, e em breve distancia se encorporaõ ambos com o rio Guadiana; e como ao tempo que os Castelhanos passáraõ Xevora, o General com todo o grosso, e os dous Batalhões haviaõ passado Botóva, ficáraõ os Castelhanos sitiados dentro da Ilha, e reconhecendo, por aquelle naõ imaginado accidente, sem remedio o seu perigo, se desmontáraõ depois de alguma breve resistencia. Constou o numero dos mortos, e prisioneiros de cento e trinta: hum dos mortos foy o Capitaõ de Cavallos D Pedro Carvajal, de merecida opiniaõ no Exercito de Castella, e hum dos prisioneiros Joaõ Diaz de Matos. D. Joaõ Pacheco fez alto com a Cavallaria, que havia escapado da emboscada, que se retirou para Badajoz sem mais perda, que a dos dous Batalhoens, e o General passou a Campo Mayor, e o dia seguinte a Elvas, onde foy recebido com grande alvoroço pela prisaõ de Joaõ Diaz de Matos geralmente aborrecido, por ser o principal author do sitio de Olivença, e réo de delictos sem numero em o sitio de Elvas, e outras muitas occasioens, que lhe haviaõ grangeado em grave prejuizo da sua Patria a valia do Duque de S. German. Logo que entrou em Elvas, se ajuntou todo o povo, e com grandes clamores pedio ao Conde de Atouguia, que sem dilaçaõ o mandasse enforcar; porêm o Conde intentando colher mayor fructo da desgraça de Joaõ Diaz de Matos que a sua prisaõ, ordenou fosse levado a casa de D. Luiz de Menezes, que havia chegado de Lisboa, mal convalescido de trinta sangrias, que tinha levado, depois da batalha de Elvas, e havia passado ao posto de Mestre de Campo do Terço do Conde de S. Joaõ, a quem a Rainha nomeára General da Cavallaria das Provincias de Traz os Montes, e Entre Douro e Minho. A causa, que

Anno 1660

o Conde

Anno 1660

o Conde teve para esta resoluçaõ, foy entender que Joaõ Diaz de Matos se deixaria persuadir das instancias de D. Luiz para descobrir alguns designios, que tivesse alcançado na communicaçaõ do Duque de S. German, por haver sido seu Thenente, antes de passar á Companhia de Francisco Correa da Silva com este mesmo Posto, e antes de se ausentar para Castella, e lhe dever grandes beneficios; porêm naõ surtindo desta diligencia effeito algum consideravel, foy levado Joaõ Diaz á cadêa, e feito auto pelo Auditor Geral, de que naõ dando defesa, se lhe deo sentença de morte. O dia seguinte ao que chegou a Elvas Joaõ Diaz, mandou o Duque de S. German hum Bolatim ao Conde de Atouguia, offerecendo grandes partidos pela sua liberdade. Pareceo ao Conde naõ responder a esta escusada proposiçaõ, de que resultou mandar o Duque outro Bolatim, que continha termos taõ arrogantes, e demasiados, que mereceo responder-lhe o Conde com outros taõ asperos, e briosos, que os mesmos Castelhanos os applaudîraõ. Foy Joaõ Diaz enforcado, e havendo quebrado as primeiras cordas, cahio da forca vivo; tornáraõ a subî-lo a ella, e pagou com duas penas os insultos de tantas culpas.

No fim do Veraõ partîraõ varios Officiaes Mayores a levantar Soldados, e reconduzir os ausentes da Cavallaria, e Infantaria. Foy hum delles o Mestre de Campo D. Luiz de Menezes, a quem tocáraõ as Comarcas de Coimbra, Esgueira, e Vizeu, e de que tirou no decurso de cinco mezes a gente mais nobre, mais luzida, e mais desobrigada.

O Visconde de Villa Nova continua o governo da Provincia de Entre Douro e Minho.

O Visconde de Villa Nova passou na Provincia de Entre Douro e Minho, sem mais exercicio, que o das prevençoens, os mezes que durou o seu governo; porque os Gallegos observáraõ o socego até ajustarem as preparaçoens de mayor guerra; e naõ houve mais encontro, que assistindo o Mestre de Campo Diogo de Brito Coutinho no governo da Praça de Valença, e tendo noticia que marchavaõ tres Companhias de Cavallos, e duzentos Infantes para o Forte de Belêm, que ficava pouco distante; sahio com duas, e quatrocentos Infantes, derrotou os

Galle-

Gallegos, matou huns, fez outros prisioneiros, fugîraõ os mais para o Forte, e signalou-se o Capitaõ de Cavallos Antonio Gomes de Abreu. Adiantava o Visconde as fortificaçoens das Praças, e tratava de ajustar na fórma conveniente os Terços, e Companhias de Cavallos, e foy mayor o calor, depois de passar de Traz os Montes áquella Provincia o Conde de S. Joaõ, que com incansavel zelo, e diligencia dispunha os animos de todos os moradores a seguirem o Exercito militar. Desejava o Visconde, obrigado de forçosas dependencias de sua casa, largar aquelle governo, e conhecendo a Rainha a sua justificada razaõ, o nomeou Estribeiro mór delRey na menoridade de Luiz Guedes de Miranda; occupaçaõ que exercitava o Conde do Prado, e ao Conde do Prado entregou a Provincia de Entre Douro e Minho, esperando do entendimento, e valor, de que era dotado, os acertos, que depois acreditáraõ as experiencias. Nos primeiros dias de Setembro partio de Lisboa, e brevemente fez o Conde da Torre a mesma jornada; e como entre o Governador das armas, o Mestre de Campo General, e o General da Cavallaria havia estreito parentesco, e grande amizade, todas as disposiçoens caminháraõ sem contradiçaõ, para o fim de se defender aquella Provincia, em que tambem já assistia com grande cuidado da sua repartiçaõ o General da Artilheria Simaõ Correa da Silva.

Anno 1660

Larga-o obrigado das razoens particulares da sua casa.

Succede-lhe o Conde do Prado.

O Conde de Misquitella, que governava a Provincia de Traz os Montes, passou a Lisboa no principio deste anno, e deixou o governo entregue ao Conde de S. Joaõ. Igualmente era o Conde amado, e temido daquelles povos, assim pelas suas singulares virtudes, como pelo dominio de muitas Villas, e lugares, e nelles continua a assistencia de seus illustres progenitores. Logo que deo principio ao seu governo, naõ podendo conter-se o seu generoso espirito nos restrictos termos de hum governo civil, premeditou ganhar Alcanices, grande Povoaçaõ de Castella a Velha, situada seis legoas da Raya das Cidades de Bragança, e Miranda. Deliberado a intentar esta empreza, investigou com grande attençaõ o poder, que os Castelhanos poderiaõ juntar, a fortificaçaõ da Villa, o pre-

Governa a Provincia de Traz os Móntes, em ausencia do Conde de Misquitella, o Conde de S. Joaõ, General da Cavallaria daquella Provincia, e de Entre Douro e Minho.

fidio que a guarnecia, a qualidade do caminho, e todas as mais circunstancias precisas para facilitar o seu intento.

Anno 1660

Depois que esteve seguramente instruido, publicou que marchava a soccorrer a Provincia da Beira ameaçada das Tropas inimigas, e para este supposto fim reforçou as guarnições de Bragança e Miranda, conseguindo por esta industria naõ ser este movimento suspeitoso aos inimigos. Ajustadas todas as prevençoens para conseguir a empreza proposta, marchou o Conde com oito mil Infantes pagos, volantes, e Auxiliares, trezentos cavallos, e duas peças de artilheria, a atacar Alcanices. Como a gente era muita, e naõ toda destra, o rumor, e a dilaçaõ da marcha avisou aos da Villa do seu perigo, antes de experimentarem o assalto. Guarnecêraõ diligentemente a muralha com seis Companhias pagas, e os paisanos, que eraõ muitos, e juntamente hum Fortim, que occupava fóra da Praça hũa eminencia a que dominava. Chegou o Conde depois de sahir o Sol, e conhecendo que o Fortim embaraçava o intento de ganhar a Villa, mandou logo investî-lo pela Infantaria, depois da Cavallaria occupar os póstos convenientes para evitar os soccorros. Com pouca resistencia foy o Forte entrado, e naõ querendo o Conde perder o calor, que reconheceo nos Soldados com taõ felice principio, mandou promptamente avançar a Villa por tantas partes, que depois de algumas horas de resistencia, foy entrada á custa de muitas vidas dos defensores. Os que escapáraõ da furia do assalto, se recolhêraõ a hum Castello situado no extremo da Villa, em hum lugar taõ eminente, e escabroso, que resolveo o Conde naõ intentar ganhá-lo, assim por naõ trazer instrumentos proporcionados, como por naõ determinar deixar-lhe presidio, ainda que o conseguisse, por ser inutil. Deteve-se na Villa quatro dias, saqueou-a, e queimou-a, e o mesmo executou em-huns lugares circumvisinhos, e recolhidas as partidas, se retirou com os Soldados ricos de despojos, e animados a grandes emprezas. Poucos dias depois de retirado, chegou a Chaves o Conde de Misquitella, e entendendo o Conde de S. Joaõ vinha queixoso de se executar aquella empreza, sem lhe dar

Junta hum Exercito, e toma Alcanices.

dar noticia, o satisfez taõ suavemente, que o deixou obrigado do mesmo, porque podia ficar offendido. Passárão os dous a Bragança com aviso, de que os inimigos procuravaõ satisfazer-se do aggravo de Alcanices: porêm naõ teve mais effeito esta determinaçaõ, que huma entrada que fizeraõ por Miranda, em que queimáraõ alguns lugares abertos, onde naõ acháraõ gente, pela haver retirado o Governador de Miranda André Pinto Barbosa. Depois desta entrada, engrossáraõ os inimigos as suas Tropas, e fizeraõ varias frentes de Cavallaria, e Infantaria a Miranda, Bragança, e Chaves; porêm a vigilancia dos dous Generaes, e o continuo movimento, em que andavaõ de humas Praças a outras, fortificando-as, e guarnecendo-as, e ameaçando juntamente os lugares da Raya, desvaneceo todos estes movimentos. Separadas as Tropas, fugio de Chaves para Monte-Rey o Commissario General da Cavallaria Jaques Talameaut de la Poplinier, e o seu Ajudante S. Miguel, ambos Francezes, sem mais causa, que procurarem grangear alguma utilidade da sua inconstancia; como se naõ fora estabelecido castigo da infidelidade, ser abominada dos mesmos, a cujo beneficio se dedica. Leváraõ comsigo tres criados tambem Francezes, que brevemente tornáraõ a voltar para Chaves, dizendo haviaõ fugido violentados de seus amos, achando-se animo mais nobre naquelles, em que havia menos qualidade. Passou neste tempo para a Provincia do Minho o Conde de S. Joaõ, e cessáraõ por concordata as hostilidades; mas naõ durou muito, porque era em beneficio dos pobres, e prejuizo dos poderosos, que livravaõ as suas esperanças na grangearía das pilhagens. Porêm naõ faltou ao Conde de Misquitella a possivel attençaõ, de que se conservasse o socego, reconhecendo naõ podia sem grande trabalho defender as muitas legoas da Raya de Castella.

Anno 1660.

O Conde da Feira Governador do Partido de Ribacoa passou no principio deste anno a Lisboa com licença da Rainha, e deixou o governo entregue a Manoel Freire de Andrade, Thenente General da Cavallaria, que com grande attençaõ procurava merecer os premios da for-

Governa o partido de Ribacoa o Thenente General da Cavallaria Manoel Freire de Andrade em ausencia do Conde da Feira.

fortuna pelas acções da virtude, tendo juſtificado em muitas occaſioens o grande valor de que era dotado. No principio da Primavera recebeo hũa carta da Rainha, em que lhe advertia tiveſſe igual vigilancia em todas as Praças; porque conſtava por aviſos de intelligencias fidedignas, que os Caſtelhanos intentavaõ interprender alguma das mais importantes com ſegurança de ſe achar dentro della peſſoa que lhes facilitava o intento. Com eſta noticia determinou Manoel Freire naõ ſó ſegurar as Praças que governava, ſenaõ moſtrar aos Caſtelhanos que preſervava as noſſas do trato dobre, e ganhava as ſuas por força, elegendo huma das mais uteis á conſervaçaõ dos lugares abertos da Raya. Marchou a ſete de Março a ganhar o Caſtello de Alvergaria com quatro mil Infantes pagos, e Auxiliares, quatrocentos e cincoenta cavallos, quatro peças de artilheria, tres petardos, e hum morteiro; e deo ordem a ſeu irmaõ Franciſco Freire de Andrade, Commiſſario Geral da Cavallaria, que ſe adiantaſſe com trezentos Infantes, duzentos cavallos, e cincoenta rodeleiros, e que emboſcados em ſitio coberto procuraſſe com todo o ſilencio avançar dez cavallos, e dez Infantes ás ruinas da Villa; e que logo que rompeſſe a manhaã, tiraſſem o gado de hum curral, em que ſe recolhia, e o conduziſſem até o lugar da emboſcada; e que ſuccedendo ſahirem a recuperá-lo os da guarniçaõ do Caſtello, intentaſſe Franciſco Freire introduzir-ſe nelle entre os que ſe retiraſſem do impulſo, com que os inveſtiſſem. Conſeguio a partida tirar o gado, mas naõ ſuccedeo ſahirem os do Caſtello a reſiſtí-lo, inferindo da reſoluçaõ da empreza o engano, que ſe lhes fulminava. Chegou Manoel Freire com o reſto de gente, e reſolveo que acabaſſe a força, o que naõ havia conſeguido a induſtria. Fabricou com brevidade hũa plataforma junto da Igreja, de que jogavaõ dous meyos canhoens, e o morteiro contra o Caſtello. Multiplicáraõ-ſe as mampoſtas, e laboravaõ do ſitio oppoſto as outras duas peças de artilheria, e ao calor de tanto fogo ganhou a Infantaria a barbacaã, ſem valer aos defenſores a diligencia, que fizeraõ por defendê-la: prepararaõ-ſe os petardos a tempo, que acertou huma

Anno 1660

Junta varias Tropas, e interprende o Caſtello de Alvergaria.

bála o Governador chamado Domingos Lazaro, de que cahio morto; e como os Soldados pagos eraõ poucos, e os paizanos timidos, renderaõ o Castello. Entrou nelle Manoel Freire, achou cinco peças de artilharia, e quantidade de muniçoens; e como era forte por natureza, e arte, o deixou guarnecido com cento e vinte Infantes á ordem do Capitaõ Jozé de Figueiredo da Silveira, Soldado de conhecido valor. Retirou-se Manoel Freire sem mais perda, que a de dous Soldados mortos, e ferido o Ajudante da Cavallaria Francisco Monteiro. Foraõ os lugares mais interessados em se ganhar, o Castello de Alvergaria, Sabugal, e Alfayates: cultivou-se sem embaraço toda aquella campanha, e tornou-se a povoar o lugar da Aldêa da Ponte destruido pelos Castelhanos. Pouco tempo depois deste successo mandou a Rainha governar o partido de Ribacoa a Joaõ de Mello Feyo, cunhado do Secretario de Estado Pedro Vieira da Silva, por succeder lastimosamente a morte do Conde da Feira, que desbaratada totalmente a saude de continuos achaques, rendeo nas mãos da morte a vida florecente, por todos os titulos merecedora de mayor dilaçaõ. Tomou Joaõ de Mello posse do governo, e naõ teve neste anno acçaõ que mereça ser referida. Anno 1660

D. Sancho Manoel passou da Provincia de Alem-Tejo a continuar o governo do seu partido a Pena-Macor, e logo que chegou áquella Praça, querendo illustrar com novas acçoens os felices successos, que havia conseguido na defensa de Elvas, marchou a Pena-Garcia a armar ás Companhias de cavallos da Moraleja. No mesmo dia entráraõ os Castelhanos na campanha de Mon-Santo, e depois de fazerem huma grossa preza, sabendo, pela confissaõ das linguas, que D. Sancho estava em Pena-Garcia, largáraõ a preza, e a diligencia com que se retiráraõ, foy causa de perderem quantidade de cavallos, e D. Sancho se retirou, naõ achando mais que sete na Moraleja. Os Castelhanos voltáraõ brevemente á campanha de Pena-Macor com toda a Cavallaria daquelle partido, e alguma Infantaria. Teve D. Sancho aviso deste movimento, chamou as tropas, e os Castelhanos, antes dellas chegarem

D. Sancho Manoel no partido de Pena-Macor derrota hum troço de Cavallaria inimiga.

Anno 1660

rem, se retiráraõ, sem fazer damno. As companhias de Catalunha, e outras, que vieraõ a alojar nas Praças daquella fronteira, obrigáraõ a D. Sancho a entrar em grande cuidado, que se lhe accrescentou com a noticia certa, de que o Duque de Ossuna estava nomeado Governador das Armas daquella fronteira, e que marchava para Ciudad Rodrigo. Fez D. Sancho aviso á Rainha, pedindo-lhe remedio anticipado ao perigo, que temia, para que naõ fosse inutil, como havia succedido na Provincia de Entre Douro e Minho. Resultou desta diligencia reencherem-se os Terços, e Companhias de Cavallos, e tratar-se das fortificaçoens, principalmente da Praça de Alfayates, porque necessitava muito de defensa, e era de grande importancia pelos muitos lugares abertos que cobria.

Deixamos no fim do anno antecedente disposta pela prudencia da Rainha a nova Casa delRey, pertendendo experimentar se as assistencias de tantos criados illustres, zelosos, e prudentes bastavaõ a divertir os habitos, que seus familiares lhe haviaõ introduzido; taõ apartados das virtudes Catholicas, e politicas, que era mais para recear o perigo desta guerra, que aquella que os Castelhanos com as pazes de França ameaçavaõ. Eraõ as disposiçoens da Rainha effeito de Mãy prudente, e Rainha amante, para que em nenhum tempo fosse culpada a sua providencia da omissaõ mais nociva, e mais prejudicial, que podia padecer a sua Monarchia. Porêm a violencia dos Astros infelices inclinava desorte o alvedrio delRey a fugir de todos os caminhos saudaveis, que serviaõ as novas industrias da Rainha mais de confusaõ, que de remedio. A sete de Abril foy o dia destinado para ElRey passar ao quarto que estava prevenido. Juntaraõ-se os criados nomeados para o servirem; e ordenando a Rainha ao Conde de Odemira que ElRey passasse ao seu quarto pela porta interior, por onde se haviaõ de communicar, mandou ElRey que baixassem á sala dos Tudescos; e replicando o Conde, que a ordem da Rainha era differente, disse que queria que o visse o povo; e instando o Conde que naõ era aquella a funçaõ, que pedia esta solemnidade, naõ bastou a divertir o intento delRey insinua-

Executa a Rainha dar Casa a El-Rey,

do

Anno 1660

nuado por Antonio de Conte. Acompanharaõ-no, sem distinçaõ de pessoas, todos, os que se acharaõ no Paço, e a Rainha com prudente cautéla dissimulou a sua desobediencia. Alguns dias se absteve ElRey de assistencia taõ indigna, respeitando a authoridade dos criados que o serviaõ; porêm sendo mais poderosa a inclinaçaõ, que o respeito, tornaraõ como inundaçaõ reprimida a continuar na sua presença, e com tantos excessos, que os seus arrojamentos por instantes multiplicavaõ no animo delRey o desconcerto, e o perigo; porque os divertimentos eraõ os menos decentes, e os mais arriscados; sendo theatro de exercicios pouco louvaveis o districto de Alcantara, em que ElRey ordinariamente assistia. Estando ElRey ja no seu quarto, lhe receitaraõ os Medicos terceira vez as Caldas, desejando experimentar, se a lesaõ, que padecia na parte direita, conseguia alguma diminuiçaõ. Preparou-se a jornada com grande dispendio, e partio ElRey mais a occasionar males alheyos, que a solicitar saude propria; porque voltou para a Corte sem querer entrar no banho. Pouco depois que chegou, fez huma jornada a Azeitaõ, lugar aprazivel da outra parte do Tejo, pouco distante de Setuval: acompanháraõ-no os seus criados, e parte da Nobreza; e naõ eraõ muitas as horas de assistencia neste sitio, quando esperando ElRey a hora, em que jantavaõ os criados, que mais familiarmente lhe assistiaõ, montou a cavallo com alguns dos que elle chamava patrulha baixa: sahîraõ ao campo, e succedendo encontrar hum touro, o investio com tanta infelicidade, que ferindo-lhe o cavallo, e naõ podendo ElRey domar-lhe a furia, a que o obrigou a dor da ferida, o despedio da sella com tanta violencia, que ficou ElRey lançado em terra quasi sem acordo. Acudîraõ com esta noticia todos os que o acompanhavaõ, e com justo sobresalto do perigo, que corrêra a sua vida, o metteraõ em huma liteira, e voltáraõ para Lisboa. Padeceo a Rainha o susto desta desgraça, á qué se juntava o receyo de outras mayores, e ElRey melhorou da quéda com cinco sangrias, mas naõ da resoluçaõ de se expor a outros perigos. Brevemente se verificou este receyo; por-

Passa a Azeitaõ, volta a Lisboa brevemente, livre de hum grande perigo.

Anno 1660

porque convalescido da quéda sahio ao campo; e recolhendo-se por Campo-lide depois de cerrar a noite, havendo-lhe divertido huma pendencia a prudencia do Monteiro mór, buscou ElRey outra com tres homens junto do Noviciado dos Padres da Companhia, acompanhado só de hum criado, com quem se apartou dos mais, que lhe assistiaõ. Estava desmontado, e vendo tres vultos, os investio com a espada na maõ: os tres, como nem o escuro, nem a acçaõ descubriraõ as luzes da Magestade, tiráraõ pelas espadas, e no primeiro encontro cahio ElRey em terra ferido. Ao rumor acudîraõ todos os que o acompanhavaõ, e appellidando o nome delRey, fugîraõ os tres da pendencia, se naõ medrosos, confusos de taõ inopinado accidente, e fizeraõ pouca diligencia pelos seguir os que reconhecêraõ a sua innocencia. Foy notavel o sobresalto, que todos recebêraõ, vendo ElRey banhado em sangue, e repetindo incessantemente que morria. Chegaraõ com elle ao Paço, e a Rainha que vivia em continuo cuidado dos excessos delRey, naõ se lhe accrescentou mais, que a nova experiencia deste incidente. Exáminou-se a ferida, e seguráraõ os Cirurgioens que naõ era penetrante; porque a espada havia entrado por parte mais sensitiva, que perigosa. Com esta noticia se applacou a perturbaçaõ da Corte; mas naõ cessou o clamor universal de se ver crescer em ElRey com os annos os excessos aprendidos de homens depravados, e malevolos, que nem o poder da Rainha, nem a authoridade dos seus criados podiaõ apartar da sua companhia. Procuráraõ atalhar este damno por ordem da Rainha os Conselheiros de Estado: entráraõ juntos na camara delRey, e encomendando-se ao Duque do Cadaval expor o sentimento de todos, foy a substancia do que referio: que supposto que em casos similhantes era a experiencia a que melhor aconselhava, Sua Magestade devia permittir, que o amor da Rainha sua mãy, dos Infantes seus irmãos, e de todos seus vassallos, tivessem confiança para conseguir com a sua intercessaõ a segurança da vida de Sua Magestade; porque correndo por conta da Providencia Divina, como causa primeira, o conservá-la, deixára a Sua Magestade livre

Entra em outros naõ menos consideraveis.

Anno 1669

vre alvedrio, para ſe abſter dos riſcos, a que tantas vezes a tinha expoſto: e que Sua Mageſtade era Senhor de duas vidas, huma ſua, outra a univerſal de ſeus vaſſallos; propoſiçaõ taõ infallivel, que ſe podia entender, que para conſervá-las concedêra Deos aos Principes dous Anjos da guarda: e neſta conſideraçaõ devia Sua Mageſtade reſguardar a primeira vida, por ſer de hum Monarcha Portuguez; a ſegunda, por tocar a innumeraveis, e valoroſos vaſſallos, que ſe eſtendiaõ com acçoens ſingulares a dilatar o ſeu dominio nas quatro partes do mundo: que a conſervaçaõ dos Reynos infallivelmente ſe dividia em duas partes, na vida dos Principes, e na oppoſiçaõ dos contrarios; que Sua Mageſtade devia tomar por ſua conta a primeira ſegurança, e fiar a ſegunda da fidelidade de ſeus vaſſallos; e que alegres celebrariaõ todos eſta felicidade, como conſeguida, ſe experimentaſſem que Sua Mageſtade honrava a Nobreza, fazendo-a ſó participante dos ſeus divertimentos.

Ouvio ElRey com pouco agrado eſta decoroſa, e utiliſſima advertencia do Duque do Cadaval; porque ſó o ſatisfaziaõ os que indignamente o provocavaõ a exceſſos, e temeridades. Deſpediraõ-ſe os Conſelheiros de Eſtado com poucas eſperanças da utilidade dos ſeus rogos, e brevemente ſe verificou quanto foraõ deſprezados; porque logo que ElRey melhorou das feridas, rompendo pelo reparo, que antes fazia, para naõ ſahir do Paço de noite, ſem ſe acautelar do Gentil-homem da Camara, que dormia á porta da caſa, em que tinha o leito, reſolveo fechar-lha; e o tempo que durava a noite, acompanhado de ſeus indignos aſſiſtentes, ſervia a Cidade de laſtimoſo eſpectaculo, e triſte theatro de mal merecidas tragedias. Porêm ſendo tantas vezes offendida a alma, como a Mageſtade, entrava em duvida ſerem peccaminoſos os actos delRey contra Deos, e contra o Sceptro, pela pouca diſtinçaõ, com que o juizo leſo das enfermidades os operava; ſendo huma das razoens, que verificava eſte diſcurſo, deſcobrir poucas eſperanças de dar ao Reyno ſucceſſores, e fazer exceſſos inauditos por conſeguir a affeiçaõ tanto das mulheres mais expoſtas, quanto

Anno 1660

to das mais recitadas, crescendo desorte, que passando do rebuço da noite á manifesta claridade do dia, naõ perdoava ao sagrado das Igrejas. Hum destes desordenados intentos custou perigosas feridas a Martim Correa de Sá, filho mais velho de Salvador Correa, sem mais causa, que encontrá-lo no estreito de huma rua, naõ lhe sendo possivel facilitar-lhe a passagem della, nem sendo este impossivel daquelles, que o valor dos Portuguezes costuma vencer pela affeiçaõ dos seus Principes, por se empenharem em mayores empregos; naõ valendo a Martim Correa, tendo poucos annos, acudir a taõ impensado accidente com todas as acçoens do valor, e obrigaçoens de vassallo. Estes excessos delRey, que offendiaõ, e escandalizavaõ o mundo, eraõ continuos golpes, que feriaõ o coraçaõ da Rainha, e taõ penetrantes na desesperaçaõ do remedio, que chegava a desestimar naõ só o Imperio, mas a propria vida, vendo-se com dous filhos arriscados ao ultimo precipicio, hum pela incapacidade, outro pelo exemplo; porque o Infante D. Pedro, sendo de taõ poucos annos testimunha de tantas indecencias, só a misericordia de Deos pudéra livrá-lo de taõ pestilente contagio: e naõ querendo a Rainha faltar a diligencia alguma, que pudesse atalhar o precipitado curso das acçoens delRey, desejando desmentir os que o persuadiaõ que ella lhe usurpava violentamente o dominio, o introduzio no Conselho de Estado, no despacho, e nas audiencias, para que a noticia dos negocios o fosse habilitando ao governo da Monarchia, e pelejasse no seu animo esta virtude com os impulsos, de que infelizmente estava dominado. Porêm esta industria sahio taõ infructuosa, como todas as mais que se haviaõ inventado; porque ElRey naõ fazendo reflexaõ em as materias que na sua presença se tratavaõ, havendo a enfermidade cerrado os passos ao discurso, ficaraõ os desacertos taõ senhores da campanha do seu animo, que adquiriraõ novas forças, introduzindo-lhe injusta ira contra a Rainha, pelo violentar aquella enfadosa assistencia. E reconhecendo os indignos Conselheiros, que espreitavaõ as suas inclinaçoens, êste desconcerto, o applicavaõ a seu arbitrio desorte, que em

huma

humma mesma acçaõ com dous actos encontrados o indignavaõ contra a Rainha, persuadindo-o a que lhe naõ queria entregar o governo, e apaixonando-o pelas letras, que lhe cativava o alvedrio; disparidade, que verifica a arriscada tormenta, em que naufragava o soberano espirito da Rainha, vendo por instantes perigosa a authoridade, e precipitada a Monarchia. E porque os casos, e as indecencias se augmentavaõ, e os remedios saudaveis se corrompiaõ, resolveo a Rainha fazer seu confidente a Antonio de Conte, para experimentar se o veneno bem preparado podia servir de triaga, reconhecendo, com excessiva pena, que só envoltas com os vicios se poderiaõ em ElRey introduzir as virtudes. Estava neste tempo Antonio de Conte quasi animado a ser primeiro Ministro, porque ElRey lhe havia concedido quarto no Paço com porta na camara, onde dormia. Acudiaõ á sua sala os pertendentes, e á sua guardaroupa os mais dos Ministros, communicavaõ-se-lhe os mayores negocios da Monarchia, e finalmente da sciencia dos livros de caixa passou aos exercicios da arte politica, sem mais cabedaes, que o favor de hum Principe, que lhos dispensava, sem distinçaõ do que fazia; sendo este hum dos desconcertos, com que costuma governar-se o mundo. Havia até aquelle tempo conseguido Antonio de Conte o foro de fidalgo, o Habito de Christo, huma Commenda, huma quinta, e outras mercês consideraveis, e para seu irmaõ Joaõ de Conte Beneficios Ecclesiasticos de grande rendimento. Logo que penetrou a tençaõ da Rainha, a soube seguir com engenhosa destreza, fundado na industria, de que para subsistir no lugar, em que naturalmente naõ cabia, o caminho mais seguro era agradar ambas as Magestades; e com este conhecimento dobrava ElRey ao que a Rainha desejava conseguir em todas aquellas materias, que naõ encontravaõ a sua conservaçaõ, e o seu interesse; e sobre estas defeituosas bases hia crescendo ja a ruina do edificio do governo delRey D. Affonso. Achou a Rainha sangrada oito vezes; pequena demonstraçaõ das continuas afflições que padecia: e procurando achar desaffogo em tantos cuidados, consultou a Antonio da Mata, e a Francisco Nunes, Anno 1660

Anno 1660

o primeiro excellente Medico, o ſegundo grande Cirurgiaõ; e depuzeraõ ambos, que toda a parte direita do corpo delRey ficára taõ leſa da febre maligna dos primeiros annos, que carecia nella do vigor, e que deſta leſaõ manifeſta procedia a falta do juizo, que em todas as operaçoens moſtrava, juntando-ſe o juſto temor de naõ ſer capaz de dar ao Reyno ſucceſſores, com que ſe multiplicou a afflicçaõ da Rainha: e para experimentar mayor embaraço, ſuccedeo neſte tempo a ſeparaçaõ de Pedro Vieira da Silva da Secretaria de Eſtado, Miniſtro de que juſtamente fiava as materias mais importantes. Foy a cauſa, que havendo huma tarde de ir ganhar o Jubileo da Porciuncula a Infanta Dona Catharina, e o Infante D. Pedro, entendeo Ruy de Moura Telles, Eſtribeiro mór da Rainha, que a elle, e naõ aos Officiaes delRey tocava preceder naquelle acompanhamento. Reſolvèo a Rainha o contrario na conſideraçaõ de que eſtando aquelles Principes em o ſeu quarto, antes de terem caſa particular, ſahindo em publico, haviaõ de ſer aſſiſtidos dos Officiaes da Caſa delRey, naõ ſe achando, nem ElRey, nem a Rainha preſentes no acompanhamento. Entendeo Ruy de Moura que Pedro Vieira fora author deſta reſoluçaõ, e tomou por ſatisfaçaõ deſte enfado fazer hum papel, em que moſtrava os fundamentos da ſua inſtancia, e rematava, queixando-ſe de Pedro Vieira com palavras aſperas. Eſte papel mandou a Rainha ao Conſelho de Eſtado, e ſem reparar, que naõ devia ſer Pedro Vieira o Secretario, que o leſſe; por naõ occaſionar diſſençoens, e eſcandalos, foy o papel á ſua maõ, e depois de lido, recolhendo-ſe para ſua caſa, expôs á Rainha as razoens ſeguintes: Que lera no Conſelho de Eſtado o papel de Ruy de Moura Telles ſobre a queixa de naõ fazer o Officio de Eſtribeiro mór na ultima jornada dos Infantes, com preſuppoſto de que em quanto naõ tomavaõ caſa, tocava aos Officiaes da Rainha ſervî-los, e naõ aos delRey; e confeſſava que ſó o preceito o obrigára a ler de ſi, que procedia com paixaõ, e faltava com o reſpeito devido a ſuas obrigaçoens: que naõ lera no Conſelho, como pudera, pelos livros da Secretaria os exemplos, que ſerviaõ

para

para a resoluçaõ deste caso; porque entendia se naõ podiaõ ignorar: e que por esta razaõ, e porque naõ poderia tornar taõ depressa ao Conselho de Estado, lhe parecera offerecer com aquelle o papel incluso, que continha o exemplo no enterro da Infanta Dona Joanna, onde se acharia, que os Officiaes da Rainha fizeraõ seus officios, em quanto o corpo da Infanta naõ sahio do Paço, que he a parte onde elles servem; e que logo que chegou a liteira, entráraõ os delRey, e os da Rainha se recolhêraõ com expressa declaraçaõ, de que o abrir da liteira tocava ao Estribeiro mór delRey; e que a todos constava trazer a fralda do capuz do Infante o Monteiro mór, quando fora lançar agoa benta no corpo delRey seu pay: que dous exemplos allegava Ruy de Moura pela sua parte: o primeiro, quando fora levar ElRey ás Caldas: que com aquelle papel offerecia clareza manifesta da preparaçaõ, que se fizera para aquella jornada, para que a Rainha visse nelle, que os criados delRey eraõ os que o acompanháraõ, e assistîraõ; e os dous da Rainha foraõ, porque ElRey D. Joaõ naõ escusava na sua assistencia aquelles dous officios; porque a Rainha mostrára mais confiança com aquelles dous fidalgos: e era de reparar, que nomeando-se tantos criados, para irem servindo nesta occasiaõ, todos foraõ delRey. O outro exemplo era de quando deitava o manto ao Infante; que tambem offerecia o regimento que se lhe déra, quando a primeira vez tivera esta occupaçaõ, e delle constava, que se lhe naõ déra como a criado da Rainha; porque se assim fora, os seus criados haviaõ de servir o Infante, naõ declarando no regimento, que ao Reposteiro mór delRey tocava chegar a cadeira ao Infante, e ao Mordomo mór dar-lhe a vela, e a vara do pallio: e com tantos documentos a favor da sua justificaçaõ tornava a dizer a Sua Mageſtade, que naõ pudéra apartar de si o sentimento de ver, que diante de Sua Mageſtade o tratavaõ taõ mal, como mostrava o papel de Ruy de Moura; a que se juntava tirar-se-lhe o regimento, que se déra para as Caldas, tocando ao Secretario de Estado dar fórma, como a Real pessoa de Sua Mageſtade havia de ser servida, assistida, e guardada Anno 1660.

Anno 1660

dada. Por vezes, e em differentes papeis repreſentara a Sua Mageſtade, que a Secretaria de Eſtado recebia grandiſſimos prejuizos em lhe divertirem a mayor parte dos papeis, que lhe repartíra ElRey D. Joaõ: que tambem ſoubera que a Rainha tinha nomeado Reformador para a Univerſidade de Coimbra, ſem ſer por ſua via, tocando-lhe aquella expediçaõ, ſem ſe achar pretexto; como na nomeaçaõ de Reytor, em que ſe lhe arguira, o que eſcrevêra a favor de Antaõ de Faria, nao baſtando a ſua juſtificaçaõ para lhe eſcuſar a reprehenſaõ, que a Rainha lhe déra: que havia hum anno lhe concedêra licença para ſe recolher, pelo tempo, que lhe foſſe neceſſario, para fazer partilhas entre ſeus filhos: em virtude della ſe recolhia a fazê-las, e por ellas ſe ſaberia o com que entrára, e o com que ſahîra do ſerviço delRey hum Miniſtro, que havia dezoito annos inteiros occupava o lugar de Secretario de Eſtado, e perto de quarenta o de Miniſtro de Tribunaes; e que ſe naõ houveſſe ſido á ſatisfaçaõ de Sua Mageſtade, o ſentia tanto, quanto procurara acertar em ſeu ſerviço.

Eſcrita eſta carta, ſem eſperar reſpoſta, ſe foy Pedro Vieira para huma quinta, naõ ſe dando por ſatisfeito de ſe reſolver a duvida de Ruy de Moura contra a propoſiçaõ que fizera; e a Rainha, entendendo que fora exceſſo auſentar-ſe ſem licença expreſſa ſua, o mandou para Evora, onde eſteve tres mezes; e parecendo-lhe á Rainha que era baſtante caſtigo, lhe permittio licença para voltar para a ſua quinta com a mercê do Chantrado de Ourem para hum de ſeus filhos; e dentro de pouco tempo o tornou a reſtituir á ſua occupaçaõ, e com tantas honras, que pudéraõ ſatisfazer as ſuas juſtificadas queixas.

Neſte tempo naõ havia em Roma Miniſtro, que trataſſe os negocios deſte Reyno; porque as negociaçoens dos Caſtelhanos haviaõ atalhado o paſſo a todas as eſperanças de conſeguir o intento tantas vezes pertendido; e tantas baldado da permiſſaõ dos Biſpos, e nos annos ſucceſſivos ſe paſſou neſte meſmo ſilencio.

O Conde de Soure Embaixador de França deixámos no

no anno antecedente com o sentimento de conhecer, que se ajustava a paz de Castella, sem haver remedio que prevalecesse contra a deliberação da Rainha Regente, inseparavel do empenho do casamento delRey seu filho com a Infanta de Castella, para cujo fim desprezára o Imperio de todo o mundo, se lho encontrasse. Assistia o Conde Embaixador em Tolosa, onde chegou Filippe de Almeida, que tinha passado com o Marquez de Choup a Lisboa; e havendo partido em differente embarcaçaõ, entrou em Tolosa ao mesmo tempo, que o Marquez em Provença. Continhaõ as novas ordens, que levou ao Embaixador, tres pontos: o primeiro excluia toda a sorte de accommodamento, que offendesse a authoridade soberana delRey: o segundo, que salvo este ponto, a Rainha como Governadora, e Regente do Reyno se obrigava a soccorrer a Coroa de Castella, quando tivesse guerra, com quatro mil homens, e seis náos de guerra; mas que esta obrigaçaõ naõ teria outro titulo mais, que o da vontade, e conveniencias das Coroas: terceiro, que a titulo de satisfaçaõ pelas despezas da guerra, e fortificaçoens das Praças occupadas, se dariaõ a ElRey de Castella dous milhoens pagos em tres annos. Com estas novas ordens resolveo o Embaixador buscar a Corte, que ja entrado o mez de Março caminhava de Provença a chegar aos Pyrineos: sahio de Tolosa a encontrar o Cardeal, e na Cidade de Nimes o obrigou a suspender a jornada hum novo accidente de gotta, por cujo respeito mandou ao Secretario da embaixada Duarte Ribeiro passasse adiante a anticipar ao Cardeal a noticia de haver recebido novas ordens de Portugal, e saber delle em que lugar poderia communicar-lhas. Em Avinhaõ, onde a Corte se deteve a Semana Santa, fallou o Secretario ao Cardeal, e lhe deo conta da sua commissaõ. Antes do Cardeal responder á proposiçaõ, lhe disse, que naquelle dia tivera carta do Duque de Aveiro; na qual, justificando a resoluçaõ que tomara de passar a Castella, se queixava de haverem derogado em Portugal antigos privilegios de sua casa, dispondo por todos os caminhos a ruina della o Conde de Odemira, e o Marquez de Marialva

Anno 1660

Continua o Conde de Soure a Embaixada de França.

rialva, em cujas mãos dizia eſtar o manejo dos negocios publicos, aperto que o obrigára a ſegurar-ſe na obediencia delRey Catholico, de quem naſcera vaſſallo. Accreſcentou o Cardeal, que fora conveniente diſſimular-ſe com o Duque, e conſervá-lo em Portugal; porque vendo o mundo ſahir do Reyno hum taõ grande vaſſallo, julgaria duvidoſa a ſua conſervaçaõ. Reſpondeo-lhe Duarte Ribeiro ignorar totalmente os motivos da queixa do Duque, conhecendo que a verdadeira cauſa de paſſar a Caſtella era a paz, que o Cardeal havia feito com ElRey Catholico, excluindo Portugal. Interrompeo o Cardeal a pratica, dizendo que a Corte havia de paſſar por Nimes, onde buſcaria o Embaixador. Aſſim ſuccedeo dentro de poucos dias, e viſitando o Cardeal ao Conde de Soure na caſa, onde elle eſtava com o achaque da gotta, pertendeo adoçar com demonſtraçoens cortezes o amargo da ſubſtancia dos negocios publicos. Ajuſtou com o Embaixador propor a D. Luiz de Aro as conveniencias que lhe referia; e que para conferirem a reſpoſta que tiveſſe, foſſe aſſiſtir em Andaya o Secretario da Embaixada. Continuou a Corte a jornada, ſeguio-a o Secretario.

Anno 1660

Fez alto em Andaya, lugar deſtinado para quartel dos Miniſtros Eſtrangeiros, e o Embaixador por caminho differente paſſou a Bayona. Nos ultimos dias de Abril ſe acháraõ as Cortes viſinhas, ElRey Chriſtianiſſimo em Saõ Joaõ da Luz, e ElRey Catholico em Fuente-Rabia. Viraõ-ſe os dous Miniſtros no lugar das primeiras conferencias; e quando todos eſperavaõ a entrega da Infanta, ſe paſſáraõ muitos dias em novas controverſias. Duarte Ribeiro aſſiſtia ao Cardeal na ſala, que tocava no Palacio á parte de França, e hum dos dias, em que exercitava eſta occupaçaõ, lhe diſſe o Marquez de Choup, que D. Fernando Ruiz de Contreras Secretario de Eſtado delRey Catholico deſejava fallar-lhe, que parecendo-lhe conveniente o traria ao lugar onde eſtavaõ. Naõ ſe offereceo duvida a Duarte Ribeiro em acceitar a conferencia: foy o Marquez buſcar a D. Fernando, e o deixou com elle em huma das janellas da ſala: introduzio

zio D. Fernando a pratica, dizendo, que negociar pela mediaçaõ dos Ministros de França naõ podia ser conveniente, pelas razoens, que facilmente se deixavaõ entender: que se resolvesse o Embaixador a tratar com D. Luiz de Aro, segurando-lhe ser a sua mayor ancia o cuidado de evitar as ruinas, que na continuaçaõ da guerra ameaçavaõ Portugal: que o Cardeal havia de novo feito proposiçoens, nas quaes queriaõ os Portuguezes ficar com tudo o que era honorifico, e dar a ElRey seu senhor tudo o que era util: que trocados estes termos, se poderia em poucas horas ajustar o repouso de Hespanha; porque hum Rey offendido mais se satisfazia de hum reconhecimento vaõ, que de interesses solidos. Respondeo o Secretario sentir infinito naõ acceitar ElRey Catholico as conveniencias propostas; porque naõ descobria outro caminho, por onde se pudesse chegar á felicidade da paz pertendida, e igualmente util a ambas as Coroas; porque o discurso humano nunca havia podido descobrir meyos entre reinar, e obedecer: que lhe pedia considerasse naõ haver sido, nem poder ser Portugal taõ util á Coroa de Castella unido, como separado. Tornou D. Fernando a instar, dizendo que estava muito visinho o perigo, e o termo da deliberaçaõ passaria em tempo breve. Respondeo Duarte Ribeiro, separando-se, que na contingencia dos successos da guerra futura lembrava elle a D. Fernando, que devia fazer esta mesma consideraçaõ. No dia seguinte disse o Cardeal ao Secretario, que as novas proposiçoens se naõ haviaõ admittido, e tinha sido inutil o trabalho, com que intentára persuadî-las: que fizesse aviso ao Embaixador, para que tendo que ampliar nellas, ou que offerecer de novo, o naõ dilatasse. Com este desengano partio Duarte Ribeiro de Andaya para Bayona, e brevemente voltou a S. Joaõ da Luz a dizer ao Cardeal Massarino, que as ultimas proposiçoens tinhaõ tudo aquillo, a que se estendiaõ as ordens de Portugal; com que de todo ficáraõ por entaõ desatadas as conferencias. Estavaõ neste tempo a paz, e casamento de ambas as Coroas desorte ajustadas, que parecia naõ poderia haver embaraço que alterasse a uniaõ; mas offereceo-se novo acci-

Anno 1660

Chega ao ultimo desengano de naõ ser o Reyno de Portugal incluido no tratado das pazes de França, e Castella.

accidente, que teve perturbadas as negociaçoens; porque ſendo huma das capitulaçoens da paz haverem de ſahir as Tropas Francezas do Principado de Catalunha, foraõ deputados dous ſujeitos Francezes, e dous Caſtelhanos, para regularem as demarcaçoens entre os Condados de Ruyſelhon, Puiſſerdan, e o Principado: entráraõ em duvida a qual dos Principes pertenciaõ huns valles ſituados entre os Pyrineos, pertendendo cada huma das partes moſtrar que lhe tocavaõ por demarcaçoens antigas; allegando os Francezes eſtar decidida eſta duvida por hum dos capitulos do Tratado, no qual ſe declarava, que as agoas vertentes em hum daquelles valles para a parte de França era a diviſaõ natural delles. Naõ podendo ajuſtar-ſe os Deputados, remetteraõ a deciſaõ da contenda aos dous Miniſtros principaes a S. Joaõ da Luz; e ſuccedendo entre elles a meſma diſcordancia, ſe começáraõ a alterar os animos de huma, e outra Naçaõ, de qualidade, que ſe temeo houveſſe novo, e mais furioſo rompimento. Atalhou a prudencia delRey D. Filippe eſte rumor, tomando por expediente eleger ao Cardeal Maſſarino por Juiz da controverſia: foy eſte atalho taõ util, que brevemente ſe finaláraõ as demarcaçoens, ſe ajuſtou a paz, ſe celebrou o caſamento com o eſplendor, e magnificencia, que requeria a grandeza de taõ poderoſos dous Principes. Voltou ElRey D. Filippe para Madrid, ElRey de França para Pariz: ſeguio a Corte o Conde de Soure, ſem embargo de ficar a uniaõ de Portugal totalmente pela capitulaçaõ da paz ſeparada dos intereſſes de França, conhecendo que os negocios politicos ordinariamente ſó nas apparencias ſaõ infalliveis: gaſtou alguns mezes no ajuſtamento dos Officiaes, que haviaõ de paſſar a Portugal com o Conde de Schomberg, e em eſcolher com elles artilheiros, e mineiros, que entre todos faziaõ o numero de ſeiscentos, a pezar das diligencias do Conde de Fuen-Saldanha, Embaixador de Caſtella, ſendo mais poderoſa a aſſiſtencia do poder do Marichal de Turena; que facilitou todos os obſtaculos. Foy tambem grande o empenho do Conde de Fuen Saldanha para conſeguir que o Conde de Soure ſe naõ deſpediſſe

Anno 1660

diſſe

disse delRey em audiencia publica; mas naõ só naõ conseguio este intento, senaõ que teve o Conde concedida a audiencia da nova Rainha, declarando, quando lha permittio, que ja naõ era filha delRey de Castella, senaõ mulher delRey de França; porém na hora de fallar-lhe se escusou, dizendo que lhe sobreviera hum novo accidente, que a embaraçava; ficando em duvida se foy natural, ou supposto effeito da negociaçaõ do Conde de Fuen-Saldanha. Mandou ElRey ao Conde huma joya de subido preço, e o Cardeal (contra o que costumava) hum presente, em que entravaõ seis relogios de ouro de grande valor: e constou que fizera das suas virtudes taõ grande conceito, que chegando a Pariz o Cardeal de Rez, lhe perguntára, se havia fallado ao Embaixador de Portugal; e respondendo-lhe que naõ, lhe recomendára procurasse encontrar-se com elle para conhecer hum varaõ discreto, e cabal. Partio o Conde para Avre de Gracia, e o Conde de Schomberg para Londres a procurar tres navios fretados, para nelles vir buscar o Conde à Avre de Gracia. Foy a dilaçaõ mayor do que se suppunha, que occasionou ao Conde alguma molestia; porque as diligencias do Embaixador de Castella conseguiraõ passarem-se-lhe varias ordens, que sahisse daquelle Reyno; a que respondeo que obedeceria, quando lhe chegassem navios, que o segurassem dos encontros de outros baixeis Castelhanos. Mandou-lhe ElRey dizer, que se quizesse, lhe remetteria passaporte delRey de Castella: respondeo, que para sua segurança naõ dependia mais, que dos passaportes delRey seu Senhor; e neste intervallo padecendo os lugares circumvisinhos a Avre de Gracia grande falta de mantimentos, e necessitando o Conde de muitos para sustento dos seiscentos homens que trazia, se amotinou contra a familia do Conde o Povo de Avre de Gracia; resistio o impulso, e procurou o socego, que conseguio; e ultimamente chegando o Conde de Schomberg de Inglaterra com os tres navios, se embarcou toda a sua familia, Officiaes, e soldados, e Gentis-homens Francezes, que vinhaõ servir voluntarios, em que entravaõ o Marquez, e Baraõ de Schomberg, filho mais velho, e segundo do Con-

Anno 1660.

Volta a Portugal com a pessoa do Conde de Schomberg no Posto de Mestre de Campo General, e outros Officiaes de importancia.

Anno 1660

Conde. Embarcárao a vinte e nove de Outubro, chegáraõ a Lisboa a onze de Novembro, e foy o Conde recebido da Rainha com a acceitaçaõ, que merecia o seu procedimento, reconhecido em toda a Europa pelo valor, e prudencia, com que contraverteo as dificuldades que encontrou na sua commissaõ. E supposto que naõ conseguio ficar Portugal incluido na paz, alcançou a tacita concessaõ do soccorro da pessoa do Conde de Schomberg; taõ util á conservaçaõ deste Reyno, como depois se experimentou, e dos mais Officiaes, que o acompanháraõ; e deixou dispostos os animos dos Ministros de França a conhecerem quanto convinha á conservaçaõ daquelle Reyno naõ lhe faltar com os soccorros necessarios para a sua defensa, como adiante referiremos.

Francisco de Mello continuava a assistencia da Embaixada de Inglaterra, ainda que com grande zelo, e prudencia, com grandissimo trabalho, pelo revoltoso, e embaraçado governo, que naquelle tempo padeceo aquelle Reyno; porque depois da morte de Olliviero Cromuel, que deixou introduzido no governo seu filho Ricardo com justa admiraçaõ de todo o mundo, o qual naõ herdando de seu pay, nem o artificio, nem a fortuna, durou pouco no governo: succedeo o Conselho de Estado, direcçoens de varios Parlamentos, humas confusas, outras mal obedecidas, todas inquietas, e ambiciosas, cobrindo-se os interesses particulares com a capa da liberdade, e isençaõ do governo Monarchico. No mez de Março deste anno permanecia o governo do Conselho de Estado, e sendo o tempo em que Portugal mais dependia da amizade de Inglaterra, pela separaçaõ da sociedade de França, embaraçavaõ a Francisco de Mello todas as conclusoens, que intentava em beneficio deste negocio, as apertadas diligencias dos Castelhanos, que naõ perdoavaõ a dispendio algum por divertí-lo; e como eraõ venaes quasi todos os de que variamente dependia o ajustamento dos negocios, eraõ muito efficazes estas diligencias. Accrescentou a Francisco de Mello o embaraço chegar aviso ao Conselho de Estado de haver sido prezo em em Lisboa pela Inquisição Thomaz Maynard Consul da Nação Ingleza; porque havendo-se reduzido ao gremio da Igreja Margarida Thregmorth da mesma Nação, e passado algum tempo, arrependida do seu aceito, tornára a prevaricar na heresia, buscou por asylo a casa do Consul, e constando aos Ministros do Santo Officio, assim do seu erro, como da parte onde estáva recolhida, mandárão dous Familiares a buscá-la. Negou o Consul têla em sua casa: foy chamado primeira vez á Inquisição, e admoestado que entregasse a Ingleza, resistio, negando ampara-la: derão-lhe tempo para a ultima resolução, e não cedendo da sua repugnancia, tornárao a chamá-lo á Mesa: persistio, e resolvêrão deixá-lo prezo nas Escólas Geraes, onde esteve seis dias; no decurso delles mandárão os Inquisidores buscar a casa do Consul, e não achando nella a Ingleza, o mandárão soltar. Esta noticia fez grande estrondo em Inglaterra, e ameaçou grande perigo ao Embaixador. Porêm elle temperou com grande prudencia os animos dos Ministros, e explicando-lhes o successo com tão suave cor, e mostrando-lhes que o Consul não tinha esta occupação mais que tolerada depois do governo de Ricardo Cromuel, o que se verificava com elle andar pertendendo nova patente, que se quietou todo este desasocego, e teve lugar de applicar todas as diligencias para concluir nova liga; o que não podendo conseguir, veyo a ajustar por hum Tratado conveniencias mais essenciaes, e menos custosas que as da liga, contra Castella, que era o artigo que o Conselho de Estado se não resolveo a declarar: porêm dizia hum dos artigos, que poderia Sua Magestade de Portugal tirar daquelle Reyno doze mil Infantes, e dous mil e quinhentos cavallos das tres Naçoens para sua defensa, e ajuda contra ElRey de Castella: que poderia fretar ElRey de Portugal até vinte e quatro náos de guerra por preços convenientes: que todos os Officiaes serião de nação Ingleza escolhidos pelo Embaixador: que se poderia comprar todo o genero de armas, que parecesse necessario para armar esta gente, e que ElRey de Portugal poderia tirá-la, navios, e cavallos no tempo, que lhe parecesse mais con-

Anno 1660

Consegue o Embaixador Francisco de Mello firmar ElRey o Tratado da paz, e adianta outras negociaçoens de grande importancia.

veniente: que o Embaixador, depois de feita a eleiçaõ dos Coroneis, e mais Officiaes de guerra, poderia tratar com elles sobre os seus interesses, modo, e condiçoens, com que haviaõ de passar a Portugal sem algum embaraço: que os Coroneis, e mais Officiaes, antes de sahirem de Inglaterra, dariaõ cauçaõ de naõ obrarem nada contra aquella Republica, e que naõ lhes entregariaõ armas, senaõ em Portugal. Foy este Tratado muito conveniente ao estado daquelle tempo; porque obrigou aos Castelhanos a cuidarem menos nas forças maritimas contra este Reyno, e aos Holandezes a attenderem mais á sua conservaçaõ. Facilitou muito a diligencia, e actividade do Embaixador entenderem os parciaes delRey (que ja neste tempo eraõ muito poderosos) que era conveniente á brevidade da sua restituiçaõ tirar daquelle Reyno os Officiaes, e Soldados affeiçoados á Republica. Determinou o Embaixador passar a Portugal com ordem que tinha da Rainha; porêm conhecendo a Rainha o grande serviço, que lhe tinha feito, lhe tornou a ordenar continuasse aquella commissaõ, e chegando á Rainha o Tratado, o assinou com grande satisfaçaõ de seus Ministros. No tempo que se deteve a chegada do Tratado, fez petiçaõ o Padre Antonio Vaz, Confessor de D. Fernando Telles, que o Embaixador havia prezo em sua casa; ou a fez em seu nome hum Marcos Diaz, que andava em Londres salariado pelos Castelhanos, em que pedia ao Conselho de Estado, que o mandasse soltar, e livrar das vexaçoens que padecia, e perigo da vida em que estava. Alcançou despacho a seu favor, e ordem do Conselho de Estado, para que Francisco de Mello o entregasse: porêm elle constantemente repugnou esta ordem, mostrando, que no Conselho de Estado antecedente ao que naquelle tempo governava, fora ventilada esta materia, e resoluto que elle podia castigar Antonio Vaz, como pessoa da sua familia, por presumir haver cooperado na execranda fugida de D. Fernando Telles. O Conselho de Estado vendo razoens taõ justificadas, suspendeo a resoluçaõ de o mandar soltar.

Anno 1660

Crescia neste tempo por instantes o poder dos Realistas, e era o General Monck o que mais fomentava esta nego-

negociaçaõ. Governavaõ o Conselho de Estado os tres Reynos de Inglaterra, Escocia, e Irlanda; e como a mayor parte dos Conselheiros erao Realistas, conseguîraõ formarem huma nova milicia em todos os povos com Officiaes da mesma facçaõ, a qual superou o poder dos exercitos, e com esta confiança acclamáraõ a ElRey em Irlanda os povos de Dublim, e puzerao as Armas Reaes no mercado publico, sem que o Conselho de Estado fizesse diligencia alguma por castigar esta demonstraçaõ. Perturbou a boa direcçaõ, que levavaõ estes negocios, a fugida de Lambert prezo na Torre de Londres, e grande inimigo delRey; que brevemente juntou trezentos Officiaes, e Soldados da facçaõ Fanatica, que saõ herejes de differentes seitas, separados dos Protestantes, e começou a confundir, e perturbar todas as resoluçoens do Conselho de Estado. Por ordem do Conselho o seguio o Coronel Inglesbeg, com parte de hum Regimento de Cavallaria, e encontrando-o, a pezar de toda a opposiçao, o tornou a repor na Torre de Londres. Nos primeiros de Abril havia ElRey chegado a Breda, onde sem rebuço tinha ido grande parte da Nobreza do Reyno a congraçar-se com elle, e a cinco de Mayo se juntou o Parlamento, que quasi todo constava de Realistas. Escreveo ElRey ao Parlamento: continha a carta mysteriosas expressoens do sentimento que padecia, da calamidade, e perturbaçaõ de seus vassallos, suavissimos offerecimentos da grandeza, e generosidade do seu animo, protestos exprecissimos, de que só a uniaõ do Parlamento desejava, e da mesma sorte protestava conservar as leys do Reyno, e guardar a religiaõ prostetante. Foy esta carta lida com muito applauso: responderaõ com grandes submissoens, e premiáraõ ao portador com oito mil cruzados. Recebeo ElRey a resposta com muita satisfaçaõ; tornou a escrever á casa dos Pares, e senhores, á Cidade de Londres, e ao General Monck, e o sobrescrito dizia: Ao nosso fiel, e bem querido General Monck, para se communicar com o Presidente do Conselho de Estado, e aos Cabos do Exercito. Escreveo tambem ElRey ao General Monragu, que estava com a Armada nas Dunas. Leo a

Anno 1660

Anno 1660

carta a todos os Cabos, e Officiaes Mayores, que tiráraõ copias, para as communicarem a toda a gente do mar, e com grande alegria acclamáraõ ElRey: o mesmo se executou em Londres em dezoito de Mayo, e com tantas demonstraçoens de contentamento, que ficou em duvida se foy mayor que a ira, com que degoláraõ seu pay: que esta he a variedade do mundo, e o beneficio do tempo ordenado pelas disposiçoens Divinas, para se conseguir gloriosamente em Inglaterra a summa das felicidades, vendo-se que ElRey Carlos Segundo abjurou no ultimo transito todas as heresias, que havia professado; e no Duque de York seu Irmaõ (hoje ElRey Jacobo II.) que succedendo na Coroa em o anno de mil e seiscentos e oitenta e cinco, preferindo com valorosa resoluçaõ os interesses Catholicos aos discursos politicos, fez escudo da verdadeira Religiaõ contra os furiosos golpes da heresia Anglicana, de que em poucos mezes gloriosamente triunfou; tomando Deos por instrumento de taõ notaveis felicidades as incomparaveis virtudes da Rainha Dona Catharina, que com huma prudencia sem exemplo, e com huma constancia sem imitaçaõ, veyo a conseguir depois de tormentosos nublados o sol das serenidades, hoje perturbadas com novos accidentes.

Antes delRey chegar a Londres, conseguio o Padre Antonio Vaz, por diligencias de Marcos Diaz Brandaõ, que se passasse ordem pelo Conselho de Estado, para que o Embaixador o puzesse em sua liberdade, e dar conta delle até a vinda delRey; que em caso que o naõ fizesse, lho tirariaõ de casa. Nesta extremidade elegeo o Embaixador hum prudente partido; que foy ajustar-se com Antonio Vaz na presença do Provincial, e Reitor da Companhia de JESUS, e dos mais familiares da sua casa, que o poria em liberdade, obrigando-se a sahir de Londres em direitura para Portugal, para se examinarem os seus procedimentos; o que elle admittio sem repugnancia. Sahio de Londres, e receando padecer em Portugal rigorosos exames, por ser grave a culpa que se lhe imputava, se deteve na Corte de Madrid, e voltando a este Reyno depois da paz, padeceo huma larga prizaõ, de que foy

livre

livre, por se naõ provarem os indicios, que contra elle tinhaõ resultado. Anno 1660

A nove de Junho entrou ElRey Carlos II. em Londres com notaveis demonstraçoens de contentamento de seus Vassallos: a primeira mercê, que fez, foy dar a Ordem da Cavallaria da Jarretiéra aos Generaes Monck, e Montagu, e a outras pessoas particulares. O Embaixador empenhou justamente todo o discurso em ganhar a vontade delRey, e aos animos dos Ministros, a quem começou a mostrar affeiçaõ, temendo-se das negociaçoens dos Castelhanos, que julgavaõ por infallivel haverem de governar as acçoens delRey á sua eleiçaõ em recompensa dos beneficios, que havia recebido na sua peregrinaçaõ delRey Catholico. Fez o Embaixador hum memorial, que repartio pelos Ministros, cuja substancia era mostrar, como ElRey D. Joaõ, logo que foy acclamado, conhecendo quanto importava a ambas as Coroas terem uniaõ, e estreita amizade, mandára Embaixada solemne a ElRey Carlos Primeiro, que fazendo reciprocamente o mesmo discurso, depois de o receber com todas as demonstraçoens de satisfaçaõ, ajustára por seus Ministros hum Tratado de amizade, e comercio com Portugal a pezar da opposiçaõ de toda a Casa de Austria, que se celebrára no anno de mil e seiscentos quarenta e hum; e que succedendo a D. Antaõ de Almada, primeiro Embaixador, o Doutor Antonio de Sousa de Macedo com titulo de Residente, logo que começáraõ as guerras, e tribulaçoens delRey Carlos I. lhe assistíra com tanto amor, e fidelidade, que com evidente perigo da vida fora publicamente maltratado do governo tyrannico, e intruso: que as mesmas finezas obrára Francisco de Sousa Coutinho, Embaixador dos Estados de Holanda, com ElRey Carlos II. no tempo da sua peregrinaçaõ, assistindolhe com grossos cabedaes deste Reyno, como a ElRey constava; e que no mesmo tempo, em que ElRey de Castella mandára dar graças publicas aos tyrannos pela execranda morte delRey Carlos I., se tirára por ordem delRey o Ministro de Portugal, continuando desorte as demonstraçoens do affecto, que faltando a ElRey Carlos II. pór-

Restitue-se ao Reyno de Inglaterra Carlos II.

Anno 1660

tos, onde ſe recolheſſe a Armada do Principe Roberto; ElRey D. Joaõ, deſprezando todos os diſcurſos politicos, o recebêra no porto de Lisboa, e o defendêra da Armada dos tyrannos, formando outra Armada, que unida á do Principe Roberto, pelejára com a de Inglaterra, ficando ſó por eſte reſpeito rota a guerra em tempo, que as armas de Caſtella na Europa, as de Holanda na Aſia, e na America combatiaõ os Reynos, e Senhorios de Portugal; e que depois de paſſados dous annos de viva guerra com Inglaterra, ſe ajuſtára a paz com deſpeza de mais de dous milhoens, e conſtaria ſer o ultimo Principe da Europa, que ſe communicára com Cromuel: que a eſtas razoens ſe ſeguiaõ outras, em que evidentemente ſe moſtravaõ os beneficios, que Inglaterra recebêra da paz de Portugal, e os damnos que Caſtella havia feito aos dous Reys, defunto, e ao novamente coroado; e concluîa, que o novo Principe, como Rey, como Cavalheiro, como generoſo, como agradecido, e como politico, era obrigado a aſſiſtir a Portugal. Depois deſta diligencia fez o Embaixador outra de grande utilidade; que foy perſuadir a mais de duzentos Mercadores Inglezes, que tratavaõ em Portugal, aſſinaſſem huma petiçaõ, em que pediaõ a ElRey com razoens muito efficazes conſervaſſe o commercio entre eſta, e aquella Coroa, por ſer o mais util da ſua Monarchia. E tardando Joaõ Miles de Macedo, que o Embaixador havia mandado a Portugal a buſcar novas cartas credenciaes, o Embaixador reſolveo valer-ſe de hũa firma em branco, que tinha delRey, e a formar nella a credencial, de que neceſſitava: aconſelhado porêm dos Condes de Soure, e Miranda, Embaixadores de França, e Holanda; querendo anticipar-ſe ás negociaçoens dos Caſtelhanos, que ſe esforçavaõ com grandiſſimos cabedaes, que diſpendiaõ, mandou dar parte a ElRey, que tinha em ſeu poder credencial; e tanto que fez eſte aviſo, empenhou todas quantas diligencias lhe foy poſſivel, e conſeguio que ElRey o aviſaſſe pelo Meſtre das Ceremonias, que lhe daria audiencia o dia que elegeſſe; reſoluçaõ que foy geralmente admirada, pela haver ElRey negado aos Embaixadores de França, e Holanda. Foy a eſte acto com to-

dada a solemnidade, e grandeza, e começou a tratar com ElRey muito estreitamente; de que resultou animar-se o Embaixador a principiar o Tratado do casamento delRey com a Infanta D. Catharina com as particularidades, de que adiante daremos noticia, vencendo os obstaculos, e diligencias, que os Castelhanos fizeraõ para o embaraçar, nomeando ElRey de Castella, para authorizar os seus intentos, Embaixador na Corte de Londres a pessoa do Principe de Ligni, huma das de mayor supposiçaõ, que assistiaõ em seu serviço, pela sua grande qualidade, partes, e merecimentos. Porêm nem este grande Ministro, nem outras exactissimas negociaçoens puderaõ embaraçar que ElRey de Inglaterra confirmasse o Tratado, que o Embaixador havia feito com o Conselho de Estado na fórma acima referida, ajudado da intelligencia do Padre Tussell, hoje Bispo de Viseu, do Secretario da Embaixada Francisco de Sá de Menezes, e de Ruy Telles de Menezes, de cujo prestimo, parentesco, e amizade fazia muito justa confiança; e ganhou o Embaixador com tantas vantajens a vontade delRey, que havendo feito reparo, em que nos capitulos do Tratado se nomeava a ElRey de Castella com o titulo delRey Catholico, conseguio com ElRey, que se mudasse, e se nomeasse ElRey de Castella; que tanto vence a prudencia de hum bom Ministro, quando antepõem o zelo, e fidelidade aos accidentes do tempo, e desigualdades da fortuna.

Anno 1660

Acima referimos a nomeaçaõ, que a Rainha fez da pessoa do Conde de Miranda para Embaixador das Provincias Unidas, julgando que nelle se achavaõ todas aquellas qualidades, que eraõ precisas para se emendarem os desacertos de D. Fernando Telles. Partio o Conde de Lisboa a vinte e hum de Outubro, e chegou ao porto de Roterdaõ a vinte e cinco de Novembro do anno de seiscentos e cincoenta e nove. Passou á Cidade de Delft acompanhado, álem da sua familia, que era muito numerosa, do Secretario da Embaixada, de Diogo Lopes Ulhoa, e de Jeronymo Nunes da Costa, que havia herdado de seu pay a inclinaçaõ de servir a Portugal.

Passa á Embaixada de Holanda o Conde de Miranda.

Anno 1660

Foy recebido naquella Cidade com todas as demonstraçoens de authoridade, e benevolencia. Logo que chegou, o mandáraõ visitar os Estados Geraes, e segundáraõ a mesma ceremonia, antes de fazer a sua entrada. Estava neste tempo junta na Haya a Provincia de Holanda; porêm quasi no ultimo termo de se haver de separar; e havendo o Conde Embaixador entendido, pelas informaçoens dos Ministros de Lisboa, teria abbreviado effeito, conforme as proposiçoens feitas a D. Fernando Telles, que Diogo Lopes Ulhoa tinha levado á Rainha, e que se poderia ajustar a paz, sem a entrega dos lugares conquistados no Brasil pelos Holandezes, procurou embaraçar que a Junta de Holanda se separasse, por ser a mais poderosa, e conhecidamente empenhada na paz de Portugal; e reconhecendo que seria impossivel conseguir este intento antes da sua entrada, pela difficuldade de naõ quererem tratar algum negocio, sem estar satisfeita esta ceremonia, tratou de a dispor em Delft com o mayor luzimento, e brevidade, que foy possivel, e passou á Corte de Haya a vinte e nove de Dezembro; e acabados os dias costumados na hospedagem, teve audiencia publica dos Estados Geraes a quatorze de Janeiro, onde referio o affecto, com que Portugal desejava a paz com as Provincias Unidas; os motivos, com que esperava dellas a mesma correspondencia; os poderes, que trazia para continuar o Tratado, que Diogo Lopes de Ulhoa levára a Lisboa; os grandes interesses, que as Provincias Unidas tinhaõ na conservaçáõ de Portugal, e ultimamente pedio Commissarios para conferir materias taõ importantes. Foy respondido pelo interprete Jeronymo Nunes da Costa a estimaçaõ, que os Estados faziaõ da amizade delRey de Portugal, e o desejo de corresponder com igual affecto, para cujo fim se lhe nomeariaõ logo Commissarios, como fizeraõ.

Desejou o Conde Embaixador entender dos Ministros da Junta de Holanda, antes que se separasse, o animo, com que estavaõ de se ajustar a paz sem a entrega das Praças do Brasil: respondêraõ-lhe, que deixavaõ commissaõ ao seu Pensionario para conferir com elle, e que dis-

discutidas as duvidas, logo que a Junta se tornasse a formar no tempo que era estylo, se tomaria neste negocio a ultima conclusaõ. Seguio o Embaixador esta disposiçaõ, e em tres conferencias, que teve com o Pensionario, foraõ as proposiçoens, que lhe fez, taõ exorbitantes sobre a liberdade do commercio, que o Embaixador lhas refutou; e depois de varios debates lhe disse, que ElRey naõ havia de conceder aos Estados de Holanda mais do que havia permittido a Inglaterra, que era a substancia, que continhaõ os quatro artigos conferidos com D. Fernando Telles, e que logo que se alterassem, se separaria todo o Tratado; porque elle ficava necessitado de novas ordens delRey, para entrar em pratica de proposiçoens naõ imaginadas, quando pelo contrario se entendia que o Tratado naõ necessitava mais, de que se assinasse; e que inventarem-se novas propostas, seria conta a sinceridade, com que as Provincias deviaõ conresponder ao affecto delRey, que desejáva a sua amizade, sendo ella taõ reciprocamente util, que mal se deixava conhecer, onde ficavaõ sendo mayores os interesses; e que elle daria logo conta a ElRey das novidades, que achava taõ contrarias ao que ElRey presumia. Desenganado o Pensionario, de que naõ podia adiantar os interesses das Provincias; intento a que o persuadio a apertada guerra, que se esperava havia de padecer Portugal com a separaçaõ de França, se desculpou dos novos accrescentamentos, dizendo que os artigos, que Diogo Lopes levava, naõ foraõ assentados com a Provincia de Holanda, senaõ com alguns de seus Ministros, que desejavaõ a paz, obrigados dos receyos de Suecia, e Dinamarca, divertidos com a morte delRey de Suecia, e acordo novamente ajustado com Dinamarca; accrescentando-se as chimeras, com que D. Fernando Telles tinha persuadido a ElRey de Castella, que Portugal havia de entregar a Holanda as Praças do Brasil, se apertassem com ameaços de guerra, que conhecia naõ podia sustentar; noticia que os Ministros Castelhanos participáraõ aos Estados, e por este respeito se suspendêraõ os beneficios de alguns confidentes, que receando haverem sido descobertos por D. Fernando, se se-

Anno 1660.

pa-

Anno 1660. parárao do communicaçaõ dos Ministros Portuguezes; donde se verifica quanto pertuba no mundo qualquer accidente os mais graves negocios, e quanto convêm evitar-se a dilaçaõ, quando se achaõ em termos de se concluirem, devendo observar-se esta politica com mayor attençaõ nos negocios, que se trataõ com os Estados de Holanda; porque sempre, attentos ao melhoramento dos seus interesses, medem os passos do tempo com o compasso da conveniencia, de tal sorte, que naõ ha negocio, por mais que se imagine concluido, que naõ esteja, em quanto se naõ firma, no primeiro estado, pelo perigo de poderem com os accidentes variar as conveniencias das Provincias Unidas. Chegou neste tempo ElRey de Inglaterra á Corte de Haya, chamado dos melhores de seus Vassallos, como fica referido. Intentou o Conde Embaixador fallar-lhe como Ministro delRey, e naõ pode conseguî-lo, deixando-se levar dos obsequios, e lisonjas do Embaixador de Castella, com quem empenhou todas as demonstraçoens de sociedade, e benevolencia, e este desigual procedimento com hum, e outro Embaixador foy muito prejudicial ao ajustamẽto do Tratado da paz de Holanda; porque justamente avaliavaõ os Holandezes por duvidosa a nossa conservaçaõ, vendo manifestamente declarados os Reys de França, e Inglaterra a favor de Castella. Partio ElRey da Gran-Bretanha para Londres, e foy o Conde de Miranda empenhando toda a sua industria em desfazer as contrariedades, que por instantes se hiaõ descobrindo em prejuizo do fim que pertendia, tendo por oppostos os Ministros de Castella, e os das Companhias Oriental, e Occidental: porêm vencendo as suas diligencias as negociaçoens contrarias, veyo a ajustar, para o seu intento, dezanove votos da Provincia de Holanda, que uniformemente resolvêraõ, queriaõ paz com as condiçoens, de que logo se fez projecto. Com esta determinaçaõ da Provincia de Holanda tomaraõ nova força todas as inclinaçoens dos que pertendiaõ o effeito da paz, assim como a perdêraõ os que se oppunhaõ á conclusaõ della; conhecendo huns, e outros, que as mais Provincias naõ podiaõ fazer guerra, sem

ſem a uniaõ da Provincia de Holanda, cuja voz coſtumaõ ſeguir todas, aſſim por ſer de mais authoridade, como porque deſta ſorte tem os negocios mais breve remate; ſendo porêm muito difficil de conſeguir ainda com ella celebrar-ſe a paz ſem a entrega das Praças do Braſil. Eſtando eſte negocio na ultima concluſaõ, e ajuſtamento, lhe occaſionou grande embaraço receber o Embaixador hum aviſo de Franciſco de Mello, em que lhe pedia que detiveſſe o ajuſtamento da paz, até ſe publicar em Londres o Tratado da ſua negociaçaõ; porque aſſim era conveniente ao ſerviço delRey. Deo grande cuidado ao Conde de Miranda eſte incidente, porque via por hũa parte, que ajuſtar a paz de Holanda ſem entrega das Praças do Braſil, era hum dos pontos mais eſſenciaes á conſervaçaõ de Portugal, que dependia do ſocego das Conquiſtas, para reſiſtir com as forças unidas á guerra de Caſtella. Conſiderava por outra parte, que a uniaõ de Inglaterra naõ era menos eſſencial, que a paz de Holanda, por ſerem os ſoccorros daquelle Reyno mais ſolidos, e mais promptos, e a prudencia de Franciſco de Mello taõ merecedora de inteiro credito, que naõ devia entrar em conſideraçaõ, que ſe reſolveſſe a embaraçar a paz de Holanda, ſem depender da ſua dilaçaõ a concluſaõ do Tratado de Inglaterra; deixando-ſe conhecer, que o intereſſe do commercio de hũa, e outra Naçaõ era o melhor mediador da ſociedade, e podia ſer motivo de exaſperar a huma, o que ſe concedeſſe á outra. Neſta perplexidade elegeo o Conde de Miranda o caminho de aviſar á Rainha por hum navio, que fretou com a mayor preſſa que lhe foy poſſivel, e foy dilatando a ultima concluſaõ da paz; porêm os Miniſtros dos Eſtados, que tinhaõ na memoria as deſtrezas de Franciſco de Souſa Coutinho, vendo entibiado o ardor do Conde, lhes occaſionou eſta mudança tanta novidade, que o apertáraõ taõ vivamente, para aſſinar o Tratado, que reſolveo executá-lo, por naõ ter ordem alguma da Rainha, que encontraſſe a inſtrucçaõ que levára.

Anno 1660

Neſtes termos eſtava, quando chegou a Brilla Jorge do Wuing, Enviado extraordinario delRey da Gran-Bretanha,

nha, com ordem de assistir á mediaçaõ da paz entre Portugal, e os Estados: porêm os Ministros Holandezes entendêraõ que o pretexto era ajustá-la, e o intento divertì-la. No ponto, em que chegou a Brilla, (que dista dez legoas de Haya) fez aviso ao Conde Embaixador, quizesse suspender o Tratado, em quanto elle naõ chegava; porque assim o declarava a sua instrucçaõ; e remetter-lhe pessoa, que anticipadamente o informasse do estado, em que se achava a sua negociaçaõ. Mandou-lhe o Conde Embaixador a Delft Diogo Lopes de Ulhoa, e logo que chegou a Haya, o buscou o Conde de noite, e conheceo da conferencia, que elle desejava embaraçar a paz de Holanda, por se melhorar em os interesses de Inglaterra; mas que naõ trazia ordem alguma delRey da Gran-Bretanha, em que se obrigasse a tomar por sua conta os perigos, que podiaõ succeder a taõ arriscada resoluçaõ. E neste sentido determinou seguir a instrucçaõ, que havia levado, por ser a eleiçaõ deste caminho, a que a Rainha lhe naõ poderia justamente arguir; e seguindo a outra estrada, sendo o successo adverso, se lhe devia culpar, por naõ ter ordem que o obrigesse. Neste tempo os Ministros dos Estados, conhecendo o intento do Enviado, pedíraõ Conferencia ao Embaixador para a ultima conclusaõ do Tratado da paz. Vendo-se elle no aperto de lhe ser necessario, e naõ lhe ser possivel, satisfazer a ambas as partes com huma só acçaõ, tendo huma, e outra intentos diversos, elegeo destro partido, e pedio aos Conferentes avisassem ao Enviado de Inglaterra da hora em que havia de ser a Conferencia; porque como era mediador da paz, devia ser na sua presença o ultimo ajustamento della. Respondêraõ-lhe que era escusada a sua proposiçaõ, dizendo que o Enviado naõ trazia mais commissaõ, que de compor duvidas, em caso que as houvesse, e que estando ajustadas as proposiçoens da paz, serviria a sua presença mais de embaraço, que de conclusaõ. Conheceo o Embaixador a razaõ dos Commissarios, porêm como naõ podia achar outra sahida mais favoravel ao seu embaraço, applicou mais apertadas diligencias, e alcançou consentimento dos Commissarios, para que o

Anno 1660

En-

Enviado assistisse á Conferencia debaixo do acordo,de que naõ innovaria duvida alguma, sem o Embaixador a propor primeiro, com que uniformemente se assinalou o dia da Conferencia. Conhecendo o Enviado que as suas negociaçoens naõ haviaõ de perturbar o animo do Embaixador, nem deixar de seguir sem nova ordem da Rainha a instrucçaõ que levára, recorreo a ElRey da Gran-Bretanha, que promptamente escreveo huma carta ao Embaixador, em que lhe dizia achar-se com grande sentimento, de lhe constar que nos artigos das pazes, que intentava concluir, concedia Portugal iguaes partidos aos Holandezes, dos que havia ajustado com os Inglezes; e que nesta consideraçaõ lhe advertia naõ innovasse cousa alguma em o Tratado da paz sem expresso consentimento seu; e que em caso que o fizesse, o que naõ esperava, se acharia obrigado a mandar-lhe protestar todos os inconvenientes, que sobreviessem, accrescentando á severidade destes termos palavras de grandes expressoens, e benevolencia do empenho, com que se achava na conservaçaõ de Portugal. Respondeo-lhe o Embaixador com termos de grande submissaõ, mas com a amphibologia conveniente, para se naõ obrigar a mais, que o que permittisse o intento do negocio, a que caminhava. Chegou o dia da Conferencia, e entráraõ nella o Embaixador, e o Enviado conformes em buscarem meyos de dilatar a conclusaõ do Tratado até chegarem novas ordens da Rainha, que era ao que se podia estender a sociedade do Embaixador. Logo que entráraõ na Conferencia, querendo o Pensionario começar a lançar os artigos, que estavaõ ja acordados, disse o Enviado de Inglaterra, que o fim, com que viera áquella Conferencia, fora decidir as duvidas, que se offerecessem nos artigos do Tratado; e porque, se acaso as houvesse, naõ podia sentenciar a razaõ dellas, sem estar primeiro instruido em todos os artigos, era preciso conceder-se-lhe primeiro vista delles. Disseraõ os Commissarios, que o Embaixador devia responder a esta proposiçaõ. Disse o Embaixador, que naõ se podia negar, que ou na substancia, ou nas palavras poderiaõ levantar-se duvidas por qualquer das partes nos artigos, que se estavaõ conferindo,

Anno 1660

Anno 1660

do, e sendo aquella a primeira conferencia, parecia arrezoada a sua proposiçaõ. Bem conhecéraõ os Commissarios, que era destreza para dilatar a conclusaõ da paz; porêm tendo por mais decoroso, e mais conveniente encobrir este conhecimento, concordáraõ em entregar o Tratado ao Enviado, dando-lhe quinze dias de tempo para o examinar. Promptamente deo o Embaixador conta a ElRey de Inglaterra do que tinha obrado em execuçaõ da sua ordem, representando-lhe, que passado o termo dos quinze dias, e poucos mais, que a sua industria poderia prolongar, era infallivel, que a Provincia de Holanda o houvesse de obrigar, ou a assinar o Tratado, ou a sahir daquella Corte com a guerra declarada; e que nesta evidente supposiçaõ pedia a Sua Magestade lhe declarasse o que devia fazer, para sahir sem censura de taõ apertados termos. Naõ teve o Conde resposta destas proposiçoens, fazendo repetidas instancias em Inglaterra, e recorrendo ao Enviado, pedindo-lhe que ao menos negociasse com os Commissarios prolongarem o prazo da resposta até lhe chegar nova ordem da Rainha, que por instantes esperava; naõ alcançou delle mais que huma clara demonstraçaõ, de que intentava atalhar a paz, sem que ElRey de Inglaterra ficasse obrigado a reparar os perigos da guerra. Nestas duvidas se passou o prazo dos quinze dias, e vendo o Pensionario de Holanda o damno, que recebiaõ os Estados em se naõ ajustar a paz, buscou ao Embaixador no passeyo do Bosque, e separandose do concurso, lhe disse, que bem sabia os motivos com que se rompera a guerra, quanto havia custado acordar a paz, e o que a Provincia de Holanda havia trabalhado pela concluir; e que vendo os subterfugios, com que se intentava embaraçar a ultima conclusaõ, lhe quizesse assinar o Tratado para credito da Provincia de Holanda; porque do contrario se seguiria ajustar-se com os mais, e concorrer como escandalizada com muito mayor empenho, para se continuar a guerra; e que naõ quizesse fazer verdadeiros os que entendiaõ que elle intentava em damno dos Estados seguir os documentos de Francisco de Sousa Coutinho. Respondeo o Embaixador ao Pensionario,

rio, que elle naõ dilatava affinar o tratado com efperança de melhorar as condiçoens da paz, fenaõ com o defejo de fe confervar o credito da finceridade das acçoens do feu Principe inviolavelmente obfervada por feus Miniftros; e que a mefma fe acharia na Embaixada de Francifco de Soufa, fe elle lhe déffe lugar a lhe moftrar a origem de toda aquella negociaçaõ; e que a dilaçaõ prefente a caufara a aftucia, com que os Eftados Geraes haviaõ procedido no ajuftamento da paz, dilatando-o dous annos, por fe quererem aproveitar dos accidentes do tempo; e que eftes haviaõ trazido os embaraços, que o obrigavaõ á dilaçaõ de affinar o tratado, naõ com induftria, fenaõ com verdade muito clara; porque havendo Portugal de refiftir a hum inimigo taõ vifinho, e taõ poderofo, como ElRey de Caftella, naquella occafiaõ defembaraçado de todas as guerras de Europa, devia procurar naõ fó a paz de Holanda, fenaõ as allianças dos mais Principes, que pudeffem ajudar a fua defenfa: que o Embaixador de Inglaterra tinha ajuftado hum Tratado de alliança, e foccorros, de cujas condiçoens naõ havia tido noticia até aquelle tempo; e que nem a Rainha Regente, nem feus Miniftros podiaõ prevenir, que os dous Tratados de Inglaterra, e Holanda houveffem de concluir-fe em hum mefmo tempo; e que era certo, que elle Embaixador devia ter ordens do feu Principe para eleger o partido mais conveniente, que até aquelle tempo lhe naõ haviaõ chegado, defpachando hum navio, como era notorio, do porto de Retordaõ, fó por efte refpeito, e que em quanto naõ tivesse refpofta, fe naõ devia expor a que fe pudeffem achar dous Tratados com as mefmas condiçoens, podendo fucceder ajuftarem-fe em damno de huma, ou outra naçaõ, e ferem as mefmas diligencias, que intentavaõ na paz, occafiaõ de nova guerra; e que para juftificaçaõ defta verdade fe offerecia a firmar o Tratado, fe fe achaffe algum meyo, ou condiçaõ por artigo fecreto, que declaraffe, que encontrando-fe as condiçoens do Tratado de Holanda com as que fe houveffem ajuftado no Tratado de Inglaterra, Portugal fe obrigaria a dar fatisfaçaõ com equivalente recompenfa. O Penfionario

Anno 1660

Anno 1660

rio convencido da propoſiçaõ do Embaixador, lhe prometteo que ao dia ſeguinte a proporia na Junta da ſua Provincia, e lhe faria aviſo da reſoluçaõ que ſe tomaſſe. Separáraõ-ſe, e naõ faltando o Penſionario na diligencia promettida, reſultou acceitarem a propoſta, de que logo fez aviſo ao Embaixador, que promptamente o buſcou em ſua caſa, e dando-lhe as graças da mediaçaõ, ajuſtou o artigo; e ficando por ſua conta confirmá-lo pelos Eſtados Geraes, correo pela do Embaixador perſuadir ao Enviado de Inglaterra, para que o tratado ſe firmaſſe com geral contentamento, intervindo a ſua mediaçaõ. Teve melhor ſucceſſo o Penſionario, que o Embaixador; porque perſuadio ás Provincias que aſſinaſſem o Tratado: e o Embaixador naõ pode convencer o Enviado de Inglaterra, eſcuſando-ſe com o pretexto, de que ſem a vontade delRey da Gran-Bretanha o naõ podia aſſinar; e depois de varias queſtoens, concordáraõ em ſe fazer aviſo a ElRey de Inglaterra, e que entretanto ambos negociaſſem, abſterem-ſe os Eſtados de apertar pela concluſaõ. Applicaraõ-ſe de huma, e outra parte as diligencias, quanto foy poſſivel: porêm os Eſtados, reconhecendo o artificio, mandáraõ notificar o Embaixador, que dentro de dez dias confirmaſſe o Tratado, ou tiveſſe por declarada a guerra, ſeparando-ſe com eſcandalo a Provincia de Holanda da intervençaõ, que até aquelle tempo havia tido na incluſaõ da paz. Por outra parte o Enviado de Inglaterra apertava ao Embaixador pela dilaçaõ; porêm ſem mais offerta, que a inſinuaçaõ de algum attentado contra a ſua peſſoa, taõ mal fundado, que offereceo ao Embaixador a ſegurança da ſua caſa para repáro de qualquer périgo, que lhe ſobrevieſſe: propoſiçaõ que introduzio no Embaixador taõ generoſo ſentimento, que voltando-lhe as coſtas, lhe diſſe: que nem o Embaixador delRey de Portugal ſe havia de valer da caſa do Enviado de Inglaterra; nem o Conde de Miranda ſabia voltar o roſto a algum perigo; e no mais que pertencia ao negocio, que tratava, determinava conclui-lo, como convieſſe ao ſerviço delRey ſeu Senhor. Com eſta reſoluçaõ, vendo que ſe chegava o prazo da notificaçaõ, que findava em oito de Agoſto,

Anno 1660

Agosto, sem lhe haverem chegado novas ordens da Rainha, nem resposta alguma delRey da Gran-Bretanha; havendo elle usado de todos os termos de respeito, e veneraçaõ, que se lhe deviaõ, o perigo imminente, e damno irreparavel, em que se achava; podendo ser occasiaõ de começar Portugal nova guerra com Holanda no tempo, em que todas as forças de Castella se dispunhaõ a atacá-lo por todas as suas Fronteiras; pedio conferencia á seis de Agosto, e nella firmou o tratado com geral contentamento de todas a Provincias, havendo vencido o desembaraço das Praças do Brasil, dissimulando os Holandezes todas as queixas, que no mundo tinhaõ publicado. Foy o Enviado de Inglaterra chamado para a conferencia, e naõ só naõ quiz ir a ella, senaõ se separou totalmente da communicaçaõ do Embaixador. Firmado o tratado, dispôs o Embaixador voltar a Portugal, para pessoalmente dar conta á Rainha dos accidentes daquelle taõ grande negocio; e depois das ordinarias ceremonias, e despedidas, e lhe presentarem os Estados huma cadea de ouro, de grande preço, sahio da Haya a vinte e quatro de Agosto, embarcou em Brilha em huma náo de guerra, que achou prevenida. Deo á véla o primeiro de Setembro: ventos contrarios o obrigáraõ a arribar ás Dunas, e poucos dias depois á Ilha de Wit: a quatorze continuou a viagem com tempos mais favoraveis; e em breves dias entrou no porto de Lisboa; e desembarcando a fallar á Rainha, ficou, na honra, que lhe fez, livre do cuidado que trazia da sua acceitaçaõ na resoluçaõ que tomára; conhecendo a grande prudencia da Rainha, que havia deliberado o que era mais util, e mais decoroso a seu serviço: e supposto que nos Ministros houve opiniões varias antes de verem o tratado da paz, depois de ponderado, conhecêraõ uniformemente, e confessáraõ o grande serviço, que o Conde de Miranda tinha feito a ElRey em ajustar a paz, ficando as Praças do Brasil desembaraçadas, e muito mais favoraveis os artigos no pagamento, e commercio, dos que haviaõ levado ajustados Diogo Lopes de Ulhoa; ficando por conclusaõ o sal de Setuval sem desembolso de Sua Magestade, pelo amor, e zelo de seus

Depois de varias contendas volta a Lisboa com o tratado da paz.

Anno 1660

vaſſallos, obrigado á ſatisfação annual de quatro milhoens no termo de dezaſeis annos, obrigando-ſe os Holandezes a tirá-lo em partidas iguaes no decurſo deſte tempo; e ficando ſó por vencer a duvida de haver nos artigos algũas condiçoens, encontradas ao tratado, que Franciſco de Mello tinha com ElRey da Gram-Bretanha. Porém ſahio-ſe deſte embaraço, reſpondendo-ſe a hum Commiſſario dos Eſtados Geraes, chamado Gisberto de Wit, (que os Eſtados haviaõ mandado em companhia do Conde de Miranda a examinar as condiçoens do tratado de Inglaterra, e ver ſe encontravaõ as da paz de Holanda) que o artigo ſeparado, que o Conde de Miranda trouxera, de que havendo artigo no tratado de Inglaterra, que encontraſſe algum dos da paz de Holanda, ſe daria ſatisfaçaõ equivalente, dava lugar a que pudeſſe voltar-ſe com eſta reſpoſta. Naõ foy o Commiſſario muito ſatisfeito; e entendendo a Rainha o perigo deſte embaraço, reſolveo, que o Conde de Miranda voltaſſe a Holanda, conhecendo juſtamente, que ſó a ſua intelligencia, e o ſeu zelo poderiaõ vencer difficuldade taõ perigoſa. Naõ duvidou o zelo, e obediencia do Conde ſujeitar-ſe ás difficuldades da ſegunga commiſſaõ, de que daremos noticia em lugar competente.

Varias noticias da conquiſta de Tangere.

O governo da Cidade de Tangere deixamos entregue ao Conde da Ericeira com os felices ſucceſſos que ficaõ repetidos, e continuando-os com varias correrias, ſoube por huma lingua no primeiro de Março, que Gaylan era partido para Alcaçar com toda a gente de guerra; porque os Mouros de Salé, induzidos por Seron, tomando por cabeça hum filho do Morabito Laexé, ſe levantáraõ contra o Bembucar, e cercáraõ na Alcaceva ſeu filho Abdalá, matando, e roubando quantos Mouros acháraõ no Arrabalde da ſua parcialidade, ſervindo-lhes de guia o Capitaõ Seron; e que ao meſmo tempo ſe rebelláraõ os de Fez com a morte do filho do Bembucar, e unidos todos com Gaylan, lhe faziaõ a guerra, para cujo effeito elle acudio com toda a gente daquelle diſtricto. Com eſta noticia ſahio o Conde ao campo, e tomando a Serra, a pezar de alguma reſiſtencia dos Mouros, uſou da campanha

panha em grande utilidade da Praça. A pouca gente, que pereceo na Serra, accrescentou ao Conde General a confiança de entrar na Barbarîa: porêm naõ querendo resolver-se sem mayor segurança, mandou naquella noite a Çafa dous Almocadens a examinar o estado daquelle districto; outros dous a Benamagraz, para cortarem a Serra, e a segurarem daquella parte; e ao Almocadem André Rodrigues por Cabo de duas barcas, que levavaõ alguns mosqueteiros a tomar lingua na praya da Mesquita. Voltáraõ estes barcos sem effeito, por acharem os Mouros recolhidos: porêm os Almocadens de Çafa trouxeraõ noticia de Alxaimas de Mouros, e que dormiaõ gados, e pastores junto da Ribeira, e os de Benamagraz deraõ por segura a Serra: porém naõ lhe parecendo ao Conde General bastante esta segurança, mandou tomar lingua por vinte e dous Cavalleiros, e trazendo-a confirmou as primeiras noticias; e com estas inferencias do bom successo mandou o General sahir ao Adáil com a mayor patte dos Cavalleiros da Praça, e sessenta mosqueteiros, com ordem de se emboscar pouco distante da Ribeira de Çafa, advertindo-lhes, que em caso, que de noite entendesse pelo rebate da campanha, que era sentido, se retirasse para a Praça, mandando tomar ás garuppas dos cavallos os Soldados Infantes. Entrou o Adail na Barbarîa, e chegando ao sitio chamado Diamuz, o avisáraõ os Almocadens, que levava avançados, que eraõ sentidos; porque os Mouros pela campanha hiaõ multiplicando os fogos, e se ouviaõ alguns tiros. Com esta noticia se retirou o Adail em observancia da ordem que levava. No mesmo dia chegou huma caravéla com aviso, de que a Rainha havia nomeado por successor do Conde da Ericeira no governo daquella Cidade a D. Luiz de Almeida; e o Conde, sem alterar as disposiçoens antecedentes, continuou o cuidado na defensa da Praça, e damno dos inimigos. Neste tempo chegou noticia, de que o Bembucar irritado das injurias, que de Gaylan tinha recebido, o buscára com hum Exercito taõ poderoso, que affirmavaõ passar de oitenta mil homens: que Gaylan sahíra com outro Exercito, ainda que inferior, de melhor gente, e lhe dera a

Anno 1660

Anno 1660

batalha junto do rio Alcaçar, quasi no mesmo sitio, em que se pleiteára a delRey D. Sebastiaõ; que Bembucar ficára vencido com a morte de muita gente. A victoria de Gaylan era ao Conde suspeitosa felicidade, e por este respeito dobrou as prevençoens, de que se lhe seguîraõ felices successos até o fim do seu governo, que se dilatou mais, do que imaginava, por sobrevir a D. Luiz de Almeida huma grave infermidade.

Varias noticias da guerra da India.

No governo da India assistiaõ Francisco de Mello, e Castro, e Antonio de Sousa Coutinho. Mandáraõ no principio deste anno apparelhar huma armada de remo, que entregáraõ a D. Francisco de Lima com titulo de General della, e ordem que tivesse cuidado de guardar a Barra, e, antepondo razoens particulares ao aperto do tempo, naõ tratáraõ de apparelhar a armada dos Galeoens, de que resultou naõ poder sahir da Barra, occupada pela Armada de Holanda, náo para o Reino. Intentáraõ supprir esta falta, mandando apparelhar huma ao Norte, que era de D. Francisco de Lima. Navegou com taõ máo successo, que se perdeo nos baixos de Joaõ da Nova. Ao mesmo tempo que os Holandezes occupavaõ a Barra de Goa, continuavaõ a guerra de Cochim, de que era Cabo Henrique Lófû. O cuidado deste aperto obrigou aos Governadores a mandarem de soccorro a Cochim seis navios de remo governados por Bernardo Correa, carregados de mantimentos, e muniçoens. Chegáraõ a Cochim com bom successo, e no mez de Mayo se retiráraõ os Holandezes deste sitio, e da Barra de Goa. Livres deste cuidado, mandáraõ os Governadores retirar a Luiz de Mendoça do quartel de Margaõ; porque tambem por aquella parte estava a guerra socegada. Porêm resultou da chegada de Luiz de Mendoça a Goa taõ grande desuniaõ entre elle, e Bartholomeu de Vasconcellos, pelas razoens que já referimos, que se contáraõ em Goa mais mortes nesta guerra civil, que nos encontros dos Holandezes. Recolhendo-se huma noite Bartholomeu de Vasconcellos, lhe atiráraõ á espingarda, e errando o tiro, acertou em hum negro, e Bartholomeu de Vasconcellos unido com D. Manoel Lobo fizeraõ gente paga com os seus cabedaes, de que se origi-

originou haver varios combates tanto na Cidade, como fóra della. Luiz de Mendoça tendo noticia que os Fidalgos referidos o esperavaõ para o matarem em hum passo estreito, antes de chegar a Rachol, por onde precisamente se recolhia, quando hia a Goa, os foy buscar com a Companhia de Joaõ de Sousa Freire, Antonio, e Manoel de Saldanha de Tavora. Saltáraõ todos em terra, e naõ acháraõ mais que vestigios em huma casa de palha, de que nella havia estado gente, que proximamente a habitára. Procuráraõ tomar lingua, e encontráraõ hum Mouro que lhes disse, que em as noites antecedentes tinhaõ estado naquella casa alguns Portuguezes. Sem mais exame marchou Luiz de Mendoça com toda a gente, que estava á sua ordem, para o rio do Sal, e mandou a Cocolim, onde assistiaõ huns criados de D. Manoel Lobo (por cuja conta corria aquella guarniçaõ) hum Ajudante com ordem, que marchassem sem dilaçaõ ao Arrayal. Obedecêraõ elles, e tanto que chegáraõ, foraõ presos, e Luiz de Mendoça marchou para Curca, onde entendeo poderiaõ estar Bartholomeu de Vasconcellos, e D. Manoel Lobo. Naõ os achando, mandou assaltar as casas, em que viviaõ, e executáraõ-se nellas acçoens taõ indecentes, que o Capitaõ Luiz de Abreu de Mello se achou obrigado a dizer a Luiz de Mendoça, que ElRey o naõ mandára á India, nem aos mais, que alli assistiaõ, a pelejar com seus Vassallos, senaõ com os Mouros, que D. Manoel Lobo, e Bartholomeu de Vasconcellos estavaõ na sua Ilha, que se os queria desafiar, que elle tomaria por sua conta esta cõmissaõ. Com grande ira lhe respondeo Luiz de Mendoça, que lhe naõ apurasse a paciencia, e logo mandou arcabuzear onze dos que havia chamado de Cocolim, sentenciando-os á morte com o Ouvidor. Os mais mandou soltar depois de trateados, e marchou para Margaõ com o Arrayal, e entrando em Goa, se passou naquella Cidade o Inverno com grande desassocego, accrescentando-se com a desuniaõ do Cabido; porque dividindo-se os Conegos em parcialidades, pagavaõ Soldados por grande preço, que avistando-se de dia, e de noite, se davaõ batalhas como inimigos, sem temor de Deos, nem medo das Justiças. Anno 1660

Anno 1660

Entrou o Veraõ: com a falta de náos do Reino cresceraõ os inconvenientes: os Governadores desprezados, e mal obedecidos, armáraõ para guarda da Barra sete navios, a que chamavaõ os peccados mortaes, parece que pelas culpas de pouco venturosos, e entregáraõ-nos ao Máltez Miguel Grimaldo. A Luiz de Mendoça mandáraõ assistir na Fortaleza de Murmugaõ, a Bartholomeu de Vasconcellos na da Aguia com titulo de Generaes; e presumindo que os Holandezes naõ tornariaõ sobre aquella Barra, mandáraõ os sete navios de remo a Murmugaõ buscar a náo Bom Jesus de S. Domingos a reboque, para se apparelhar, e a mandarem ao Reyno. Ao tempo que chegava entre as Fortalezas de Nossa Senhora do Cabo, e da Aguada, appareceo a Armada Holandeza com doze náos, e forcejando os navios de remo por metterem a náo debaixo da artilheria de qualquer das Fortalezas, sobreveyo huma tempestade de vento Sul taõ rija, que o naõ puderaõ consegnir. Desamparou-a o Cabo Miguel Grimaldo, retirou-se para terra seguido de cinco navios. Com differente resoluçaõ investio o Capitaõ Pantaleaõ Gomes com a Capitania do inimigo, resoluto a queimar-se com ella: chegou a atracá-la, e ao tempo que com hum murraõ acceso queria dar fogo á polvora, lhe deo huma bála pelos peitos. Levado da dor passou a mais generoso impulso, e com a espada na maõ disse aos Soldados, que o seguissem a morrer dentro na náo inimiga. Com ardor inexplicavel subio por ella, e investindo com os Holandezes, cahio morto no convez; valorosa acçaõ, e digna de succeder na India em tempo mais venturoso! porêm entre os inimigos logrou vantajoso premio o seu merecimento; porque os Holandezes leváraõ o corpo á Feitoria de Vengurlá, e lhe deraõ sepultura acompanhado da Infantaria com bandeiras rendidas, carga de mosqueteria, e artilheria das náos, e todas as mais honras militares, que costumavaõ fazer aos seus Generaes. O Mestre da náo Bom Jesus de S. Domingos, vendo-a desamparada, lhe pôs o fogo; entrou no batel, e salvou-se em terra; e destes infortunios se compuzeraõ os successos deste anno no Estado da India.

As pazes que ElRey D. Filippe ajustou em S. Joaõ da Luz com ElRey de França Luiz XIV. seu genro, e o descanso das Tropas alojadas nas Fronteiras de Portugal dous annos sem exercicio, foraõ disposiçoens para applicar com o mayor calor contra Portugal todas as forças da sua Monarchia; por ser esta dor a de que mostrava mayor sentimento, ou por ser mais visinha ao coraçaõ, ou por lhe ser mais manifesta, naõ lhe podendo encobrir a industria de seus validos a infelicidade das suas armas empregadas na conquista de Portugal, como costumavaõ em outras mais apartadas da communicaçaõ da Corte, por lhe desviarem enfado que arriscasse a propria conservaçaõ. Obrigado deste intento mandou ElRey juntar dinheiro, formar Tropas dentro, e fóra de Hespanha. Preveniraõ-se muniçoens, mantimentos, e carruagens, e nomeou por Capitaõ General seu filho illegitimo D. Joaõ de Austria, Graõ Prior de Castella da Ordem de S. Joaõ, Conselheiro de Estado, Governador, e Capitaõ General dos Paizes baixos, e Governador das armas maritimas, avaliado por merecedor dos mayores empregos daquella Coroa, assim pelo Real sangue da sua varonía, como pelas virtudes naturaes, e estudadas, e experiencias adquiridas desde os seus primeiros annos nos governos das armas de Napoles, Sicilia, e Catalunha; aprendendo em batalhas, e Praças ganhadas, e perdidas, as variedades da fortuna, e inconstancia dos Imperios. Contava neste tempo D. Joaõ de Austria trinta e tres annos; sabia todas as operaçoens militares com solidos fundamentos, conhecia os Soldados, estimava os benemeritos, e por todas estas razoens merecia o titulo de Grande Capitaõ. Ficou o Duque de S. German com a occupaçaõ de Governador das Armas. Era Mestre de Campo General Luiz Poderico, pratico, e valoroso Soldado, e de Naçaõ Italiana; General da Cavallaria D. Diogo Cavalhero Ilhescas; General da Artilheria D. Gaspar de la Cueva Henriques; Thenente General da Cavallaria D. Diogo Correa. O merecimento destes Cabos, o estrondo das grandes prevençoens, e a arte com que os Castelhanos sabiaõ encarecê-las, e espalhá-las, naõ alteráraõ o animo valoroso do Con-

Anno 1661

Nomea ElRey de Castella Capitaõ General seu filho D. Joaõ de Austria.

 de

Anno 1661

de de Atouguia, Mestre de Campo General, que continuava o governo das armas da Provincia de Alemtejo; porque de todas as negociações politicas antecedentes dos Castelhanos havia conjecturado os effeitos, que experimentava. Ao passo dos avisos, que recebia, applicava na Corte as diligencias dos soccorros, para que as prevençoens da defensa igualassem aos intentos, e forças da conquista: porêm naõ bastavaõ todas as instancias que fazia; porque se naõ acabava de destruir o vicio introduzido nos Ministros politicos de deixarem passar tempo na esperança do socego: sendo tambem naquella occasiaõ grande parte nas desattençoens militares o cuidado, que a Rainha empregava em reparar as desordens delRey, que cada dia descobriaõ a tençaõ de se introduzir brevemente no governo do Reyno, instado dos que indignamente logravaõ o seu favor, que pertendiaõ conseguí-lo sem contradiçaõ da prudencia da Rainha; porêm naõ foraõ estas difficuldades totalmente embaraço ás prevençoens da guerra; porque as levas de Infantaria, e Cavallaria se applicavaõ por todas as partes, e a Rainha remetteo quantidade de dinheiro ao Conde de Atouguia para as fortificaçoens, e patente de Governador das armas de Alemtejo, com que se lhe mitigou o ciume que teve, de que o Conde de Soure desejava aquella occupaçaõ. Hum dos mayores soccorros, que naquella occasiaõ entráraõ na Provincia de Alemtejo, foy a pessoa do Conde de Schomberg, que depois de ajustar em Lisboa as suas capitulaçoens, e de se formar o seu Regimento, passou a Alemtejo com seus filhos, e os mais Officiaes, que o acompanhavaõ, a exercitar o Posto de Mestre de Campo General, e foy recebido do Conde de Atouguîa com a estimaçaõ, e sociedade, que mereciaõ as virtudes militares, que professava. Passadas as primeiras ceremonias, deo o Conde de Atouguia conta ao de Schomberg do estado daquella Provincia com muita distinçaõ, e particularidade, e das noticias que tinha das prevençoens dos Castelhanos; e conferindo na presença do General da Cavallaria Affonso Furtado de Mendoça, e do General da Artilheria Pedro Jaques de Magalhaens, a fórma em que

as

as Tropas de Portugal ſe deviaõ oppor ao Exercito de Caſtella na duvida dos deſignios de D. Joaõ de Auſtria, aſſentáraõ que as Praças principaes ſe guarneceſſem, como ſe qualquer dellas houveſſe de ſer ſitiada, e o corpo da Cavallaria com a Infantaria, que ſobraſſe, alojaſſe na Praça de Eſtremoz; e que manifeſto o intento dos Caſtelhanos, ſe augmentaſſe o Exercito com as guarniçoens das Praças, que ficaſſem livres do receyo de ſerem ſitiadas, e formado com os ſoccorros das Provincias executaria o que pediſſe a occaſiaõ, e enſinaſſe o tempo; por ſer hum dos mayores inconvenientes da guerra defenſiva, haverem-ſe de regular as empreſas futuras pelas reſoluçoens dos inimigos. O Conde de Schomberg com poucos dias de deſcanſo correo toda a Provincia, examinou todas as fortificaçoens das Praças, obſervou os alojamentos, reconheceo os rios, e vendo as campanhas ferteis, dilatadas, e abertas, entendeo que em o numero, e esforço dos Soldados conſiſtia a defenſa daquella Provincia, por ſer todo o terreno della aberto, e totalmente indefenſavel Recolheo-ſe a Elvas; e D. Joaõ de Auſtria chegou a Cafra a vinte e ſete de Março: deteve-ſe poucos dias naquelle lugar, e paſſando a Badajoz, começáraõ por todas as partes a manifeſtar-ſe as prevençoens da Campanha, e ao meſmo paſſo ſe augmentavaõ as guarniçoens das noſſas Praças; havendo-ſe recolhido todos os Meſtres de Campo, que levantáraõ novas levas, e ſendo hum delles D. Luiz de Menezes, com poucos dias de communicaçaõ contrahio com o Conde de Schomberg taõ dilatada amizade, que ordenou o Conde a ſeu filho o Baraõ de Schomberg acceitaſſe o poſto de Alferez do Meſtre de Campo D. Luiz de Menezes; e profeſſou igual amizade com D. Joaõ da Silva, que naquelle tempo havia paſſado ao Poſto de Thenente General da Cavallaria. Applicava D. Joaõ de Auſtria as prevençoens da Campanha; porêm naõ experimentava os effeitos iguaes ás promeſſas, que ElRey ſeu pay lhe havia feito; porque as Tropas, e os cabedaes eraõ inferiores ao grande intento da conquiſta de Portugal: e como entre os Miniſtros da Corte havia muitos, a que devia poucos affectos, e o empenho

Anno 1661

Paſſa a Badajoz.

Anno 1661

Junta hum Exercito.

penho delRey nos progressos daquella Campanha era inalteravel, resolveo D. Joaõ convocar toda a Cavallaria, e Infantaria dos quarteis, e que o Exercito se formasse junto a Talavera, duas legoas de Badajoz. Juntas todas as Tropas, marchou D. Joaõ de Austria, e os mais Cabos do Exercito a reconhecer a Praça de Campo Mayor com tres mil cavallos, e seiscentos Infantes. Observada esta marcha das Companhias da guarda de Elvas, teve aviso o Conde de Atouguia, e promptamente mandou marchar para Campo Mayor a D. Luiz da Costa com quatrocentos cavallos, e outros tantos Infantes á garupa, seguido do Conde de Schomberg, e do General da Cavallaria com quatro Batalhoens; e porque os inimigos estavaõ taõ avançados, que os batedores escaramuçavaõ com as Companhias de Cavallos da guarniçaõ de Campo Mayor, D. Luiz da Costa com louvavel diligencia entrou naquella Praça á redea solta a tempo conveniente. Chegou D. Joaõ de Austria a reconhecer Campo Mayor, pouca distancia da estrada coberta, sem respeitar as muitas balas de artilheria, e mosquetería que o rodeavaõ; e observando, que para render aquella Praça era necessario mayor Exercito do que havia convocado, se desenganou de dar principio á conquista de Portugal por aquella empresa. Porêm naõ podendo ser notoria esta sua desconfiança, tratou o Mestre de Campo Joaõ Leite de Oliveira (que governava Campo Mayor) de a segurar, adiantando as fortificaçoens, fazendo conduzir muniçoens, e mantimentos, que naõ regateava a prudencia do Conde de Atouguia. Retirou-se D. Joaõ de Austria para Badajoz, o Conde de Schomberg para Elvas, e esta demonstraçaõ dos Castelhanos (de que o Conde de Atouguia deo conta á Rainha) applicou o calor das prevençoens da campanha, naõ ficando aos Ministros da Corte esperanças de se desvanecer; e entendendo justamente a Rainha, que na pessoa do Conde de Cantanhede (já naquelle tempo Marquez de Marialva, e Governador das Armas da Provincia da Estremadura) concorriaõ todas as qualidades convenientes para conduzir a Alemtejo hum luzido soccorro, se lhe propôs esta jornada com todos os esmaltes, que facilicilitava a neceſſidade; que havia da ſua peſſoa, e juntamente porque concorria o tempo com todos os requiſitos, de que ſe compoem a felice fortuna, a favor da eſtimaçaõ da peſſoa do Marquez; porque era proximamente fallecido o Conde de Odemira, perda muito conſideravel, por faltar na ſua peſſoa hum Varaõ de grande zelo, e deſintereſſe, porêm conhecidamente oppoſto á fortuna do Marquez de Marialva. Acceitou elle a propoſiçaõ da jornada de Alemtejo com declaraçaõ, que havia de governar abſolutamente as armas daquella Provincia. Naõ deſprezou a Rainha eſta clauſula no principio, e continuando a practica, chegou a noticia ao Conde de Atouguia do grande aggravo, que ſe lhe fulminava; e como era compoſto tanto de brio, como de colera, entrou no ſeu animo implacavel perturbaçaõ. Tanto que recebeo eſte aviſo, o communicou ao Meſtre de Campo D. Luiz de Menezes, com quem profeſſava, álèm do eſtreito parenteſco, apertada amizade; e excogitando os remedios deſta tempeſtade, ficou por conta de D. Luiz eſcrever ao Conde de Soure, que poucos dias antes ſe havia reconciliado com o Conde de Atouguia, injuſtamente queixoſo do Conde de Soure, por entender intentava tirar-lhe o Poſto de Governador das armas, que ſó a eſte fim trouxera por Meſtre de Campo General ao Conde de Schomberg. Mas abatidos os vapores deſte diſcurſo, continuou o Conde de Atouguia com o de Soure taõ amigavel correſpondencia; conhecendo a ſinceridade do ſeu procedimento, que o achou parcial, ajudado do Duque do Cadaval, do Marquez de Gouvea, e das diligencias de Joaõ Nunes da Cunha, naquelle tempo occupado no governo das armas de Setuval; e todos favorecêraõ as razoens do Conde de Atouguia. Fundava o Marquez de Marialva a ſua pertençaõ em naõ ſer juſto paſſar á Provincia de Alemtejo a ter ſuperior, depois de a governar com o felice ſucceſſo das linhas de Elvas: que de preſente era Governador das armas de Lisboa, e Eſtremadura, e Conſelheiro de Eſtado: que o Conde de Atouguia de poucos dias áquella parte havia paſſado do Poſto de Meſtre de Campo General ao de Go- Anno 1661 vernador das armas; e que supposto que conservava, e reconhecia o seu merecimento, esperava naõ estranhasse estar á sua ordem, vendo que lhe preferia nos lugares, e nos annos. Allegava o Conde de Atouguia, que muito tempo primeiro, que o Marquez de Marialva fosse Governador das armas, o havia elle sido de Traz os Montes, e do Brasil; e que sujeitar-se a Posto inferior na Provincia de Alemtejo, fora fineza, que se naõ devia tomar por augmento em seu prejuizo; e que finalmente era ley estabelecida, e inviolavel, que todo o Governador das armas, que marchava com as suas Tropas a soccorrer qualquer das Provincias, que necessitavaõ dellas, se sujeitava á ordem do soccorrido, ainda que fosse mais moderno; porque de outra sorte serviriaõ os soccorros mais de confusaõ, que de remedio, e ficaria arriscado o governo da Provincia, que houvesse de ser mandada por quem a naõ conhecia: e que por conclusaõ; que se a Rainha o naõ achava capaz do Posto que exercitava, com a resoluçaõ de se recolher a sua casa satisfaria ás obrigaçoens da sua honra. Vendo o Marquez de Marialva que os fundamentos destas razoens naõ admittiaõ controversia, tomou outra estrada, e teve conseguido o seu intento. Persuadio á Rainha que passasse patente ao Infante D. Pedro de Capitaõ General do Reyno, e a elle outra de seu Thenente General, com que entendia cessavaõ as razoens do Conde de Atouguia, governando elle o Exercito de Alemtejo em nome do Infante. Foy esta resoluçaõ taõ occulta, que a naõ penetraraõ os amigos do Conde de Atouguia, senaõ depois do Marquez de Marialva haver passado á Aldea-Gallega com as Tropas Auxiliares de Lisboa, e Estremadura. Teve Joaõ Nunes da Cunha esta noticia, e promptamente recorreo á Rainha, e lhe mostrou com evidencia manifesta, que expunha a total ruina o Exercito de Alemtejo; porque o Conde de Atouguia era poderoso por parentes, e amigos, colerico por natureza, e só attento á sua reputaçaõ; e que vendo-se offendido, tirando-se-lhe o Posto, quando estava para sahir em Campanha, poderia arrojarse a alguma temeridade contra a pessoa do Marquez de

Anno 1661

Ma-

Marialva em grande damno da conservaçaõ, e defensa do Reino. Achou a Rainha tanta força nestas razoens de Joaõ Nunes, que o mandou a Aldea-Gallega com ordem ao Marquez de Marialva, que naõ usasse da carta que lhe mandára dar, em que o declarava Thenente General do Infante, e que se sujeitasse ás ordens do Conde de Atouguia. O Marquez, como era magnanimo, e politico, fez virtude da impossibilidade, e respondeo, que com occupaçoens muito inferiores á que levava, estaria sempre prompto para acudir á defensa do Reino, e continuou a marcha, naõ mostrando em toda aquella Campanha o menor indicio de dissabor, nem teve a mais leve controversia com o Conde de Atouguia; propria generosidade do resplandor do Sol, que naõ deixava, pelo embaraço dos vapores, de produzir benevolas influencias. Constou ao Conde de Atouguia, que a duvida se ajustára a seu favor, e em quanto duravaõ estas differenças, acabou D. Joaõ de Austria de ajustar as prevençoens do Exercito, para sahir com elle em Campanha. Porêm como era entrado no mez de Junho, ainda que se lhe retardavaõ os soccorros, obrigado dos avisos de seus amigos, que o apertavaõ com o empenho delRey seu pay, como constou em varias cartas, que se tomáraõ a hum correyo, principalmente huma do Duque de Medina-Celi; que com vivas instancias o persuadia, que por naõ pôr em contingencia o favor de seu pay, sahisse logo em Campanha. D. Joaõ de Austria no aperto dos termos em que se considerava, e reconhecendo o Exercito inferior ao intento que pertendia, deliberou buscar empreza taõ facil, que nem faltasse á obediencia de seu pay, nem arriscasse a reputaçaõ na difficuldade de a conseguir; e nesta consideraçaõ elegeo a Villa de Arronches situada sobre o rio Caya, de trezentos visinhos, cercada de muralha antiga, quatro legoas distante de Elvas, outras tantas de Portalegre, e Campo Mayor, sitio capaz de embaraçar os comboys, que pertendessem entrar nas tres Praças, e de penetrar os lugares abertos da Provincia pela parte menos forte della. Compunha-se o Exercito de dez mil Infantes, e cinco mil Cavallos com to- Anno 1661

das

Anno 1661

das as mais prevençoens competentes: era governado pelos Cabos referidos: ſahio de Badajoz dia de Santo Antonio, e com dous dias de marcha alojou ſobre Arronches. Naõ achou Infantaria paga, que guarneceſſe as muralhas; porque a debilidade dellas tirava eſta confiança, e ſendo pouco mais de cento os paizanos capazes de tomar as armas, abrîraõ ſem reſiſtencia à D. Joaõ de Auſtria as portas da Villa; e como era o fim fortificá-la, e guarnecê-la, tratou da fortificaçaõ com ſumma brevidade. Com a certeza deſta noticia remetteo o Conde de Atouguia á Rainha hum correyo pela poſta: paſſou a Eſtremoz, e deixou governando a Praça de Elvas ao Meſtre de Campo D. Luiz de Menezes com largas ordens de poder obrar tudo o que lhe pareceſſe, ſem dependencia alguma, e diſpender todos os cabedaes neceſſarios na fórma, que julgaſſe mais conveniente. Quaſi no meſmo tempo, que o Conde de Atouguia, chegou o Marquez de Marialva a Eſtremoz, e congraçando-ſe os dous com todas as demonſtraçoens de ſociedade, ſe juntou brevemente o Exercito; e tendo-ſe por ſem duvida, que D. Joaõ de Auſtria determinava continuar a conquiſta pela parte de Arronches, mandou o Conde de Atouguia guarniçaõ a Portalegre, e ordem, para que ſe trataſſe com todo o calor da fortificaçaõ, a que podia dar lugar a eſtreiteza do tempo. Eſta naõ imaginada reſoluçaõ de D. Joaõ de Auſtria embaraçou muito aos Cabos do Exercito, e Miniſtros da Corte; porque como nos diſcurſos anticipados dos progreſſos deſta Campanha nunca havia lembrado a empreza de Arronches, foy neceſſario fazerem novos cabedaes de penſamentos, para acertar no caminho mais proprio da defenſa de Alemtejo. Os Conſelheiros de Eſtado, e Guerra todos ſe affeiçoavaõ a que o Exercito ſe detiveſſe nas guarniçoens das Praças, até ſe examinar o intento de D. Joaõ de Auſtria, dizendo, que devia recear-ſe no mez de Julho o perigo do Sol de Alemtejo taõ prejudicial, como lamentavelmente ſe experimentára na Campanha de Badajoz. Os Cabos do Exercito, e Officiaes Mayores, que entravaõ no Conſelho, uniformemente entendêraõ, que o Exercito devia ſahir em Campanha com toda a brevidade; porque

Ganha Arronches.

Fortifica a Villa.

porque os Castelhanos tinhaõ mostrado, que pertendiaõ conquistar a Provincia de Alemtejo pela parte menos coberta de Praças fortificadas: que era verosimel, tanto que tivessem Arronches em defensa, passarem a Portalegre, Cidade grande, e aberta; e que só hum Exercito, nos termos em que se achava, podia defendê-la, e de tanta importancia, que ganhada, naõ só ficava descoberta grande parte da Provincia de Alemtejo, mas toda a Estremadura, naõ havendo até Lisboa Praça alguma fortificada, e que este perigo prevalecia a qualquer outro inconveniente; a que se accrescentava o desalento dos paizanos das Povoaçoens abertas, vendo-se sem fortificaçaõ, nem Exercito, expostas ás furiosas invasoens dos Castelhanos. Prevalecêraõ estas razoens, e sahio o Exercito de Estremoz a vinte e quatro de Julho, governado pelo Conde de Atouguia. Era seu Mestre de Campo General o Conde de Schomberg, General da Cavallaria Affonso Furtado de Mendoça, General da Artilheria Pedro Jaques de Magalhaens, e governava as Tropas de Lisboa, e Estremadura o Marquez de Marialva. Em Alcaraviça se encorporou o Exercito com as guarniçoens de Elvas, e Campo Mayor, e constava de dez mil Infantes, e tres mil e quinhentos Cavallos; álèm dos soccorros das Provincias que naõ haviaõ chegado. Levava dez peças de artilheria, todas as bagagens, muniçoens, e mantimentos, que pareceraõ necessarios. Neste Exercito serviaõ sem Posto o Conde de Sarzedas, Ayres de Sousa, e outros Fidalgos particulares. No dia em que o Exercito sahio de Estremoz, havendo o Conde de Schomberg distribuido as ordens da fórma em que havia de marchar, passou a Elvas, onde tinha sua casa, a ajustar alguns negocios particulares. Era ordem, que o Exercito formado marchasse pelo costado direito com a frente em Elvas, na consideraçaõ de que os Castelhanos estavaõ em Arronches, e succedendo qualquer rebate, só com o pequeno movimento de voltar o Exercito caras á vanguarda, ficava em batalha. Naõ era usada esta boa disciplina até aquelle tempo dos Exercitos, que haviaõ sahido em Campanha; porque todos os terços desfilavaõ por troços, e a Cavallaria por bata-

Anno 1661

Anno 1661

batalhoens; gaſtando-ſe muitas vezes na frente do inimigo arriſcadas horas em ſe formar o Exercito. Eſte coſtume, e a liberdade natural da Naçaõ Portugueza foy cauſa de naõ ſó ſe deſprezar a nova ordem do Conde de Schomberg, mas de correr por todo o Exercito publica murmuraçaõ, que ſe havia auſentado, porque naõ ſabia formar o Exercito: e como eraõ mais os ignorantes, do que os entendidos, naõ cuſtou pouco a desbaratar com a demonſtraçaõ a calumnia, que ſe havia levantado com tra a nova marcha. Voltou o Conde em breves horas, e tendo noticia das vozes, que haviaõ corrido contra a ſua opiniaõ, as deſprezou urbanamente; porque era dotado de animo verdadeiramenre nobre, e pacifico, e eſtava prevenido de ſeus inimigos, de que lhe era neceſſario igual valor para vencer aos Caſtelhanos, que prudencia para contraſtar os emulos, que haviaõ de arguir o ſeu merecimento. O Exercito, no dia ſeguinte ao que ſahio de Eſtremoz, foy alojar á fonte dos Çapateiros, e logo que fez alto, chamou o Conde de Atouguia a Conſelho, e propôs com grande erudiçaõ, e diſcretas razoens, de que era inſigne Meſtre, as noticias que tinha do poder dos Caſtelhanos, e o eſtado em que ſe achava a fortificaçaõ novamente fabricada em Arronches; o cuidado que devia dar Portalegre, e defenſa de que neceſſitavaõ os lugares abertos, a gente de que conſtava o Exercito, a que eſperava das Provincias, e ultimamente exhortou a conformidade dos animos de todos, e pedio em particular o parecer de cada hum. Foraõ varias as opinioens dos Conſelheiros, porque huns diziaõ, que ſe atacaſſem as fortificaçoens dos Caſtelhanos; outros que paſſaſſe o Exercito a Campo Mayor, e que uſaſſe da occaſiaõ, que o tempo lhe offereceſſe; outros que alojaſſe em Monforte, (ſitio diſtante duas legoas de Arronches, duas de Portalegre) donde ſe ſegurava aquella Cidade, e ſe cobriaõ os lugares abertos. O Conde de Schomberg, D. Joaõ da Silva, e D. Luiz de Menezes votáraõ que o Exercito marchaſſe a alojar entre Ouguela, e a Codichira, diſtricto abundante de agoa, e lenha, e eſtrada que os Caſtelhanos ſeguíraõ para Arronches, unica para ſe retirarem a Albu-

querque,

querque, e parte por onde lhe entravaõ os comboys do Exercito: que as consequencias deste intento eraõ muito relevantes; porque ou D. Joaõ de Austria nos havia de buscar no alojamento fortificado, e pelejar com grande vantajem nossa; ou retirar-se a Valença com muito perigo, pela estreiteza de varios passos, que havia de encontrar; ou demandar Caya, e retirar-se junto a Elvas com perigoso descredito, de que sendo o Conquistador; se desviava dos conflictos. A variedade destas opinioens concertou D. Joaõ de Austria; porque no tempo, em que o Conde de Atouguia havia de tomar a ultima resoluçaõ, lhe chegou aviso de Joaõ Leite de Oliveira, que o Exercito de Castella levantára do quartel de Arronches, e marchava com demasiada diligencia para Albuquerque. Com esta noticia passou o Conde de Atouguia com o Exercito ao alojamento de Barbacena, e ordenou ao General da Cavallaria se adiantasse com mil cavallos a reconhecer a marcha dos Castelhanos: o que executou, mas achando ja os Castelhanos retirados, e desmantelados os quarteis, fazendo huma preza, se retirou sem perda. Com esta noticia voltou o General ao Exercito, e com a certeza de que ficava governando Arronches o General da artilheria, ad honorem, D. Ventura Tarragona com cinco Terços de Infantaria, hum de Hespanhoes, dous de Italianos, dous de Alemaens, e cento e cincoenta cavallos, artilheria proporcinada á fortificaçaõ, que estava levantada, e se hia fabricando, grande quantidade de muniçoens, e mantimentos. Em huma manhãa intentáraõ os Castelhanos interprender Veiros. Sahiraõ de Arronches com quatro mil Infantes, e quinhentos cavallos; mas chegando á vista da Villa, acháraõ valorosa resistencia em o seu Capitaõ mór Domingos Cortês Paim, e se retiráraõ com alguma perda. O dia seguinte marchou o Conde de Atouguia, o de Schomberg, e o Marquez de Marialva com tres mil cavallos, e mil mosqueteiros á ordem do Mestre de Campo D. Luiz de Menezes, a reconhecer Arronches; e sem damno de infinitas bálas, rodeáraõ a Praça, observáraõ as fortificaçoens, e concordáraõ que convinha deixar aos Castelhanos continuar naquelle empenho taõ

Anno 1661

Retira-se a tempo que o Conde de Atouguia marchou a busca-lo no quartel.

Anno 1661 pouco proporcionado ao dispendio, que haviaõ feito naquella campanha, que desairosamente rematáraõ com huma retirada apressada, e tanto aos olhos do nosso exercito, que sem ficar devendo restituiçaõ á grandeza da pessoa de D. Joaõ de Austria, se podia chamar fugida.

Com a certeza desta deliberaçaõ dos Castelhanos voltáraõ os Cabos para o quartel, e passou o Exercito a alojar no sitio da Atalaya de Mexia, onde persistio oito dias, porque os mesmos dilatou D. Joaõ de Austria recolher-se com o Exercito a Badajoz do quartel, que occupou junto ao rio Xévora; mas desenganado do rigor do Sol dividio o Exercito. O Conde de Atouguia com esta noticia passou a Elvas, despedio os soccorros, partindo o Marquez de Marialva para Lisboa. D. Sancho Manoel, ja naquelle tempo Conde de Villa Flor, que havia chegado até Niza com os soccorros da Beira, voltou tambem para a sua Provincia. Dividio-se a Infantaria, e Cavallaria pelos seus alojamentos, licenciáraõ-se os Auxiliares, despediraõ-se as carruagens, e o Conde de Atouguia achou em Elvas huma nova fonte muito copiosa entre o Forte de Santa Luzia, e a Praça, obra muito util; porque sendo sitiada, se naõ podia valer da agoa da Amoreira, que he a unica de que se alimenta, ficando os arcos, que a conduzem, precisamente debaixo do dominio dos sitiadores. Estava mais ajustada a estrada coberta da porta da Esquina até a porta de S. Vicente pela parte, que olha ao monte de N. Senhora da Graça, e o fosso em defensa; obra difficil de fabricar pela aspereza do rochedo, em que se lavrou.

D. Joaõ de Austria, tanto que licenciou o Exercito, passou de Badajoz a Çafra, naõ havendo conseguido na empreza de Arronches a opiniaõ, que com generoso espirito pertendia augmentar em todas as suas acçoens; porque o estrondo dos aprestos, e as gazetas de Castella haviaõ empenhado as attençoens de Europa nos progressos daquella Campanha, acabada sem mais effeito, que a conquista de huma Praça aberta, desprezada por inutil; e o paiz, que Arronches descobria, tinha por defensa grandes Praças, que o rodeavaõ; naõ bastando a fazer esta empreza estimavel o livro, que imprimio D. Jeronymo Mas-

Mascarenhas, filho segundo do Marquez de Montalvaõ, no anno de seiscentos sessenta e dous, que intitulou: *Campanha de Portugal*; onde com lisonja culpavel igualou Arronches á Praça de Elvas, affectando naõ se lembrar das situaçoens do Reyno, de que era natural, e de que havia sahido a buscar ao seu receyo a segurança de Rey estranho, e a continuar este erro, escrevendo taõ indigna, e acceleradamente contra a sua Patria, que pouco tempo, que se dilatara na impressaõ deste livro, lhe bastára para se livrar do descredito de vir a ser o mesmo D. Joaõ de Austria, que pertendeo lisongear na conquista, e fortificaçaõ de Arronches, quem mandou desmantelá-la, por experimentar a despeza inutil que fazia naquelle presidio; accrescentando D. Jeronymo a esta cegueira outra naõ menos culpavel, tomando por empreza elle, e seu irmaõ D. Pedro Mascarenhas huma letra, que dizia: *Non habemus Regem, nisi Philippum*; confessando na similhança destas palavras aquellas de *Non habemus Regem, nisi Cæsarem*, que o que negavaõ, era o seu verdadeiro Rey: que assim costuma Deos castigar aos que desordenadamente se jactaõ das mesmas acçoens indignas, que os infamaõ. Os Castelhanos oppostos aos progressos de D. Joaõ de Austria, que naõ eraõ poucos, nem pouco poderosos, acháraõ neste succeso grande motivo de desacreditá-lo com ElRey seu pay, dizendo que havia entrado em Portugal com hum Exercito poderoso, que tinha feito larguissimas despezas, e que occupára huma Villa aberta, e inutil, por ficar rodeada das melhores Praças da Provincia de Alem-Tejo: que esta empreza servira só de lembrar aos Portuguezes a fortificaçaõ de Portalegre, e applicarem-se com mayor attençaõ a segurar Estremôs; e que o damno que a Cavallaria poderia fazer, entrando a incommodar os lugares abertos, se podia conseguir de Albuquerque: que a despeza da fortificaçaõ havia de ser muito grande, a introducçaõ dos comboys difficil, e que todos estes embaraços se compráraõ com o descredito de entrar D. Joaõ de Austria em Portugal, como conquistador, e retirar-se para Castella, parecendo conquistado por largar os quarteis de Arronches, que desamparára, dando

Anno 1661

Anno 1661

dando aos Portuguezes a gloria de se desviar do conflicto da batalha com hum Exercito poderoso, em hum quartel fortificado sobre hum rio defendido da artilheria da Praça, que deixava fortificada. Os parciaes de D. Joaõ de Austria o defendiaõ, espalhando que o Exercito, com que entrára em Portugal, naõ era capaz de mayor empreza, que a Villa de Arronches: que a fortificaçaõ nella fabricada servia de continuo embaraço aos comboys de Campo Mayor, e Elvas, e seria infallivel prejuizo de muitos lugares abertos: que ganhada a Cidade de Portalegre, naõ havia até Lisboa Praça fortificada: e que a conservaçaõ dos Reynos consistia nas Cidades capitaes; e que os Exercitos de Castella naõ deviaõ marchar a Lisboa, sem deixar na retaguarda Praças conquistadas, que facilitassem a expugnaçaõ de outras; e que pôr em pratica discurso contrario, seria absurdo dos ignorantes das regras militares, que entendiaõ bastava chegarem os Exercitos a Lisboa, para a ganhar logo, por naõ estar fortificada; como se a sua defensa consistira só nas fortificaçoens, e naõ no povo innumeravel daquella opulentissima Cidade, bellicoso, destro, bem armado, assistido de Terços, e batalhoens pagos, e Auxiliares de todo o Reyno; poder taõ formidavel, em quanto naõ fosse dissipado, que nem juntas as forças de toda Hespanha bastavaõ para destruî-lo. Acreditou depois o successo a primeira opiniaõ, e logrou o Conde de Atouguia merecido applauso de haver vencido, sem pelejar.

Destroça o Conde de Schomberg hum Troço de Cavallaria inimiga.

Retirados os Exercitos, antes que D. Joaõ de Austria passasse a Çafra, sahio de Elvas o Conde de Schomberg com oitocentos cavallos a armar á Cavallaria de Badajoz. Adiantou sessenta das Companhias do Thenente General D. Joaõ da Silva, e D. Manoel Luiz de Attaide, Capitaõ de Couraças, filho mais velho do Conde de Atouguia. Avançados dous Thenentes, que os governavaõ, carregáraõ a companhia da guarda, que sahia de Badajoz: recolheo-se á Praça, sahio a dar-lhe calor a Cavallaria daquella guarniçaõ assistida de D. Joaõ de Austria, e dos mais Cabos do Exercito. Adiantou-se com os primeiros batalhoens o Thenente General da Cavallaria D. Joaõ Pacheco

checo, a carregar os sessenta cavallos: estava distante o sitio da emboscada, prevençaõ para naõ ser descoberta, e vendo o Conde de Schomberg o perigo dos sessenta cavallos, mandou avançar dous batalhoens a soccorrê-los. A este calor voltáraõ os Thenentes Estevaõ Soares, e Manoel Gonçalves, que governavaõ os sessenta cavallos, ambos destros, e valorosos, carregáraõ os batalhoens de D. Joaõ Pacheco. Retirou-se elle, conhecendo a emboscada: porêm entretido pela diligencia dos Thenentes, chegáraõ os dous batalhoens, e o apertáraõ desorte, que querendo elle sustentar a retaguarda, foy morto, e muitos dos Officiaes, e Soldados, que o acompanhavaõ: e como neste tempo o Conde de Schomberg se havia adiantado, se retirou D. Joaõ de Austria para Badajoz, justamente sentido de perder em D. Joaõ Pacheco hum dos melhores Officiaes da Cavallaria daquelle exercito. Voltou para Elvas o Conde de Schomberg, e como estas jornadas, que fazia com a Cavallaria por ordem especial, que alcançou da Rainha, eraõ pouco agradaveis a Affonso Furtado, por ser muito desconfiado, e muito brioso, começáraõ a crescer emulos ao Conde de Schomberg, e haver entre elle, e o Conde de Atouguia algumas dissensoens, que compôs D. Luiz de Menezes, antes de chegarem a mayor rompimento. Neste tempo conseguio o Conde de Atouguia licença para passar a Lisboa, e ficou governando a Provincia de Alem-Tejo o Conde de Schomberg com tanta prudencia, e suavidade, que era geralmente estimado de todos, os que sem emulaçaõ conheciaõ o seu merecimento. Procurava com todo o cuidado adiantar as fortificaçoens das Praças, e como naõ dependia da sciencia dos Engenheiros, naõ se dilatavaõ por duvidas de plantas; embaraço, que até aquelle tempo havia sido de grande prejuizo, como se naõ fora menos perigoso acharem os inimigos a Praça, que atacassem, com hum baluarte defeituoso, que sem fortificaçaõ, que a defendesse. Quando o Conde andava mais applicado a este exercicio, teve noticia que D. Joaõ de Austria marchava a sitiar Alconchel, valendo-se da que havia tido dos poucos mantimentos, com que se achava aquelle Castello,

Anno 1661

Anno 1661 assim por ser muito difficil introduzirem-se-lhe comboys pela visinhança de Olivença, como por haver entrado o Inverno muy tempestuoso, que difficultava o poderem marchar pelas campanhas sem consideravel risco. Avisou o Conde de Schomberg logo á Rainha, e no mesmo instante, que chegou a sua carta, partio o Conde de Atouguia pela posta para Elvas. Porêm quando entrou naquella Praça, estava o Castello rendido: porque havendo chegado a elle a vinte e seis de Novembro o General da Cavallaria D. Diogo Cavalhero com tres mil Infantes, e mil e quinhentos cavallos, ficando em Olivença D. Joaõ de Austria com outros Cabos do exercito, unindo mais tropas para qualquer successo, naõ foraõ ellas necessarias; porque o Capitaõ de Infantaria Gaspar do Rego de Sousa, hum dos do Terço do Mestre de Campo Francisco Pacheco Mascarenhas, naõ dilatou mais tempo a entregar-se, que seis dias, que os Castelhanos gastáraõ em fazer jogar a artilheria, sendo-lhes necessario todo este tempo para vencer a aspereza do sitio, e acabando de se formar as baterias ao Sabbado, ao Domingo pela manhaã entregou Gaspar do Rego o Castello, perdendo a opiniaõ de valoroso, que havia adquirido em outras occasioens, achando-se com oitenta Soldados, muniçoens para largo tempo, e mantimentos para vinte dias; baldando as diligencias, que fazia por soccorrê-lo o Mestre de Campo Francisco Pacheco Mascarenhas, que governava Mouraõ, e o Thenente General da Cavallaria Diniz de Mello de Castro, que por ordem do Conde de Schomberg havia passado áquella Praça com quinhentos cavallos. Capitulou Gaspar do Rego a sua liberdade, e a da Infantaria, que sahio com armas, e formada. Chegando a Elvas foy prezo na cadêa, e castigado como merecia o seu delicto, em tudo o mais que naõ foy tirar-lha a vida. D. Joaõ de Austria passou de Olivença a Alconchel, e deixando o Castello guarnecido, se retirou a Cafra. O Conde de Atouguia com este successo fez vivas instancias á Rainha, para que se naõ dilatasse o provimento do Exercito, de dinheiro, muniçoens, e mantimentos, e de novas levas, que se applicáraõ com menos calor, do que era necessario

ceſſario; porque o genio dos Miniſtros ſuperiores (como ja diſſemos) era de deixar paſſar tempo ſem execução, por mais que ſe repetiaõ as conſultas do Conſelho de Guerra. Anno 1661

Neſte tempo o Capitaõ de Cavallos Joaõ Furtado de Mendoça derrotou quarenta cavallos dos Caſtelhanos, fazendo treze priſioneiros. O Governador de Campo Mayor Joaõ Leite de Oliveira deſejando fazer damno aos comboys do inimigo, que paſſavaõ de Badajoz a Albuquerque, mandou ao Capitaõ de Cavallos Couraças Pedro Ceſar de Menezes com duzentos e cincoenta cavallos, e os Capitaens Roque da Coſta Barreto, e Ambroſio Pereira de Berredo. Emboſcáraõ-ſe junto de Albuquerque, e deſcobrindo Pedro Ceſar grande numero de carruagens, e cincoenta cavallos, parecendo-lhe pequena a eſcolta para taõ grande comboy, fez com muito acordo deſcobrir a Campanha, e deo viſta de dezoito batalhoens dos inimigos. Quiz retirar-ſe ſem ſer ſentido, cedendo á deſigualdade do poder; mas naõ podendo conſeguî-lo, os carregáraõ com oitocentos cavallos, e logo com todo o reſto; mas Pedro Ceſar, e os dous Capitaens em huma retirada de mais de tres legoas ſuſtentáraõ, ſem perder a fórma, toda a força dos inimigos, voltando muitas vezes cara, e recolhendo-ſe a Campo Mayor ſem perda alguma.

Merece individuar-ſe a galharda acçaõ de Manoel Ferreira, Alferez da Companhia de Cavallos do Thenente General Diniz de Mello de Caſtro, que ſendo mandado por pratico no paiz a tomar lingua dentro da Eſtremadura, e ſó com nove cavallos, por naõ ſer ſentido, encontrou na eſtrada da Ribeira para Almendralejo duas Companhias de Infantaria levantadas de novo, que marchavaõ de Granada a Badajoz; com raro valor ſe reſolveo a inveſtî-las, e valendo-ſe da ſua confuſaõ as desbaratou, deixando-lhes feridos os dous Capitaens, e muitos Soldados, e voltando carregados de deſpojos, ſendo os de mayor eſtimaçaõ as duas bandeiras das Companhias, que o Conde de Atouguia remetteo a ElRey por principio das que determinava offerecer-lhe.

Anno 1661

Em quanto na Provincia de Alem-Tejo aconteceraõ os succeſſos referidos, naõ eſtiveraõ ocioſas as prevençoẽs das fronteiras de Entre Douro e Minho; porque os Caſtelhanos trataváõ de enfraquecer as forças de Portugal, empenhando-as em ſe defenderem de dous Exercitos. O Conde do Prado, logo que deo principio ao ſeu governo, tratou de diſpor os meyos mais proporcionados para reſiſtir á grande guerra, que eſperava; e facilitava muito o fim, que pertendia, a diligencia dos Cabos, e Officiaes, que lhe aſſiſtiaõ; que com inceſſante trabalho conduziaõ, e formavaõ novos Terços, e Companhias de cavallos; e no meſmo tempo juntava o Marquez de Vianna hum Exercito para a conquiſta, e o Conde do Prado outro para a defenſa. Nos mezes, que duráraõ eſtas preparaçoens, naõ houve de huma, e outra parte ſucceſſo mais digno de memoria, que a reſoluçaõ, com que Pedro Defur queimou, por ordem do Conde do Prado, quantidade de palha, de que os Caſtelhanos haviaõ feito prevençaõ para a Cavallaria do Exercito, junto ao foſſo do Forte de S. Luiz Gonzaga. Levou Defur em ſua companhia ao Capitaõ Labarra, tambem Francez, como elle era, e quatro Soldados, e para lhe dar calor, o Capitaõ de Infantaria Joaõ Correa com cincoenta moſqueteiros, e o Capitaõ Diogo de Caldas Barboſa com cem cavallos. Levava inſtrumentos de atear o fogo muy bem preparados, e achando huma patrulha de Soldados Infantes, que guardavaõ a palha, a inveſtio com tanto valor, que pondolhe hum moſqueteiro hum moſquete nos peitos, intentando diſpará-lo, o apartou com a maõ eſquerda, e com a direita lhe tirou a vida. Retiraraõ-ſe os mais: e quando ſahia gente do Forte, eſtava ardendo a palha; e a claridade do fogo augmentou o perigo, por facilitar as pontarias ás bocas de fogo dos baluartes, e eſtrada coberta. Foraõ ſahindo os Soldados do Forte a divertir o incendio: porêm inveſtidos da noſſa gente, os obrigáraõ a ſe lançarem ao foſſo com perda de quantidade de mortos, e feridos. Retirou-ſe Defur paſſado com hum chuço pelos peitos, e ferido em huma maõ.

Ajuſtadas as prevençoens de hum, e outro Exercito, mar-

marchou o Conde do Prado a treze de Julho de Ponte de Lima para o quartel de Coura, desejando prudentemente sahir em Campanha primeiro que os inimigos, para que o nosso Exercito servisse de defensa ás Praças fortificadas, e lugares abertos; e entendendo-se que o Marquez de Vianna intentava sitiar Valença, a mandou governar pelo Mestre de Campo Antonio Jaques de Payva, que havia sahido de Traz os Montes differente com o Conde de Misquitella, guarnecendo-se a Praça com mil e quinhentos Infantes pagos, e Auxiliares, e o ultimo soccorro lhe introduzírão os Condes da Torre, e S. Joaõ, que amigos, e competidores estudavaõ emprezas com que adiantar o credito. O Marquez de Vianna, havendo chegado ao Exercito por Mestre de Campo General D. Rodrigo Moxica em lugar de D. Balthazar Pantoja, que havia sido eleito para o governo de Guipuscua, passou o Minho por huma ponte de barcas lançada debaixo da artilheria do forte de S. Luiz. Constava o Exercito de doze mil Infantes, mil e oitocentos cavallos, dez peças da artilheria, e a dezenove de Julho tomou o primeiro alojamento. Com esta noticia adiantou o Conde do Prado o Exercito, que se compunha de onze mil Infantes pagos, e Auxiliares, mil e quinhentos cavallos, e seis peças de artilheria, ao Carvalho do Padraõ, sitio eminente á campanha de Valença, e ao dia seguinte se avistáraõ os dous Exercitos, havendo entre elles menos de huma legoa de distancia. Do Forte de S. Luiz marcharaõ os inimigos para Valença, na confiança de a ganharem por mal fortificada, coberto o lado esquerdo com o Rio Minho, e o direito com todo o corpo de Cavallaria. O Conde do Prado, acautelado, e déstro, desejava occupar, primeiro que os Gallegos, a campanha de Valença: porém reconhecendo que a estreiteza dos passos o havia de obrigar a marchar desfilado á sua vista, conservou o posto em que estava, com intento de conseguir mayor utilidade, e moderou o ardente espirito do Conde de S. Joaõ, que solicitava vivamente oppor-se com a Cavallaria á passagem de hum pantano; que o Exercito contrario necessariamente havia de seguir, para

Anno 1661

Sahe em Campanha na Provincia de Entre Douro e Minho o Marquez de Vianna.

Oppoem-se-lhe o Conde do Prado divertindo-lhe todas as emprezas com grande acerto, e felicidade.

Anno 1661

para cahir ſobre Valença. Naõ dilataraõ os inimigos ſegurar eſte poſto com os batalhoens da vanguarda, e por eſte paſſo introduzio o Marquez de Vianna todo o Exercito na Campanha de Valença, e tomou quartel na Igreja da Gandra, que diſtava de Valença tiro de peça, e como imaginava, que eſte ſeria o primeiro quartel para continuar o ſitio daquella Praça, o fortificou com grande cuidado na figura de hum parallelogramo. Alojou o Conde do Prado o noſſo exercito á viſta dos Gallegos na Serra do Padraõ, e como naõ era eſte o quartel que ſegurava Valença, eſolveo com os Cabos do exercito, que era preciſo ganhar-ſe o poſto de Villar ſobre a Urgeyra, ſitio que diſtava de Valença tiro de artilheria, e a meſma diſtancia ficava do Exercito dos Gallegos. Era neceſſario executar-ſe eſta deliberaçaõ com ſummo ſegredo, e grande celeridade; porque o Marquez de Vianna ſe naõ adiantaſſe a ganhar eſte poſto, de que eſtava mais viſinho, e neſta conſideraçaõ, tanto que cerrou a noite, ſe accendêraõ fogos, e ſe provêraõ as guardas com taõ apparente demonſtraçaõ, que entendêraõ os Gallegos que o noſſo exercito naõ fazia movimento, e com o ſilencio poſſivel ſe adiantou o Conde de S. Joaõ com a Cavallaria da vanguarda, e algumas mangas de moſqueteiros; e vencendo as grandes difficuldades do terreno, coroou a Serra, e deſalojou alguns batalhoens inimigos, que a occupavaõ, havendo ja premeditado as utilidades daquelle ſitio. Seguio o Conde da Torre ao de S. Joaõ com os Terços da vanguarda, e aos dous o Conde do Prado com todo o exercito, havendo facilitado aſperiſſimos embaraços, que encontrou no terreno; e tanto a tempo ſe conſeguio eſta louvavel acçaõ, que ja o Marquez de Vianna começava, quando rompia a manhaã, a abalar o exercito para ganhar aquelle poſto, e ſoccorrer os batalhoens, que o Conde de S. Joaõ havia deſalojado: porêm chegando com eſte intento a vanguarda da Cavallaria, o Conde a inveſtio com tanto vigor, que voltáraõ os batalhoens as coſtas taõ cegamente, que fizeraõ deter a marcha do ſeu Exercito. O noſſo alojou o Conde do Prado á viſta dos

Galle-

Gallegos, que impacientes viaõ no primeiro movimento baldada a empreza de sitiar Valença, em que fundavaõ justamente toda a fortuna daquella Campanha. Fortificado o nosso Exercito, começou sem embaraço a communicar-se com a guarniçaõ da Praça, e toda a Provincia celebrou a destra prudencia do Conde do Prado, e o valor, com que se conseguio empreza taõ conveniente. A visinhança dos quarteis dos dous exercitos dava lugar a que as baterias da artilheria jogassem continuamente, adiantando-se plataformas de huma, e outra parte: porêm as nossas se fabricáraõ em sitios eminentes, e por este respeito era mayor o prejuizo do Exercito contrario, e naõ só a artilheria jogava incessantemente, senaõ tambem a mosqueteria; porque avançadas as mangas por lugares asperos, e seguros, humas contra outras pelejavaõ com tanto ardor, que poucas horas se passava sem combate, e poucos combates se acabavaõ, sem se derramar sangue.

Anno 1661

Adiantou o Marquez de Vianna a fortificaçaõ do quartel com tanto cuidado, e multiplicou desorte defensas a defensas, que claramente manifestava mais temor de conquistado, que resoluçaõ de conquistador. O valor, e industria do Conde de S. Joaõ lhe accrescentou com a experiencia dos damnos os motivos do receyo. Examinou o Conde, que ficava fóra do quartel alojado hum corpo de quatrocentos cavallos; sem mais defensa, que a confiança das baterias da artilheria, e mosqueteria. Confirmou hum soldado, que passou a esta parte, o que havia examinado a experiencia do Conde de S. Joaõ, e havendo fabricado no seu vivo discurso o modo de conseguir a empreza, a communicou ao Conde do Prado, encarecendo o credito, que ganharia aquelle Exercito em mostrar ao Marquez de Vianna o desengano da sua confiança, a que forçosamente se havia de seguir desassombrar-se a perturbaçaõ dos moradores daquella Provincia. Approvou o Conde do Prado, e o Conde da Torre este bem fundado intento; e porque a dilaçaõ o naõ desvanecesse com algum accidente, foy logo dado á execuçaõ. Repartiraõ-se com summo segredo as ordens;

Derrota o Conde de S. Joaõ hum quartel da Cavallaria.

por-

Anno 1661

porque como os Exercitos estavaõ taõ visinhos, qualquer movimento, que naõ fosse muito occulto, podia ser facilmente penetrado; e vespera de Santiago (Patraõ dos Castelhanos nas guerras justificadas) marchou o Conde de S. Joaõ, tanto que cerrou a noite, com setecentos cavallos, e mil bocas de fogo, que governava o Mestre de Campo Antonio Soares da Costa. Levava a vanguarda o Commissario Geral Joaõ da Cunha Souto-Mayor, e seguiaõ a sua ordem o Capitaõ de Cavallos Miguel Carlos de Tavora, Diogo Pereira de Araujo, Diogo de Caldas Barbosa, e Jeronymo da Silva de Menezes, e compunhaõ-se as quatro Companhias de duzentos e cincoenta cavallos. Seguia-se o Conde de S. Joaõ com o resto da Cavallaria, e as bocas de fogo; e o Conde da Torre formou todo o Exercito, intentando valer-se da fortuna, se o successo a qualificasse, sendo possivel seguir-se á rota dos quatrocentos cavallos a de todo o Exercito, penetrando-se o quartel da parte, por onde elles intentassem retirar-se. Deo ordem o Conde de S. Joaõ, que a marcha se continuasse com o silencio possivel, e que ao mesmo ponto, que as sentinellas inimigas tocassem arma, avançassem os dous batalhoens da vanguarda seguidos dos mais, e, sem fazer alto, procurassem a execuçaõ na fórma premeditada; e que conseguindo-se o seu intento, como esperava de taõ valorosos soldados, levassem todos a advertencia, que ao tempo, que segunda vez as trombetas tocassem a investir, se haviaõ elles de retirar, ponderando prudentemente, que o receyo de haverem de ser atacados com mayor poder, havia de suspender aos Castelhanos o impulso de seguir a nossa retirada. Levavaõ todos os combatentes divizas brancas nos chapeos, para que o emprego dos golpes naõ padecesse a equivocaçaõ de se offenderem huns a outros. Seguio a execuçaõ o acerto destas ordens com taõ attenta felicidade, que ao tempo que as sentinellas inimigas tocáraõ arma, avançou a nossa gente com tanto valor, e presteza, que quasi no mesmo instante ouviraõ os inimigos os écos das caravinas das suas sentinellas, e sentiraõ o rigor dos golpes das nossas espadas, e multiplicanplicando o horror a confusaõ, e no embaraço o receyo, tropeçando os moribundos nos mortos, todos caminhavaõ ás sepulturas. Algumas companhias inimigas quizeraõ formar-se, mas naõ lhes sendo possivel conseguî-lo, buscaraõ a retirada para o quartel, por ultimo remedio. O Conde de S. Joaõ déstro, e valoroso introduzia a espaços os batalhoens na peleja, para que o esforço dos corpos unidos lograsse o effeito dos primeiros impulsos; que he a melhor industria, que se deve usar nas emprezas, que se executaõ nas sombras da noite. Foy o primeiro, que começou a desbaratar os inimigos, o Capitaõ Miguel Carlos de Tavora; porque ornado de valoroso espirito naõ achou resistencia, que o embaraçasse, e levado de generoso ardor pertendeo romper as fortificaçoens. Chegando a ellas, arrojou o cavallo, que naõ podendo vencer a largura do fosso, cahio dentro delle, dando aos Gallegos a pessoa de Miguel Carlos, que ficou prisioneiro, e ferido, hum grande desconto á perda, que receberaõ. Ao mesmo tempo, que o Conde de S. Joaõ começou a atacar o quartel, sahio de Valença com ordem do Conde do Prado o Mestre de Campo Antonio Jaques de Paiva com huma Companhia de cavallos, e quatrocentos mosqueteiros, e carregou a Companhia de cavallos, que estava de guarda, com tanto impeto, e taõ vivas cargas, que foy a diversaõ de grande utilidade; porque suspendidos os inimigos com hum, e outro combate, deraõ lugar a que o Conde de S. Joaõ, depois de totalmente desbaratados os quatrocentos cavallos, retirasse os seus batalhoens com tanta ordem, e compostura, que igualmente ficou respeitado dos Gallegos, pelo valor, e disciplina; e os Officiaes, e soldados acudíraõ pontualmente ao segundo final, que as trombetas fizeraõ de investir, conforme a ordem, que levavaõ, e vieraõ formar-se ao mesmo lugar, donde haviaõ avançado aos inimigos. Depois de sahirem os Gallegos do primeiro damno, e se livrarem do segundo sobresalto, lançaraõ alguns batalhoens fóra do quartel, que se recolheraõ, retirada a nossa gente, sem mais effeito, que huma leve escaramuça. Morreo nesta occasiaõ

Anno 1661

siaõ o Capitaõ de cavallos Diogo Pereira de Araujo, que
Anno foy geralmente sentido pelo valor, de que era dotado,
1661 hum Thenente, e tres soldados: ficou ferido o Capitaõ
de cavallos Jeronymo da Silva de Menezes, e com huma grande contusaõ em hum braço Francisco de Tavora, irmaõ do Conde de S. Joaõ, que valorosamente havia seguido os batalhoens da vanguarda com huma manga de mosqueteiros, tendo quinze annos de idade. Todas as espadas dos que investiraõ, testimunharaõ, no sangue que trouxeraõ, a perda dos Gallegos, que conceberaõ taõ grande temor do Conde de S. Joaõ, que trataraõ de retirar o Exercito. Assistiraõ nesta occasiaõ com bizarro procedimento os Thenentes Generaes da Cavallaria Fernaõ de Sousa Coutinho, Antonio de Almeida Carvalhaes, Joaõ da Cunha Soto-Mayor, e Manoel da Costa Pessoa. Miguel Carlos de Tavora foy levado para o Castello da Curunha, onde esteve com grande molestia pela estreiteza da prizaõ, que naõ lhe embaraçou maquinar novas traças de exaltar a sua opiniaõ, como adiante diremos.

Vendo o Conde do Prado as vantajens do sitio em que estava, soube valer-se dellas com tanta prudencia, que chegou a lograr o fim, que pertendia. Mandou fabricar duas plataformas na Serra de Villar, huma das que se uniaõ ao quartel, donde começaraõ a jogar seis peças de artilheria com tanto effeito, que offendido o quartel inimigo desta bateria, e da de Valença, naõ havia nelle lugar seguro de taõ furiosa tempestade; por outra parte multiplicava a incommodidade aos Gallegos a vigilancia incansavel do Conde dd S. Joaõ, impossibilitando-lhes a entrada dos comboys, e impedindo-lhes as forragens; accrescentando-se a este aperto o damno, que recebia Tuy das bombas, e artilheria, que continuamente jogavaõ contra aquella Praça, que era de qualidade, que os moradores impacientes largaraõ as proprias casas. Considerando o Marquez de Vianna todos estes inconvenientes, déo conta a ElRey D. Filippe, e o tempo, que se dilatou a resposta, multiplicou o prejuizo no Exercito; porêm como a causa da sua persistenſiſtencia naõ era manifeſta, deo occaſiaõ a que a prudencia do Conde do Prado dobraſſe a vigilancia, tratando com grande cuidado de reencher os Terços, remontar a Cavallaria, e ſegurar as Praças, diſcurſando, que nunca ſe devem ajuizar as demonſtraçoens dos Cabos dos Exercitos inimigos tanto a favor dos proprios intereſſes, que ſe deſprezem os ſeus movimentos, ou a ſua conſtancia, ainda que tudo pareça encontrado com a razaõ. Anno 1661

Chegou ao Marquez a ordem, que eſperava d'ElRey de Caſtella para retirar o Exercito, e como os progreſſos de D. Joaõ de Auſtria na Provincia de Alem-Tejo naõ haviaõ accreſcentado o deſdouro ás ſuas infelicidades, foy menos deſabrida, do que receava, a reprehenſaõ d'ElRey D. Filippe; e como era grande o aperto, em que eſtava o Exercito, quaſi ſitiado dos noſſos batalhoens, e inceſſantemente batido da noſſa artilheria, ſem dilaçaõ diſpôs a retirada, que teve execuçaõ em a noite de dezenove de Agoſto, com tanto ſilencio, que o primeiro aviſo, que chegou ao Conde do Prado, foy dado pelo fogo, que pegáraõ ás barracas os ſoldados da retaguarda; e por mayor que foy a diligencia, com que ſahio o Conde de S. Joaõ a embaraçar a retirada do Exercito, como a diſtancia do Forte de S. Luiz era taõ pouca, e o receyo taõ creſcido, ja achou o Exercito coberto da artilheria do Forte, e alojado junto ao Rio, e lançada a ponte de barcas, que lhe facilitava a paſſagem. Retirou-ſe, e o Conde do Prado baixou com o Exercito á campanha, e depois de mandar arruinar as defenſas principaes do quartel dos Gallegos, (que todas ficaraõ levantadas) com o parecer dos Cabos adiantou as baterias ao Forte de Belem, pertendendo ganhalo, para livrar os lugares abertos da campanha de Valença, (que eraõ muitos) da grande oppreſſaõ, que padeciaõ. Promptamente fez o Conde da Torre accommodar as plataformas, jogar a artilheria, e o Conde de S. Joaõ com a Cavallaria, e mangas de moſqueteiros ganhou poſto entre o quartel dos Gallegos, e o Forte de Belem, para impedir os ſoccorros, que determinaſſem ſuſtentá-lo Poucas peças havia diſparado a artilheria, quando o Capitaõ, que governava o Forte, faltando-lhe valor para o defender, ſahio delle pela parte fronteira ao Forte de S. Luiz com cento e dezenove ſoldados, e intentando todos, perdida a honra, ſalvarem as vidas, experimentaraõ que as temeridades da cobardia ſaõ muito mais perigoſas, que as do valor; porque o Conde da Torre, que eſtava na bateria, vendo eſte naõ imaginado ſucceſſo, mandou ao Ajudante de Thenente General Nicoláo Ribeiro Picado com os ſoldados, que aſſiſtiaõ ás ordens, que ſeguiſſe a guarniçaõ do Forte. Fez o meſmo o Conde de S. Joaõ, mandando avançar os batalhões da vanguarda; e de todos os Gallegos, que ſahiraõ da guarniçaõ, ſó dous aſcaparaõ, os mais foraõ mortos, e priſioneiros. Sentio o Marquez de Vianna muito eſte ſucceſſo; porque ſuppoſto, que o Forte naõ era muito importante, diminuia a reputaçaõ daquelle Exercito perder-ſe naõ ſó á ſua viſta, mas taõ pouco diſtante delle, que o Meſtre de Campo General D. Rodrigo Moxica mandou dizer ao Governador, que ſe punha em marcha para o ſoccorrer. Vendo o Marquez de Vianna que o Conde do Prado (novo Quinto Fabio) conſeguia defender com valor, e arte a Provincia de Entre Douro e Minho, e que por eſta cauſa, e trabalho padecido, ſe diminuia o ſeu Exercito, levantou o quartel, e paſſou o Rio Minho. Verificada eſta noticia, chamou o Conde do Prado a Conſelho, e propondo quanto era preciſo naõ cortar o fio á felicidade, perguntou o que devia obrar com aquelle Exercito de ſoldados valoroſos contra inimigos deſanimados. Foraõ diverſas as opinioens, humas de conquiſtar, outras de procurar os caminhos da defenſa. Affeiçoou-ſe o Conde do Prado a eſte bem fundado diſcurſo; porque o Exercito contrario naõ eſtava taõ desbaratado, que facilitaſſe conquiſtas ſem perigo, e reſolveo empregar o Exercito na fabrica de hum Forte, que ſerviſſe de cobrir Valença, e ſegurar toda aquella campanha. Deo ordem a Miguel de Laſcol, que o deſenhaſſe, e feita a eleiçaõ do ſitio, ſe começou a trabalhar em hum Forte de quatro baluartes, entre Valença

Anno 1661

lença, e o quartel que os Gallegos haviaõ occupado. Teve principio em vinte e tres de Agosto, a tres de Se- Anno tembro estava posto em defensa, deixou-lhe o Conde do 1661 Pradõ quatrocentos Infantes, e oito peças de artilheria, e entregou o governo delle ao Capitaõ Antonio Fernandes de Carvalho, soldado de conhecida satisfaçaõ. Acabado o Forte, marchou o Exercito para Coura a cinco de Setembro, e o Conde do Prado passou á Cidade do Porto por ordem da Rainha com hum Troço de Cavallaria, e Infantaria, a socegar hum tumulto succedido naquelle Povo pela imposiçaõ do tributo do papel sellado. Governava o Porto, em ausencia de seu irmaõ o Conde de Miranda, Luiz de Sousa, Deaõ da Sé da mesma Cidade, que em poucos annos contava tantos de prudencia, que eraõ as suas acçoens o melhor exemplar das direcçoens mais acertadas. Fez exquisitas diligencias por aquietar o impeto do Povo, naõ podendo socegá-lo. Rebateo grande parte deste furor Nuno Barreto Fuzeyro, levantando gente á sua custa com valor, dispendio, e prudencia; mas temendo Luiz de Sousa que rompesse em mayores excessos, pedio á Rainha mandasse fazer a demonstraçaõ de padecerem os moradores do Porto por alguns dias a incommodidade de alojamentos de Terços, e Companhias de Cavallos, para que sem o horror dos processos, nem o estrondo dos castigos publicos, (que se algumas vezes moderaõ os delictos, outras accrescentaõ os excessos) experimentassem a mortificaçaõ da sua insolencia. A experiencia mostrou que este caminho, que Luiz de Sousa elegeo, foy o mais acertado; porque chegando o Conde do Pradó ao Porto com os Terços, e Companhias de Cavallos, mandou dividir os soldados por todas as casas, e moradores, que sem controversia acceitáraõ o alojamento, e o tributo. O Conde do Prado deixando-os socegados, e obedientes, voltou para Vianna, e aquartelou a Cavallaria, e Infantaria, proporcionando as guarniçoens confórme o perigo das Praças, porque as dividio.

A Provincia de Traz os Montes naõ padeceo este anno os penosos estragos da guerra; porque o emprego

das Armas de Castella, se applicou todo ás emprezas de
Anno Alemtejo, e Entre Douro, e Minho, naõ deixando to-
1661 talmente ociosos os dous Partidos da Beira. O Conde de Misquitella com muita actividade accrescentou o numero dos Terços de Auxiliares, e tratou da fortificaçaõ das Praças. Soccorreo ao Conde do Prado, e passou á Beira no mez de Julho a ajudar a Joaõ de Mello Feyo a se defender das invasoens do Duque de Ossuna. Na sua ausencia ficou governando Traz os Montes o Thenente General da Cavallaria Domingos da Ponte Gallego; e passada a Campanha do Minho, voltando áquella Provincia o Conde de S. Joaõ, fez tantas entradas, e por tanta partes nos lugares da Raya, que obrigou a muitos a se fazerem tributarios; porque a fortuna, affeiçoada ao seu valor, sempre assistia favoravel ás suas emprezas.

No partido de Ribacoa continuava o seu governo Joaõ de Mello Feyo. Teve noticia no primeiro deste anno, que ElRey de Castella nomeára ao Duque de Ossuna Governador das Armas daquella fronteira; e como era summamente activo, conseguio cabedal, e meyos de formar Exercito parta entrar em Portugal. Deo Joaõ de Mello conta á Rainha ao mesmo tempo, que D. Sancho Manoel lhe havia mandado a mesma noticia. Hum, e outro aviso remetteo a Rainha ao Conselho de Guerra; e entráraõ os Conselheiros em grande cuidado, conhecendo que a defensa de Portugal necessitava de tres Exercitos; e prevenindo este perigo, propuzeraõ á Rainha varios caminhos, que facilitavaõ a conservaçaõ da Beira. Porêm dilatando-se a resoluçaõ, entrando o Duque de Ossuna em Ciudad-Rodrigo vespera do Corpo de Deos, achou o Partido de Ribacoa taõ destituido da defensa, que com esta noticia naõ dilatou dar principio ás emprezas, que trazia premeditadas. Joaõ de Mello, vendo o perigo visinho, e a defensa impossivel, fez á Corte novas instancias, e resultou dellas mandar a Rainha ordem ao Conde de Misquitella, para que soccorresse Ribacoa com a sua presença, e toda a gente, que pudesse tirar de Traz os Montes. Preve-
nio-se

nio-se o Conde com toda a promptidaõ; mas primeiro sahio em Campanha o Duque de Offuna, e se pôs em marcha a vinte e tres de Julho com seis mil Infantes, e seiscentos Cavallos, encorporando-se-lhe depois outras Tropas de lugares mais distantes, dez peças de artilheria, seis grossas, quatro de Campanha, dous morteiros, petardos, quantidade consideravel de munições, e mantimentos. A primeira execuçaõ foy avançar a Cavallaria a ganhar os póstos sobre o Fortim de Val de la Mula, que governava o Capitaõ de Infantaria Bernardo da Cunha, e guarneciaõ cem soldados Auxiliares. Chegou a avistá-lo o Duque de Offuna com todo o Exercito e mandou dizer ao Governador, que se entregasse, se naõ queria experimentar o castigo dos que embaraçavaõ os Exercitos, sem meyos proporcionados de se defenderem. Respondeo-lhe, que quando pagassem com a vida o seu excesso, igualaria os termos da sua obrigaçaõ; e que neste sentido deliberava pelejar, para o que lhe naõ faltavaõ homens valorosos, muniçoens, e mantimentos. Com esta resposta aquartelou o Duque de Offuna o Exercito, e na madrugada seguinte mandou dar hum assalto ao Forte por todos os lados. Romperaõ-se as estacadas, e arrimadas as escadas, subiraõ por ellas os combatentes; mas os defensores procederaõ com tanto valor, que os Castelhanos se retiraraõ com perda consideravel. Porém naõ subsistindo no Governador a constancia, que pedia a primeira resoluçaõ, antes de experimentar o segundo assalto, entregou o Forte. Passou o Exercito a avistar o Fortim de S. Pedro, que rendeo sem resistencia o Alferez reformado Antonio Ferreira, que o governava. Aquartelou-se o Duque de Offuna junto a Val de la Mula, e Joaõ de Mello teve aviso, que o Conde de Misquitella havia chegado á Cidade da Guarda com quatro mil e quatrocentos Infantes Auxiliares, e duzentos e quarenta Cavallos. Sem dilaçaõ lhe fez Joaõ de Mello aviso de todas as operaçoens do Duque de Offuna, e o Conde com poucas horas de descanso passou a Almeida com a Cavallaria, e deixou a Infantaria na Guarda á ordem do Mestre de Campo Bernardi-

Anno 1661

Sahe em Campanha na Provincia da Beira o Duque de Offuna, e ganha alguns lugares abertos.

Anno 1661

nardino de Sequeira, e chegou a tempo tão conveniente, que o Duque de Ossuna havia abalado o Exercito com o intento de sitiar aquella Praça, e com a noticia da chegada do Conde suspendeo a marcha, e mandou a artilheria para Galhegos, e quatrocentos Infantes, e cem Cavallos a queimar alguns lugares abertos, que suppunha desamparados. Foy o de Almofala o primeiro a que chegárão os Castelhanos, avançárão sem ordem, e achando-lhe guarnição, forão rebatidos, depois de muito sangue derramado. O Duque de Ossuna deixando o Exercito aquartelado em Galhegos á ordem do Mestre de Campo General D. Fernando Miguel de Texada, passou a Ciudad-Rodrigo, distante tres legoas; e o Conde de Misquitella, havendo deixado principiada huma obra Coroa em Castello-Rodrigo, voltou para a Guarda a conservar aquella Cidade, e a gente, que havia trazido de Traz os Montes, pouco segura sem a sua assistencia. O Duque de Ossuna voltou de Ciudad-Rodrigo, e passou com o Exercito de Galhegos ao Castello de Alvergaria, que com poucas horas de combate entregou o Capitão Antonio de Andrade, que o governava, depois de aberta huma brecha; e era tão miseravel o estado, em que estava aquella Provincia, que se o Duque de Ossuna usara da conjectura, que a fortuna lhe presentou, antes de chegarem os soccorros de Alemtejo, pudera fazer-se senhor de Praças de muita importancia.

Com a noticia da perda do Castello de Alvergaria, marchou o Conde de Misquitella da Guarda a Almeida com a mayor parte da gente, que havia trazido de Traz os Montes. Tanto que chegou, entrou em conferencia com João de Mello, e com alguns Officiaes, e depois de varios discursos se assentou, que as Praças principaes se guarnecessem, até chegarem os soccorros de Alemtejo; e que depois de unidos, e reconhecido o intento do Duque de Ossuna na Praça que sitiasse, se tomaria a resolução, que parecesse mais conveniente. Correo o Duque a campanha, queimou varios lugares abertos, e achando só resistencia no de Souto, em que per-

deo

neo duzentos homens, se retirou para Alvergaria. O Conde de Misquitella com este aviso passou a Castel Rodrigo, e tratou com muita actividade de fortificar alguns póstos convenientes. Continuando esta diligencia, chegou a Sabugal o Governador da Cavallaria Achim de Tamaricurt com todos os soccorros, que haviaõ passado a Alemtejo de ambos os Partidos; e D. Sancho Manoel avisou que marchava a toda a pressa, a se encorporar com Joaõ de Mello, e o Conde de Misquitella. Naõ pareceo conveniente ao Duque de Ossuna expor-se aos effeitos desta uniaõ, retirou-se a Ciudad-Rodrigo, e licenciou o Exercito. Com este aviso, e ordem da Rainha voltou o Conde de Misquitella para Traz os Montes, e ficou o Partido de Joaõ de Mello sem mais damno, que o referido, que foy muito inferior ao que pudéra padecer, se a demasiada prudencia do Duque de Ossuna o naõ obrigára a se abster de emprezas mais relevantes, que naõ pudéraõ remediar as poucas forças de Joaõ de Mello, destituido de todos os meyos de defensa. Anno 1661

D. Sancho Manoel conservou o Partido de Penamaçor, sem receber damno, assistido do Thenente General da Cavallaria Joaõ da Silva de Sousa: e o Mestre de Campo Diogo Gomes de Figueiredo, e todos procuravaõ fazer entradas em Castella; porêm naõ era como desejavaõ, pelo grosso da Cavallaria, que os Castelhanos tinhaõ alojado com intento de passar a Alemtejo. Chegando o tempo da Campanha, e havendo ganhado D. Joaõ de Austria Arronches, mandou a Rainha, com o receyo do risco de Portalegre, passar a Alemtejo a D. Sancho Manoel, fazendo-lhe mercê do titulo de Conde de Villa-Flor; merecido premio dos seus grandes serviços. Marchou elle, e fez alto em Niza, e ficou o seu Partido entregue a Joaõ de Mello Feyo, que mandou governá-lo pelo Mestre de Campo Bartholomeu de Azevedo Coutinho. Assistio o Conde de Villa-Flor em Niza o tempo, que durou a Campanha de Arronches. Acabada ella, voltou do seu governo, onde achou só a novidade dos progressos do Duque de Ossuna no Partido de Joaõ de Mello, que ficaõ referidos. Dentro de poucos

Anno 1661

dias da sua chegada teve ordem da Rainha para entrar em Castella unido com Joaõ de Mello, e procurou fazer sentir aos Castelhanos nos lugares abertos igual damno ao que o Duque de Ossuna havia occasionado em os nossos. Juntáraõ-se no Sabugal os dous Governadores das Armas, e os Officiaes Mayores de hum, e outro Partido, e depois de varias conferencias, concordáraõ em juntar dous mil Infantes, e setecentos e sessenta Cavallos com o mayor segredo, que fosse possivel, e que com este Troço marchassem ás Villas de Campo, e Possuélo, onde estavaõ alojadas algumas Companhias de Cavallos de Catalunha: e succedendo serem sentidos, e retirarem-se as Companhias, que os Lugares eraõ grandes, e ricos, e muito capazes de satisfazer aos soldados o trabalho, que aquelle anno haviaõ padecido; e que como os Lugares eraõ huns do Partido de Alcantara, outros de Ciudad-Rodrigo, se devia presumir, que os Castelhanos juntáriaõ poder com que pelejar: que huma das mayores difficuldades, que se oppunha a este intento, era haverem de vadear o caudaloso rio Arrego; que esta se vencia com naõ haver entrado o Inverno, e achar-se o tempo sereno. Tomada esta resoluçaõ, e junta a gente referida, marcharaõ os dous Governadores das Armas a vinte e seis de Outubro com os Terços pagos dos Mestres de Campo Diogo Gomes de Figueiredo, e Bartholomeu de Azevedo Coutinho; e de Auxiliares os Mestres de Campo Christovaõ de Sá de Mendoça, Joaõ da Castanheira de Moura; o primeiro da Comarca da Guarda, o segundo da de Viseu; e do Terço da Comarca de Castello-Branco, governado pelo Sargento Mayor Manoel Fernandes Laranjo; e o Terço de Volantes da Guarda, de que era Mestre de Campo Francisco Banha de Siqueira. As Companhias de Cavallos eraõ quatorze á ordem do Governador de Cavallaria de ambos os Partidos Achim de Tamaricurt, assistido do Thenente General Joaõ da Silva de Sousa, e dos Commissarios D. Martinho da Ribeira, e D. Antonio Maldonado; o primeiro do Partido de D. Sancho, o segundo do de Joaõ de Mello. O segundo dia da marcha foy

Une-se o poder dos dous Partidos da Beira.

foy de tanta tempestade, que estiveraõ os dous Cabos resolutos a se retirarem; porêm recebendo aviso de Joaõ da Silva, que se havia adiantado com quatrocentos Cavallos, que naõ eraõ sentidos, se arrojáraõ a vencer o rigor da tempestade na contingencia da passagem do Rio. Continuáraõ a marcha, e cerrando a noite (meya legoa das duas Villas de Campo, e Possuélo) fizeraõ alto, para que a gente tivesse algum descanso do grande trabalho, que havia padecido na marcha. Distribuîraõ as ordens para o assalto da madrugada seguinte; porêm havendo a guarniçaõ do Castello de Payo reconhecido a marcha, fizeraõ prompto aviso ao Duque de Ossuna, que com grande diligencia naquella noite mandou encorporar em Alcantara todas as Companhias de Cavallos de Ciudad-Rodrigo, e quarteis visinhos. Quando a manhaã rompia, entrou a nossa gente nas Villas referidas sem opposiçaõ alguma, e acháraõ os soldados nas casas dos payzanos despojo consideravel. Naõ havia cessado a chuva, e por este respeito naõ dilatáraõ os dous Cabos a retirada, duvidando os praticos, se a marcha, se naõ apressasse, vadearem o rio Arrego. Quando chegáraõ a elle, hia taõ crescido, que com grande difficuldade passáraõ o porto. Neste tempo havia juntado o Commissario Geral D. Joaõ Jácome Massacan as Companhias de Cavallos do Troço de Rusilhon, algumas do de Borgonha, e hum Terço de Infantaria Alemaõ. A noite de vinte e oito alojou a nossa gente junto do lugar de Vilhas Buenas. Acudiraõ os payzanos com mantimentos, e por este beneficio, e haver fico o lugar outra vez queimado, naõ recebêraõ damno. Continuou a marcha, e ao amanhecer, passando o lugar de Perales, appareceo Massacan com quatorze Batalhões, e com o Terço de Alemães, que constava de seiscentos Infantes, que em pouco tempo se augmentáraõ com a muita gente, que desceo dos lugares da Sérra de Gata. Reconhecendo Massacan esta vantajem, determinou entreter a nossa gente até engrossar mais o seu poder. Mandou varias vezes carregar a retaguada, e sendo rechaçados, tornáraõ furiosamente a investir, e toleráraõ os dous

Anno 1661

Ganhaõ dous lugares, retiraõ-se, e na marcha derrotaõ varias Tropas inimigas.

Anno 1661

Cabos esta moleſtia todo o tempo, que durou o caminho eſtreito; porêm chegando á campanha livre, mettêraõ a gente em fórma de pelejar, e ſe diſpuzeraõ para o conflicto: e Maſſacan elegeo hum ſitio alto, e forte, em que formou a Infantaria, e compaſſou os Batalhoens ao abrigo das bocas de fogo. Eſta diſpoſiçaõ manifeſtou aos dous Cabos, que naõ era facil romper a Cavallaria, ſem desbaratar a Infantaria, e com eſte conhecimento mandáraõ inveſtir o ſitio, em que eſtava alojada, pelo Meſtre de Campo Bartholomeu de Azevedo, e Sargento Mayor Manoel Fernandes Laranjo com os ſeus Terços, e os mais com os Batalhoens da Cavallaria, guarnecidos de mangas de moſqueitos: fizeraõ frente á Cavallaria inimiga, e todas eſtas operaçoens ſe executáraõ taõ igualmente, que ſubindo os dous Terços aſperiſſimos rochedos, avançáraõ pelos flancos a Infantaria Alemaã, e Caſtelhana, e ſoffrendo ſem diſparar os moſquetes as repetidas cargas, que lhes tiráraõ, inveſtîraõ com tanto valor com as eſpadas nas mãos, que rompêraõ, e degoláraõ todos em muito breve eſpaço, ſem que Macaſſan pudeſſe ſoccorrê-los, detido da viſinhança da noſſa Cavallaria; e embaraçado das duas difficuldades, elegeo inveſtî-la, por menos perigoſo, que ſoccorrer a Infantaria. Executou eſte intento com grande reſoluçaõ, porêm achou taõ valoroſa reſiſtencia, que depois de durar largo tempo o combate, foy totalmente desbaratado, aſſiſtindo na vanguarda da noſſa gente os dous Governadores das Armas, e na reſerva Tamaricurt, Joaõ da Silva, e os Commiſſarios. Havendo os Caſtelhanos voltado as coſtas, foraõ ſeguidos até Perales, onde ſe recolhêraõ os que eſcapáraõ. Ficáraõ priſioneiros nove Capitaens de Cavallos, dous Ajudantes, e o Thenente das Guardas do Duque de Oſſuna, duzentos ſoldados, e trezentos cavallos: foy degolada toda a Infantaria, de que ſe recolhêraõ as armas, e naõ cuſtou eſte ſucceſſo mais vidas, que a de tres ſoldados: ficáraõ doze feridos, em que entrou o Ajudante da Cavallaria Pedro Fernandes Magro. O procedimento de Officiaes, e ſoldados foy igual, cada hum na ſua jerarchia:

chia: achárão-se particulares Pedro de Carvalho ſenhor de Trofa, e ſeu irmaõ Joaõ Gomes, Alvaro Leite Pereira, e Jozé da Fonſeca Coutinho. Retirárão-ſe os dous Governadores das Armas a Penamacor com a gloria do ſucceſſo, e foy o ultimo deſte anno naquelles dous Partidos. Anno 1661

A Rainha Regente com invencivel animo acudia a todos os accidentes, que por varias partes affligiaõ a Monarchia; mas de todos os golpes era o mais ſenſitivo, e menos remediavel conſiderar que ElRey naõ melhorava com os annos, nem de inclinaçaõ, nem de exercicios; e que naõ baſtavaõ todas as efficazes diligencias, que ſe haviaõ applicado, para lhe divertir a aſſiſtencia de Antonio de Conte, e de ſeu irmaõ Joaõ de Conte, que haviaõ facilitado a entrada a outros homens de baixiſſima condiçaõ. A politica de ganhar o deſtro animo de Antonio de Conte, ſe huma hora ſervia á Rainha, as mais lhe prejudicava, porque como o intento, a que caminhava Antonio de Conte, era ſó ao augmento dos primeiros intereſſes, naõ facilitava com ElRey mais, que aquellas materias, que diſpunhaõ a ſua conveniencia; e como eſtas foſſem totalmente encontradas ao levantado fim do governo da Monarchia, ſahiaõ á Rainha por altiſſimo preço os negocios, que concluîa com ElRey por intervençaõ de Antonio de Conte; e naõ era ſó eſte o damno deſta negociaçaõ, porque paſſava ao deſdouro de ſer julgada por indecente dos independentes, e ſabios, que entendiaõ, que devia a Rainha expor-ſe ao perigo mais infelice, antes que ſujeitar-ſe á dependencia de inſtrumento taõ humilde; e a deſigual liberdade de Antonio de Conte comprovava o acerto deſte diſcurſo. Naõ ignorava a prudencia da Rainha o que diziaõ os entendidos, e o que murmuravaõ os imprudentes: porêm as difficuldades, que encontrava, eraõ tantas, e taõ invenciveis, que ſe ſujeitou a eſgottar todos os remedios ſuaves, primeiro que ſe reſolveſſe a applicar os rigoroſos; e taõ prejudicial damno padeceo em hum, como em outro caminho, condenando a ſegunda reſoluçaõ os meſmos, que

que haviaõ avaliado mal a primeira; injusta pensaõ, que as Magestades costumaõ pagar á malicia humana.

Anno 1661

Sendo taõ confuso, e penoso este labyrintho em que a Rainha vivia, sem achar fio, que a encaminhasse a sahir delle, foy muito mais intolleravel depois da morte do Conde de Odemira, que acabou a quinze de Março deste anno, que escrevemos: porque a authoridade da sua pessoa, o receyo de seu valor, e a dependencia dos seus lugares refreavaõ os excessos dos dous Contes, e seus sequazes, por quem se encaminhavaõ todas as acçoens delRey. Nos dias, que durou a doença do Conde de Odemira, foraõ visitá-lo ElRey, e o Infante, e no em que morreo, lhe lançáraõ agoa benta, e se abstiveraõ de sahir em publico; demonstraçoens devidas aos merecimentos do Conde de Odemira. Deixou elle sua fiha mais velha, viuva do Conde da Feira, casada com o Duque do Cadaval, por lhe naõ ficarem filhos do primeiro matrimonio. Desembaraçado deste respeito, correo ao mayor augmento a valia de Antonio de Conte; porque conhecidamente era obedecido sem contradiçaõ, e a Rainha se achava neste tempo mais dependente das suas insinuaçoens; porque havia dado principio á negociaçaõ do casamento da Infanta Dona Catharina com ElRey de Inglaterra por intervençaõ do Embaixador Francisco de Mello, que havia passado a Lisboa, e voltado a Londres com o titulo do Conde da Ponte; como mais largamente referiremos; e juntamente desejava dar Casa ao Infante D. Pedro com a authoridade, que convinha a hum Principe immediato successor do Reyno; e executadas estas resoluçoens, era a sua practica entregar a ElRey o governo, e tratar no retiro de hum Convento da segurança do melhor Imperio; e porque naõ parecesse arte politica esta virtuosa disposiçaõ, escreveo hum papel da sua letra, que entregou á conferencia de varios Ministros, e continha as razoens seguintes: Que o rigor, e inteireza da sua vida, e desejo da sua salvaçaõ, a obrigaçaõ, que tinha de procurá-la, e a immensidade de embaraços, que lhe impediaõ conseguir a sua vontade, lhe davaõ motivo

Intenta a Rainha Regente largar o governo.

tivo para communicar huma batalha, que a trazia em continua confusaõ, e desejosa de achar conselho, que a satisfizesse: Que vivia huma vida muito penosa, por ver com duas cabeças o governo do Reyno monstruoso: que desejava fazer justiça, e seguir a razaõ, e que ElRey a encontrava, ou porque naõ conhecia alguma destas virtudes, ou porque lhe impediaõ exercitá-las os máos Conselheiros, de que se fiava; e nesta consideraçaõ, ainda que na apparencia governava, ElRey na realidade fazia tudo, quanto lhe propunha a vontade desordenada; o que ella (ainda que violentada) consentia, porque ElRey era já homem, e o Reyno seu, e juntamente porque conhecia infallivelmente, que se o encontrasse, lhe havia de perder o respeito; e que por atalhar este perigo, desejava com todas as veras apartar-se das occasioens, que a ameaçavaõ, e que neste ponto pedia se fizesse toda a reflexaõ, para lhe aconselharem o caminho mais conveniente da sua quietaçaõ, da sua vida, da sua authoridade, e da sua alma: que a sua inclinaçaõ a levava a recolher-se em hum Convento de Religiosas, naõ para a obrigar á obediencia dos votos, porque nem as forças, nem os annos o permittiaõ; senaõ para se recolher sem trafego de criadas, mais que algumas que sabia haviaõ de acompanhá-la em todas as fortunas: que a Prelada correria com a sua fazenda, e firmaria com caixilho os seus papeis: que os seus criados, e Officiaes naõ tinha tençaõ de despedir, senaõ de os conservar: porêm como o seu intento era retirar-se de toda a communicaçaõ, e essa era a causa, porque determinava que a Prelada corresse com sua fazenda, ordenava que se lhe dissesse o modo, com que poderia ajustar estes dous intentos; como tambem a fórma, com que devia tratar-se com ElRey, se acaso elle naõ resolvesse separar-se da sua correspondencia: que o seu mayor desejo a encaminhava a recolher-se em hum Convento de Santa Theresa: que o de Carnide lhe parecia muito proprio; porêm que lhe servia de embaraço a assistencia de Dona Maria filha delRey D. Joaõ; porque ainda que naõ se lhe offerecesse duvida em tratá-la, Anno 1661

Anno 1661
tá-la, se o seu intento naõ fora o total retiro; nem podia negar-lhe o obsequio de lhe assistir, por se naõ entender que era paixaõ particular, nem sujeitar-se ao mesmo, de que desejava fugir, que eraõ ceremonias do seculo: que em Santo Alberto achava a incommodidade da estreiteza do sitio: que passando deste affecto de Santa Theresa ao de S. Domingos, que como parente lhe arrebatava o animo, elegêra o Bom Successo, se naõ se lhe representára o inconveniente de estar junto da Barra, e succedendo haver Armadas inimigas, ser preciso sahir a buscar outro Convento; enfado, a que naõ queria expor-se. Nas sùas terras naõ havia Convento, que lhe satisfizesse, e para fundaçaõ nova se achava sem resoluçaõ, a qual havia de tomar brevemente; porque se conhecia sem forças, nem animo, para continuar o governo, disposta a naõ admittir as lisonjas dos que haviaõ de persuadî-la ao contrario, representando-lhe a incapacidade delRey, e o perigo do Reyno; conhecendo que havia de achar muitos, que ao mesmo tempo fomentassem, o que mostravaõ desejar impedir; e que se estes, e outros menos dependentes, ou mais escandalizados, havia de chegar necessariamente tempo, em que persuadissem a ElRey seu filho a mandasse retirar, tinha por mais decoroso executá-lo antes por eleiçaõ sua, que por preceito alheyo: que ElRey estava em idade de tomar o governo, a Infanta casada, e que se faltava ser jurado em Cortes o Infante D. Pedro por sucessor do Reyno, a que chamaria, tanto que partisse a Rainha de Inglaterra: que as pazes de Castella naõ podia segurar antes da sua reclusaõ; porque supposto fazia muitas diligencias pelas conseguir, todas as esperanças eraõ incertas, e por este respeito desejava retirar-se antes de terem principio as Campanhas futuras, por se naõ expor ao escandalo, que poderiaõ ter seus vassallos na supposiçaõ, de que o receyo dos máos successos da guerra a obrigava a largar o governo; e que se, como ella esperava, fossem muito felices, se contentava com o gosto, que esta noticia lhe havia de causar no seu retiro: que se acaso lhe dissessem,

fessem, que para a conservaçaõ do Reyno era necessario que ella continuasse o governo, ainda que lhe custasse trabalho, e mortificaçaõ, tinha esta proposiçaõ facil resposta; a qual era, que se entendêra que se com o risco da sua vida ajudava a de todos os vassallos, a que naõ perecesse, facilmente a sacrificára; mas exporse ao risco; sem que o seu damno fosse remedio ao Reyno, seria escrupulosa temeridade: que a ultima duvida, a que pedia soluçaõ, era na fórma em que havia de retirar-se, se havia de ser occulta, ou publicamente: porque na primeira resoluçaõ temia a censura de se entender que fugia; na segunda a suspeita de que desejava que a detivessem: e para sahir de tantas difficuldades tinha o coraçaõ em Deos, fonte de todos os acertos, e a confiança nos votos dos Ministros, a cuja direcçaõ entregava o ponto essencial da sua salvaçaõ, da sua vida, e da sua authoridade. Anno 1661

Foraõ muito varios os discursos, que se fizeraõ sobre este papel, que a poucos dias de communicado foy manifesto, seguindo a desordem dos mais dos segredos dos Principes. Murmuravaõ os maliciosos, que a Rainha, vendo que era notoria a incapacidade delRey, pertendia affeiçoar os animos desejosos da conservaçaõ do Reyno, a que a sustentassem no governo, que sem a sua direcçaõ suppunha precipitado. Os dependentes do absoluto dominio delRey pertendiaõ mostrar, que a politica da Rainha era coroar o Infante D. Pedro, e que com o ameaço de se retirar a hum Convento, no tempo em que o Reyno afflicto da furia da guerra, e lastimado dos excessos delRey fluctuava, e gemia, combatido baxel da ira do vento, e da tyrannia das ondas, industriosamente dispunha obrigarem-na a governar, para estender a prorogaçaõ da regencia. Os desinteressados, e amantes do bem publico conheciaõ, sem as nevoas da lisonja, que a Rainha justamente opprimida das penas que passava, e das indecencias que padecia, desejava virtuosamente largar o governo, assim pelas contingencias dos successos da guerra, que sendo infelices, como se podia recear do grande poder, que os

Caste-

Anno 1661

Castelhanos preparavaõ, lhe seria mais util acharse antes retirada, que reinando; como pelo receyo de que ElRey entregue ao arbitrio de homens desordenados, e envolto em o logro dos seus appetites, naõ dilataria obrigá-la a tomar por força a resoluçaõ, que ella prudente, e voluntariamente abraçava. Esta diversidade de juizos fez mais difficil a determinaçaõ da Rainha, a quem eraõ todos manifestos; porque ornada de virtudes, e de grandeza de animo, desejava clausurar as acçoens da sua vida com acceitaçaõ commũa, que haviaõ logrado todas, ás que gloriosamente conseguîra no decurso della; e juntamente a perturbava o escrupulo de deixar o Reyno nas pouco acauteladas mãos delRey, entregue á ultima ruina; e com estas prudentes, e mal succedidas consideraçoens foy dilatando a sua resolnçaõ, e dispondo com toda a brevidade a partida da Rainha de Inglaterra, e juramento do Infante.

Naõ tem effeito por urgentes razões a deixaçaõ da Rainha.

Em quanto a Rainha gastava o tempo nestes virtuosos exercicios, o empregava ElRey em todos aquelles desacertos, de que devia fugir, para se fazer capaz do Imperio, que a idade competente lhe ministrava, e conseguindo que o Infante na sua companhia participasse do máo exemplo dos seus indignos divertimentos, offendia por todos os caminhos as obrigaçoens, em que o hávia posto o supremo lugar, para que estava destinado; e como a lisonja, e a ambiçaõ dos que lhe assistiaõ, solicitava a sua total incapacidade, por haverem fundado nella toda a sua fortuna, naõ havia caminho virtuoso, que a sua industria naõ inficionasse, nem remedio saudavel, que a sua maldade naõ corrompesse, com que a natureza, e arte se haviaõ mortalmente conjurado contra o futuro governo de Portugal.

HISTO-

HISTORIA DE PORTUGAL RESTAURADO.

LIVRO VI.

SUMMARIO.

DA' principio Francisco de Mello ao tratado do casamento da Infanta Dona Catharina com ElRey da Gran-Bretanha Carlos II. depois de voltar de Lisboa a Londres com o titulo de Conde da Ponte, vencendo os obstaculos do Baraõ de Butavilla Embaixador a Inglaterra: firmaõ-se as Capitulações, passa com ellas a Portugal. Elege a Rainha segunda vez Embaixador das Provincias unidas ao Conde de Miranda: passa a esta funçaõ, e ajusta a paz, superando grandes difficuldades; e embaraços de Inglaterra. Varias noticias da guerra das Conquistas. Elege a Rainha o

Mar-

Marquez de Marialva Governador das Armas da Provincia de Alemtejo, e satisfaz ao Conde de Atouguia tirar-lhe este Posto, nomeando-o General da Armada. Passa o Marquez a Alemtejo, que achou governado pelo Conde de Schomberg com felice successo. Sabe em Campanha D. João de Austria. Passa de Estremoz a Elvas com esta noticia o Marquez de Marialva com poucas Tropas: acha o Exercito de Castella visinho a Elvas, retira-se á sua vista, chega a Estremoz. Fabríca o Conde de Schomberg hum quartel cõmunicado com aquella Praça: chega á vista delle D. João de Austria: intenta atacá-lo sem execução: ganha Borba, e sitía Geromenha. Junto o Exercito, sabe o Marquez de Marialva em Campanha, segue a opinião de soccorrer aquella Praça, rompendo as linhas: marcha a buscá-las com este intento, que se desvanece á vista dellas: retira-se a fortificar Villa Viçosa, e entrega-se Geromenha, depois de se sustentar alguns dias com valorosa resistencia.

Anno 1661

A Paz entre as duas Corôas de França, e Castella, e a retirada do Conde de Soure para este Reyno, deixou por algum tempo separada a communicação entre Portugal, e França, e unicamente ficou em Pariz Duarte Lamego, homem de negocio, com titulo de Agente, e com a morte do Cardeal Massarino, que faleceo a nove de Março, começou a diminuir-se o poder dos Castelhanos; porque tiverão principio as heroicas acçoens militares, e politicas delRey de França Luiz XIV., que até aquelle tempo havião sido menos esplendidas, pelos differentes encantos, que o tinhão divertido.

Os negocios de Roma (como já referimos) estavão suffocados com os ameaços da guerra de Castella.

Francisco de Mello deixamos em Londres dando prin-

principio á negociação do casamento d'ElRey da Gran-Bretanha com a Infanta D. Catharina, e desoite introduzio na vontade d'ElRey os interesses deste tratado, a pezar das negociaçoens dos Castelhanos, que deliberou ElRey, que elle passasse a este Reyno a tratar esta materia com a Rainha Regente, apontando varias condiçoens, que, concedidas, facilitariaõ o effeituar-se. Embarcou-se Francisco de Mello, chegou em breves dias a Lisboa, e foy recebido da Rainha com tanta satisfaçaõ da proposta que trazia, que preferindo este a todos os mais negocios do Reyno, com implacavel ancia excogitou todos os meyos de conseguî-lo, vencendo diversos, e forçosissimos obstaculos, que achou em muitos Ministros, que separados de todas as dependencias, olhavaõ com profundas consideraçoens para os interesses, e authoridade do Reyno. Porêm, vencidos todos os embaraços, voltou Francisco de Mello para Inglaterra com o titulo de Conde da Ponte, e a treze de Fevereiro entrou em Londres, onde foy recebido com grandes demonstraçoens de contentamento, e na mesma noite foy fallar a ElRey por huma porta interior, de que lhe mandou chave pelo Padre Russel. Deo-lhe conta de que levava os capitulos ajustados, de que mostrou inteira satisfaçaõ, segurando-lhe naõ faltar á sua palavra debaixo das condiçoens propostas: passou a se congraçar com os mais Ministros, fundando o mayor empenho no Chanceler, que era contado por primeiro Ministro, accrescentando-lhe o poder, haver casado o Duque York com sua filha, achando-se o Duque em grande obrigaçaõ á Rainha Regente por diversas demonstraçoens, que havia feito em seu beneficio, e todos estes esforços eraõ necessarios para divertir os empenhos de varios Principes, que solicitavaõ casar ElRey á medida das suas conveniencias. O Cardeal Massarino queria que ElRey casasse com huma sobrinha sua: o Duque de Parma, por intervençaõ do Conde de Bristol, com sua irmãa: ElRey de Castella, unido com Holanda, e Dinamarca, propunha casar ElRey, ou com a Imperatriz viuva, ou com a filha delRey de Dinamarca, ou com a da

Anno 1661

Dá principio Francisco de Mello ao tratado do Casamento da Infanta D. Catharina cõ ElRey da Gran-Bretanha Carlos II. depois de voltar de Lisboa a Londres cõ o titulo de Conde da Ponte, vencendo os obstaculos do Baraõ de Butavilla Embaixador a Inglaterra.

Anno 1661

Princeza de Orange Maria; ou com a do Principe de Ligny, offerecendo-se a ElRey consideravel dote, e outras conveniencias, e tudo o mais, que Portugal lhe houvesse offerecido. Todas estas negociaçoens fomentava com grande ardor o Baraõ de Butavilla Embaixador de Castella, incitando juntamente aos Holandezes a que apparelhassem huma Armada muito poderosa para ir sitiar Goa. Instruido plenamente o Conde Embaixador, se queixou a ElRey de entender que attendia a alguma destas practicas. Segurou-lhe a sua constancia; e nomeou em segredo para ajustarem com elle o Tratado do casamento ao Chanceller, ao Marquez de Osmond, ao Conde de Soudthampton, e ao Conde de Monchester seu Camareiro mór; e o Embaixador lhe affirmou, que tudo quanto em Portugal se promettia, se havia de satisfazer pontualmente, e desvanecerem-se as fabulas, com que os Castelhanos intentavaõ embaraçar o casamento; e que as partes, e perfeiçoens da Infanta segurava elle, serem as que tinha referido, com a sua cabeça, dimittindo por este respeito a immunidade de Embaixador; e representando a ElRey o intento dos Holandezes apparelharem Armada para passar á India, lhe prometteo correr por sua conta divertir esta resoluçaõ, e assim o executou, tomando por pretexto tocar-lhe a mediaçaõ entre Portugal, e Holanda, de que os Castelhanos, e Holandezes receberaõ grande pena. Foy continuando a negociaçaõ com felicidade, desvanecendo-se a noticia, que o Embaixador de Castella deo a ElRey, de que Antonio de Andrade de Oliva, por ordem da Rainha, havia passado á Madrid, e se entendia tratar-se de ajustamentos entre Portugal, e Castella, o que totalmente desbaratava as promessas do dote, e entrega das Praças. Porêm o Embaixador, como tratava com ElRey taõ familiarmente, destruio facilmente todas estas vozes, e servio de mayor justificaçaõ fallar o Embaixador de Castella á ElRey com tanta demasia, que o ameaçou com a guerra de Castella, e Holanda, se ajustasse casamento, ou allianças com Portugal; excesso, de que ElRey fez pouco caso, reportando

tando-se em manifestar a colera, que lhe causára este arrojamento; e segurou ao Embaixador, que naõ havia alterado a sua determinaçaõ o aperto, com que a Rainha Mãy fomentava o casamento da filha do Duque de Orleans. Succedeo neste tempo a coroaçaõ d'ElRey, que se celebrou a tres de Mayo, a que o Embaixador assistio com grande luzimento. Passada esta funçaõ, chamou ElRey a Conselho a nove de Mayo, onde deo conta do intento, que tinha de casar em Portugal, e dos interesses, que lhe resultavaõ de o conseguir. Todos os Conselheiros approvaraõ com grandes applausos esta deliberaçaõ, o que ElRey estimou summamente, e com esta noticia accrescentou o Baraõ de Butavilla as suas diligencias: pedio dous mezes de prazo para a conquista de Portugal, e accrescentou a esta practica taõ furiosas, e publicas demonstraçoens, que foraõ geralmente contadas como delirios, principalmente depois de se publicar que elle dera hum papel a ElRey, em que lhe offerecia com o ultimo empenho o casamento da filha da Princeza de Orange, expresso em huma carta d'ElRey de Castella, que lhe presentou. Concluia o papel, dizendo: „ Y por esta demonstracion verá Vuestra Magestad la aficion, que mi Rey tiene a su servicio, pues llega a romper las obligaciones de la Religion, solo para dar satisfacion, y gusto a Vuestra Magestad, y evitar una guerra a Inglaterra. E dando ElRey esta noticia ao Padre Russell, lhe respondeo, que naõ se espantava de que os Castelhanos em prejuizo do intento de Portugal offerecessem dotar Princezas herejes, porque o mesmo entendia que fariaõ ás Turcas; resposta que ElRey celebrou, e para mayor firmeza da sua vontade, deo ao Embaixador huma carta para a Rainha na fórma seguinte: Anno 1661

„ SEnhora, bem sey que o Embaixador de V. Magestade o Conde da Ponte tem representado a „ V. Magestade muito particularmente tudo o que tem „ passado no principal negocio, que para V. Magestade, e para mim he de tanta importancia; e nesta sup-

„ po^çaõ naõ póde V. Mageſtade deixar de haver enten-
Anno „ dido, que na dilaçaõ de publicar o que ja eſtá certo,
1661 „ e inteiramente acordado entre nós-outros, naõ houve
„ culpa; porque foy preciſa para bem das duas Coroas;
„ porque ſuppoſto que todas as particularidades ſe aju-
„ ſtaſſem totalmente, pouco depois de chegado o Con-
„ de Embaixador de V. Mageſtade, entre elle, e os Com-
„ miſſarios, que lhe nomeey para ajuſtamento do trata-
„ do, naõ julguey conveniente declarar antes de agora
„ a minha reſoluçaõ, o que ja fiz ao Conſelho de Eſta-
„ do, eſtando nelle preſentes todos os meus Conſelhei-
„ ros, nos quaes achey taõ grande inclinaçaõ, appro-
„ vaçaõ, e conſentimento, que nem hum ſó parecer
„ houve em contrario; o que foy huma circunſtancia
„ taõ importante, e para mim de tanta ſatisfaçaõ, que
„ com hum taõ bom preſagio naõ poſſo deixar de eſ-
„ perar neſte negocio muitas, e muy grandes felicida-
„ des. Dentro de poucos dias determino manifeſtá-lo a
„ todo o mundo, porque naõ falta mais, que copiar
„ as capitulaçoens, e firmá-las, o que ſe fará bem de-
„ preſſa; e logo que eſtiver executado, ſe embarcará o
„ Conde Embaixador a dar conta a V. Mageſtade de tu-
„ do o referido, a cuja prudencia, e actividade ſe de-
„ ve attribuir o effeito deſte tratado; porque elle foy
„ quem me fez as primeiras propoſiçoens, e naõ hou-
„ ve outra peſſoa a quem eu communicaſſe, ou com quem
„ negociaſſe a minima circunſtancia deſta materia. Em
„ chegando a eſſa Corte o Conde Embaixador, aguar-
„ darey por inſtantes com a mayor impaciencia aviſo
„ de V. Mageſtade, para partir a minha Armada a tranſ-
„ portar a eſte Reyno a Sereniſſima Infanta, minha ſe-
„ nhora, e bem querida; ſegurando-lhe todos aquelles
„ rendimentos, que em mim cabem, e que naõ poſſo
„ ter mayor felicidade, que a poſſe de taõ ditoſa eſpe-
„ rança; e rogo a V. Mageſtade com todas as inſtancias,
„ que eſtejaõ promptas as preparaçoens preciſas, para
„ que a Armada, quando chegar, ſe naõ dilate a minha
„ dita, e bem todo, hum ſó inſtante daquelle, que for
„ preciſo. Deos guarde a muito Real Peſſoa de V. Ma-
„ geſta-

„ geſtade, como muito deſejo. Londres, quatorze de „ Mayo de mil e ſeiſcentos ſeſſenta e hum. Anno 1661

Eſta carta foy pata o Embaixador de ineſtimavel preço, por ſer hum ſeguro delRey naõ faltar á ſua palavra. Remetteo-a á Rainha, e deo as graças ao Duque de Yorck com todas as demonſtraçoens de agradecimento, conhecendo dever-ſe ás ſuas inſtancias a concluſaõ do caſamento; myſterioſa diligencia, que o tempo veyo a deſcobrir, como particular auxilio Divino.

Conſtou ao Embaixador de Caſtella a preſſa com que caminhava o Tratado do caſamento de Portugal, e esforçou a negociaçaõ com o mayor empenho, e deo a ElRey hum memorial, cuja ſubſtancia era: que elle lhe havia preſentado outro em vinte e oito de Março, em que claramente moſtrava as perigoſas conſequencias do caſamento de Portugal, como tambem as ſolidas vantajens, que Sua Mageſtade poderia alcançar delRey Catholico na occaſiaõ preſente, com paz, quietaçaõ, e commercio, deſamparando as chimericas propoſiçoens feitas pelos Portuguezes, que ſó offereciaõ conveniencias duvidoſas, por naõ terem poſſe alguma legitima, que as qualificaſſe, e ſó podiaõ ſervir de ſe abrir huma guerra entre Caſtelhanos, e Inglezes. E por quanto naõ havia elle Embaixador recebido reſpoſta alguma, havendo-lhe Sua Mageſtade muitas vezes ſegurado lha havia de dar, por cujo reſpeito ſe via obrigado lembrar a Sua Mageſtade a ſatisfaçaõ deſta promeſſa, e referirlhe, conforme as ultimas ordens, que recebêra delRey ſeu Senhor, que álèm das offertas, que havia feito por varias Princezas, e ultimamente pelas de Dinamarca, e Saxonia, de novo propunha (como já fizera) a Sua Mageſtade a Princeza de Orange, a quem Sua Mageſtada Catholica queria dotar com as meſmas vantajens, que havia promettido com as duas Princezas referidas, ou com aquellas que havia propoſto com a Princeza de Parma; ſendo a razaõ, que o obrigava a esforçar as propoſiçoens da Princeza de Orange, entender que ſeria de grande ſatisfaçaõ aos Vaſſallos de Sua Mageſtade, por varias, e grandes conſideraçoens, que ſe dei-

Anno 1661

xavaõ conhecer, particularmente pela visinhança desta Princeza, que era o ponto mais essencial, por evitar dilaçoens, principalmente estando a conclusaõ exposta a tantas mudanças, e accidentes, que a poderiaõ embaraçar na certeza, de que a continuaçaõ da paz entre Inglaterra, e Castella naõ podia subsistir, como ElRey poderia mandar ver na Junta do Commercio, examinando-se tambem nella os papeis, que se deraõ por parte de Portugal, por ser infallivel se conheceria claramente quanto eraõ mayores os interesses do Commercio de Castella, que os de Portugal: e que quanto ao dote, que ElRey Catholico offerecia com qualquer das Princezas propostas, em que elle Embaixador tinha conhecido fazer-se reparo por inferior, que era o mesmo, com o qual outros grandes Reys se contentáraõ. E querendo Sua Mageftade em lugar de mayor dote outras conveniencias proporcionadas, fosse servido declará-las na certeza de as conseguir da boa vontade, e poder delRey Catholico, que as podia segurar com paz, e quietaçaõ; o que se naõ seguiria das offertas de Portugal duvidosas, e sem fundamento. ElRey da Gran-Bretanha, tanto que leo este papel, o entregou ao Embaixador, mais para lhe manifestar a sua confiança, que por necessitar de resposta; porque todas as razoens apparentes, que o papel continha, havia o Embaixador encontrado muito anticipadamente, e já seguro na vontade delRey, lhe serviaõ as diligencias do Embaixador de Castella mais de triunfo, que de receyo: e ElRey, para justificar o seu empenho, mandou ao Secretario de Estado Nicolás a casa do Embaixador de Castella, a significar-lhe o sentimento, com que se achava das razões do papel, que lhe dera, e da resoluçaõ de o fazer imprimir: que esperava que ElRey de Castella lhe desse satisfaçaõ de hum taõ excessivo arrojamento: que obrigado desta queixa havia ordenado aos seus Conselheiros de Estado, que nenhum communicasse com elle. Com estas demonstraçoens delRey concorrêraõ a dar os parabens ao Conde Embaixador os Embaixadores dos Estados Geraes, e de outros Principes,

e nas

e nas Casas do Parlamento dos Senhores da Nobreza, e communs, se tomaraõ assentos com grandes expressoens no contentamento, com que celebravaõ a fortuna de Inglaterra no casamento de Portugal; e ElRey, seguido da satisfaçaõ geral de todos seus Vassallos, entrou no Parlamento a dezoito de Mayo com grande ostentaçaõ, e referio as razoens seguintes: He certo que, reconhecendo o que vos devo, tivera por ingratidaõ retardarvos a nova mais alegre, que podeis receber, declarando-vos a resoluçaõ que tenho tomado de eleger esposa: deliberaçaõ que por taõ repetidas vezes me tendes advertido, e que eu naõ perdi da memoria, depois que entrey em Inglaterra, na consideraçaõ de ser este o mayor interesse de meus Vassallos. A duvida da escolha dilatou a execuçaõ deste intento; mas conhecendo que, se quizesse apurar os inconvenientes, primeiro me verieis velho, que casado: estou resoluto de eleger por esposa a Princeza de Portugal, podendo segurar-vos ser aquella que em Europa mais convinha ao bem deste Reyno, e que quando propuz este intento ao meu Conselho privado, sem cujo parecer nunca resolvi, nem resolverey cousa alguma de publica importancia, naõ achey hum só voto, que naõ approvasse com inexplicavel alegria a minha eleiçaõ; vaticinio que venerey como maravilha, entendendo que pelo Ceo era approvado este intento, por cujo respeito resolvi tomar a ultima conclusaõ com o Embaixador de Portugal: o qual parte para aquelle Reyno com o Tratado assinado, que contêm grandes vantajens nossas, e eu fico tratando com a brevidade possivel de fazer conduzir a este Reyno hũa Rainha, que ha de trazer comsigo para mim, e para vós grandes felicidades. Anno 1661

Havendo referido ElRey da Gran-Bretanha esta oraçaõ, e na ultima clausula della (que he digna de particular reparo) pronosticado o successo, que vimos na sua morte; (effeito que se deve attribuir ao zelo, virtude, e diligencia da Rainha D. Catharina) fez o Chanceler outra larguissima oraçaõ, em que expôs as grandes vantajens de Inglaterra no casamento de Portugal,

Anno 1661

e os embaraços, que havia interposto o Embaixador de Castella, de quem dizia por palavras expressas, que naõ era muito prevenido em dar conselhos; nem em conservar os que dava, e que as suas offertas eraõ taõ artificiosas; que por hum pequeno dote, que offerecia, pedia a entrega de Dumquerque, e Jamaica, offerecendo todas as Princezas de Europa livres do dominio delRey de Castella, e outras condiçoens taõ fantasticas, que eraõ mais dignas de desprezo, que de attençaõ. Todos os que se acharaõ no Parlamento approváraõ com grande alegria a resoluçaõ delRey, e lhe deraõ o parabem: e para expressar mais o seu contentamento, declaráraõ, que a milicia do Reyno estivesse a seu unico arbitrio, faculdade, que seu Pay nunca pode conseguir; e que se queimasse o Convenan, de que se haviaõ originado taõ grandes damnos á Casa Real, sem embargo da contradiçaõ dos Presbyterianos. A esta approvaçaõ do Parlamento de Inglaterra se seguio a do Parlamento de Escocia com tantas expressoens da sua satisfaçaõ, que dizia estas palavras: O casamento delRey com a Princeza de Portugal he taõ grande honra nossa, que naõ somos capazes de fazer retorno equivalente A mesma declaraçaõ fez o Parlamento do Reyno de Irlanda. ElRey, satisfeito de todas estas demonstraçoens, procurava com todo o cuidado os interesses de Portugal, oppondo-se a todos os intentos dos Holandezes contra esta Coroa; e solicitando a correspondencia da Rainha Regente com ElRey de França; o que naõ foy difficil de conseguir depois da morte do Cardeal Massarino, conhecendo ElRey, que da uniaõ de Portugal, como depois experimentou, haviaõ de resultar as mayores conveniencias de França no abatimento das forças de Castella.

Firmaõ-se as Capitulaçóes; passa com ellas a Portugal.

Ajustadas taõ difficultosas, e essenciaes circunstancias pela intelligencia, zelo, e actividade do Conde da Ponte, assinou ElRey o Tratado da paz, e casamento, que continha em vinte artigos publicos, e hum secreto, a substancia seguinte: Que todos os Tratados feitos do anno de seiscentos e quarenta e hum até aquelle tempo entre Portugal, e a Gran-Bretanha, se ratificariaõ, e confir-

confirmariaõ por aquelle Tratado: que ElRey de Portugal entregava a Cidade, e Fortaleza de Tangere a ElRey da Gran-Bretanha com tudo o que lhe pertencesse, e para este effeito mandaria ElRey da Gran-Bretanha cinco Náos de guerra ao porto de Tangere, e que a entrega se effeituaria depois de celebrado o casamento, concedendo-se aos soldados, e moradores, ou passagem livre para Portugal, ou ficarem vivendo em Tangere com livre exercicio da Religiaõ Catholica Romana; e todos os bens que na dita Cidade possuissem: que ElRey mandaria a Lisboa a sua Armada com toda a preparaçaõ, e decencia, para conduzir a Rainha de Inglaterra: que ElRey de Portugal se obrigava a dar em dote a sua Irmaã dous milhoens de cruzados Portuguezes, hum, que em dinheiro, e generos iria na Armada, e outro, que pagaria no termo de hum anno: que ElRey permittia a toda a Familia da Rainha livre exercicio da Religiaõ Catholica Romana, para cujo effeito a Rainha em todos os Palacios, em que estivesse, teria Capella com todos os Capellaens, que fossem necessarios para o exercicio, e decencia do culto Divino, e que ElRey naõ persuadiria, nem constrangeria a Rainha por si, ou por outra alguma pessoa, nem lhe daria molestia na profissaõ da Religiaõ Catholica: que dentro de hum anno, depois da chegada da Rainha, lhe constituiria ElRey, e estabeleceria de doaçaõ em razaõ do casamento trinta mil livras Inglezas cada anno, e hum Palacio, em que a Rainha residisse, ornado, e guarnecido com todas as alfayas convenientes á sua grandeza, as quaes lograria em sua vida, ainda que excedesse em dias a seu marido: que á sua Familia se comporia de todos os criados, e grandeza, que havia tido a Rainha Mãy: que succedendo viver mais tempo a Rainha que ElRey, e quizesse tornar a Portugal, ou ir para outra alguma parte, o poderia fazer livremente, e levar comsigo todas as suas joyas, bens, e moveis, para cujo effeito ElRey da Gran-Bretanha obrigava a si, e a seus herdeiros, e successores, os quaes mandariaõ conduzir a Rainha honorificamente, e com toda a segurança á sua propria custa,

Anno 1661

Anno 1661

ta, e despeza com o decoro conveniente á grandeza da sua pessoa, obrigando juntamente á seus herdeiros, e successores á pagarem á Rainha as trinta mil livras cada anno, como se estivera em Inglaterra: que ElRey de Portugal concedia a ElRey da Gran-Bretanha a Ilha de Bombaim na India Oriental com todas as suas pertenças, e senhorios, para ficarem daquelle porto mais promptas as suas Armadas para soccorro das Praças de Portugal na India, ficando livre aos moradores, que naõ quizessem sahir das suas casas, o uso da Religiaõ Catholica Romana: que os Mercadores Inglezes, naõ excedendo o numero de quatro familias, poderiaõ residir em todas as Praças da India do Domiuio de Portugal, e em todas as Cidades principaes da America: que restaurando-se a Ilha de Ceilaõ, daria ElRey de Portugal ao da Gran-Bretanha o livre dominio do porto de Gale, ou se recuperasse a dita Ilha com as Armas de Portugal; ou com as Armas de Inglaterra, ficando livre a Praça de Columbo, e todo o mais senhorio da Ilha a ElRey de Portugal: que em consideraçaõ de tantas vantajens como Inglaterra recebia no casamento da Rainha, promettia, e declarava, com consentimento do seu Conselho, trazer sempre no intimo do coraçaõ as conveniencias de Portugal, e de todos seus Dominios, defendendo-o de seus inimigos com as mayores forças do seu Reino, assim por mar, como por terra, como a mesma Inglaterra; e que á sua custa mandaria a Portugal dous Regimentos de quinhentos cavallos cada hum, e dous Terços de Infantaria, cada hum de mil Infantes, armados á custa del-Rey da Gran-Bretanha; porém depois de chegarem a Portugal, seriaõ pagos por conta delRey D. Affonso, e diminuindo-se na guerra, se haviaõ de reencher com novas levas á custa delRey da Gran-Bretanha, assim os Terços, como os Regimentos da Cavallaria: que ElRey da Gran-Bretanha promettia, com consentimento, e deliberaçaõ do seu Conselho, assistir a Portugal com dez Navios de guerra, os de mayor força, e mais bem apparelhados das suas Armadas, todas as vezes que fosse invadido de quaesquer Naçoens; e que sendo as Costas infesta-

infestadas de Piratas, mandaria todos os annos tres, ou quatro Náos de guerra com mantimentos para oito mezes, que se contariaõ do tempo que dessem á vela de Inglaterra para seguirem as ordens delRey de Portugal; e em caso que ElRey de Portugal quizesse que estes Navios se detivessem nas Costas do seu Reyno mais de seis mezes, seria obrigado a lhes dar mantimento todo o tempo da dilaçaõ, e mais hum mez para a viagem até Inglaterra; e que dado caso, que ElRey de Portugal fosse mais estreitamente apertado das Armadas de seus inimigos, todas as Náos delRey de Gran-Bretanha, que em qualquer tempo estivessem no mar Mediterraneo, ou porto de Tangere, teriaõ ordens para obedecer a tudo o que ElRey de Portugal lhes mandasse, assistindo nas partes onde fossem necessarias para sua ajuda, e soccorro; e em razaõ das sobreditas concessoens, os herdeiros delRey da Gran-Bretanha, e seus successores em nenhum tempo jámais pediriaõ satisfaçaõ alguma por estes soccorros: que alèm da faculdade, que ElRey de Portugal tinha de fazer gente em Inglaterra em virtude dos Tratados passados, ElRey da Gran-Bretanha, pelo presente Tratado se obrigava, se acaso Lisboa, a Cidade do Porto, ou outra qualquer Praça maritima fosse sitiada, ou apertada pelos Castelhanos, ou outros quaesquer inimigos, de dar soccorros convenientes de soldados, e Náos conforme os accidentes, que sobreviessem, e a necessidade de Portugal o pedisse: que ElRey da Gran-Bretanha com consentimento do seu Conselho protestava, e promettia que elle nunca faria paz com Castella, que lhe pudesse directè, ou indirectè ser minimo impedimento a dar a Portugal pleno, e inteiro soccorro para sua necessaria defensa, e que nunca restituiria Dumquerque, ou Jamaica a ElRey de Castella, nem se descuidaria jámais de fazer tudo o que necessario fosse para ajuda de Portugal, ainda que por qualquer respeito se achásse obrigado a fazer guerra a ElRey de Castella. Tambem se ajustou, e acordou por ElRey da Gran-Bretanha, que em razaõ do dote, que recebia delRey de Por-

Anno 1661

Portugal com a Rainha sua mulher, renunciava todas as suas heranças, e direitos, assim paternos, como maternos; ou qualquer herança que pudesse ser de terras, casas, moveis, joyas, ou dinheiro, que por qualquer direito, ou titulo lhe pertencessem conforme as Leys de Portugal; e que só exceptuava naõ renunciar os titulos, que lhe pertencessem em Direito, na falta de successor á Coroa de Portugal, na qual entraria a Rainha, e seus descendentes; e finalmente por artigo secreto, que ElRey da Gran-Bretanha se obrigava a mediar a paz entre ElRey de Portugal, e os Estados de Holanda, e que naõ podendo conseguí-lo, mandaria huma Armada á India, que tomasse posse de Bombaim, e fizesse guerra aos Holandezes na defensa do Dominio de Portugal. Foraõ estas Capitulaçoens firmadas solemnemente por ElRey com todas as ceremonias legaes de Inglaterra, e pelo Embaixador, que brevemente passou a Portugal com ellas, onde foy recebido com grande contentamento da Rainha Regente, e differentes affectos da Nobreza, e Povo; porque a Rainha a todo o custo lhe parecia barato conseguir o casamento da Infanta com ElRey de Inglaterra; e os Povos sentiaõ vivamente a entrega de Tangere, e a de Bombaim na escrupulosa mudança da Fé Catholica aos erros hereticos, que os moradores, que quizessem ficar na antiga habitaçaõ das suas casas, se expunhaõ a seguir; e desembolso de dous milhoens, que entendiaõ naõ era o caminho menos seguro da defensa de Portugal, dispenderem-se nos soccorros, de que os Exercitos necessitassem: porêm os que mais profundamente discursavaõ na importancia deste negocio, e nas occurrencias daquelle tempo, conheciaõ que o zelo, industria, e capacidade do Conde da Ponte vencêra difficuldades, que pareciaõ insuperaveis, em concluir o casamento, pela poderosa opposiçaõ dos Castelhanos, e de todos seus alliados, e conseguîra taõ poderosos soccorros de Inglaterra, que contrapezáraõ as despezas do dote; porque as Armadas promettidas nas Capitulaçoens para defensa de toda a

Anno 1661

Costa

Cósta de Portugal, desvanecérao os intentos dos Castelhanos, de se animarem á conquista pertendida juntamente por mar, e por terra, em manifesto perigo da conservaçaõ de Portugal; e os Holandezes abateraõ a cavilosa industria, com que pertendiaõ valer-se da conjunctura da paz de França, e Castella, em notorio damno de Portugal, para adiantar a conquista da India, e restaurar as desgraças padecidas na América; e estas consequencias foraõ taõ consideraveis, como depois se experimentaraõ: e sendo a despeza de Portugal só por huma vez, a obrigaçaõ dos soccorros, e Armadas ainda hoje existe, e só nas quatro fragatas, que devem andar todos os annos, oito mezes, correndo a Cósta contra os piratas, se póde restaurar, quando se necessite dellas, parte do cabedal desembolsado; e succedendo voltar a Portugal a Rainha da Gran-Bretanha, póde restituir ao Reyno, no largo rendimento da renda de Inglaterra expressada nas capitulaçoens, muita parte do cabedal, que tirou delle. Anno 1661

O Conde da Ponte, logo que chegou a Lisboa, tratou com a Rainha da entrega de Tangere, e Bombaim com todo o segredo, e de se ajuntar o dinheiro para satisfaçaõ do dote, e aprestos da casa da Rainha, que partio no anno seguinte, na fórma que em seu lugar referiremos.

Elege a Rainha segunda vez Embaixador das Provincias unidas ao Conde de Miranda; passa a esta funçaõ, e ajusta a paz superando grandes dificuldades, e embaraços de Inglaterra.

Deixámos o Conde de Miranda eleito segunda vez pela Rainha Regente Embaixador ás Provincias Unidas, persuadida da prudencia, e industria, com que havia facilitado os grandes embaraços da conclusaõ da paz de Holanda; e havendo partido para este Reyno em o primeiro de Setembro do anno antecedente ao que escrevemos, e chegando ao primeiro de Outubro, voltou a quatro de Dezembro, e com melhor viagem, do que permittia o rigor do Inverno, chegou em vinte dias ao porto de Guré da Provincia de Holanda proximo á Cidade de Rotardaõ. Hum dos pontos mais essenciaes das instrucçoens, que levava, era o ajustamento da paz com as Provincias, com as excepçoens, que a Rainha tinha ratificado, ordenando expressamente ao Conde Embaixador,

Anno 1661

xador, que antes que as Provincias ouvissem tratar da recompensa do Commercio, houvesse de interpor ElRey da Gran-Bretanha a sua authoridade Real, e que com toda a diligencia lhe desse noticia de tudo o que obrasse, representando-lhe, e pedindo-lhe quizesse, ou acordar a paz, ou desistir do intento da sua queixa, que era concederem-se aos Holandezes iguaes privilegios, que aos Inglezes no Commercio; ou assentar o poder, e soccorro, com que Portugal havia de resistir á guerra de Holanda; e todas estas proposiçoens eraõ taõ difficeis de concordar, que justamente receava o Conde Embaixador na viagem, e rigor do Inverno, mais que as tormentas do mar, as tempestades da terra.

Havia chegado Diogo Lopes de Ulhoa ao porto de Tessel em Amsterdaõ a vinte e cinco de Novembro, e no mesmo ponto que sahio em terra, conforme as ordens da Rainha, tinha despachado hum proprio a ElRey da Gran-Bretanha com aviso das ordens que levava, de que pedia a resposta a ElRey taõ breve, que se anticipasse a sua negociaçaõ á conta, que havia de dar aos Estados, da fórma, que a paz vinha ratificada pelo Embaixador; e desejando Diogo Lopes prudentemente estender os espaços aos vagares das expediçoens de Inglaterra, sem passar a Haya, se deteve em Amsterdaõ a titulo de doente, e neste intervallo ganhou tempo, com que foy communicando com os Ministros o que lhe pareceo mais conveniente, antes de se declarar aos Estados a fórma, em que o Tratado da paz vinha ratificado, alcançando de algumas intelligencias a disposiçaõ do animo de todos os Ministros, que haviaõ de resolver esta materia. Resultou desta negociaçaõ conhecer, que o estado do tempo pedia suspendesse o effeito da ordem, que havia levado d'ElRey; sendo a razaõ mais forçosa haver a Provincia de Groningue, huma das cinco, com quem se tinha ajustado a paz, retrocedido desta resoluçaõ; negando ao seu Commissario poder para a acceitar na fórma em que o havia feito, e tendo-o prezo por esta causa; e por esta resoluçaõ ficavaõ das sete Provincias só quatro conformes em ajustar a paz, e

por

por este respeito qualquer embaraço bastava para divertir huma das Provincias, com que de todo ficaria desvanecido o Tratado; e os Ministros, que a desejavaõ, persuadiraõ a Diogo Lopes de Ulhoa, que o naõ presentasse, entendendo, que como a ratificaçaõ trazia excepçoens no Commercio, a Provincia de Holanda, que era a que a facilitou, seria a primeira que a duvidasse: e vendo-se Diogo Lopes no perigo de lhe ser preciso obedecer á ordem que levava da Rainha, ou romper o Tratado da paz, assentou com os Ministros, que desejavaõ o effeito della, que elle pedisse ordem aos Estados para declarar o negocio, que a Rainha lhe mandava propor, e que elles facilitariaõ negar-se-lhe esta permissaõ, valendo-se do pretexto de nao haver mandado a Rainha publicar a cessaõ de Armas em Europa na fórma da expressaõ de hum dos artigos da paz. Teve effeito esta diligencia, ajudando-a o Enviado de Inglaterra, e ficou Diogo Lopes esperando a chegada do Conde Embaixador. Do porto de Gurê passou o Embaixador a Haya, onde entrou a vinte e seis de Dezembro, e achou naquella Corte a Diogo Lopes de Ulhoa, e Jeronymo Nunes da Costa, que por sua ordem haviaõ de Amsterdaõ passado a ella. Foy grande o aperto, em que justamente entrou o cuidado do Embaixador com a noticia da difficuldade, que achava, para os Estados Geraes admittirem pratica de recompensa nas excepçoens, que levava o Tratado da paz a respeito das instancias d'El-Rey de Inglaterra; porque os Estados, quanto mayores eraõ as diligencias dos Inglezes, tanto mais cresciaõ os ciumes da sua isençaõ, e em nenhuma fórma se queriaõ conformar com outro partido mais, que em affinar o Tratado da paz ajustado em Agosto antecedente; e esta noticia, e todos os perigos deste negocio repetio o Embaixador ao Enviado de Inglaterra, lembrando-lhe o perigo da India na grossa Armada, que a Companhia Oriental prevenia contra o Dominio de Portugal, como a elle lhe constava, e que todos estes intentos produzia a dilaçaõ de se firmar a paz, que só embaraçavaõ os interesses de Inglaterra; e lhe pedio quizesse fazer presen- Anno 1661

Anno 1661

presente tudo o referido a ElRey da Gran-Bretanha, e a seus Ministros: e ao mesmo tempo fez o Embaixador aviso a Ruy Telles de Menezes, que em ausencia de seu cunhado o Conde da Ponte ficou assistindo com grande applicaçaõ, e actividade aos negocios de Portugal na Corte de Londres, e remetteo-lhe cartas para ElRey, e para o Chanceler com distincta informaçaõ do estado em que se achava, e duvidas que tinha a conclusaõ da paz, seguindo a instrucçaõ, que levava da Rainha, para observar esta diligencia. Promptamente respondeo o Chanceler ao Conde Embaixador, e depois de varias offertas lhe dizia, que no que tocava ao Tratado da paz, ElRey mandava ordem ao seu Enviado para ajudar os intentos de Portugal, e concluir o Tratado. Com este aviso buscou o Conde Embaixador ao Enviado para saber a ordem, que havia recebido, e entendeo delle, que ElRey lhe ordenava, que apuradas todas as negociaçoens, no ultimo ponto cedesse da parte d'ElRey na pertençaõ de naõ querer ElRey igualdade no Commercio. Naõ diminuio ao Embaixador esta ordem o cuidado com que estava, conhecendo que a particula de chegar ao ultimo ponto, fazia dilatada a conclusaõ do Tratado, que era necessario abbreviar-se antes da monçaõ da India, por se naõ anticipar o perigo ao remedio; que em caso que se naõ ajustasse, ficava a ElRey da Gran-Bretanha a escusa de naõ haver sido causa do damno, que se padecesse, por ter dado a permissaõ em tempo habil; e ainda descobria mais a destreza, naõ passar esta concessaõ d'ElRey ao Chanceler a expressar, nem ao Embaixador, nem a Ruy Telles, ficando só fiada na verdade do Enviado; pequena segurança em empenho taõ consideravel, principalmente depois que os Ministros, mandados a similhantes funçoens, introduziraõ a especiosa politica de offerecer aos Principes as pessoas para o castigo na palavra, que quebraõ, e nos ajustamentos, que negaõ em beneficio das suas Coroas; porêm o Embaixador armando-se prudentemente de cautéla contra cautéla, naõ mostrou ao Enviado resentimento algum, e dando-lhe as graças do

que

que lhe havia referido, disse que tinhaõ chegado ao ultimo ponto, que ElRey de Inglaterra tomava por termo para dispensar, sem queixa sua, a conclusaõ do tratado da paz, visto os Estados naõ quererem ouvir outra alguma proposta. Respondeo o Enviado, que as diligencias, que ElRey lhe mandava fazer, ainda naõ estavaõ apuradas, que vista a conclusaõ dellas, lhe daria em breves dias a ultima resposta. Concordou o Embaixador nesta proposiçaõ, porque naõ havia trazido ratificado o tratado da paz, querendo a Rainha, antes de se assinar, conseguir o beneplacito d'ElRey da Gran Bretanha; e o Embaixador fez promptamente aviso á Rainha da resposta do Enviado de Inglaterra, pedindo-lhe remettesse o tratado assinado. Passaraõ-se os dias do termo, que o Enviado havia tomado para applicar as suas diligencias, e vendo o Embaixador que elle continuava a destreza de o embaraçar sem conclusaõ, escreveo ao Chanceler os apertados termos, em que se achava o negocio da paz, cujo prazo da conclusaõ naõ chegava mais, que até seis de Agosto: que o perigo do estado da India era manifesto, e que elle totalmente dependia da declaraçaõ da ultima vontade d'ElRey da Gran Bretanha por escrito, entendendo que ElRey se achava taõ empenhado na conservaçaõ de Portugal, que naõ havia de querer ser instrumento do seu prejuizo. Remetteo o Embaixador esta carta a Ruy Telles, que a entregou ao Chanceler com hum memorial aberto, do que ella continha, e instou desórte com ElRey, e com elle pela resposta, que a conseguio dentro de breves dias; e remettendo-a ao Embaixador, entendeo della, que ao Enviado hia ordem para fazer tudo, o que o Embaixador lhe dissesse convinha ao serviço d'ElRey de Portugal. Buscou logo o Embaixador ao Enviado, que confessou ter esta ordem, e assim o firmou em hum escrito, que deo ao Embaixador; pedindo-lhe porêm amigavelmente lhe désse permissaõ para continuar as diligencias em beneficio do commercio de Inglaterra, que de todo naõ havia apurado, o que o Conde Embaixador facilmente lhe concedeo; porque como ainda

Anno 1661

Anno 1661

naõ tinha o tratado assinado, todas as dilaçoens feitas pelo Ministro de Inglaterra eraõ em justificado beneficio do seu procedimento; e sem dilaçaõ remetteo á Rainha a copia do escrito, tornando a instar pelo tratado da paz firmado. Os Estados, fomentando-lhes a desconfiança os Ministros de Castella, instaraõ ao Embaixador pela conclusaõ da paz, e elle com toda a destreza foy temperando estas difficuldades, conseguindo a sua prudencia a feliz execuçaõ deste negocio, cómo veremos no anno seguinte.

Varias noticias da Conquista de Tangere.

O Conde da Ericeira D. Fernando de Menezes continuava o governo da Cidade de Tangere: com as esperanças da chegada de D. Luiz de Almeida, que a Rainha lhe havia nomeado por successor, dobrava o cuidado, e a vigilancia, para que o fim do seu governo approvasse com a felicidade as grandes fortunas, que tinha conseguido em todo o tempo, que havia durado: e como a tençaõ recta, com que procedia, e o prudente valor, com que executava, naõ enfraqueciaõ por algum accidente, veyo a coroar, como desejava, o progresso do seu governo, respeitando os Mouros desorte a sua industria, que poucas vezes corriaõ o Campo; porque como se naõ atreviaõ a executar este intento sem grande poder, e a utilidade era menor que a despeza, esperavaõ na mudança do governo mudança da fortuna. Mandou o Conde fazer algumas entradas, todas prosperamente succedidas; e a vinte e hum de Junho chegou D. Luiz de Almeida a Tangere, e desembarcando sem dilaçaõ, o hospedou o Conde magnificamente, e largando-lhe a casa dedicada para os Governadores, passou a outra, e dentro de breves dias embarcou nas Caravélas, em que D. Luiz havia chegado, com a Condessa sua mulher, sua filha Dona Joanna de Menezes, e a sua familia; e deixando nos moradores geral sentimento da sua partida, pelos grandes interesses, que lhe haviaõ resultado da sua assistencia, partio para o Algarve, onde chegou felizmente: passando a Lisboa, achou no favor da Rainha merecida satisfaçaõ de seu procedimento. D. Luiz de Almeida deo principio ao seu

gover-

governo com pouca felicidade, como em seu lugar referiremos, sendo que o seu valor, e o seu juizo prometia outra fortuna.

Anno 1661

Varias notícias da Conquista da India.

O Estado da India governavaõ Antonio de Sousa Coutinho, e Francisco de Mello de Castro: No principio deste anno nomearaõ por successor de Miguel Grimaldo para a guarda da Barra a Manoel Furtado de Mendoça com seis navios, e titulo de Capitaõ mór do Norte. Neste tempo chegou a Goa de Cochim o Capitaõ mór Bernardo Correa com os navios, que havia levado o anno antecedente ao soccorro daquella Cidade; e porque o receyo do poder dos Holandezes se naõ diminuia, se apparelharaõ os navios de novo, e tornou a voltar com elles Bernardo Correa para Cochim a tempo, que os Holandezes haviaõ tomado a Fortaleza de Coulaõ, governada por Fernando dos Santos, soldado valoroso; porêm o valor dos Governadores naõ se póde diffundir pela fraqueza das muralhas, e estreiteza das guarniçoens, causa da entrega de Coulaõ. Os Holandezes mandaraõ para Surrate os soldados, que o guarneciaõ, e o Governador com os casados para Cochim. Bernardo Correa levou ordem dos Governadores para mandar soccorro a Tanor, e que com a brevidade possivel voltasse para Goa, procurando desviar-se de pelejar com os Holandezes. Chegando a Barçalor, achou sobre ferro huma náo Holandeza de guerra: investio-a, naõ quizeraõ os Holandezes esperar o encontro, picaraõ a amarra, e fugiraõ para o mar. Seguio Bernardo Correa a sua derrota, e naõ podendo alcançá-la, entrou em Tanor, onde achou ao Sargento mayor Domingos Coelho de Ayala com algumas Almadias para a reconducçaõ do soccorro. Entregou-lho, e voltando para Goa, encontrou hum navio de remo Holandez, que rendeo facilmente. Entrou com elle na Barra, e com intrepida resoluçaõ, e confiança na ligeireza dos navios de remo, investio a Armada de Holanda, que para mostrar o pouco caso, que fazia deste intento, naõ disparou peça alguma. Recolheo-se o Capitaõ mór á Fortaleza da Auguada, e pouco tempo antes havia pelejado o Capitaõ

Anno 1662

mór varias vezes, principalmente quatro legoas de Murmugaõ, com hum pataxo, e hum navio Holandez, e assim neste, como em todos os mais encontros tinha mostrado valoroso procedimento.

Os Governadores intentaraõ mandar este anno náo ao Reyno, que casualmente se queimou; desgraça, que lhes impossibilitou apparelhar outra. Despediraõ as de Mombaça, e Moçambique, comboyadas pelo Capitaõ mór Manoel Furtado de Mendoça, e em sua companhia passou para o governo de Moçambique D. Manoel Mascarenhas, e para governar Dio partio Antonio de Saldanha. Os Governadores tiveraõ aviso, que os Holandezes atacavaõ Cangranor, mandaraõ soccorrer esta Fortaleza por Bernardo Correa com seis navios; chegando, conseguio retirarem-se os inimigos. Voltou para Goa, e a Armada de Holanda se retirou daquella Barra nos ultimos de Mayo. Chegou no mez seguinte á Barra de Murmugaõ desarvorado em huma náo do Reyno o Capitaõ Francisco Rangel Pinto, que partio de Lisboa na monçaõ de Abril em companhia de Manoel Botelho de Amaral, que se perdeo na Ilha de S. Lourenço, onde morreo quasi toda a gente do seu navio. Francisco Rangel levou ordem da Rainha Regente para succederem a Antonio de Sousa Coutinho, e Francisco de Mello de Castro no governo da India D. Manoel Mascarenhas, Luiz de Mendoça, e D. Pedro de Alencastre; e em ausencia de Manoel Mascarenhas, que estava governando Moçambique, tomaraõ posse Luiz de Mendoça, e D. Pedro de Alencastre. Foy a primeira deliberaçaõ de Luiz de Mendoça prender na cadêa publica a D. Francisco de Lima, com quem naõ professava muita amizade, contra o parecer de D. Pedro de Alencastre. Era a causa varias culpas, que lhe accumulavaõ no governo antecedente; e D. Pedro, naõ podendo evitar-lhe a prizaõ, lhe facilitou a liberdade, dando-lhe adito para fugir da prizaõ com o carcereiro; e bastou esta primeira differença dos dous Governadores, para nunca mais se conformarem, em grande prejuizo da conservaçaõ daquelle Estado, cuja desgraça sempre teve origem mais nos animos,

animos, que nos homens. Neſte tempo deſembarcaraõ os Arabes em Bombaim, onde aſſiſtia, pelo dominio que tinha naquella parte, D. Rodrigo de Monſanto. Saltaraõ em terra na praya de Colleo, ſem lhe fazer oppoſiçaõ Jorge da Silva Coelho, que havia chegado de Baſſaim por Capitaõ mór de algumas Machuas. Os Arabes correraõ toda a Ilha, e ſaquearaõ as Aldêas de Mazagaõ, Parella, e Máim, donde levaraõ conſideravel deſpojo. Tenho noticia, de que deſembarcavaõ, Joaõ de Siqueira de Faria, que governava Baſſaim, mandou acudir a eſte damno a D. Alvaro de Attaide, e Valentim Soares, e toda a gente, que pode juntar: porêm chegando a Bombaim, onde havia mais de dous mil homens, e achando ainda os Arabes em terra (que eraõ ſó ſeiſcentos) naõ receberaõ mais damno, que degolarem-lhe alguns, que por deſmandados ſe naõ embarcaraõ.

Anno 1662.

A grande gloria, que o Marquez de Marialva havia conſeguido na batalha das linhas de Elvas, a opiniaõ que tinha ganhado em paſſar á Provincia de Alem-Tejo á ordem do Conde de Atouguia na Campanha de Arronches, e o poder adquirido no governo da Rainha depois da morte do Conde de Odemira, foraõ taõ vehementes eſtimulos para elevar o eſpirito, que o animava, que ſem recear a inconſtancia da fortuna militar, muito mais voluvel neſte perigoſo exercicio, que em qualquer das outras operaçoens humanas, procurou anciosamente paſſar ſegunda vez ao governo das Armas da Provincia de Alem-Tejo: e porque, para conſeguir eſte intento, era neceſſario compor primeiro o brioſo coraçaõ do Conde de Atouguia, que a governava; repreſentou á Rainha, que ſó na peſſoa do Conde de Atouguia aſſentava bem a occupaçaõ de General da Armada Real, que forçoſamente ſe devia prevenir, reſpeitando-ſe as noticias, que ſe repetiaõ, de que os Caſtelhanos preparavaõ Armada para esforçar as operaçoens de dous Exercitos, com que determinavaõ campear na futura Primavera: e como a Rainha ſe achava dependente da authoridade, e ſequito do Marquez, conhecendo o deſejo, em que ſe inflammava de governar o Exercito de

Elege a Rainha ſegunda vez ao Marquez de Marialva Governador das Armas da Provincia de Alem-Tejo, e ſatisfaz ao Conde de Atouguia tirar-lhe eſte poſto nomeando-o General da Armada.

Anno 1662

Alem-Tejo, concordou com a sua opiniaõ, e mandou offerecer ao Conde de Atouguia o Posto de General da Armada. O Conde recebeo este aviso com taõ vehemente pezar, que arrebatado da colera, que predominava no seu alvedrio, fez publicas aquellas queixas, que costumaõ ser de mayor effeito discursadas, que proferidas; e respondeo á Rainha com termos taõ sentidos, e com taõ vivas expressoens do aggravo, que recebia de o tirarem daquelle governo, quando as prevençoens de Castella lhe ameaçávaõ o mayor perigo, que a Rainhá suspendeo alguns dias a resoluçaõ de nomear o Marquez Governador das Armas do Exercito, e Provincia de Alem-Tejo. Porêm apertando o Marquez as diligencias, por estar publico o segredo do seu intento, chegou a vencer todas as difficuldades, de que tendo aviso o Conde de Atouguia, pedio licença á Rainha para passar á Corte nos primeiros dias de Fevereiro. Concedeo-se-lhe, e deixando as prevençoens da Provincia muito adiantadas, e seu filho mais velho D. Manoel Luiz de Attaide entregue a D. Luiz de Menezes seu tio, partio para Lisboa; e a poucas horas depois da sua chegada, conheceo invencivel o seu intento, e se achou obrigado a acceitar o Posto de General da Armada por mediaçaõ do Duque do Cadaval, a quem a Rainha encommendou esta diligencia; desejando suavizar a offensa do Conde, cujo animo era taõ conhecidamente sujeito á paixaõ arrezoada, que irritado em materias de pondunor, era muito difficil de applacar.

Declarado o Marquez de Marialva Governador das Armas da Provincia de Alem-Tejo, a seu beneplacito foy nomeado General da Cavallaria o Conde da Torre, que exercitava o Posto de Mestre de Campo General de Entre Douro e Minho; promoçaõ, em que tambem ficou offendido Affonso Furtado de Mendoça, cujo valor, e procedimento era merecedor de mayores attençoens. Em quanto o Marquez de Marialva se prevenia, e negociava os soccorros de Alem-Tejo, governou o Conde de Schomberg aquella Provincia com tanta prudencia, que grangeou nos animos dos soldados singular affeiçaõ,

e cone conſeguio com a ſua ſevéra diſciplina naõ ſerem eſcandaloſas aos Povos as Tropas eſtrangeiras. Poucos dias depois de partido o Conde de Atouguia, teve aviſo o de Schomberg, que havia entrado huma partida de Badajoz pela eſtrada de Eſtremoz. Ordenou a D. Joaõ da Silva ſahiſſe com a Cavallaria de Elvas a ſeguî-la. Fez D. Joaõ taõ boa diligencia, que colheo a partida, em que entrava hum Ajudante, e ſeis Officiaes de outros poſtos inferiores, e tomando-ſe-lhe á confiſſaõ divididos, todos concordaraõ, que as prevençoens dos Caſtelhanos creſciaõ de ſorte, que com os primeiros annuncios da Primavera ſahiria em Campanha D. Joaõ de Auſtria: que aquella partida entrara por ordem do Meſtre de Campo General Luiz Poderico a tomar o correyo. Eſtas noticias remetteo o Conde de Schomberg á Rainha, pedindo-lhe naõ dilataſſe os ſoccorros daquella Provincia, dinheiro para as fortificaçoens, e para pagamento do Exercito, e Tropas eſtrangeiras, que havia cinco mezes naõ recebiaõ ſoccorro algum, contra as obrigaçoens da ſua capitulaçaõ. Foy a reſpoſta, que o Conde teve, que o Marquez de Marialva ſe ficava prevenindo para ir a exercitar o ſeu Poſto, e levava ajuſtado tudo o que era neceſſario para provimento do Exercito. O tempo que ſe dilatou, diſpendeo o Conde de Schomberg em melhorar o noſſo Partido; e conſtando-lhe que inceſſantemente entravaõ em Badajoz groſſos comboys, unidas as Companhias de cavallos de Campo Mayor, e Elvas, e o ſeu Regimento, que aſſiſtia em Eſtremoz, conſtando eſte corpo de novecentos cavallos, marchou o Conde com elle de noite, e antes de amanhecer ſe emboſcou em hum ſitio chamado Sagrages, huma legoa diſtante da eſtrada de Talavera, deſta parte de Guadiana. Paſſou quaſi todo o dia, ſem ſe dar viſta do comboy: pelas quatro horas da tarde ſahiraõ cinco batalhoens de Badajoz, marcháraõ pela eſtrada de Talavera, e fizeraõ alto pouco diſtantes da emboſcada; naõ ſe acautelando daquelle ſitio, pelo dar por ſeguro huma partida, que havia feito priſioneiros dous ſoldados de outra, que o occupava por ordem do Conde de Schom-

Anno 1662

Anno 1662

Schomberg, que constantemente negaraõ o fim, para que foraõ mandados, e nesta confiança sahio o comboy de Talavera; e vendo o Conde de Schomberg, que se achava em igual distancia de huma, e outra Praça, despedio tres batalhoens soltos com ordem, que embaraçassem os cinco, que ao primeiro impulso determinaraõ segurar o porto de Guadiana, que defendia o comboy: porêm vendo que era mayor o poder; porque o Conde marchou com todos os batalhoens em composto galópe a dar calor aos tres que haviaõ avançado; fugiraõ para Badajoz, e como estava pouco distante, naõ perderaõ muitos cavallos. Passou o Conde Guadiana, e tomado o comboy, que constava de cem carretas carregadas de armas, e despojadas pelos soldados, deraõ fogo ás que naõ puderaõ conduzir, e carearaõ os boys que as levavaõ. Retirou-se o Codde, e passados poucos dias, passou D. Joaõ de Austria a Badajoz, e successivamente foraõ entrando naquella Praça todas as preparaçoens necessarias para a Campanha. Com esta noticia, que o Conde de Schomberg remetteo á Rainha, partio o Marquez de Marialva para Estremoz, ficando ajustados os soccorros das Provincias, e assistencias de dinheiro, e municoens, que haviaõ de passar a Alem-Tejo; porque a sua diligencia, para se lograr este fim, era naquelle tempo a de mayor importancia, e que se devia contar pela mais efficaz. Chegando a Estremoz, começou a dispor a uniaõ do Exercito naquella Praça, conforme o assento tomado, como ja referimos. O valor do Marquez, e a justa gloria da victoria das linhas de Elvas haviaõ introduzido no seu magnanimo coraçaõ mayor confiança, do que permittiaõ os perigos da guerra defensiva: e o Conde de Schomberg, supposto que com as repetidas experiencias militares pudera evitar este ardor, succedeo a poucos lances de trato com o Marquez, terem principio inuteis desconfianças aos progressos daquelle Exercito. Com poucos dias de assistencias de Estremoz passou o Marquez a Elvas: deteve-se tres dias, voltou para Estremoz por Geromenha, que deixou entregue ao Mestre de Campo Manoel Lobato

Passa o Marquez a Alem-Tejo, que achou governado pelo Conde de Schomberg com feliz successo.

Pinto,

Pinto, soldado de mais valor, que sciencia militar. conhecendo-se ser a defensa das Praças a mais difficultosa de aprender. Anno 1662

Entrava o mez de Mayo; e cresciaõ os avisos de que D. Joaõ de Austria sahia em Campanha. O Marquez persuadindo-se que era retroceder nos avanços da sua opiniaõ, naõ se adiantar a dar vista dos inimigos, deliberou passar a Elvas com a primeira noticia de que D. Joaõ de Austria sahia de Badajoz, ainda que o numero das tropas, que estivessem juntas, naõ conrespondesse á utilidade de algum feliz intento. Antes de se acabar de prevenir em Badajoz o Exercito de Castella, se unio naquella Praça todo o corpo de Cavallaria. Assistia em Elvas o Thenente General D. Joaõ da Silva, e vigilante em todos os accidentes, teve noticia que os Castelhanos occupavaõ hum sitio entre Badajoz, e Olivença, chamado o Cabeço de Boé, com intento de correrem as nossas partidas, que passassem Guadiana, como costumavaõ, a observar os movimentos do seu Exercito. Com este aviso ordenou ao Capitaõ de Cavallos Roque da Costa Barreto passasse Guadiana a armar com cem cavallos aos quarenta Castelhanos, e que marchava com quatro batalhoens a segurar-lhe o porto. Deo-se o intento á execuçaõ, e succedeo sahir no mesmo dia de Badajoz a forrajar ao Rincaõ com vinte e sette batalhoens o General da Cavallaria D. Diogo Cavalhero, adiantando cinco cavallos a descobrir Guadiana no sitio chamado da Atalaya da Terrinha, da parte de Portugal; sendo vistos por D. Joaõ da Silva, os mandou carregar com quinze, sem noticia do mayor grosso, e ordenou ao Capitaõ D. Manoel Luiz de Attaide lhes désse calor com o seu batalhaõ soccorrido pelo Capitaõ de cavallos Joaõ Furtado de Mendoça com a sua Companhia, que estava de guarda, e que nesta occasiaõ, como em todas, mostrou o valor, e sciencia militar, de que era dotado, advertindo-lhes que em nenhum caso chegassem a Caya, por ser o sitio mais suspeitoso de toda aquella campanha. D. Manoel, que era de poucos annos, e muito valoroso, naõ tolerando a distancia en-

Anno 1662
tre a ordem que levava, e o fogo juvenil em que ardia, todo entregue a inconfideravel impulso, chegou, e Joaõ Furtado a Caya, onde reconheceo perigosa a desordem da desobediencia; porque haviaõ passado o rio os vinte e sete batalhoens, de que dando vista D. Manoel, e Joaõ Furtado, determinaraõ retirar-se; porêm a tempo que D. Diogo Cavalhero havia despedido dous batalhoens a entretê-los, e oito a derrotá-los. D. Joaõ da Silva, vendo o manifesto perigo, que corriaõ D. Manoel, e Joaõ Furtado, marchou a soccorrê-los com os tres batalhoens, que lhe haviaõ ficado, e mostrando resoluçaõ de investir os dous, que seguiaõ D. Manoel, os obrigou a fazerem alto, aguardando os oito, que lhes davaõ calor. Vendo D. Manoel, e Joaõ Furtado esta suspensaõ, voltáraõ a carregar alguns soldados soltos, que os embaraçavaõ, seguidos de D. Joaõ, que lhes mandou ordem, para que naquella mesma fórma se viessem retirando, porque elle fazia o mesmo, conservando entre os dous corpos a distancia de hum tiro de caravina. Com esta ordem se vieraõ retirando legoa e meya, que se achavaõ distantes de Elvas, naõ dando lugar aos Castelhanos a formarem os dous batalhoens; porque ao tempo, que queriaõ compô-los para investir, voltava D. Manoel, e Joaõ Furtado, e o mesmo fazia D. Joaõ, e carregando os que pertendiaõ formar-se, os tornavaõ a descompor na retirada, e o tempo, que gastavaõ em se formar, tomava D. Joaõ para ganhar terra; e nesta bem composta retirada chegou aos Olivaes de Elvas: e como deste sitio até o Forte de Santa Luzia era a estrada muito estreita, mandou D. Joaõ desfilar com summa diligencia os tres batalhoens, e deo ordem aos Capitaens, que se formassem junto do Forte, e elle com os batalhoens de D. Manoel, e Joaõ Furtado ficou na retaguarda, sustentando a escaramuça o tempo, que bastou para os batalhoens se formarem, e a mais de meya redea conseguiraõ o mesmo intento; e querendo D. Joaõ usar do beneficio do tempo, bradou aos Capitaens, que ja estavaõ formados, que investissem aos inimigos, que vinhaõ soltos. A confusaõ naõ fez perceptivel esta ordem,

e foy

e foy só obedecida de D. Manoel, e João Furtado, que voltarão com muito valor sobre os Castelhanos, e matando hum Official com as proprias mãos, fez prisioneiros oito soldados; e como os vinte e quatro batalhoens vinhão ja chegando, se retirou ao abrigo do Forte, e fóra delle achou ao Mestre de Campo D. Luiz de Menezes com toda a Infantaria da Praça. Fizerão alto os Castelhanos, respeitando a artilheria do Forte, que jogava sobre elles, e os obrigou a se retirarem com brevidade, e D. João marchou a esperar Roque da Costa, que se retirou pela estrada de Olivença. Havia sahido com elle Manoel Telles da Silva, Conde de Villar-Mayor, que tinha assistido na Campanha antecedente, e naquella servia voluntario, mostrando ardente desejo de não faltar aos mayores empregos do valor, e manifestou naquella occasião o sentimento de errar a execução, não havendo errado na obediencia, offerecendo-se mayor perigo na parte, onde menos o imaginava; porque no inconstante exercicio da guerra, nem sempre se encontrão as occasioens, quando se buscão, e muitas vezes se achão, quando se não esperão. Anno 1662

Poucos dias depois deste successo começou a engrossar em Badajoz o corpo da Cavallaria inimiga, succedendo a D. João de Austria dilatar a sahida do Exercito em Campanha mais dias, dos que desejava, pertendendo dever á sua diligencia anticipar-se na Primavera ao ardente curso do Sol do Estio: porêm a omissão dos Ministros d'ElRey seu Pay desbaratava na dilação dos soccorros toda a sua actividade, exercitada pessoalmente em todas as operaçoens de mayor, e menor importancia. Foy-se juntando o Exercito, e escreveo mal informado D. Jeronymo Mascarenhas (como em outros muitos particulares) que oito dias antes de sahir D. João de Austria em Campanha, fora a Badajoz o Padre Francisco Caldeira, Reytor do Collegio dos Padres da Companhia de Portalegre, que com o pretexto de humas mulas, que se havião tomado ao Collegio (como succedeo) lhe propuzera tregoa de quatro mezes, para se poderem tratar materias muito importantes a ambas as

Coroas,

Anno 1662

Coroas, e que D. João de Austria lhe respondera, que entregando-se-lhe logo as Praças de Elvas, Campo Mayor, e Geromenha, concederia as tregoas propostas: e remata D. Jeronymo este dicurso, condenando as acçoens, e a capacidade da sua Nação com tão indecentes termos, que mereceo o castigo, que das suas proprias mãos padeceo a sua ousadia; porque quando se arrojou a presumir que o Marquez de Marialva mandara fazer a D. João de Austria huma proposição tão ridicula, pudera lembrar-se, para lhe não dar credito, da resposta, que acima referimos deo ao Marquez de Chup, que foy notoria a todo o mundo, não succedendo accidente, que o obrigasse a mudar de opinião: e escrever fabulas imaginadas, sem verdadeiras informaçoens dos successos, he a mais indesculpavel desgraça dos Escritores; porque tirão descredito, que se não extingue, do mesmo trabalho, em que solicitão conseguir opinião: e supposto que D. Jeronymo Mascarenhas, dando á estampa este successo, fez inexcusavel referir-se a verdade delle, diremos como aconteceo. Fallando o Padre Francisco Caldeira a D. João de Austria, sem outra testimunha, na concessão das mulas, que se havião tomado ao Collegio, lhe disse: que reconhecendo a sua benignidade, e affeiçoado ás suas grandes virtudes, se arrojava a lhe fazer lembrança da enfraquecida idade d'El-Rey seu Pay, e da achacada compreição de seu irmão o Principe D. Carlos; e que sendo tão evidente a pouca duração de hum, e outro, quanto melhor era Portugal para amigo, que para contrario; e quanto acharia a Deos mais propicio para a certeza de dominar a Monarchia de Castella, se se deliberasse a não querer usupar o alheyo. Respondeo colerico D. João, que fizera bem em lhe pedir licença para pronunciar o excesso, que lhe havia proposto; e que na consideração de ser o seu arrojamento inspirado pelo Marquez de Marialva, lhe dissesse, que depressa se verião em Campanha; resposta digna de hum Principe merecedor de conseguir gloria immortal.

A sete de Mayo sahio o Exercito de Badajoz, e logo

go que a vanguarda começou a formar-se, passada a ponte, fez D. Joaõ da Silva aviso ao Marquez de Marialva, que estimulado da noticia, que lhe havia communicado o Padre Francisco Caldeira, se pôs em marcha para Elvas com cinco mil Infantes, e dous mil cavallos. Antes de cerrar a noite, chegou á fonte dos Capateiros, onde achou D. Joaõ da Silva com a noticia, de que D. Joaõ de Austria havia passado Caya, e vinha em marcha com todo o Exercito. Esta certeza deixou confuso ao Marquez, chamou a Conselho, e todos os que se acharaõ nelle votaraõ, que passasse a Elvas; porque a distancia era taõ pouca, que primeiro que os inimigos chegariaõ áquella Praça. Sem mais demora se executou esta resoluçaõ: ao amanhecer no dia seguinte chegou o Marquez a Elvas. D. Joaõ de Austria naõ havia continuado a marcha, por se dilatar em passar mostra ao Exercito, que constava de nove mil Infantes, e cinco mil cavallos, dezeseis peças de artilheria, tres morteiros, e oito petardos, e todos os mais instrumentos de expugnaçaõ, e grande numero de muniçoens, mantimentos, e bagagens. Era Capitaõ General D. Joaõ de Austria, Governador das Armas o Duque de S. German, Mestre de Campo General Luiz Poderico, General da Cavallaria D. Diego Cavalhero, General da Artilheria D. Gaspar de la Cueva, e com titulo de General da Artilheria ad honorem, Nicoláo de Langres, que contra a fé promettida havia passado ao serviço d'ElRey de Castella, depois de ter servido de Engenheiro com grandes vantajens muitos annos em Portugal; padecendo a sua maldade taõ justo castigo, que em todo o tempo, que durou a guerra, naõ houve na sua Naçaõ Franceza pessoa, a quem imitar, nem que o imitasse, procedendo todos os que se acharaõ na defensa deste Reyno com admiravel valor, e incorrupta fidelidade. Os Officiaes da Infantaria, e Cavallaria do Exercito eraõ, ou de conhecida qualidade, ou de manifesta experiencia, e brevemente com novas levas se foy augmentando o numero das Tropas. A nove de Mayo marchou D. Joaõ de Austria, foy a primeira operaçaõ, voarem-se tres,

Anno 1662

Sahe em Cãpanha D. Joaõ de Austria.

Passa de Estremoz a Elvas com esta noticia o Marquez de Marialva cõ poucas Tropas.

Anno 1662

Acha o Exercito de Castella visinho a Elvas, retira-se á sua vista.

tres Atalayas. Fez alto na Torre dos Sequeiras, que fica para a parte de Campo Mayor, pouco distante dos Olivaes de Elvas. Quando o Exercito vinha em marcha para este alojamento, conheceo o Marquez de Marialva que havia sido intempestiva a resoluçaõ, que tomara, e determinando emendá-la com mayor perigo, chamou a Conselho, e propôs, que estava determinado a voltar para Estremoz; e que como naõ perguntava a deliberaçaõ, que devia tomar, queria só entender o caminho, que havia de seguir. Todos os que se acharaõ no Conselho, reconheceraõ o risco daquella deliberaçaõ; porque o Exercito de Castella estava taõ visinho, que com a primeira noticia da nossa marcha, seria infallivel naõ perder D. Joaõ de Austria conjunctura taõ opportuna, como pelejar com taõ superior partido, pois avançando todo o corpo da Cavallaria, ficaria suspensa a nossa marcha, o que bastasse, para dar tempo a chegar o resto do Exercito a pelejar com tantas vantajens, como se deixa conhecer na desigualdade do numero das Tropas: porêm como a proposiçaõ do Marquez naõ dava lugar a discursos, e o perigo de Estremoz era evidente, naõ tendo mais defensa, que a daquelle Exercito, por estar a Cidadela imperfeita, o segundo recinto principiado, e o corpo da Praça aberto, nos puzemos em marcha, para se evitar hum perigo com outro perigo, e o Marquez levou da guarniçaõ de Elvas o Terço do Mestre de Campo D. Luiz de Menezes, que constava demil e duzentos Infantes luzidos, e valorosos; e o Mestre de Campo naõ receou o trabalho da marcha pelo rigor do Sol, achando-se actualmente impedido com huma erisipéla no rosto, e oito sangrias nos pés. Seguio o Exercito a estrada de Villa-Boim com o intento de alojar na Asseca, sitio capaz de resistir qualquer accidente, a que se unia a tapada de Villa Viçosa. Foy muito descomposta a ordem da marcha; porque o Marquez de Marialva havia tomado a resoluçaõ de marchar sem a assistencia do Conde de Schomberg, que se tinha adiantado a reconhecer o Exercito de Castella. A confusaõ accrescentou o perigo; porque sem disciplina

plina mayores Exercitos ficaõ indefezos, e com regularidade costumaõ os Alexandres ser vencedores dos Darios. A's onze horas da manhãa sahimos de Elvas, e ao mesmo tempo se adiantava a vanguarda do Exercito de Castella da Torre do Sequeira. O Thenente General D. Joaõ da Silva teve ordem para occupar as colinas, que cobriaõ a nossa marcha, com quinhentos cavallos, que observou com tanta destreza, que se lhe deveo naquelle dia a segurança do Exercito. Occupou com muita vigilancia as serras do Bispo, e Gibrela, que eraõ as duas que serviaõ de cortinas aos dous Exercitos: porêm ficou coberto com o alto das serras, e adiantando-se com quinze cavallos, observou que as quatro Companhias da guarda de D. Joaõ de Austria, e o Duque de S. German vinhaõ avançadas, e lançavaõ batedores a descobrir o sitio, que elle occupava. Retirou-se aos seus batalhoens, e deixou hum Thenente por Cabo dos quinze cavallos, ordenando-lhe, que naõ pleiteasse aquelle posto, se o naõ investisse mayor poder, e que sendo menor, naõ pelejasse, ainda que tivesse a certeza de fazer prisioneiros, entendendo prudentemente, que o dia se hia gastando em utilidade da marcha do nosso Exercito; e que se as sentinellas Castelhanas fossem carregadas, necessariamente seriaõ soccorridas dos dous batalhoens, e estes de toda a Cavallaria Castelhana, de que se seguia, occupados aquelles altos, descobrir-se a nossa marcha, e solicitar-se a nossa rota, com que era necessario ao Thenente naõ pelejar, senaõ no ultimo caso de o quererem lançar daquelle posto. Naõ faltou elle á obediencia, nem o successo á boa disposiçaõ, mas o receyo dos quatro batedores foy o que desvaneceo todos estes cuidados; porque naõ se atrevendo a occupar o alto das serras, continuou a nossa marcha sem contradiçaõ. Ao pôr do Sol, vendo D. Joaõ da Silva o Exercito seguro, subio com os quinhentos cavallos ao alto da serra, e fazendo por largo espaço incessantemente occupá-la dos mesmos batalhoens, passou apparente mostra de mayor poder, e logo que cerrou a noite, seguio a marcha do nosso Exercito, e fez alto meya legoa

Anno 1662

goa do ſitio da Aſſeca, onde havia alojado. D. Joaõ Anno 1662 de Auſtria aquartelou o Exercito ao dia ſeguinte na fonte dos Çapateiros, e porque hum ſoldado da Atalaya daquelle ſitio diſparou hum moſquete, o mandou impiamente arcabuzear; por naõ ſerem eſtes os termos, em que aos Generaes póde ſer permittido caſtigar os defenſores de Preſidios mal fortificados; por embaraçarem com valor indiſcreto os ſeus progreſſos, naõ ſe podendo dar ſimilhante erro na reſoluçaõ de hum mal acautelado moſqueteiro.

Da fonte dos Çapateiros deſpedio D. Joaõ de Auſtria a D. Diogo Cavalhero aſſiſtido dos Commiſſarios Geraes D. Joaõ de Ribera, D. Alexandre de Moreira, e D. Jozé de Larréa Teguí com hum troço de Cavallaria, e dous Terços de Infantaria, hum de Caſtelhanos, outro de Italianos, de que eraõ Meſtres de Campo D. Joaõ de Zuñiga, e D. Manoel Garrafa, a queimar Villa-Boim. Chegaraõ ao pé do Caſtello, que com pouca conſideraçaõ defendiaõ ſeiscentos Infantes pagos, e alguns paizanos; porque eſtas guarniçoens naõ ſervem nos lugares abertos, quando os Exercitos inimigos campeaõ, mais que de engano á ignorancia dos paizanos, que recolhem nelles as ſuas alfayas, e gados na fé de os terem ſeguros. A poucos tiros ſe rendeo hum Capitaõ Francez, que governava o Caſtello, naõ baſtando a perſuadî-lo a mayor defenſa os proteſtos, quē lhe fez o Cura da Villa: jactancia, que confiadamente expôs a D. Joaõ de Auſtria; e perguntando-lhe a cauſa daquella temeridade, reſpondeo: que era, por naõ achar capaz aquelle Exercito de render o Caſtello. Ardeo a Villa, e todas as mais quintas, e povoaçoens da campanha. Continuou o Exercito a marcha, e coſteando o diſtricto de Villa Viçoſa, a deixou á maõ eſquerda: e conſtando a D. Joaõ de Auſtria por hum correyo, que de Eſtremoz paſſava a Elvas, que o Marquez de Marialva ſe havia retirado a Eſtremoz, ordenou ao correyo voltaſſe, e lhe diſſeſſe, que ao outro dia determinava buſcá-lo; arrogancia originada da conferencia do Padre Franciſco Caldeira.

O Mar-

O Marquez de Marialva naõ se deteve mais que huma noite no alojamento da Asseca: marchou para Estremoz dissuadido de se fortificar no sitio de Mamporcaõ, meya legoa distante daquella Praça, pela parte que ólha a Elvas; intento que teve, persuadindo-se que segurava huma, e outra Praça; de que o divertio o Conde de Schomberg, dizendo-lhe que arriscava ambas, expondo-se a pelejar com taõ inferior partido, como constava a todos, os que haviaõ reconhecido o Exercito dos Castelhanos; ficando na eleiçaõ de D. Joaõ de Austria, ou investir o quartel, ou assediar o Exercito, que naõ levava mantimentos para larga persistencia. Chegámos a Estremoz, e no sitio de Santa Barbara, tambem fronteiro a Elvas, desenhou o Conde de Schomberg com summa brevidade hum quartel capaz de alojar a gente, de que constava o Exercito; e por hum, e outro lado lançou duas linhas de communicaçaõ, para que o quartel, e a Praça se defendessem com a mesma gente, taõ regularmente repartida, e ganhados todos os postos com taõ destra intelligencia, que naõ ficou que arguir aos que moralizavaõ as suas acçoens. Deo-se principio ao trabalho das trincheiras com tanto calor, sendo o exemplo dos Cabos, e Officiaes vigoroso estimulo á diligencia dos soldados, que em dezasete horas se pôs o quartel em defensa, e acháraõ os Castelhanos as trincheiras guarnecidas com a Infantaria, os claros occupados com a Cavallaria, e o centro entregue com seiscentos cavallos a D. Joaõ da Silva, e ordem de acudir no conflicto, onde considerasse mayor aperto. Dividio-se a artilheria pelos lugares convenientes, e a militar disposiçaõ era prognostico da victoria. Nas primeiras horas do trabalho do quartel chegou o correyo ao Marquez de Marialva com o desafio de D. Joaõ de Austria: divulgou-se esta noticia, e conforme os discursos, e os alentos, se dividîraõ as opinioens. Diziaõ huns, que parecia mais conveniente retirar aquelle Exercito para Evora-Monte, pois nelle consistia a conservaçaõ daquella Provincia; porque unidos os grandes soccorros, que faltavaõ, se poderia recuperar, pe-

Anno 1662

Chega a Estremoz.

Fabrica o Conde de Schomberg hum quartel communicado cõ aquella Praça.

lejando, tudo o que se perdesse na retirada: outros
Anno ardentemente exclamavaõ, dizendo: que era indigno
1662 do nome de soldado, e de Portuguez, quem lhe viesse á memoria mais, que esperar naquelle quartel a gloria de vencedor; porque a disposiçaõ delle parecia impenetravel, e desamparar o Exercito a Praça de Estremoz taõ mal fortificada, era o mesmo que entregá-la aos inimigos, e nella a mayor parte da Provincia. Animava o Conde de Schomberg este parecer com efficacissimas razoens, e protestava os damnos de se seguir opiniaõ contraria. Achava-se neste tempo o Mestre de Campo D. Luiz de Menezes apertado desorte da erisipéla do rosto, que com risco manifesto se sujeitou na tenda a duas sangrias nos braços. Quando usava deste remedio, o buscáraõ os que seguiaõ a opiniaõ da retirada, e intentáraõ persuadî-lo ás razoens deste discurso. Determinou convencê-los, e reconhecendo a difficuldade na sua presença, pedio a D. Fernando da Silva, em cuja amizade tinha igual confiança, que na de seu irmaõ, D. Joaõ da Silva, ambos efficacissimos defensores desta opiniaõ, quizesse dizer da sua parte ao Marquez de Marialva, que vista a impossibilidade, em que se achava, de lhe naõ poder referir de rosto a rosto o seu parecer, lhe pedia naõ ouvisse discurso, que desviasse aquelle Exercito do sitio em que estava, por ser o proprio, e conveniente á defensa daquella Praça, e de toda aquella Provincia; e que se acaso (o que naõ suppunha) prevalecesse a opiniaõ contraria, que elle com outros Mestres de Campo, e Capitaens de Cavallos estavaõ deliberados a defender aquelle quartel, entendendo que estava longe de parecer inobediencia a resoluçaõ de offerecer a vida pela conservaçaõ do Reyno. Esforçou D. Fernando estas razoens com outras muito efficazes, ajudado de Manoel Telles da Silva, que ardendo em generoso ardor exhortou ao Marquez, que naõ mudasse alojamento, repetindo-lhe juntamente o que D. Luiz de Menezes havia dito na sua presença. Respondeo elle generosamente, que naõ entrára em duvida de seguir esta opiniaõ com segura confiança de conseguir naquelle si-

tio felice successo. Corroborou-a o General da Artilheria, e João Vanicheli, que servia com titulo de General da Artilheria do Brasil.

> Anno 1662
>
> Chega á vista do quartel D. João de Austria: intenta atacálo sem execução.

Ao dia seguinte, que se contavaõ doze de Mayo, pelas dez horas da manhaã, appareceo á vista do quartel o Exercito de Castella, formado sobre duas collinas, que ficavaõ pouco distantes. Mais alvoroço, que embaraço fez á nossa gente esta primeira visita, e naõ havia soldado, que naõ appetecesse o combate. Começou a jogar a artilheria furiosamente contra o quartel; porêm o perigo das bálas naõ alterou a cõnstancia dos que trabalhavaõ nas trincheiras, e resplandecendo no socego dos animos dos soldados o desprezo dos inimigos, lhes infundio esta deliberaçaõ tanto receyo, que nem todo o empenho dos repetidos desafios de D. Joaõ de Austria ao Marquez de Marialva teve vigor para os animar a atacar o quartel. D. Joaõ duvidoso entre o empenho, e a difficuldade, desejou tentar a fortuna: porêm o Mestre de Campo General Luiz Poderico se lhe oppôs com militar confiança, dizendo: que devia a sua prudencia abster-se daquella temeridade; que as trinchèiras do quartel estavaõ levantadas á proporçaõ da gente, que as defendia, e naõ era taõ pouco numerosa, que parecesse facil desbaratar a sua opposiçaõ; e que ainda dando-se caso, que se conseguisse este intento, naõ era possivel que fosse sem taõ grande estrago, que ficasse o Exercito capaz de sitiar Estremoz, a que se havia de recolher toda a gente, que escapasse do conflicto; e que a circunvallaçaõ para o sitio de Estremoz era taõ larga, a guarniçaõ taõ numerosa, os mantimentos, muniçoens, e abundancia de agoa em tanta quantidade, que naõ podiaõ prometter mais, que total ruina, por ficar a guarniçaõ da Praça superior a qualquer dos muitos quarteis, em que necessariamente se havia de dividir a circumvallaçaõ; e rematou o discurso, dizendo a D. Joaõ de Austria, que devia dar-lhe credito, porque fallava como velho, como seu Mestre, e como quem affectuosamente o amava. Deixou-se D. Joaõ persuadir tanto da eloquencia do Mestre de Campo

Anno 1662

General, como do silencio rhetorico dos Cabos, Officiaes, e Soldados, que o ouvîraõ, que manifestava a pouca disposiçaõ, com que se achavaõ para entrar no combate; e deo ordem, que o Exercito se alojasse á vista do quartel, livre do perigo da artilheria, que lhe havia occasionado consideravel damno. Pareceo esta mudança arte, e naõ receyo, e o Marquez de Marialva, seguindo o parecer dos Cabos, attendeo á segurança da Praça, que entendêraõ todos intentaria D. Joaõ de Austria interprender de noite pela parte opposta ao quartel: pois, conseguido este intento, era evidente a total ruina; porque ficavamos sem muniçoens, sem agoa, sem mantimentos, de que a Villa era forçoso deposito, e a muralha que a defendia taõ fraca, que naõ se podia fiar della sem grossa guarniçaõ a menor resistencia. Por todas estas consideraçoens deo o Marquez ordem ao Mestre de Campo D. Luiz de Menezes, que com a primeira noticia, de que os Castelhanos combatiaõ a Praça, marchasse a defendê-la com o seu Terço, e o de D. Manoel da Camara, depois Conde da Ribeira, que era da guarniçaõ de Setuval, de excellentes soldados, e valoroso Mestre de Campo, e com seiscentos cavallos; medindo porêm desorte o tempo, que naõ largasse as trincheiras, sem infallivel certeza do combate da Villa; noticia, que podiaõ segurar as muitas partidas, que ficavaõ sobre o Exercito de Castella. Era duvidosa a execuçaõ desta ordem, fiado só dos avisos das partidas, que muitas vezes costumaõ ver de noite mais, do que dispensa a sua escassa luz, e principalmente naquella, que era escura, e chuvosa; e como D. Luiz de Menezes, pelo empenho, em que estava de defender Estremoz, era o mais cuidadoso, advertio que se desse fogo conficionado aos pés de quantidade de oliveiras, das muitas que rodeavaõ Estremoz; e executando-se este parecer, arderaõ com a claridade, que convinha, para ficar descoberta a campanha, sem ficar receyo de que os Castelhanos pudessem atacar a Villa, sem serem reconhecidos. Passada a noite, ficáraõ desvanecidas todas estas presumpçoens; porque ao romper da manhaã marchou

chou D. Joaõ de Auſtria para os Arcos, que he a eſtrada de Borba. O Conde de Schomberg vendo o Exercito empenhado na marcha, que por naõ ſer larga a eſtrada, era prolongada, ſahio do quartel com cinco batalhoens, em que entravaõ dous Francezes, carregou ſeis, que ficáraõ na retaguarda do Exercito, derrotou-os, e tomou-lhes trinta cavallos. Retirou-ſe ao quartel, e todos os que nelle haviaõ ſido de opiniaõ, que ſe defendeſſe, merecêraõ grandes louvores do Marquez de Marialva, que logo chamou a Conſelho, e nelle expôs, que havendo ſahido do cuidado da ſegurança de Eſtremoz, entrava no receyo de ſe perder Villa-Viçoſa, ſem mais defenſa, que huma fraca trincheira, e hum pequeno, e antigo Caſtello; que era certo haver de ſer muito ſenſivel á Rainha Regente a perda daquella Villa venerada, por ſer ſolar da Caſa de Bragança. Com notabilidade ſe dividîraõ os votos; porque todos os que haviaõ ſuſtentado que o Exercito naõ deſamparaſſe o quartel de Eſtremoz, foraõ de parecer que ſe naõ expuzeſſe ao riſco de defender Villa-Viçoſa; porque como a debil trincheira, que a rodeava, naõ admittia menor guarniçaõ, que a de todo o Exercito; para conſeguir eſte intento, ou ſe havia de expor a pelejar em Campanha com deſigual partido, ou arriſcar-ſe a ſer ſitiado, em caſo, que conſeguiſſe entrar em Villa-Viçoſa, ſem ter mantimentos, de que ſe ſuſtentaſſe; com que ficava impraticavel poder-ſe achar remedio em taõ perigoſo accidente: accreſcentando-ſe a razaõ de ſe naõ deſamparar Eſtremoz, cuja importancia obrigára ao perigo, a que o Exercito ſe havia expoſto no dia antecedente. Diziaõ os de contraria opiniaõ, que o Paço de Villa-Viçoſa ſe achava arriſcado á ultima ruina, por haver ſido glorioſo berço dos noſſos Principes; e que neſte ſentido perder-ſe o Exercito pela ſegurança de Villa-Viçoſa, ſeria empenho taõ ayroſo, que ſó a reſoluçaõ devia facilitar o triunfo. Reconheceo o Marquez que o fim deſta fantaſia era querer diſſimular-ſe a opiniaõ antecedente, e grangear-ſe a eſtimaçaõ da Rainha; e como o ſeu zelo attendia ſem liſonja á conſervaçaõ do

Anno 1662.

Anno 1662. Reyno, resolveo esperar os soccorros que lhes faltavaõ, para que, formado o Exercito, se tomasse a mais conveniente resoluçaõ; tendo por felice principio da Campanha a desairosa retirada de D. Joaõ de Austria, depois de empenhado na arrogancia de repetidos desafios.

Ganha Borba. Os Castelhanos, seguindo a marcha, chegáraõ a Borba, facilmente entráraõ na Villa, por naõ ter defensa; e intentando D. Joaõ de Austria, que Rodrigo da Cunha Ferreira Governador do Castello o entregasse, naõ quiz elle admittir a chamada, que lhe mandou fazer, dispondo-se inutilmente a defendê-lo com duas Companhias pagas, alguns Auxiliares, e paizanos. D. Joaõ, irritado desta temeridade, mandou formar baterias, que logo que começáraõ a jogar, manifestáraõ ao Governador a difficuldade da defensa do Castello; e querendo entregá-lo com partidos, D. Joaõ de Austria os naõ quiz admittir, e necessitou a Rodrigo da Cunha a que se rendesse á mercê do vencedor: porêm naõ lhe valendo esta obediencia, depois de entregue o Castello, o mandou enforcar D. Joaõ de Austria, por haver sido occasiaõ da morte de hum Sargento Mayor, tres Capitaens de Infantaria, vinte soldados, e cincoenta feridos: e a mesma execuçaõ se fez em dous Capitaens. Padeceo a Villa, e todo aquelle contorno grandes hostilidades, e na inclemencia do estrago se fortaleciaõ os inimigos dos infelices, que o padeciaõ, purificando-se nos incendios a fineza do valor, que depois empregáraõ em damno dos Castelhanos, e os obrigáraõ a se arrependerem dos seus excessos. Hum dos mais prejudicados foy o Thenente General da Cavallaria Diniz de Mello e Castro, que depois foy hum dos que melhor souberaõ satisfazer-se do seu aggravo. A' perda de Borba deixou indecisa a resoluçaõ dos Castelhanos; e porque se presumio pudessem voltar a sitiar Elvas, na esperança de a acharem com pouca guarniçaõ, mandou o Marquez de Marialva a D. Luiz de Menezes com o seu Terço, e a D. Joaõ da Silva com quinhentos Cavallos para aquella Praça. Marcháraõ de noite com rigorosa tempestade, porêm sem encontro de varios Troços de Cavallaria inimi-

ga,

ga, que occupavaõ aquella campanha. Deteve-se D. Joaõ de Austria só hum dia em Borba, marchou junto a Villa-Viçosa; e supposto que teve opinioens, que lhe facilitáraõ aquella empreza, as naõ quiz seguir; porque como naõ podia conservar a Villa sem ganhar Geremenha, pela difficuldade dos comboys, naõ quiz empenharse em a fortificar para segurança da guarniçaõ, que lhe deixasse; porque, ganhada Geromenha, lhe parecia precisa a sua conservaçaõ para continuar a conquista da Provincia de Alemtejo; opiniaõ, que depois seguio o Marquez de Caracena, e para o tempo de a referirmos, reservamos as razoens, que a encontravaõ. Anno 1662

Na marcha rendeo o Exercito huma Casa forte do Capitaõ de Cavallos André Mendes Lobo, situada entre Villa-Viçosa, e Geromenha, e guarnecida com huma Companhia de Infantaria. Mandou D. Joaõ de Austria arrazá-la, e segunda feira dezaseis de Mayo chegou a Geromenha, Praça destinada para o emprego daquella Campanha. Foy a Villa de Geromenha celebre povoaçaõ dos Celtas; está situada em a Ribeira de Guadiana no alto de hum monte, superior a outros daquelle districto. Fabricáraõ-lhe os antigos hum Castello forte para a guerra daquelle tempo. Reedificou-o ElRey D. Diniz; e quando ElRey D. Joaõ se restituío á posse deste Reyno, se tratou de a circundar com a fortificaçaõ moderna, a que se applicou tanto cuidado depois da perda de Olivença, que quando D. Joaõ de Austria chegou a sitiá-la, a achou com cinco baluartes, e tres meyos baluartes, fosso, estrada coberta; e occupados os sitios exteriores, que necessitavaõ de defensa, com hum Bonete, huma Tenalha, hum Ornavequé, e seis meyas Luas. Governava esta Praça o Mestre de Campo Manoel Lobato Pinto, como já dissemos. Compunha-se a guarniçaõ de dous mil e quinhentos Infantes dos Terços de Lourenço de Sousa de Menezes, de Fernando de Mesquita Pimentel, e de outras Companhias soltas, pagas, e Auxiliares. Era Capitaõ de Cavallos Couraças Ambrosio Pereira de Berredo: guarneciaõ os baluartes onze peças de artilheria grossa: havia nos Armazens quantida- Sitia Geromenha.

Anno 1662

de grande de muniçoens, bombas, granadas, e bastimentos. Reconheceo D. Joaõ de Austria a Praça, acompanhado do Comissario D. Alexandre Moreira com dous Batalhoens; chegou taõ perto, e deteve-se com tanto socego no exame dos sitios, e fortificaçaõ, que lhe mataraõ as balas de artilheria, que jogavaõ da Praça, alguns dos soldados, que lhe assistiaõ. Deliniou o cordaõ, repartio os póstos, e com grande diligencia se começou o trabalho das baterias, e linhas, e mandou lançar huma ponte de barcas, para se communicar com Olivença. Manoel Lobato mandava laborar a artilheria incessantemente contra o trabalho; porém naõ tratava de o divertir com sortidas, hum dos mayores erros dos Governadores das Praças; porque se naõ sabem pleitear os póstos exteriores, naõ pódem sustentar os corpos internos; por serem muito mais os instrumentos, que a industria dos homens tem descoberto para a expugnaçaõ das Praças, dos que tem achado para a sua defensa.

A noticia de que D. Joaõ de Austria sitiava Geromenha, deixou ao Marquez de Marialva desaffogado o animo, que trazia afflicto com o receyo de perder Villa-Viçosa; e como o sitio de Geromenha entendia que se havia de dilatar largo tempo, assim pela fortificaçaõ, como pelo Governador, de cuja capacidade fazia grande confiança, suppunha que chegando a gente, que faltava, e que diminuindo o Exercito de Castella com os ataques, trabalho, e doenças, seria infallivel accrescentar á victoria das linhas de Elvas segundo triunfo. Com estas supposiçoens, que sujeitas ás inconstancias dos successos futuros naõ pódem ser sempre infalliveis, chamou o Marquez a Conselho, e propôs, que elle estava resoluto a soccorrer Geromenha, e que os Cabos, e Officiaes, que alli se achavaõ, lhe dissessem a fórma, com que devia executar esta deliberaçaõ. Como os que assistiraõ no Conselho, que eraõ os tres Cabos, e alguns Mestres de Campo, porque os mais estavaõ divididos pelas guarniçoens; entenderaõ que a proposiçaõ do Marquez naõ dava lugar a mais discursos, que a pleitar o

soccorro

ſoccorro de Geromenha ſobre os quarteis dos Caſtelhanos, foraõ varias a eſtradas, que apontáraõ; e venceo-ſe ſeguir o Exercito, depois de unido á marcha, que arbitrou o Meſtre de Campo Agoſtinho de Andrade, que ſe offereceo, para mayor ſegurança do ſeu voto, a reconhecer de noite o alojamento, que havia ſinalado ao noſſo Exercito junto das linhas dos Caſtelhanos. Tomada eſta reſoluçaõ, partio Agoſtinho de Andrade para Elvas, e em a noite ſeguinte ao dia, que chegou áquella Praça, ſahio della a fazer o exame pertendido; e deſejando o Marquez ter verdadeira noticia da diſpoſiçaõ de todos os ſitios viſinhos aos quarteis, de que pudeſſe facilitar o ſoccorro de Geromenha, mandou na meſma noite, que Agoſtinho de Andrade ſahio de Elvas, ſahir de Eſtremoz ao Meſtre de Campo Diogo Gomes de Figueiredo, a Jeremias Jovet, Coronel do Regimento do Conde de Schomberg, e ao Engenheiro Santa Coloma com duzentos Cavallos. Pela parte, que ólha Geromenha a Villa-Viçoſa, chegáraõ ás linhas, e fazendo alto menos de tiro do moſquete dellas, ſentíraõ rumor da Cavallaria, que marchava taõ viſinha, que cerrando os noſſos Batalhoens com os inimigos, ſe retiráraõ, trazendo cinco priſioneiros: porêm deixaraõ Pedro de Santa Coloma, que eſtava deſmontado fazendo alguns exames convenientes; perda ſenſiyel pelas conſequencias della. Era o groſſo da Cavallaria inimiga tres mil cavallos, com que D. Diogo Cavalhero havia ſahido dos quarteis, com intento de queimar o Landroal, que diſta huma legoa de Villa-Viçoſa, Villa aberta, mas rica, e aprazivel. O referido ſucceſſo foy cauſa de D. Diogo naõ continuar a marcha, e a noſſa gente ſe retirou a Eſtremoz. Anno 1662

Agoſtinho de Andrade foy melhor livrado no ſeu exame, porque naõ achou quem lho divertiſſe: porêm ſuccedeo-lhe peyor na execuçaõ, porque achou quem lho approvaſſe. Sahio de Elvas comboyado pelo Thenente General D. Joaõ da Silva com quinhentos Cavallos. Levava D. Joaõ ordem ſecreta do Conde de Schomberg para obſervar no exame do ſitio, que Agoſtinho de Andrade

Anno 1662

de tanto approvava, os fundamentos da sua opiniaõ, e lhe dizer o que entendesse em negocio de tanto pezo, que do acerto delle dependia a saude publica. Continuou-se a marcha, advertindo Agostinho de Andrade a D. Joaõ, que seguissem a margem de Guadiana, até chegar ao sitio chamado Carrascal, visinho ao rio, e pouco distante dos quarteis. Naõ houve duvida na execuçaõ da ordem, e depois de gastada a noite em differentes exames, vieraõ os dous referidos differentes nas opinioens; porque Agostinho de Andrade dizia, que o Exercito havia de marchar, coberto o costado esquerdo da corrente de Guadiana, buscando-a pela parte que fica mais visinha a Elvas, e que seguindo a marcha até o nomeado sitio do Carrascal, poderia dar, ou escusar a batalha a seu arbitrio, resolvendo D. Joaõ de Austria pelejar fóra das linhas; porque em toda a maacha eraõ os sitios taõ favoraveis ao nosso partido, que naõ podia D. Joaõ de Austria atacar a batalha sem total rompimento; e que resolvendo naõ sahir dos quarteis, occupando o nosso Exercito o sitio do Carrascal, ficava taõ superior a elles, que dominado das nossas baterias, naõ poderiamos padecer o damno das dos Castelhanos, nem elles evitar-nos a communicaçaõ da Praça pela margem de Guadiana. D. Joaõ da Silva, que com mais alto discurso, e fundamentos mais solidos costumava individuar as suas ponderaçoens, mostrou a Agostinho de Andrade, que notoriamente se enganava em todas as proposiçoens que fazia; porque de Elvas até Geromenha, seguindo a corrente de Guadiana, naõ havia sitio algum vantajoso ao nosso Exercito, no caso, em que os inimigos se resolvessem a pelejar em Campanha; e que alojado o Exercito no Carrascal, naõ só naõ ficava em posto eminente aos quarteis dos Castelhanos, mas sem duvida exposto aos golpes das suas baterias: que communicar-se o nosso Exercito com Geromenha pela margem de Guadiana, era fantasia impossivel de praticar; porque entre a Praça, e o Carrascal se interpunha o rio Mures, que desagoa em Guadiana, junto a Geromenha. Naõ bastou este bem fundado discurso de D. Joaõ

da

da Silva, para diſſuadir a Agoſtinho de Andrade do ſeu errado intento; porque com grande copia de palavras, de que era ſuperabundante, aviſou ao Marquez de Marialva do exame, que havia feito, e das muitas circunſtancias, que ſe accreſcentaraõ á ſua eſperança, para ter por infallivel, que alojado o Exercito no ſitio do Carraſcal, ſeria ſem falta ſoccorrer-ſe Geromenha. Anno 1662.

D. Joaõ da Silva deo conta ao Conde de Schomberg das contradiçoens, que achára na opiniaõ de Agoſtinho de Andrade, que o Marquez abraçou, naõ querendo admittir conſelho, que inſinuaſſe remedio dilatado; mas antes de declarar a ſua ultima reſoluçaõ, eſcreveo ao Meſtre de Campo D. Luiz de Menezes, que aſſiſtia em Elvas; ordenando-lhe, lhe mandaſſe o ſeu voto. Obedeceo promptamente, e depois de hum largo exordio compoſto de agradecimentos a lhe dizer o Marquez na carta, que lhe eſcreveo, que no ſeu parecer ſegurava a ſua opiniaõ, dizia: que deſejando, como era obrigado a ſegurança do Exercito, e a gloria do Marquez verdadeira, e naõ imaginada, pertendia que o Exercito foſſe vencedor pelos meyos, que pareceſſem menos arriſcados; e levado deſta attençaõ diſcurſava, que a fortificaçaõ de Geromenha occupava taõ pequeno diſtricto, aſſim por ſe compor ſó de cinco baluartes, e tres meyos baluartes, como por lhe ſegurar hum lado o rio Guadiana, que naõ fora neceſſarios aos Caſtelhanos alargarem os ſeus quarteis; e por eſte reſpeito naõ havia mais diſtancia na circunvallaçaõ de margem a margem de Guadiana, que tres quartos de legoa occupados com fortificaçoens bem deſenhadas, em que os Caſtelhanos trabalhavaõ com grande diligencia, tendo para as guarnecer cinco mil Cavallos, e dez mil Infantes; Exercito ſuperior ao que podiamos juntar para romper as linhas; e neſta infallivel ſuppoſiçaõ, ſe devia examinar o perigo, a que nos expunhamos, e a cauſa, por que nos arriſcavamos: que o perigo naõ podia ſer mayor; porque dar hum aſſalto a peito deſcoberto a hum Exercito fortificado, era empreza taõ difficultoſa, como D. Joaõ de Auſtria havia moſtrado no quartel de Eſtremoz.

Anno 1662
moz, e tendo mayor poder, e nós inferior partido: que a causa era a Praça de Geromenha, mais relevante pelas consequencias futuras, que pelo damno proximo, e que podendo estas atalhar-se por meyo mais suave, e mais proporcionado, naõ era Geromenha a Praça, que merecesse arriscar-se, pela conservar, a defensa de toda aquella Provincia: que consistia naquelle Exercito, servindo de exemplares todas as Naçoens do mundo, que sustentavaõ a guerra defensiva, trabalharem por escusar o perigo das batalhas, valendo se do remedio das diversoens, para ganharem o beneficio do tempo: que por todas estas consideraçoens era de parecer que o Marquez deliberasse atacar a Praça de Albuquerque, segurando todos os discursos militares (que costumaõ alentar-se a presumpçoens de profecias) que ou o Exercito havia de ganhar Albuquerque, Praça de mayores consequencias que Geromenha; porque ganhada, se recuperaria Arronches, e se conseguiria Valença, e outros muitos lugares: ou sem falta se havia de soccorrer Geromenha, levantatando os Castelhanos o sitio para livrarem Albuquerque, que constava por certissima intelligencia naõ ter de guarniçaõ mais que quatro Companhias de Italianos quasi desbaratadas, nem haver nella instrumento algum de defensa: que para esta conquista se naõ necessitava mais, que de ametade do Exercito, ficando as outras Tropas segurando Estremoz, e cobrindo a Provincia, e observando a resoluçaõ de D. Joaõ de Austria: que succedendo levantar o sitio para soccorrer Albuquerque, se introduziria em Geromenha o soccorro pretendido, sem perigo dos que atacassem Albuquerque; porque se estivesse ganhada, ficava baldada a diligencia, e durando a defensa, era facil a retirada pela fragosa estrada de Portalegre; e que acontecendo naõ levantar D. Joaõ de Austria o sitio de Geromenha, bem recompensada ficava esta perda, ganhando-se Albuquerque: e accrescentava a estas razoens D. Luiz de Menezes, que se offerecia a tomar, como Cabo, a empreza de Albuquerque por sua conta, ou acompanhar com o seu Terço, o que fosse eleito para esta conquista.

Rece-

Recebeo o Marquez esta resposta, e naõ se deixando convencer das razoens della, nem de outras, que prudentemente intentáraõ dissuadí-lo de buscar os quarteis dos Castelhanos, se dispôs com grande actividade, e diligencia a unir o Exercito; constando-lhe que D. Joaõ de Austria apertava os sitiados, e segurava as fortificaçoens da Campanha, solicitando o fim daquella empreza, para se livrar com a mayor brevidade, que fosse possivel, do perigo das nossas Armas, e dos combates do Sol mais nocivo no sitio em que estava, que algum outro da Provincia de Alemtejo. Em quanto o Marquez de Marialva se prevenia para marchar com o Exercito a soccorrer Geromenha, se defendiaõ os sitiados. A dezoito de Mayo, vendo D. Joaõ de Austria capazes de defensa as fortificaçoens da Campanha, mandou dar principio a tres aproches, que entregou ás Naçoens Castelhana, Italiana, e Alemaã; para que a competencia do valor fizesse desprezavel o perigo, dando exemplo louvavel com a sua assistencia, fazendo-se igual no risco aos mais valorosos, e na vigilancia superior a todos, ajudando estas virtuosas demonstraçoens com o artificio sempre agradavel aos soldados, de os mandar soccorrer com huma paga, cabedal de que pagaõ reditos com o preço do proprio sangue; e de lhes suavizar o trabalho com differentes mantimentos, que mandava repartir por todos os que assistiaõ nos ataques. Dividiaõ os Castelhanos o trabalho, que lhes tocava, em cinco quartos, os Alemaens, e Italianos em tres. As bombas, e as baterias da artilheria, que jogavaõ do Cerro, que chamaõ do Diabo, (proprios Ministros destes furiosos instrumentos) foraõ a primeira molestia, que começáraõ a sentir os sitiados. Animava-os Manoel Lobato, repartindo, e guarnecendo os postos, sem attençaõ aos perigos. O Terço de Moura governado pelo Capitaõ Filippe Pereira Jácome, porque o seu Mestre de Campo Lourenço de Sousa de Menezes estava em Lisboa, quando começou o sitio, e o Sargento Mayor estava doente mandou guarnecer o Ornavéque, e a obra Coroa; ao Sargento Mayor Antonio Tavares de Pina com quatro Companhias do

Anno 1662

do Terço de Fernando de Mesquita, que occupasse o Bonete; e huma meya Lua, que ficava detraz delle, guarneceo o Sargento Mayor Nicoláo de Faria com seis Companhias do Terço de Fernando de Mesquita; e a mais gente paga, e Auxiliar, governada pelo Sargento Mayor Thomás de Estrada, defendia as estacadas, e meyas Luas, e assistia no corpo da Praça para animar os lugares, que mais necessitassem de soccorro. Os paizanos, que ficáraõ dentro, accommodáraõ as suas familias, fazendo concavidades nos terraplenos, por lhes escusarem o risco das bombas.

Anno 1662

Todos os defensores de Geromenha eraõ valorosos, e se achavaõ animados das promessas, que o Marquez de Marialva successivamente fazia a Manoel Lobato de o soccorrer sem duvida alguma. Aos primeiros dias do sitio entrou na Praça por Guadiana em hum pequeno barco Manoel de Siqueira Perdigaõ, que de Sargento Mayor do Terço de D. Luiz de Menezes havia passado a Governador do Forte de N. Senhora da Graça, soldado de merecida estimaçaõ, por ser valoroso, e entendido, sem lhe servir de embaraço a oppressaõ de lhe impedir a falla, e impossibilitar o comer as cicatrizes de huma bála, que na batalha de Elvas lhe quebrou os queixos. O bom successo deste intento pertendeo valorosamente imitar o Mestre de Campo Lourenço de Sousa de Menezes, que havendo chegado de Estremoz, e achando ser o seu Terço hum dos da guarniçaõ de Geromenha, determinou introduzir-se naquella Praça; e para este effeito passou a Elvas, e na mesma noite do dia que chegou, acompanhado de D. Luiz de Menezes até Guadiana, entrou em hum pequeno barco por baixo da ponte de Olivença, havendo trazido a hum Engenheiro Alemaõ, chamado Jacob Labuel, que voltou para Estremoz, naõ se atrevendo a fiar a vida de taõ pequena embarcaçaõ; e navegou Lourenço de Sousa sem mais companhia, que a de Manoel Lopes, Sargento do seu Terço, hum Capitaõ reformado Francez, o barqueiro que o conduzia, e outro companheiro que remava. Chegando á vista dos quarteis dos Castelhanos, havendo do Lourenço de Sousa, quando se embarcou, conferido com D. Luiz de Menezes, que se deixaria governar da direcçaõ do barqueiro, de cujo discurso, sem haver outro, que pudesse ser mais util, dependia introduzir-se na Praça; mudou de intento, mandou aos dous barqueiros que saltassem em terra a reconhecer a segurança do caminho. Obedecêraõ elles, e entraraõ na Praça sem perigo algum. O tempo, que gastaraõ, perdeo Lourenço de Sousa, que pudera utilizar, se o seguira; porque faltando-lhe a guia, foy sentido de hum soldado de cavallo, que estava de sentinella, que reconhecendo-o, e os dous que o acompanhavaõ, tocou arma, e ficáraõ prisioneiros, e levado a Badajoz, donde o passaraõ á prizaõ de Sevilha, em que assistio até o fim do anno seguinte. Anno 1662.

Caminhavaõ os aproches com toda a diligencia, e laboravaõ as baterias com incessante exercicio; e reconhecendo D. Joaõ de Austria que o ataque dos Castelhanos se achava menos de trinta passos da estrada coberta da Tenalha, e os Italianos quasi com igual distancia da obra exterior, que cobria o Bonete, intentou que huns, e outros se alojassem sobre a espalda de ambas as estradas cobertas em a noite vinte e seis de Mayo. Chamou para este effeito aos Generaes, e aos Mestres de Campo, a que tocavaõ os aproches, communicando-lhes este intento; ainda que entenderaõ que a execuçaõ era duvidosa, dizendo-lhes D. Joaõ de Austria que a empreza era sua, obedecêraõ sem contradiçaõ, mostrando a lisonja satisfazer-se do mesmo, que a razaõ encontrava, que até a vida, sendo a prenda mais estimavel, sacrifica por dependencias da ambiçaõ dos homens. Recebêraõ os Mestres de Campo a ordem, que haviaõ de executar, sendo o final do tempo da investida dispararem-se juntas duas peças de artilheria, e huma bomba. Eraõ quatro os Mestres de Campo, a que tocou a empreza da Tenalha, D. Francisco de Alarcaõ, D. Fernando de Escovedo, D. Joaõ Henriques, D. Francisco Tello de Portugal; hiaõ quatro Sargentos Mayores avançados com noventa soldados, que levavaõ granadas,

chuços,

Anno 1662.

chuços, e arcabuzes. Seguiaõ-se a estes outros noventa com faxinas, pás, e picaretas: davaõ-lhes calor os Capitaens com cincoenta mosqueteiros, e para segurar todos, marchavaõ os Mestres de Campo com o resto dos Terços. Feito o sinal, avançáraõ com muita resoluçaõ: porém a vigilancia dos sitiados era desorte, que os Castelhanos, sem lhes valer a diligencia dos Mestres de Campo, nem a assistencia de D. Joaõ de Austria, foraõ rechaçados, e se retiráraõ com demasiado desatino. Os Italianos, governados pelo Mestre de Campo D. Manoel Garrafa, tiveraõ melhor successo; porque avançando o posto referido, o ganháraõ, depois de deixarem obrar alguns fornilhos. Os sitiados assistidos de Manoel Lobato, e Manoel de Siqueira Perdigaõ, accrescentáraõ o desacordo, com que os Castelhanos se retiráraõ, fazendo huma sortida, e carregando-os com tanto valor, que padecêraõ notavel estrago, accrescentando-o, accenderse com os artificios de fogo, que lançáraõ, quantidade de faxina, que estava junta para o trabalho dos aproches; e mostrando-lhes a grande claridade a confusaõ dos inimigos, lhes ensinou o caminho de empregarem nelles taõ furiosamente os golpes das espadas, que levando-os até a cabeça da trincheira, se recolhêraõ, deixando a campanha coberta de Officiaes, e soldados mortos, e feridos, entrando nestes o Mestre de Campo D. Francisco Tello de Portugal.

Vendo D. Joaõ de Austria, que era impossivel restaurar-se naquella noite a opiniaõ perdida, mandou tocar a retirar; e arrependido de intentar temeridades, ordenou que se continuasse o passo lento dos aproches. Os Italianos sustentáraõ o seu alojamento: porém julgando difficultoso vencer tantas obras exteriores, como havia por aquella parte, largáraõ o posto, e começáraõ outro aproche unido aos Alemaens, intentando ambas as Naçoens caminhar a hum só baluarte. O dia seguinte pedio D. Joaõ de Austria suspensaõ de armas para enterrar os mortos, que Manoel Lobato lhe concedeo. Os Sargentos Mayores, Officiaes, e soldados mostráraõ nesta acçaõ valoroso procedimento, merecedor de mais glorio-

gloriosa fortuna. Huma das mayores molestias, que os sitiados padeciaõ, era a continuaçaõ das bombas, que cahiaõ na Praça; porque, como era pequena, naõ se achava lugar seguro. Acertou huma dellas em hum barril de granadas, e padecêraõ grande estrago, os que se naõ acauteláraõ deste infortunio. Tambem a artilheria laborava com muito effeito, porque as baterias estavaõ visinhas, e jogavaõ nellas canhoens de quarenta e oito. Porêm naõ havia perigo, que obrigasse aos sitiados à entrarem na mais remota imaginaçaõ de render-se, fiados nas largas promessas, que o Marquez de Marialva lhes fazia de soccorrê-los, e nesta segurança tratavaõ vigorosamente da defensa da Praça; e era tanto o fogo, que arrojavaõ, que os inimigos naõ adiantavaõ muito os aproxes, por mais que D. Joaõ de Austria os animava, assistindo continuamente nos lugares de mayor perigo, e a seu exemplo os mais Cabos do Exercito. Manoel Lobato, tendo alguma falta de bálas de arcabuz, mandou accommodar as de mosquete, de que tinha sobra; e como eraõ batidas, colhendo-as os Alemaens, se queixáraõ a D. Joaõ de Austria. Promptamente mandou fazer huma chamada por hum Thenente de Mestre de Campo General: suspendêraõ-se as armas, ouvio Manoel Lobato a proposta, que era advertir-lhe que tirava com bálas contra o uso da guerra, com que perdia o direito de se lhe conceder quartel. Respondeo, que se enganava, e que ainda naõ necessitava de pedir partidos. Quizeraõ replicar-lhe: mandou que se retirassem, e que se tinhaõ vontade de conversar, que elle a naõ tinha de responder. No breve espaço, que durou esta competencia, reconheceo o Engenheiro, que guiava o ataque dos Castelhanos, a parte por onde podiaõ restaurar a opiniaõ perdida na primeira avançada; que este he o fructo, que costumaõ tirar os sitiados das conversaçoens dos expugnadores. Communicou o Engenheiro aos Mestres de Campo o seu designio, e sem dilaçaõ pedîraõ a D. Joaõ de Austria licença para o executarem. Naõ difficultou deferir-lhes, expondo-lhes que a sua determinaçaõ, apontada pelo Engenheiro, era investir ás Anno 1663.

 onze

Anno 1662

onze horas da manhaã a eſtrada coberta. Preparados para a inveſtida os Meſtres de Campo D. Joaõ Henriques, D. Fernando de Eſcovado, D. Franciſco de Alarcaõ, e o Conde de Porto-Lhano, avançáraõ valoroſamente com os ſeus Terços; porêm acháraõ a empreza mais difficultoſa do que preſumiaõ; porque Manoel Lobato, que ſempre eſtava em continua vigilancia, fez acudir brevemente aos Officiaes, e Soldados, e guarnecêraõ os lugares inveſtidos, que era a Tenalha, e a eſtrada coberta daquella parte. Durou quatro horas a contenda, no fim dellas ficou alojado na eſtrada coberta D. Franciſco de Alarcaõ, eſtimando a deſgraça dos ſeus naturaes, por caminhar a offendê-los. Foy grande a perda, que os quatro Terços recebêraõ na avançada, e os tres Meſtres de Campo melhoráraõ pouco os ſeus ataques.

Eſte ſucceſſo, que podendo obrigar a Manoel Lobato a que dobraſſe o cuidado em conſervar as obras exteriores, lhe desbaratou de tal ſórte a prudencia, que reſolveo largá-las com inadvertencia taõ ſingéla, que, depois de entregar a Praça, ſe jactava de que os Caſtelhanos lhe naõ ganháraõ as obras exteriores, porque elle voluntariamente lhas largára. Os Meſtres de Campo Caſtelhanos, que naquelle dia tomáraõ a guarda, querendo continuar o aproxe, vendo que naõ tiravaõ os defenſores, mandáraõ reconhecer a ponta da Tenalha: achou-ſe deſamparada; e naõ podendo crer tanta felicidade, ſuſpeitáraõ que eſtava minada: porêm paſſado o primeiro receyo, e continuando o exame, viraõ deſamparadas todas as obras exteriores, e a eſtrada coberta: fizeraõ a ſeu ſalvo alojamentos no foſſo, e começáraõ a caminhar contra os baluartes; que todos eſtes deſcontos padece hum valor imprudente, que podendo pelejar, como pódem as féras, naõ ſabe pelejar, como ſabem os homens.

Junto o Exercito, ſahe o Marquez de Marialva em Campanha.

Os dias, que ſe gaſtáraõ nos ſucceſſos referidos, empregou o Marquez de Marialva em compor o Exercito, e ajuſtado com os ſoccorros, que eſperava, ſahio de Eſtremoz a dous de Junho. Conſtava o Exercito de doze mil Infantes, e quatro mil cavallos, em que entra-

vaõ

vaõ muitos Auxiliares, que se repartîraõ pelas Companhias pagas, e servîraõ mais de lhes perverterem a disciplina, que de se adestrarem: doze peças de artilheria, muniçoens precisas, e mantimentos convenientes. Os Cabos, e Officiaes Mayores temos tantas vezes repetido, que he superfluo nomeá-los. Os Terços ordenou o Conde de Schomberg que se naõ mudassem, por evitar controversias entre os Mestres de Campo sobre as vanguardas. Aquelles, a quem tocou a segunda linha, e a reserva, tiveraõ repugnancia, mas deixáraõ vencer-se do preceito, e da razaõ. A esta ordem se seguio outra boa disposiçaõ, que foy sinalarem-se aos soldados as fileiras, com ordem de naõ mudarem o lugar, para que conhecendo cada hum as fileiras, e os camaradas, naõ necessitassem de Officiaes para os comporem, quando se confundissem; disciplina, de que se seguîraõ grandes utilidades. Alojou o Exercito na primeira marcha em Alcaravissa, na segunda junto aos Olivaes de Elvas, onde se uníraõ as guarniçoens de Elvas, e Campo-Mayor. O Marquez de Marialva no dia seguinte se deteve naquelle sitio. Passou o Conde de Schomberg, e o da Torre com alguns Batalhoens a examinar o quartel, em que o Exercito havia de alojar ao dia seguinte: elegêraõ huma eminencia sobre Guadiana, distante huma legoa de Geromenha; e voltando para o alojamento dos Olivaes, se distribuíraõ as ordens, e ao amanhecer se pôs o Exercito em marcha, e brevemente chegou ao sitio destinado, donde a artilheria, e mosqueteria avisou a Manoel Lobato da visinhança do soccorro, que esperavaõ. Respondeo a Praça, accrescentando com fogos repetidos sinaes do aperto em que estava; que foraõ conhecidos pelas disposiçoens antecedentes.

Anno 1662

D. Joaõ de Austria, vendo o Exercito taõ visinho, puxou por todas as guarniçoens de Badajoz, e Olivença, e reforçou as linhas, e Fortes, que havia levantado em Mures, e Fatalaõ; e depois de varios discursos resolveo aguardar dentro das fortificaçoens a determinaçaõ do nosso Exercito, que ao romper da alva do dia successivo marchou a ganhar o sitio do Carrascal, em

Anno 1662

que o Marquez de Marialva, persuadido da opiniaõ de Agostinho de Andrade, suppunha facilitar a total ruina dos Castelhanos. Mostrou nesta marcha o Conde de Schomberg o acerto, com que havia aprendido os preceitos militares, occupando o Exercito todo aquelle terreno á medida dos compassos da mayor segurança. Valeo-se da corrente de Guadiana para cobrir o lado esquerdo, e com vagarosos passos seguia o Exercito os giros do rio. O Terço do Mestre de Campo D. Luiz de Menezes, a quem tocava o lado esquerdo da vanguarda, dividido em dous corpos, por constar de mil e duzentos Infantes, governando o segundo o seu Sargento Mayor Marcos Raposo Figueira, dava fórma á marcha: seguiaõ-se-lhes tres Terços, e a estes cinco Batalhoens de Cavallaria: continuavaõ a fórma outros dous Terços, e rematava a linha da vanguarda com outros cinco Batalhoens de Cavallaria. De igual numero se compunha segunda, terceira, e quarta linha: occupava a artilheria os claros, e a razaõ do Exercito marchar nesta fórma, foy, por ser o sitio aspero, e haver nelle passos difficultosos, em que a Infantaria podia ter vantajens, se os Castelhanos se oppuzessem á passagem della; por cujo respeito levar o Exercito mayor frente, serviria de mayor embaraço; e como todos os Terços, e Batalhoens conservavaõ a igualdade dos claros, e faziaõ iguaes voltas ás que buscava o Terço do lado esquerdo, naõ podia haver mais igual compasso, nem vista mais agradavel. Chegou o Exercito ao Carrascal, onde fez alto, e brevemente reconheceo o Marquez de Marialva que era impossivel este intento, e tanto, que o naõ podia vencer a sua resoluçaõ, costumada a triunfar dos mayores impossiveis.

Cobrio-se o Exercito com os carros, e alguns pedaços de trincheira, e começou a jogar a artilheria de huma, e outra parte com damno consideravel de ambas. Amanheceo; e vendo o Marquez desvanecido o intento de soccorrer Geromenha, com que havia chegado áquelle lugar, e desalojar delle com artilheria ao Exercito de Castella, e naõ podendo tolerar o seu invenci-

vel

vel valor perder-se Geromenha á sua vista, chamou a Conselho todos os Cabos, e Officiaes Mayores, e com efficaz sentimento lhes propôs: Que a esperança de obrigar aos Castelhanos a levantarem o sitio daquella Praça com o descommodo da artilheria, o trouxera áquelle sitio: que reconhecia baldada esta resoluçaõ, e que fora mal informado: porêm que do mesmo empenho nascia a obrigaçaõ de naõ se retirar, sem tentar a fortuna, que taõ favoravel havia experimentado no soccorro de Elvas; e que amava tanto a opiniaõ adquirida naquella batalha, que avaliaria por mais vantajem a perda da vida: e que álèm destas razoens particulares se offereciaõ as importancias commũas, por ser Geromenha huma Praça de tanta consideraçaõ, que merecia o total empenho daquelle Exercito; e que affectuosamente rogava a todos os do Conselho ajustassem a fórma, com que podia desembaraçar-se de taõ urgentes difficuldades. Anno 1662

Naõ houve algum dos que se acháraõ presentes, que naõ reconhecesse o valor, e sinceridade, com que o Márquez havia exposto as razoens referidas; e que naõ bastavaõ todas as difficuldades, que observava com os proprios olhos, a desbaratar o ardor, com que o alentado coraçaõ lhe facilitava romper as linhas, e derrotar o Exercito de Castella. Este conhecimento, e varias desconfianças, que havia entre os Cabos do Exercito, prevalecendo dependencias á razaõ, obrigáraõ a concordarem vinte e sete votos, que as linhas se atacassem. Entravaõ nelles todos os Cabos, porque se votava sem preferencia; e o Conde de Schomberg, supposto que conhecêsse o precipicio a que se arrojava, havendo observado a deliberaçaõ do Marquez, e constando-lhe que seus inimigos haviaõ arguido em varias occasioens a sua prudencia, naõ quiz contradizer o que tantos approvavaõ. Chegou a votar o Mestre de Campo D. Luiz de Menezes, e desejando antepor a razaõ publica a todos os respeitos particulares, por naõ se expor ás consequencias perigosas, que padece quem torce os sentidos ao que sente em materias taõ importantes, com

Anno 1662

deliberada resoluçaõ disse: Que a continua assistencia de doze annos daquella Provincia, em que havia occupado todos os Póstos até o de Mestre de Campo, que exercitava, naõ tendo faltado em occasiaõ alguma de todas, as que no decurso deste tempo se offerecêraõ, lhe dava confiança para entender, que naõ haveria naquelle Conselho quem imaginasse que podia haver no seu voto mais visos, que aquelles, que descobriaõ o amor da conservaçaõ do Reyno, em que nascera: que via vinte e sete votos conformes em se atacar aquelle quartel realmente fortificado com baluartes, fossos, e estradas cobertas com dous Fortes, hum sobre o rio Mures, outro no sitio de Fatalaõ; atacados aos quarteis, os quaes flanqueavaõ todo o Exercito por qualquer parte, que investisse as linhas; e que todas estas fortificaçoens, levantadas em pequena circumvallaçaõ, se guarneciaõ com doze mil Infantes, e mais de cinco mil Cavallos, havendo crescido o Exercito de Castella com novas levas, compondo-se de hum Principe valoroso, de Cabos scientes, e de Officiaes, e soldados escolhidos; e que nesta certeza seria temeridade intentar romper as fortificaçoens dos quarteis, e linhas com doze mil Infantes, e quatro mil Cavallos, que se compunhaõ de huma parte de soldados velhos, a segunda de bisonhos das novas levas, e a terceira de Auxiliares; accrescentando-se naõ menor inconveniente na impossibilidade de se valer o Exercito do soccorro da Praça, por haverem largado os defensores della as obras exteriores, achando-se reduzidos ao breve recinto das muralhas, e cerrados os passos das sortidas: que a perda de Geromenha naõ era taõ consideravel, que merecesse a sua conservaçaõ hum precipicio, conhecendo-se que perdida, ficava coberta aquella Provincia com Villa-Viçosa, e Estremoz; e que por este respeito havia votado, como constava ao Marquez, na diversaõ de Albuquerque, e que como este remedio estava desvanecido, que o que julgava mais importante, era conservar aquelle Exercito para defensa do Reyno, que podia sustentar-se sem Geromenha. Com este voto de D. Luiz de Menezes se conformáraõ

os

os Mestres de Campo D. Manoel da Camara, Tristaõ da Cunha, Jeronymo de Mendoça, e Antonio Galvaõ, e a seu exemplo se retractáraõ todos os vinte e sete votos, que haviaõ seguido a opiniaõ de se dar a batalha, forçando as fortificaçoens. Anno 1662.

Separou-se o Conselho sem outra resoluçaõ, e como o grande coraçaõ do Marquez naõ podia soffrer a infelicidade de se perder Geromenha, ouvio sem mayor exame o parecer de alguns Officiaes de inferiores póstos, que lhe facilitáraõ o soccorro de Geromenha pela parte, em que o rio Mures entra em Guadiana. Promptamente passou o Marquez do conselho á execuçaõ, e escolheo para Cabo desta grande empreza ao Mestre de Campo D. Luiz de Menezes. Mandou-lhe ordem, que com o seu Terço, o do Mestre de Campo D. Pedro Opesinga, e seiscentos Cavallos governados por D. Joaõ da Silva passasse Mures, rompendo o embaraço de vadearem os Infantes este rio com a agoa pela cinta; que pela meya noite investissem o Forte, que estava atacado ao quartel; e que ganhando-se o sustentassem até ser soccorrido, parecendo facil ganhar-se com dous Terços o mesmo, que no Conselho antecedente havia parecido impossivel conseguir-se com todo o Exercito. Dispôs D. Luiz a gente destinada para aquella empreza, repartindo escadas pelos Officiaes, tocando huma ao Baraõ de Schomberg, que de Alferez da Companhia de D. Luiz havia passado a Capitaõ de Infantaria do seu Terço, e mostrado em varias occasioens insigne valor, e excellente juizo. Levavaõ parte dos soldados quantidade de faxinas, e varios instrumentos de expugnaçaõ; outros hiaõ destinados para as mãopostas, que haviaõ de facilitar a subida do Forte; e os mais escolhidos seguiaõ os seus Officiaes para conquistá-lo, e todos alegres, e resolutos esperavaõ a ordem para marchar. Hum delles era Antonio Pimenta, natural de Soure, de pouca idade, e grande coraçaõ, que manifestou, offerecendo-se a D. Luiz a ser dos primeiros, que entrassem no Forte, com a piedosa commissaõ, no caso que morresse, de tomar por sua conta mandar declarar no seu assento a

Segue a opiniaõ de soccorrer aquella Praça rompendo as linhas.

Anno 1662

parte, onde acabára a vida; assim para que constasse na posteridade o seu procedimento, como para que seu pay naõ fosse molestado, por haver ficado por seu fiador, para dar conta delle; acçaõ taõ exemplar, que merece perpetua memoria. Cerrou a noite, e pondo o Conde de Schomberg a gente em marcha, quando começava a caminhar, lhe chegou ordem do Marquez, que fizesse alto. Foy a causa desta novidade o parecer de hum soldado de cavallo, dos que assistiaõ ás ordens do Marquez, que lhe disse estando elle em huma collina superior ao Forte de Mures para ver o assalto, que se elle tivera voto, naõ havia de intentar o soccorro de Geromenha por aquella parte. Perguntou-lhe o Marquez, qual era a que se lhe offerecia ao seu discurso? Respondeo-lhe, que montarem-se á garupa de quinhentos cavallos outros tantos soldados Infantes, e passando Guadiana da parte de Castella, introduzî-los na Praça rompendo a corrente do rio. Pareceo-lhe ao Marquez factivel este arbitrio; porque muitas vezes os grandes Generaes naõ devem desprezar os conselhos dos particulares, ponderando-os sem attençaõ a quem os dá; e foy esta a causa de mandar suspender a marcha. Chamou os Cabos a conferencia, gastáraõ-se nella as horas da noite, e ficou desvanecida a empreza de Mures, e juntamente a de Guadiana, pela difficuldade de romper a muita Cavallaria, com que os Castelhanos guardavaõ os portos, e terem os inimigos ganhado as obras exteriores da Praça, o que lhe impossibilitava entrar nella o soccorro pertendido. Achando-se o Marquez perplexo entre tantas difficuldades, recebeo huma carta de Manoel Lobato, em que dizia, que a Praça estava em grande aperto, porque havia largado o Barrete, e a obra Corna, depois de quatro assaltos: que elle mesmo deixára estes póstos, sem ser constrangido; tambem havia largado a estrada coberta até o diamante do baluarte do Açougue; que se achava com as duas faces, e os dous flancos arruinados das baterias da artilheria: que na Praça haviaõ cahido quatrocentas e setenta bombas, de que a mayor parte das casas da Villa estavaõ arruinadas,

e toe toda a muralha padecia igual ruina: que lhe faltavaõ oitocentos homens, huns mortos, e outros feridos: que carecia de murraõ, e bálas miudas: que necessitava de prompto soccorro, e que o sitio do Fatalaõ tinha por mais desembaraçado para se lhe introduzir. Anno 1662

Recebido este aviso, sem mais exame, ordenou o Marquez que o Exercito marchasse a alojar sobre o rio de Fatalaõ; e persuadido a que havia de soccorrer a Praça por aquella parte, chamou ao Mestre de Campo D. Luiz de Menezes, e levando-o ao alto de huma collina, donde se descobria o Forte, que dominava o ribeiro do Fatalaõ, lhe disse: que a gloria daquella empreza destinava para o seu Terço; porque a amizade, e o appellido o obrigava a preferi-lo naquella occasiaõ aos mais do Exercito. Com o agradecimento devido protestou D. Luiz a sua obediencia, naõ ignorando as muitas difficuldades, que encontravaõ aquelle intento. Posto em marcha o Exercito, lançáraõ os Castelhenos fóra dos quarteis vinte e cinco Batalhoens, que sustentáraõ com os nossos huma bem travada escaramuça, em que se sinalou Francisco de Tavora, que de Capitaõ de Infantaria da Provincia de Entre Douro e Minho havia passado a Thenente Capitaõ da Companhia do Conde da Torre. Alojado o Exercito sobre Fatalaõ, chamou o Marquez a Conselho, e mostrando a carta de Manoel Lobato, perguntou, se devia intentar o soccorro por aquella parte, que Manoel Lobato assinalava, como a mais facil para se conseguir este intento. Foraõ os votos uniformes, parecendo a todos, que examinada a fortaleza das trincheiras guarnecidas com hum poderoso Exercito, parecia impossivel romperem-se sem manifesto risco de todo o Exercito, que era a principal defensa do Reyno, que este damno se considerava como presente, e com poucos remedios a perda de Geromenha futura, e remediavel: que a opiniaõ estava segura com os successos antecedentes; porque em Estremoz nos haviamos opposto a todo o poder de Castella com inferior partido, sem mais defensa, que huma fraca trincheira: que na Campanha se presentára a batalha, e D. Joaõ de

Marcha a buscá-las cõ este intento, que se desvanece á vista dellas.

Anno 1662

Retira-se a fortificar Villa-Viçosa, e entrega-se Geromenha, depois de se sustentar alguns dias cõ valorosa resistencia.

de Austria se reduzira á defensa dos alojamentos; e que por todas estas consideraçoens era preciso que o Exercito se aquartelasse em Villa-Viçosa, que com todo o calor tratasse da fortificaçaõ daquella Praça, que ficava servindo de grande remedio á perda de Geromenha. Conformou-se o Marquez com esta opiniaõ, fez aviso a Manoel Lobato, que com os melhores partidos, que lhe fosse possivel conseguir, entregasse Geromenha, e marchou o Exercito a Villa-Viçosa, onde se desenhou huma Cidadéla no sitio do Castello; porque o corpo da Villa era pouco capaz da defensa pelas muitas eminencias, de que era dominada, em que logo se começou a trabalhar.

D. Joaõ de Austria, vendo retirar o Exercito, mandou fazer chamada á Praça pelo Commissario Geral D. Alexandre Moreira. Cessou o combate, e intentou D. Alexandre que Manoel Lobato acceitasse hum papel que levava. Respondeo, que elle tinha o seu General á vista, por cujo respeito naõ acceitava o papel: que D. Joaõ de Austria lho podia remetter, e que voltando com carta sua, o receberia. Resultou desta resoluçaõ continuar o combate. Ao dia seguinte á noite chegou huma carta do Marquez, que continha ordem de se entregar a Praça com os partidos mais vantajosos, que fosse possivel. Foy incomparavel a pena de Manoel Lobato; porque naõ dava vantajem a outro algum em valentia: porêm reconhecendo o desengano de poder ser soccorrido, as obras exteriores perdidas, os baluartes minados, mais de mil soldados mortos, e feridos, entrando nelles a mayor parte dos Officiaes, se sujeitou á desgraça de vencido, e determinou tratar das Capitulaçoens. O dia seguinte ás dez horas, mandou D. Joaõ de Austria fazer outra chamada pelo Thenente de Mestre de Campo General D. Joaõ de la Barreta. Cessáraõ as armas: recebeo Manoel Lobato pela muralha hum papel, que lido continha: Que o Exercito de Portugal se havia retirado, que tratasse de render-se, pois tinha chegado ao ultimo perigo: que se lhe concederiaõ todas as honradas Capitulaçoens, que merecia o seu valor; porêm em

caso

caso, que se obstinasse, (o que se não suppunha) passaria inviolavelmente por todo o rigor das armas. Respondeo Manoel Lobato; que até a huma hora depois do meyo dia daria a resposta ás proposiçoens, que continha o papel, que recebêra; porque o negocio, que tratava, era taõ grave, que naõ devia resolvê-lo sem o conferir com os seus Officiaes. Concedeo-lhe D. Joaõ de Austria este breve intervallo; e depois de Manoel Lobato ajustar com Manoel de Sequeira Perdigaõ, e com os mais Officiaes a fórma, em que devia responder, á hora sinalada sahio da Praça o Sargento Mayor Antonio Tavares de Pina, e entrou em refens o Sargento Mayor de D. Francisco de Gusmaõ, chamado D. Miguel de Naves. Foy Antonio Tavares conduzido á tenda de D. Joaõ de Austria, que o esperava com magnifico apparato. Entregou-lhe Antonio Tavares hum papel, que continha varias proposiçoens: ventiláraõ-se por algum espaço, e por conclusaõ concedeo D. Joaõ de Austria: Que sahisse a Infantaria com as suas armas, bála em bocca, e corda accesa; e a Companhia de Cavallos formada, hũa pèça de artilharia de vinte e quatro livras com as muniçoens competentes para doze tiros: que o Governador com os Officiaes, que quizessem seguî-lo, e cinco Francezes, poderiaõ passar a Villa-Viçosa: que a Infantaria paga havia de ficar daquella parte até o ultimo dia de Outubro, e o Terço de Moura, e Serpa alojado em Freixinal, o de Fernando de Mesquita no Ducado de Feria, os Auxiliares se poderiaõ retirar para suas casas; e da mesma sórte os feridos, e paizanos, a que se dariaõ carruagens até Villa-Viçosa. Anno 1662

A nove de Junho pela manhaã sahio Manoel Lobato de Geromenha com mil e cento e setenta soldados, em que só entravaõ duzentos e quarenta Auxiliares, com a Companhia de Ambrosio Pereira, que constava só de trinta cavallos, por haver perdido mais de outros tantos no tempo, que durou o sitio, assistindo com a Companhia desmontada á defensa da porta, e procedendo Ambrosio Pereira com muito valor. Marcháraõ todos os rendidos para as partes, a que estavaõ destinados, e D.

Joaõ

Anno 1662.

Joaõ de Auſtria entrou em Geromenha, triunfando dignamente na ſua felicidade, por naõ haver faltado a todas as operaçoens de valoroſo, e ſciente Capitaõ, ganhando huma Praça de grande importancia, bem fortificada, e guarnecida á viſta de hum Exercito poderoſo: porêm naõ lhe valêraõ tantos acertos, para que os ſéus Naturaes lhe perdoaſſem a cenſura de naõ dar a batalha, achando-ſe com o Exercito ſuperior ao que o buſcava; julgando-ſe, que o conquiſtador naõ deve negar-ſe aos ultimos conflictos, por ſer difficultoſa empreza querer ganhar Reynos Praça a Praça. Ficáraõ em Geromenha treze peças de artilheria, e quantidade de muniçoens: D. Joaõ de Auſtria mandou com toda a brevidade desfazer as linhas. Em quanto durou eſte trabalho, foy varias vezes o General da Cavallaria D. Diogo Cavalhero á forragem aos campos de Elvas: ſuccedeo em huma dellas haver chegado áquella Praça o Thenente General D. Joaõ da Silva com o Troço da Cavallaria daquelle quartel, e vendo a laſtimoſa deſtruiçaõ dos fructos da campanha, ſentida dos ſeus Naturaes, como falta de ſuſtento quotidiano, tratou de impedir eſte prejuizo com a diligencia, que lhe foy poſſivel. Foy a primeira apagar o fogo, que os ſoldados ſoltos ateavaõ nos trigos, e cevadas maduras, obrigando varias partidas a ſe recolherem ao mayor corpo. No tempo, em que dava á execuçaõ eſte intento, lhe chegou aviſo do Conde da Torre, que vinha marchando com toda a Cavallaria, comboyando hum Troço de Infantaria, e quantidade de mantimentos, que marchavaõ para Elvas, e lhe ordenava ſahiſſe com as Companhias de Elvas a eſperá-lo a Villa-Boim. Replicou D. Joaõ, repreſentando-lhe o embaraço, em que ſe achava, por cujo reſpeito lhe parecia, mandaſſe marchar o comboy pela eſtrada de Barbacena. Obrigado deſta noticia, chamou o Conde da Torre a Conſelho, e reſultou da conferencia aviſar a D. Joaõ da Silva, por hum Alferez, que elle marchava com toda a diligencia, para Elvas reſoluto a pelejar com os Caſtelhanos; e para eſte fim lhe ordenava, que a todo o riſco atacaſſe a Cavallaria inimiga na certeza da brevidade,

com

com que marchava a ſoccorrê-lo. Quando chegou eſta ordem a D. Joaõ, haviaõ marchado os Caſtelhanos para Geromenha, e ſe achavaõ quaſi diſtantes huma legoa dos Olivaes de Elvas; e ſupposto que reconheceo o riſco a que ſe expunha, por ſe naõ achar mais que com cinco Batalhoens, reſpondeo ao General da Cavallaria, que promptamente dava á execuçaõ a ſua ordem; advertindo, que era ſem duvida vir carregado da Cavallaria Caſtelhana; e que a fórma, em que podia ſer ſoccorrido, era achar a Cavallaria formada na horta de Diogo de Brito, ſituada dentro nos Olivaes junto da eſtrada de Geromenha, que era a que os Caſtelhanos levavaõ; e para que naõ ſe erraſſe o poſto, que elle ſinalava, que era o mayor perigo daquella empreza, mandou D. Joaõ ao General hum ſoldado pratico, e valoroſo, para que o guiaſſe. Neſte tempo haviaõ os Caſtelhanos paſſado o ribeiro de Cellas, e ſó tres Batalhoens ſe achavaõ deſta parte. D. Joaõ, uſando diligentemente da occaſiaõ, que ſe lhe offerecia, mandou ao Capitaõ Roque da Coſta Barreto, que com o ſeu Batalhaõ carregaſſe os tres inimigos; e Jácome de Mello, que a tiro de piſtóla lhe deſſe calor; e elle com os dous que lhe ficáraõ, porque o outro eſtava diſtante occupando os póſtos da guarda ordinaria, conſervava a meſma diſtancia, para evitar que os tres Batalhoens Caſtelhanos naõ pudeſſem carregar os noſſos, ſem acharem mayor reſiſtencia. A Cavallaria inimiga, que hia carregada de forragem, ſem fazer caſo dos Batalhoens de Elvas, vendo-ſe de repente furioſamente inveſtida de Roque da Coſta, naõ tiveraõ os tres Batalhoens mais acordo, que precipitar-ſe confuſos a paſſar os ribeiros, onde foraõ huns mortos, outros feridos, e os mais eſpalhados pela campanha. D. Diogo Cavalhero, vendo eſte repentino combate, quando menos o imaginava, cheyo de colera, em que com menos incentivos ardia ſempre o ſeu arrebatado eſpirito, mandou com pouca ordem carregar os noſſos quatro Batalhoens, e accreſcentou a confuſaõ dos ſoldados, ſér-lhes neceſſario largarem as garupas das forragens, que levavaõ, por lhes impedir o manejo

Anno 1662.

nejo dos cavallos. Ayrosamente se servio D. Joaõ da Silva deste embaraço; porque ganhando terreno, deixou Roque da Costa na retaguarda, fiando da sua prudencia, e valor o acerto daquelle conflicto. Roque da Costa correspondeo igualmente a esta expectaçaõ, sem faltar hum ponto ao que era obrigado, veyo rebatendo os Castelhanos, que soltos determinavaõ embaraçá-lo até chegarem os Batalhoens, que velozmente vinhaõ cobrindo a Campanha. Com esta ordem, e com esta defensa chegou D. Joaõ a huma ponte estreita, e que fica junto da horta de Diogo de Brito: neste sitio fez alto, entretendo oito Batalhoens inimigos, para dar tempo a que chegasse a nossa Cavallaria: porêm tendo D. Joaõ aviso que D. Diogo Cavalhero mandava hum grosso de Cavallaria á redea solta a cortar-lhe os seus Batalhoens pela retaguarda, investio furiosamente com os inimigos, que tinha diante, com os quatro Batalhoens, e ás cutiladas os obrigou a se retirarem tanto espaço, que teve tempo para passar a ponte sem perda alguma; e reconhecendo, muito a seu pezar, que a nossa Cavallaria naõ occupava o lugar, que lhe havia sinalado, se retirou ao abrigo do Forte de Santa Luzia, seguido sem ordem alguma da Cavallaria Castelhana; e vendo perdida huma occasiaõ, em que a felicidade era taõ manifesta, chegando-lhe o desengano, de que a Cavallaria se havia retirado para Villa-Viçosa, pelo soldado pratico, que tinha remettido, se retirou á Praça, e os Castelhanos havendo perdido a forragem, que levárаõ, segáraõ outros trigos, e pelas nove horas da noite voltáraõ para Geromenha.

Anno 1662.

O Conde da Torre, depois de haver feito a D. Joaõ o aviso referido, vendo o comboy seguro, aconselhado dos Officiaes Mayores, que levava, tomou outro acordo, parecendo-lhe que as horas do dia eraõ poucas, e que o empenho de D. Joaõ fosse menor; porque naõ pode ter noticia delle com a brevidade necessaria, por estar muito distante, e voltou para Villa-Viçosa.

FINIS.

INDI-

INDICE

DAS PESSOAS, E COUSAS

mais notaveis, que ſe contêm nos ſeis Livros deſta Segunda Parte Tomo Terceiro.

A

B.

Car-

C

D

E

F

G

H

I

D. Joaõ

L

M

radas

N

O

P

Q

R

S

FIM.

Deſte Terceiro Tomo.

CPSIA information can be obtained
at www.ICGtesting.com
Printed in the USA
BVHW04*2143210718
522291BV00007B/47/P